KB018335

유럽의 그림자

IN EUROPE'S SHADOW

유럽의 그림자

두 번의 냉전, 그리고 30년간의 루마니아와 그 너머 지역 여행

Two Cold Wars and a Thirty-Year Journey Through Romania and Beyond

로버트 D. 카플란 | 신윤진 옮김

글누림

IN EUROPE'S SHADOW
Copyright Ⓒ 2016 by Robert D. Kaplan
Maps copyright ⓒ 2016 by David Lindroth Inc.
All rights reserved.

Korean translation copyrights Ⓒ 2018 by GEULNURIM PUBLISHING CO.
Korean translation rights arranged with Brandt & Hochman Literary Agents, Inc.
through EYA(Eric Yang Agency).

이 책의 한국어판 저작권은 EYA(Eric Yang Agency)를 통한 Brandt & Hochman Literary Agents, Inc.사와의 독점계약으로 '글누림출판사'가 소유합니다. 저작권법에 의하여 한국 내에서 보호를 받는 저작물이므로 무단전재 및 복제를 금합니다.

조이 드 메닐에게

과거를 기억하는 자,

혹은 미래를 내다보는 자가 웃은 적이 있던가?

- 페르난도 페소아, 1926

진짜 경험은, 현실과의 접촉을 줄이는 동시에 그 접촉에 대한 분석을 심화하는 과정을 통해 쌓이는 것이다.

- 페르난도 페소아, 1935

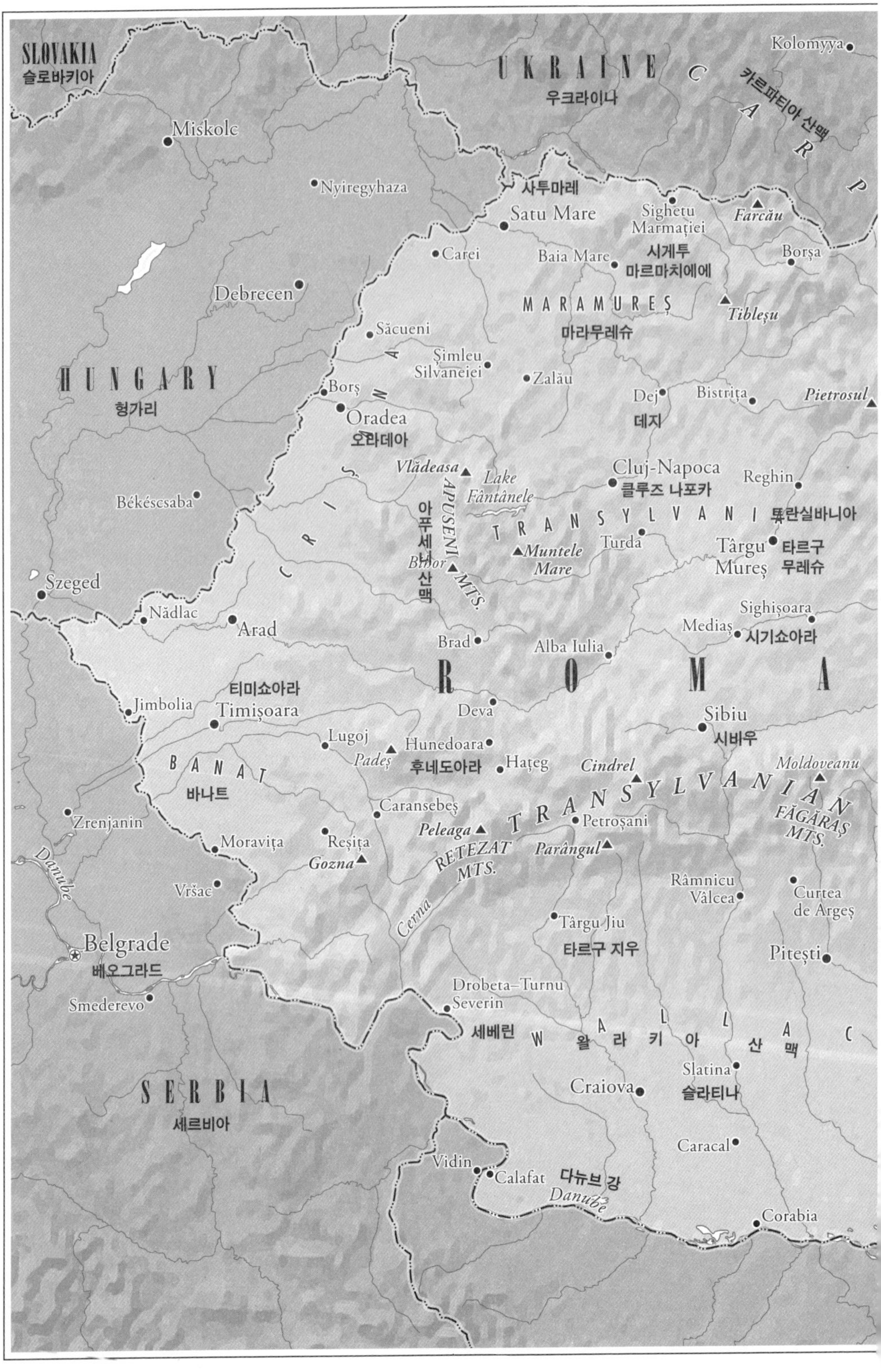
SLOVAKIA
슬로바키아
UKRAINE
우크라이나
Kolomyya
CARP
카르파티아 산맥
Miskolc
Nyiregyhaza
사투마레
Satu Mare
Sighetu Marmației
Farcău
Carei
Baia Mare
시게투 마르마치에에
Borșa
Debrecen
MARAMUREȘ
마라무레슈
Tibleșu
Săcueni
Șimleu Silvaneiei
Zalău
HUNGARY
헝가리
Borș
Dej
데지
Bistrița
Pietrosul
Oradea
오라데아
Vlădeasa
Lake Fântânele
Cluj-Napoca
클루즈 나포카
Reghin
APUSENI MTS.
아푸세니 산맥
Békéscsaba
CRIȘANA
TRANSYLVANIA
트란실바니아
Muntele Mare
Turda
Târgu Mureș
타르구 무레슈
Bihor
Szeged
Sighișoara
Nădlac
Arad
Mediaș
시기쇼아라
Brad
Alba Iulia
ROMANIA
티미쇼아라
Timișoara
Jimbolia
Deva
Sibiu
시비우
Lugoj
Hunedoara
Padeș
후네도아라
Hațeg
Cindrel
Moldoveanu
BANAT
바나트
TRANSYLVANIAN
FĂGĂRAȘ MTS.
Zrenjanin
Caransebeș
Peleaga
Petroșani
Moravița
Reșița
Gozna
RETEZAT MTS.
Parângul
Danube
Vršac
Râmnicu Vâlcea
Curtea de Argeș
Cerna
Târgu Jiu
타르구 지우
Belgrade
베오그라드
Pitești
Drobeta-Turnu Severin
Smederevo
세베린
WALLAC
왈라키아 산맥
Slatina
Craiova
슬라티나
SERBIA
세르비아
Caracal
Vidin
Calafat
다뉴브 강
Danube
Corabia

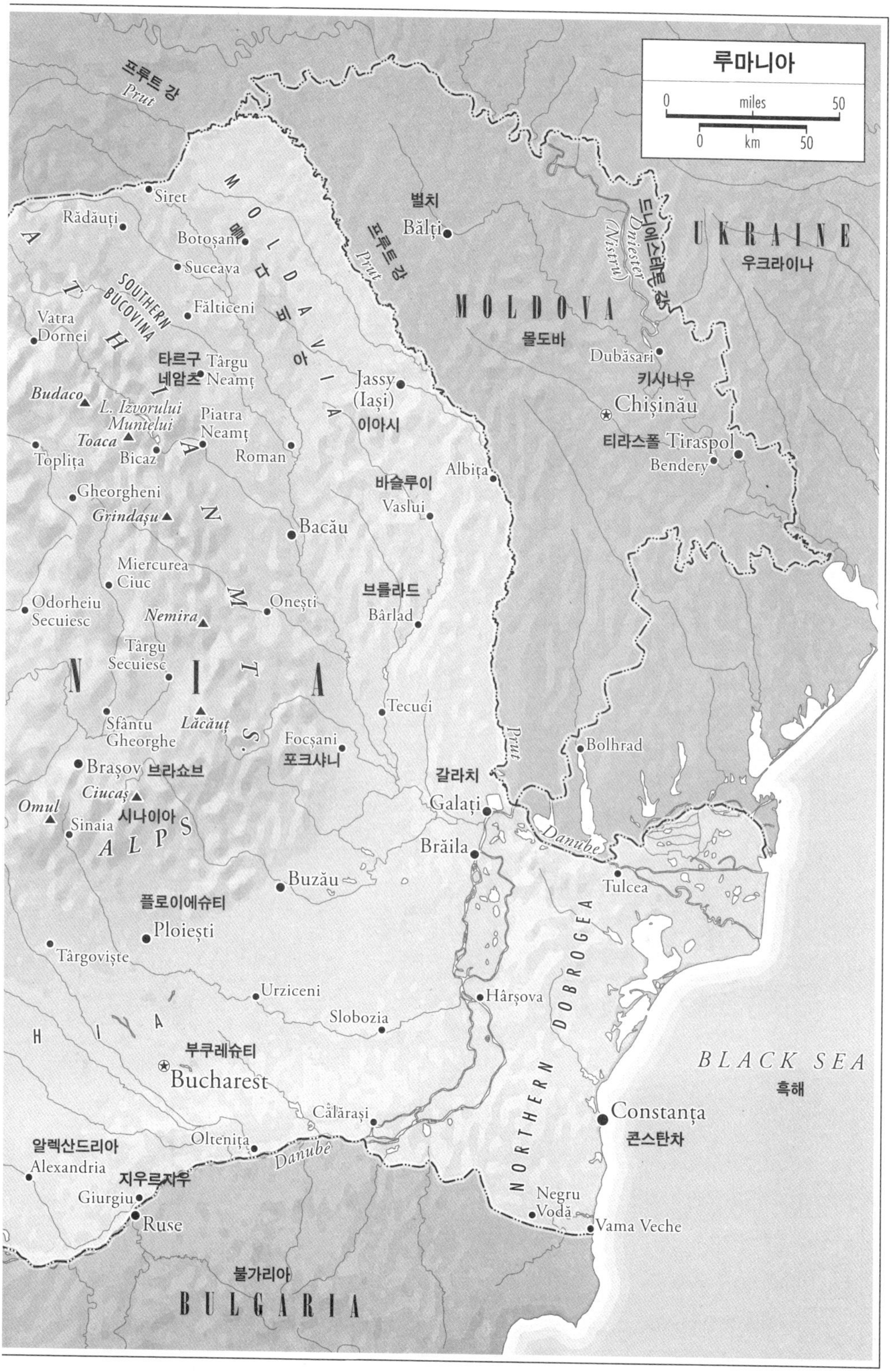
루마니아
0 miles 50
0 km 50
UKRAINE
우크라이나
MOLDOVA
몰도바
프루트 강
Prut
드니에스테르 강
Dniester
(Nistru)
벌치
Bălți
Dubăsari
키시나우
Chișinău
티라스폴 Tiraspol
Bendery
MOLDAVIA
몰다비아
SOUTHERN BUCOVINA
Siret
Rădăuți
Botoșani
Suceava
Fălticeni
Vatra Dornei
타르구 네암츠 Târgu Neamț
Jassy (Iași)
이아시
Budaco
L. Izvorului Muntelui
Toaca
Piatra Neamț
Toplița
Bicaz
Roman
Albița
바슬루이
Vaslui
Gheorgheni
Grindașu
Bacău
Miercurea Ciuc
Odorheiu Secuiesc
Nemira
Onești
브를라드
Bârlad
Târgu Secuiesc
TRANSYLVANIA
CARPATHIAN MTS.
Sfântu Gheorghe
Lăcăuț
Tecuci
Focșani
포크샤니
Brașov 브라쇼브
Ciucaș
Omul
Sinaia
시나이아
ALPS
갈라치
Galați
Brăila
Danube
Bolhrad
Tulcea
Buzău
플로이에슈티
Ploiești
Târgoviște
Urziceni
Slobozia
Hârșova
NORTHERN DOBROGEA
WALACHIA
부쿠레슈티
Bucharest
Călărași
BLACK SEA
흑해
Constanța
콘스탄차
알렉산드리아
Alexandria
Oltenița
Danube
지우르지우
Giurgiu
Ruse
Negru Vodă
Vama Veche
불가리아
BULGARIA

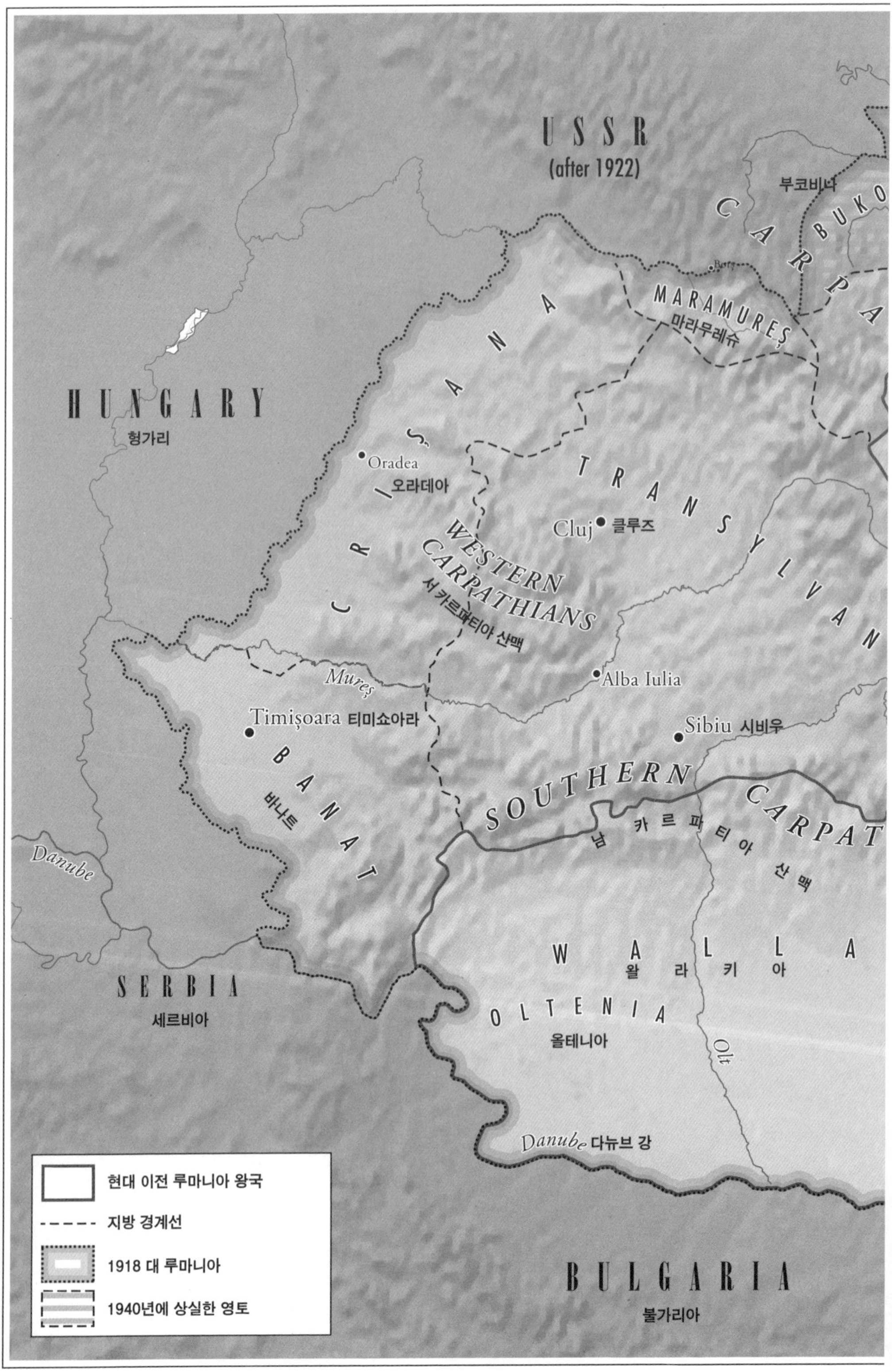

USSR
(after 1922)
부코비나
CARPA
BUKO
MARAMUREŞ
마라무레슈
HUNGARY
헝가리
CRIŞANA
TRANSYLVAN
Oradea
오라데아
Cluj 클루즈
WESTERN CARPATHIANS
서 카르파티아 산맥
Mureş
Alba Iulia
Timişoara 티미쇼아라
Sibiu 시비우
BANAT
바나트
SOUTHERN CARPAT
남 카르파티아 산맥
Danube
WALLA
왈라키아
OLTENIA
올테니아
Olt
Danube 다뉴브 강
SERBIA
세르비아
BULGARIA
불가리아
현대 이전 루마니아 왕국
지방 경계선
1918 대 루마니아
1940년에 상실한 영토

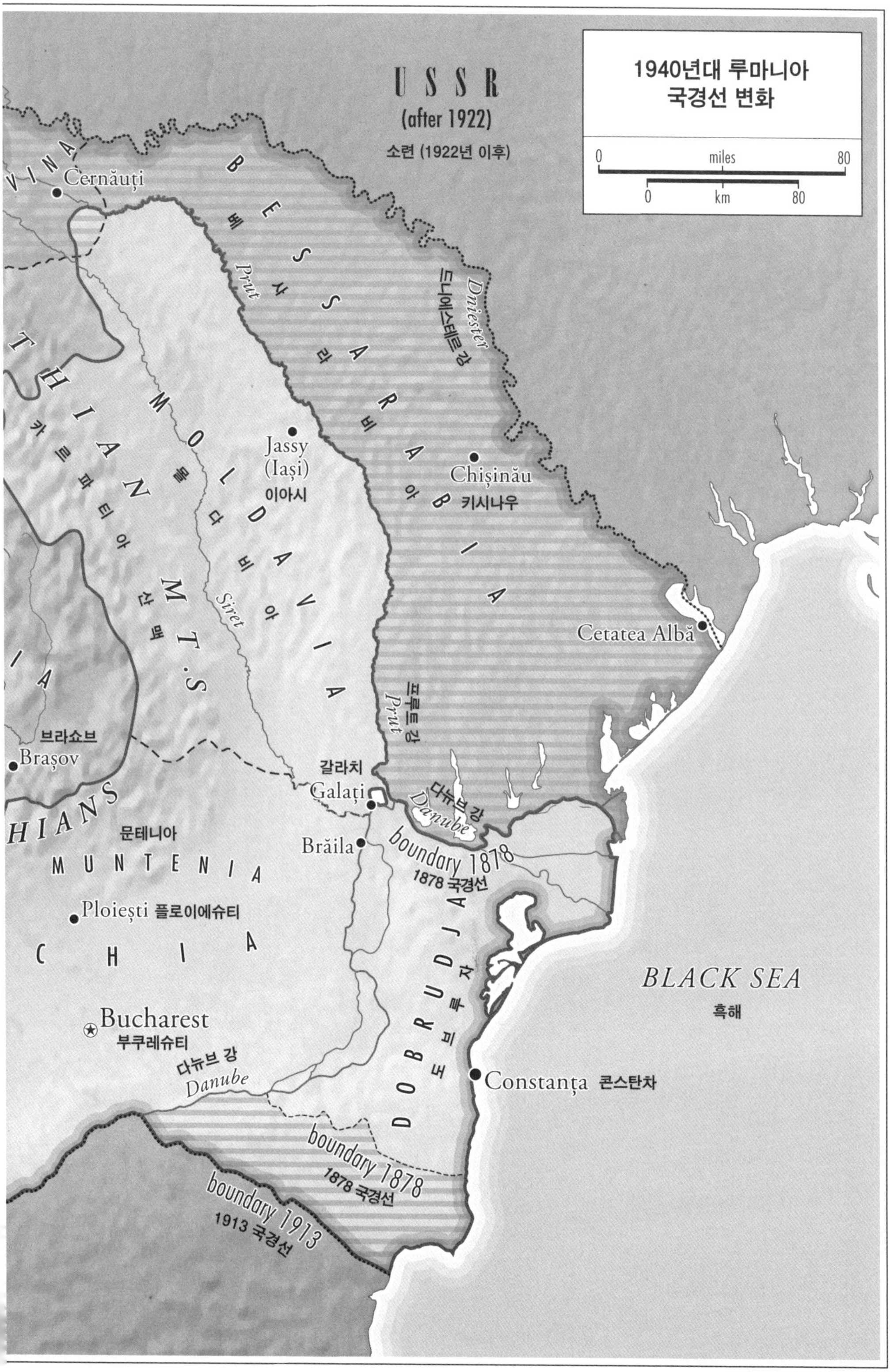
1940년대 루마니아 국경선 변화
0 miles 80
0 km 80
USSR (after 1922)
소련 (1922년 이후)
Cernăuți
BESSARABIA
베사라비아
Prut
Dniester
드니에스테르 강
Jassy (Iași)
이아시
Chișinău
키시나우
MOLDAVIA
몰다비아
Siret
CARPATHIAN MTS.
카르파티아 산맥
Cetatea Albă
Prut
프루트 강
브라쇼브
Brașov
갈라치
Galați
다뉴브 강
Danube
Brăila
boundary 1878
1878 국경선
문테니아
MUNTENIA
Ploiești 플로이에슈티
WALACHIA
BLACK SEA
흑해
DOBRUDJA
도브루자
Bucharest
부쿠레슈티
다뉴브 강
Danube
Constanța 콘스탄차
boundary 1878
1878 국경선
boundary 1913
1913 국경선

CZECHO-SLOVAKIA
체코슬로바키아
HUNGARY
헝가리
USSR
(1922–1991)
소련
(1922-1991)
Lost in 1940 to USSR
1940 이후 소련 영토
BESSARABIA
베사라비아
Lost to Hungary, 1940–44
1940-1944 헝가리 영토
TRANSYLVANIA
트란실바니아
Jassy (Iași)
이아시
Gained by Romania, 1918–45
1918-1945 루마니아 영토
ROMANIA
루마니아
1913-1940 불가리아 영토에서 루마니아 영토로
Gained by Romania from Bulgaria, 1913–40
Bucharest
부쿠레슈티
DOBRUJA
도브루자
YUGOSLAVIA
유고슬라비아
BULGARIA
불가리아
BLACK SEA
흑해
Sofia
소피아
Burgas
부르가스
Bulgarian gains from Turkey, 1883–1913
1883-1913 터키 영토에서 불가리아 영토로
TURKEY
터키
THRACE
(From Bulgaria to Greece, 1918)
트라키아
(1918 불가리아 영토에서 그리스 영토로)
GREECE
그리스
루마니아 국경선 변화
0 miles 100
0 km 100
1945 국경선

러시아, 오스트리아 헝가리, 발칸반도
0 miles 200
0 km 200
RUSSIA
러시아
Pruth
Czernowitz
체르노비츠
BESSARABIA
베사라비아
Dniester
드니에스테르 강
Danube 다뉴브 강
Budapest 부다페스트
AUSTRIA-HUNGARY
오스트리아 헝가리
트란실바니아
TRANSYLVANIA
이아시
Jassy
(Iași)
프루트 강
Pruth
드라바 강
Drava
사바 강
Sava
Temesvar
(Timișoara)
테메스바르 (티미쇼아라)
Sibiu
(Hermannstadt)
시비우 (헤르만스타트)
Kronstadt
(Brașov)
크론스타트
(브라쇼브)
Brăila
Danube 다뉴브 강
Belgrade 베오그라드
보스니아
BOSNIA
ROMANIA
루마니아
Craiova
Bucharest
부쿠레슈티
Silistra
Sarajevo 사라예보
헤르체코비나 HERZEGOVINA
SERBIA
세르비아
Danube 다뉴브 강
BLACK SEA
흑해
Mostar
모스타르
노비바자르 산자크
SANDJAK OF NOVIBAZAR
Nish 니시
불가리아
Shumla
Varna
바르나
몬테네그로
MONTENEGRO
BULGARIA
Sofia
소피아
이스턴 루멜리아
EASTERN RUMELIA
Burgas
부르가스
ADRIATIC SEA
아드리아해
Djakova
Skopje 스코페
Philippopolis
필리포폴리스
ALBANIA
THRACE 트라키아
Durazzo
Ohrid
Seres
Constantinople
콘스탄티노플
MACEDONIA
마케도니아
Salonica (테)살로니카
Yanina
Larissa
AEGEAN SEA
에게해
그리스
GREECE
ASIA MINOR
소아시아
1815 오스만 제국
1908 오스만 제국
1856 루마니아에 할양
1878 러시아에 반환
베를린 협정(1878)으로 결정된 국경선
산스테파노 조약(1878)으로
불가리아에 할양된 영토
1913 불가리아로부터 루마니아가 획득한 영토
1913 국경선

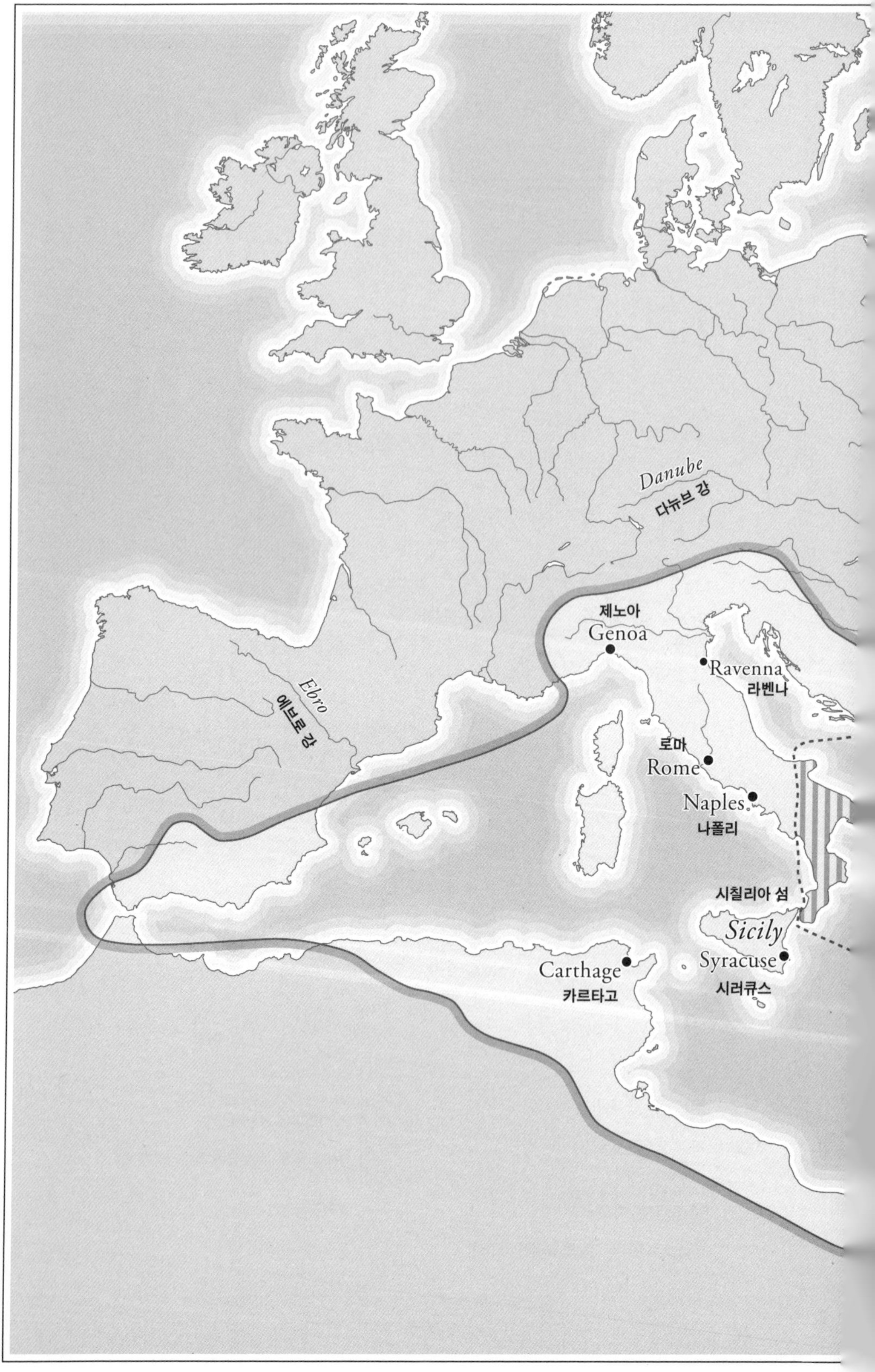
Danube
다뉴브 강
제노아
Genoa
Ravenna
라벤나
Ebro
에브로 강
로마
Rome
Naples
나폴리
시칠리아 섬
Sicily
Syracuse
시러큐스
Carthage
카르타고

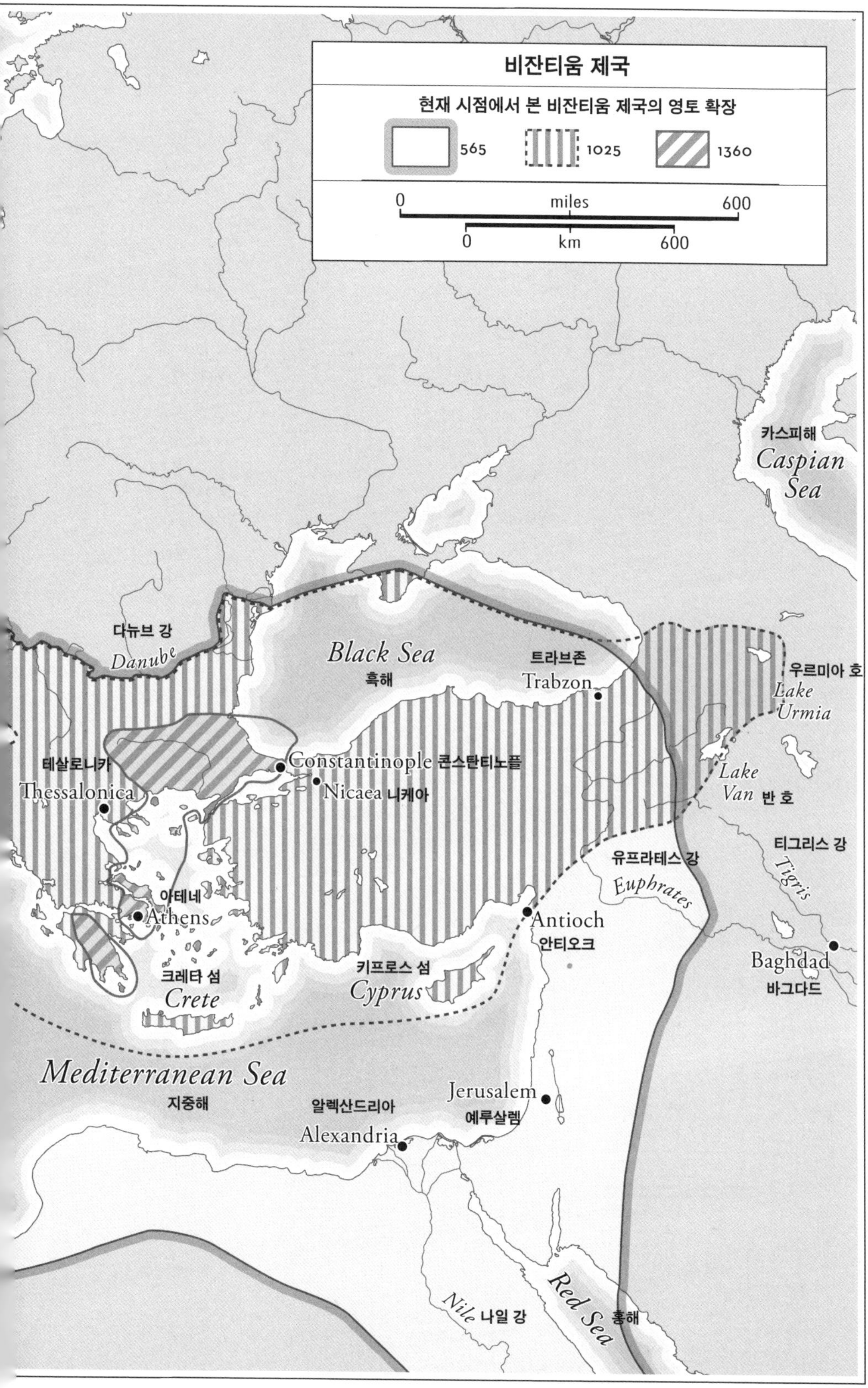

비잔티움 제국
현재 시점에서 본 비잔티움 제국의 영토 확장
565
1025
1360
0
miles
600
0
km
600
카스피해
Caspian Sea
다뉴브 강
Danube
Black Sea
흑해
트라브존
Trabzon
우르미아 호
Lake Urmia
테살로니카
Thessalonica
Constantinople 콘스탄티노플
Nicaea 니케아
Lake Van 반 호
티그리스 강
Tigris
유프라테스 강
Euphrates
아테네
Athens
Antioch
안티오크
Baghdad
바그다드
크레타 섬
Crete
키프로스 섬
Cyprus
Mediterranean Sea
지중해
알렉산드리아
Alexandria
Jerusalem
예루살렘
Nile 나일 강
Red Sea 홍해

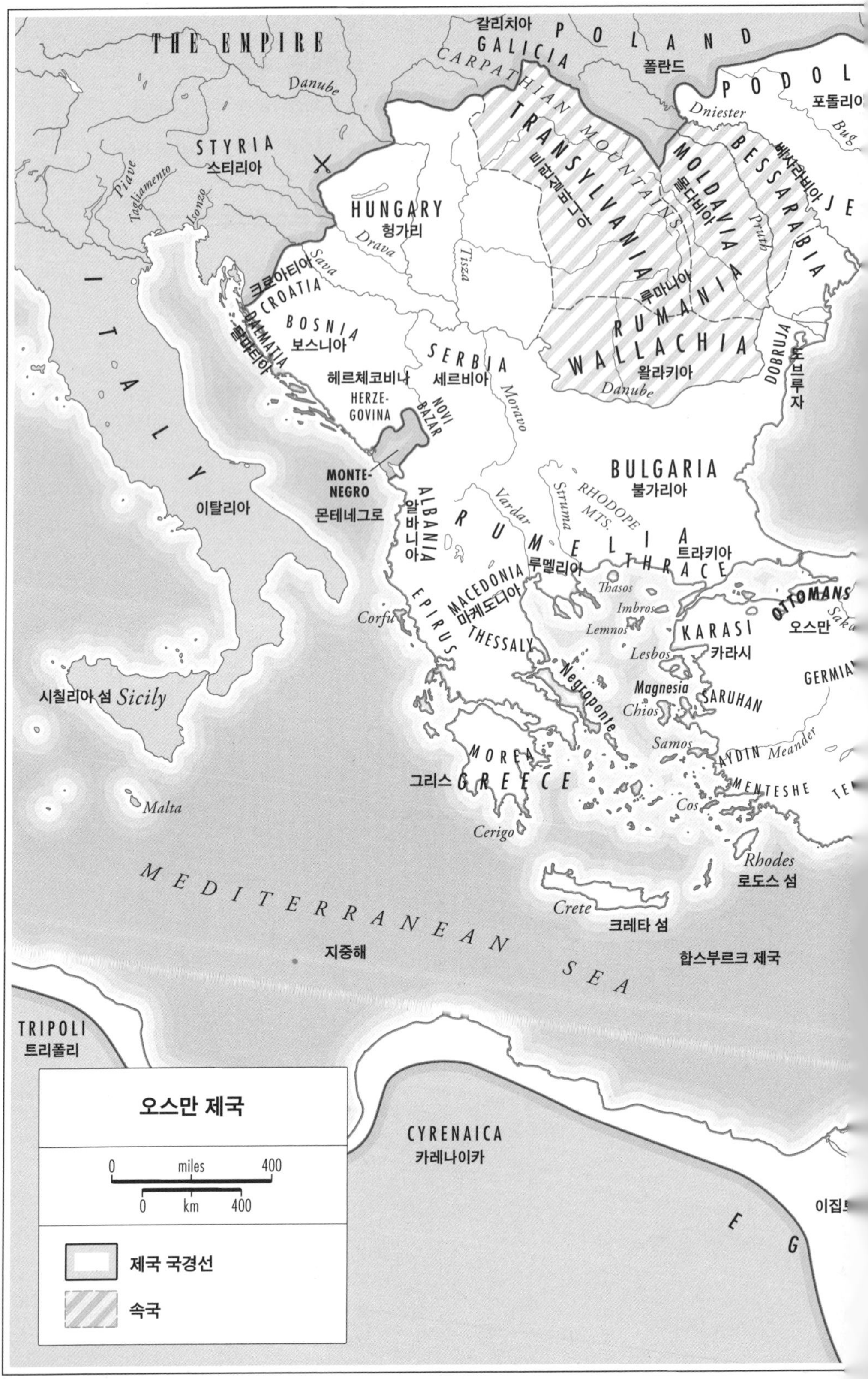

오스만 제국
0 miles 400
0 km 400
제국 국경선
속국
THE EMPIRE
갈리치아
GALICIA
POLAND
폴란드
PODOL
포돌리아
CARPATHIAN MOUNTAINS
TRANSYLVANIA
트란실바니아
MOLDAVIA
몰다비아
BESSARABIA
베사라비아
Dniester
Bug
Danube
STYRIA
스티리아
Piave
Tagliamento
Isonzo
HUNGARY
헝가리
Drava
Sava
Tisza
Pruth
RUMANIA
루마니아
WALLACHIA
왈라키아
DOBRUJA
도브루자
ITALY
이탈리아
크로아티아
CROATIA
DALMATIA
달마티아
BOSNIA
보스니아
SERBIA
세르비아
헤르체코비나
HERZE-GOVINA
NOVI BAZAR
Morava
MONTE-NEGRO
몬테네그로
ALBANIA
알바니아
BULGARIA
불가리아
RHODOPE MTS.
Struma
Vardar
RUMELIA
루멜리아
THRACE
트라키아
MACEDONIA
마케도니아
EPIRUS
THESSALY
Corfu
Thasos
Imbros
Lemnos
Lesbos
Magnesia
Chios
Samos
Cos
Negroponte
OTTOMANS
오스만
KARASI
카라시
SARUHAN
GERMIAN
AYDIN
Meander
MENTESHE
MOREA
그리스
GREECE
Cerigo
시칠리아 섬 Sicily
Malta
Rhodes
로도스 섬
Crete
크레타 섬
MEDITERRANEAN SEA
지중해
합스부르크 제국
TRIPOLI
트리폴리
CYRENAICA
카레나이카
이집트
EG

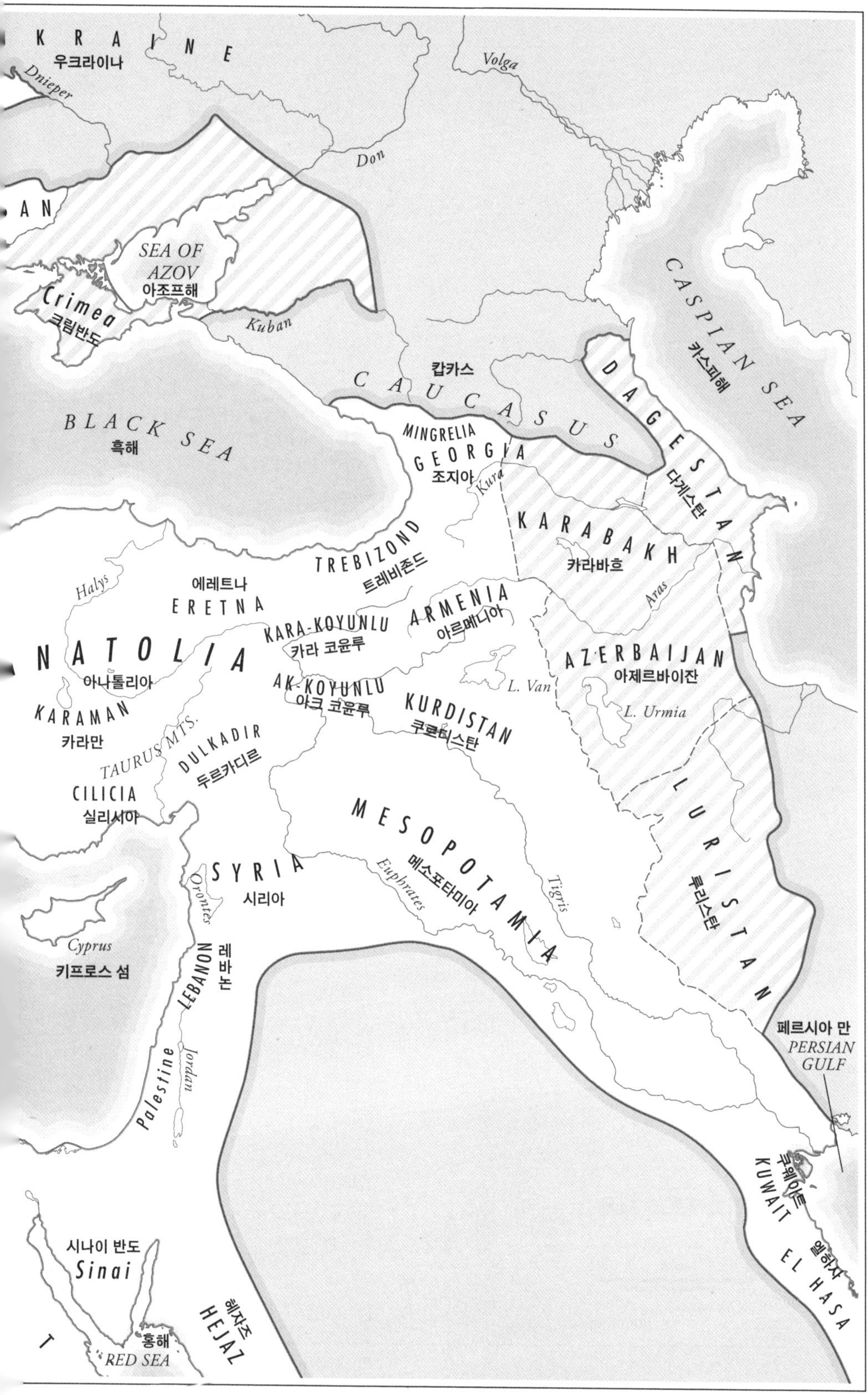

UKRAINE
우크라이나
Dnieper
Volga
Don
SEA OF AZOV
아조프해
Crimea
크림반도
Kuban
CASPIAN SEA
카스피해
캅카스
CAUCASUS
DAGESTAN
다게스탄
BLACK SEA
흑해
MINGRELIA
GEORGIA
조지아
Kura
KARABAKH
카라바흐
TREBIZOND
트레비존드
Halys
에레트나
ERETNA
Aras
KARA-KOYUNLU
카라 코윤루
ARMENIA
아르메니아
ANATOLIA
아나톨리아
AZERBAIJAN
아제르바이잔
AK-KOYUNLU
아크 코윤루
L. Van
L. Urmia
KARAMAN
카라만
KURDISTAN
쿠르디스탄
TAURUS MTS.
DULKADIR
두르카디르
CILICIA
실리시아
MESOPOTAMIA
메소포타미아
LURISTAN
루리스탄
SYRIA
시리아
Orontes
Euphrates
Tigris
Cyprus
키프로스 섬
LEBANON
레바논
페르시아 만
PERSIAN GULF
Jordan
Palestine
KUWAIT
쿠웨이트
시나이 반도
Sinai
EL HASA
엘하사
HEJAZ
헤자즈
홍해
RED SEA

Elbe
프라하
Prague
Pilsen
BOHEMIA
보헤미아
Brünn
MORA
모라비아
Main
Rhine
Danube
Inn
LOWER AUSTRIA
하 오스트리아
Linz
Vienna
비엔나
상 오스트리아
UPPER AUSTRIA
L. Constance
L. Fertö
VORARLBERG
포르알베르크
Innsbruck
스티리아
STYRIA
Graz
티롤 TIROL
브릭센
BRIXEN
CARINTHIA
카린티아
Klagenfurt
Drave
트렌트
TRENT
고리치아
GORIZIA
CARNIOLA
카르니올라
Laibach
Save
Zagreb
티롤
TIROL
밀라노 공국
DUCHY OF MILAN
ISTRIA
이스트리아
크로아티아
CROATIA
MANTUA
만토바
Po
Fiume
Military Frontier
군사지대
ADRIATIC
아드리아해
합스부르크 제국
0 miles 100
0 km 100

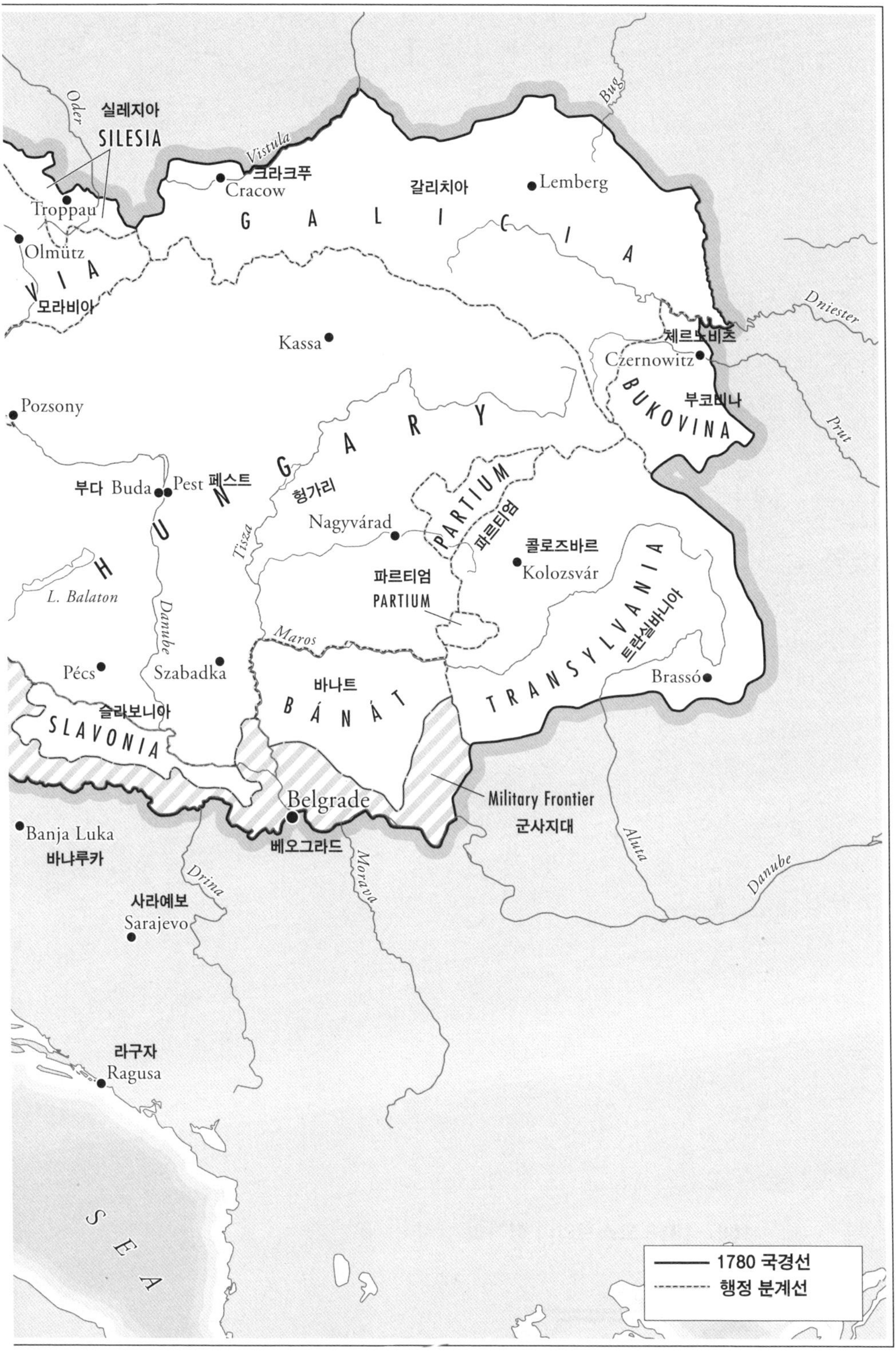

실레지아
SILESIA
Oder
Vistula
크라크푸
Cracow
Troppau
Olmütz
VIA
모라비아
G A L I C I A
갈리치아
Lemberg
Bug
Dniester
체르노비츠
Czernowitz
BUKOVINA
부코비나
Prut
Kassa
Pozsony
H U N G A R Y
헝가리
부다 Buda
Pest 페스트
Tisza
Nagyvárad
PARTIUM
파르티엄
콜로즈바르
Kolozsvár
파르티엄
PARTIUM
TRANSYLVANIA
트란실바니아
L. Balaton
Danube
Maros
Pécs
Szabadka
바나트
BÁNÁT
Brassó
슬라보니아
SLAVONIA
Belgrade
베오그라드
Military Frontier
군사지대
Banja Luka
바냐루카
Drina
Morava
Aluta
Danube
사라예보
Sarajevo
라구자
Ragusa
SEA
1780 국경선
행정 분계선

GERMAN EMPIRE
독일 제국
SAXONY
작센
Elbe
Teplitz
프라하
Prague
Eger
Pilsen
BOHEMIA
보헤미아
브린
Brünn
MOR
모라비아
Budweiss
Main
BAVARIA
바바리아
Rhine
FRANCE
프랑스
Danube
Passau
하 오스트리아
LOWER AUSTRIA
상 오스트리아
Linz
UPPER AUSTRIA
Munich
뮌헨
Vienna
빈
포르알베르크
VORARLBERG
Salzburg
SWITZERLAND
스위스
Innsbruck
TIROL
티롤
스티리아
STYRIA
카린티아
Graz
CARINTHIA
Brixen
Villach
Klagenfurt
Drave
Trent
Save
GORIZIA-GRADISKA
Görz
Laibach
CARNIOLA
카르놀리아
Zagreb
Trieste
Milan
밀라노
Venice
베네치아
이스트리아
ISTRIA
Fiume
CROATIA
크로아티아
Po
Pola
ITALY
이탈리아
달마티아
DAL
Zara
ADRIATIC
아드리아해
Spalato
1867-1918 오스트리아 헝가리
0 miles 100
0 km 100

RUSSIA
러시아
실레지아
SILESIA
Vistula
Cracow 크라카프
Przemysl
Lemberg (Lviv)
Teschen
GALICIA
갈리치아
Tarnopol
Kassa
Czernowitz 체르노비츠
BUKOVINA
부코비나
zony
essburg/Bratislava)
Miskolcz
Győr
Budapest
부다페스트
Danube
Debreczen
L.
laton
Tisza
Nagyvárad
콜로즈바르
Kolozsvár
KINGDOM OF HUNGARY
헝가리 왕국
Szeged
Maros
Arad
트란실바니아
TRANSYLVANIA
Pécs
Temesvár
Brassó
슬라보니아
VONIA
ROMANIA
루마니아
Orsova
Belgrade 베오그라드
보스니아
NIA
세르비아
SERBIA
Danube
Sarajevo
사라예보
BULGARIA
헤르체고비나
RZEGOVINA
노비바자르 산자크
SANJAK OF NOVIBAZAR
불가리아
1833 border of Serbia
1867 불가리아 국경선
MONTE-NEGRO
1833 세르비아 국경선
1867 border of Bulgaria
Ragusa
몬테네그로
오스만 제국
OTTOMAN EMPIRE
ALBANIA
1913 세르비아 국경선
1913 border of Serbia
Established 1913
알바니아 1913 건국
SEA
1918 합스부르크 제국
1878-1912 오스트리아 점령지
1878-1908 오스트리아가 점령한 오스만 제국 영토였다가 1908 완전히 오스트리아에 복속된 지역

차례

일러두기

1. 번역대본으로는 *In Europe's shadow*(Robert D. Kaplan, United States by Random House, 2016)를 사용했다.
2. 옮긴이주는 본문 서체보다 작게 표기하거나 각주로, 그 이외 괄호, 대괄호 등의 표기는 모두 작가주이며 원서에서 이탤릭으로 강조한 부분은 고딕체로 처리하되, 일부 영어의 경우 이탤릭으로 표기하였다.
3. 루마니아의 인명, 지명의 경우 대체로 루마니어로 표기를 병기하고 외래어표기법을 따랐으며 일반적으로는 원서에 따라 영어를 병기하였다.

프롤로그 : 나보코프의 방

나에게 서재는 짐이다. 내 서재는 미처 써먹기도 전에 잃어버리면 어쩌나 걱정스러운 자료들로 가득하다. 따라서 그것들은 모두 기록해둘 필요가 있다. 그렇게 하는 것만이 내가 서재를 버릴 수 있는 길이요, 구시대의 가장 치욕스러운 유산인 내 소유물들을 한 꺼풀씩 계속 벗어 버릴 수 있는 유일한 길이기 때문이다.

어떤 책은 자유를 뜻한다. 너무 많은 책들이 세계를 더 많이 알아내지 못하도록 가로막는 장애물처럼 작용하기는 하지만 말이다. 눈앞에 새로운 풍경이 펼쳐질 때마다 인용할 말이 머릿속에 떠오른다면, 더 이상 그 풍경을 명확히 인식할 수가 없는 것이다.

하드커버 도서는 정착 생활을 위한 것이다. 내 서재에는 하드커버 도서가 비교적 적은 편이고 초판본은 더더욱 몇 권 없다. 애서가 중에서 내 서재를 보고 감동 받을 사람은 아무도 없을 것이다. 내 서재를 구성하고 있는 것은 주로 너덜너덜해진 페이퍼백으로 모두 지난 수십 년간 내가 메모들을 끼적여놓은 책들이다. 그럼에도 그 책들은 하나하나가 모두 내게 소중한 것들이다. 지출할 수 있는 예산이 적으면 전집이나 총서보다는 단행본을 읽는 취향이 생기고 어떤 책을 살지 고르는 안목이 생긴다. 나는 쉰세 살 전까지 정규직으로 일해본 적이 없다. 그 나이가 되어서야 겨우 끊이지 않고, 그리고 가끔씩은 여러 곳에서 동시에 일을 받을 수 있게 된 것이다. 그 덕분에 중년에 점점 더 많은 책을 갖게 되었지만, 그 책들은 갈수록 내게 개인적으로 점점 더 의미가 없어졌다. 내게 정말로 중요한 책들은 오히려 수십 년 전에 손에 넣은 것들이다. 그 책들은 보잘 것 없어 보이지만, 오래전 연락이 끊긴 친구처럼 그에 얽힌 기억을 털어낼 수가 없는 것들이다.

문제는, 내게 너무나 소중한 그 물건들이 오래된 기억과 마찬가지로 그보다 최근에 들어온 물건들한테 떠밀려 책 더미 뒤에 쑤셔 박혀 있다는 것이다. 예전에 저명한 지위를 누렸던 루마니아 예술가가 선물한 성상은 지금 책장 한쪽 구석 발칸반도에 대한 책과 캄보디아 조각상 사이에 끼어 있다. 그 성상 뒤편에는 또 파키스탄 라호르 박물관에서 거의 한 세대 전에 구입한 인쇄물이 놓여 있다. 그 물건들을 모조리 털어 버려야 할 텐데. 수집벽이 일종의 자기애自己愛라는 사실을 대체 언제나 깨달을는지.

하지만 그것은 참으로 어려운 일이다. 침대 옆에 놓인 값진 페이퍼백 도서 한 권은 세상에서 가장 무미건조한 호텔 방도 문명화된 공간으로 만들어준다. 대영 제국의 키프로스 총독이었던 로널드 스토어스 경Sir Ronald Storrs(1881-1955)은 1931년 자신의 서재를 전소시킨 군중들이 물러간 뒤 이렇게 기록했다. "일반적으로 무생물이라고 불리는 사물들조차도 그 주인이 사고, 그리고 오랫동안 아껴주면, 죽음으로 절대 훼손할 수 없는 사랑 받는 존재처럼 되는 것인지도 모른다. 지금도 두 눈을 감으면 제자리에 그대로 꽂혀 있는 책들을 하나하나 느낄 수 있다. ……" 이 글은 내가 갖고 있는 몇

안 되는 초판본 책 중 한 권에 나오는 내용이다.

책은 이 세상에서 가장 감각적인 무생물이자 사물이다. 1977년 나는 (1969년에 처음 출간된) 역사가 찰스 랄프 복서C. R. Boxer(1904-2000)의 『포르투갈 해상 제국The Portuguese Seaborne Empire 1415-1825』 페이퍼백을 손에 넣었다. 그것은 포르투갈스러운 것들에 마음을 빼앗긴 사람들을 위한 성스러운 책이다. 그 책 표지를 물끄러미 바라본다. 위쪽 절반에는 우아한 흑백 문자가 새겨져 있고, 아래쪽 절반에는 지도 한 장과 사납게 넘실대는 광활한 터키석 빛깔 바다 위에 떠 있는 작은 범선 그림이 그려져 있다. 이 페이퍼백 책에서는 중세 화병 같은 질감이 느껴진다.

지난 수십 년 동안 나는 아름다운 책을 한 권씩 구입할 때마다 그 책 주제와 관련된 새로운 기획을 세웠었다. '아프리카의 뿔'에 관한 책 종군기자 앨런 무어헤드Alan Moorehead(1910-1983)의 삽화가 그려진 페이퍼백 『흰 나일 강The White Nile』(1960)과 『푸른 나일 강The Blue Nile』(1962), 아프가니스탄에 관한 책 올라프 카로Olaf Caroe(1892-1981)의 옥스퍼드 대학교 출판사판 『파탄족The Pathans』(1958), 내가 드물게 큰돈을 들여 구입한 발칸반도에 관한 책 존 리드John Reed(1887-1920)의 『동유럽 전쟁The War in Eastern Europe』(1916) 초판본, 또 드물게 큰돈을 들여 구입한 인도양에 관한 책 찰스 루리아트 출판사판 바실 러벅Basil Lubbock(1876-1944)의 『아편 농부The Opium Clippers』(1933) 등이 그런 책들이다. 누군가가 특별한 의도로 수십 년씩 소장했던 책들은 단지 책 주인의 기억만 담고 있는 것이 아니다. (그것만큼은 분명한 사실이지만 말이다.) 그런 책들은 또

한 책 주인의 진짜 가치를 드러낸다. 우리가 소유한 책들이 우리가 생각하는 스스로의 모습과 다른 우리 자신의 일면을 보여줄 수도 있기 때문이다.

그러나 책이 담고 있는 기억의 가치를 완전히 무시해서는 안 된다. 책은 그 책을 읽은 장소를 낡은 사진 한 장보다도 더 또렷하게 함축하고 있을 수 있다. 나의 경우, 토마스 만의 『부덴브로크 가家 사람들Buddenbrooks』(1901)만 읽으면 1981년의 프라하가 떠오른다. 그 시기는 냉전이 도시에 조성해놓은 치명적인 침묵이, 광장은 텅 비게 만들고 도시의 조각상과 석상은 더더욱 무시무시해 보이게 만들던 때였다. 공산당 정부의 어떤 공무원과 인터뷰를 마치고 돌아오던 길이 기억난다. 비밀경찰 한 명이 호텔까지 나를 미행했었다. 그런 다음 호텔 방에서, 안토니 부덴브로크가 젊은 의대생과 애정을 키우고, 가족에 대한 의무 때문에 여름과 함께 끝나버린 연애를 한, 메클렌부르크 해변의 커피 향 나는 작은 집에 대한 부분을 읽었던 것이다. 1973년 폭풍우가 몰아치던 이틀 동안 홀로 다락방에서 지내며 읽었던 『아버지와 아들Fathers and Sons』(1862) 복사본을 보면 떡갈나무, 전나무, 너도밤나무가 우거진 루마니아의 숲이 되살아난다. 19세기 러시아에서 전개된 목가적인 로맨스 속에 투르게네프Ivan Sergeevich Turgenev(1818-1883)가 새겨 넣은 어두운 근대적 메시지 때문에 나는 루마니아에서 외로움이란 말만으로는 도저히 표현이 안 되는 심한 고독감을 경험했던 것이다.

젊은이들은 현재를 사는 능력이라는 축복을 부여받는다. 그리고 근심이 끊이지 않는 중년 이상의 사람들도 그 능력을 되찾고 싶어서 안간힘을 쓴다. 책은 일종의 저항이다. 전자시대의 산만함뿐 아니라 우리 자신의 문제와 가식 역시 그 저항의 대상이 된다. 책의 목적은 성공이 아니라, 현재성, 그러니까 투르게네프의 이야기에 완전히 몰입하고 있던 몇 시간 동안이라는 그 기나긴 순간을 현재의 시간 속에 실제로 회복하는 것이다. 그 당시 투르게네프는 지금은 격정으로 박살난, 더없이 얼음장처럼 차가운 곳의 심장부로 나를 데려갔고, 그 결과 나는 작품에 산재해 있는 그 모든 산만함에도 불구하고, 셰익스피어를 계승한 그 작가의 작품 깊은 곳에서 이데올로기가 어떻게 허물어지는지 처음으로 이해했다.

낡은 레코드판처럼 낡은 페이퍼백도 처음에는 고풍스러운 맛이 있지만, 세월이 흐를수록 다락방에 쌓인 쓰레기 같은 모습으로 변하며 주인을 위협한다. 액정의 시대에 곰팡내 나는 누런 책장은 어울리지 않는다. 나는 스스로에게 말한다. 책을 치워 버려라. 가장 중요한 책 몇 권만 남기고. 서재를 솎아내라. 가장 본질적인 것만 남게 확 줄여버려라.

블라디미르 나보코프*의 단편소설 중에 〈구름, 성, 호수Cloud, Castle, Lake〉(1941)라는 작품이 있다. 작품 속에서 주인공은 지긋지긋하게 순종을 요구하는 소란스러운 단체 관광객들로부터, 아니 실은 세계로부터 벗어나려고 필사적으로 발버둥 친다. 그러다가 우연히 한 여관에 들른다. "위층은 관광객을 위한 방이었다. '이보시오. 내가 여생 동안 그 방을 좀 빌려야겠소.' 그는 여관 주인에게 이렇게 말했다." 그것은 "세상에서 가장 평범한" 방이었지만, 그 방 "창가에 서면 완벽한 행복의 상관관계 속에 미동도 없이 구름과 성을 거느리고 펼쳐져 있는 호수가 또렷이 내다보였다." "어느 눈부신 순간," 주인공은 깨닫는다. "그곳, 눈가에 눈물이 맺힐 정도로 풍경이 아름다운 자그마한 방에 도착해서야 마침내 삶이 자신이늘 바라던 모습대로 되었다는 것을." 그 방을 채우기 위해 그에게 필요한 것은 책 몇 권을 포함한 "극소량의 소유물"뿐일 듯싶었다.

내가 그런 방에서 여생을 보내게 된다면, 나는 그곳에 어떤 책을 가져가게 될까? 고작해야, 책장 한 칸이면 충분한 스무 권 남짓이 아닐는지. 그 책들은 제각각 내게 깊은 의미가 있는 책, 나를 변

* 블라디미르 나보코프Vladimir Nabokov(1899-1977)
러시아 출신의 미국 소설가, 평론가, 곤충학자이다. 러시아의 상트페테르부르크에서 태어났다. 많은 유산을 상속받았으나 볼셰비키 혁명으로 전 재산을 몰수당하고 1919년 영국으로 망명, 케임브리지 대학교에서 수학했다. 1940년 미국으로 이주한 뒤 영어로 작품을 발표했고, 열두 살 소녀를 향한 중년 남성의 성적 집착을 그린 『롤리타 Lolita』(1955)로 베스트셀러 작가의 반열에 올랐다. 코넬 대학교에서 러시아 문학 교수로 재직하다가 돌연 미국 생활을 정리하고 1959년 스위스로 건너가 죽을 때까지 몽뜨뢰Montreux 시에 있던 호텔에서 지내며 집필에 전념했다.

화시킨 책, 내 삶에 중대한 영향을 끼친 책들이 될 것이다. 물론 그 책들이 언제나 더 나은 쪽으로 상황을 이끈 것은 아니다. 삶이란 때로 복잡한 문제, 그리고 심지어 불화를 요구하기도 하니까.

사실, 내 마음속에는 내가 선택할 책들이 이미 정해져 있다. 여기에 그중 한 권에 대한 이야기를 털어놓는다.

책장에서 낡은 단행본 한 권을 빼든다. 고든 스킬링H. Gordon Skilling(1912-2001)의 『동유럽 공산 정권The Governments of Communist East Europe』 1971년판 페이퍼백이다. 이 책이 처음 출간된 것은 원래 1966년이다. 나는 애정 어린 마음으로 그 책을 넘겨본다. 제목은 무미건조하고 학구적이며 책 표지도 딱 그렇다. 온통 회색인 표지에 갈색 글씨로 제목이 쓰여 있을 뿐 그림 하나 없다. 미학이나 문학적 수사는 전혀 존재하지 않는다. 포르투갈 제국에 대한 책과 달리 전혀 아름답지 않은 책이다. 하지만 이 책은 상상 속 나보코프의 방에 내가 가져갈 책 중 한 권이다.

1981년 늦여름, 나는 예루살렘의 킹 조지 가를 걸어 내려가는 중이었다. 따가운 햇살이 공격적으로 쏟아져 내렸다. 나는 땀범벅이 된 피곤한 몸으로 약간의 두통을 느끼면서 정처 없이 서성대고 있었다. 그러다가 킹 다윗 호텔에서 몇 블록 떨어져 평행으로 늘어서 있는 어수선한 거리에서 서점 한 곳을 발견했다. 회색 철제 책장에 책들이 아무렇게나 꽂혀 있고 앉을 자리도 없는, 먼지투성이 창고 같은 자그마한 책방이었다. 그때 내가 하고 있던 산책과 마찬가지로 당시 내 삶은 목적지가 없었다.

나는 몇 주 안에 이스라엘 방위군IDF : Israel Defence Forces에서 제대할 예정이었지만 그런 다음 무엇을 할지 분명하게 정해진 것이 없었다. 그때 스물아홉 살이던 나는 저널리즘의 세계에서 쓸모 있는 대학 학위 같은 것이 부족했다. 아랍 세계와 이스라엘 지역에서 프리랜서 저널리스트로 활동하면서 게걸스럽게 책을 읽고 쉬지 않고 여행을 다녔지만, 사실 출간된 결과물은 거의 없었다. 이스라엘에서 지내는 몇 년 동안 나는 그 나라 자체는 물론 '성스러운 땅Holy Land', 그리고 이교異教의 태피스트리에 매혹되었다. 그래서 유대교 회당은 물론, 유대 사막에 있는 그리스 수도원, 그리고 중세 이슬람 조형물도 열성적으로 찾아다녔다. 내가 하찮은 유통망을 보유한 이스라엘 출판업자들을 위해 삽화가 들어간 고고학과 정통 기독교에 대한 책을 여러 권 집필, 혹은 대필하게 된 것도 다 그 덕분이다. 아무튼 간단히 말해서 그 시절 나는 어딘가에 채용될 능력이 근본적으로 없는 상태였다. 게다가 예루살렘 생활이 숨 막혀서 그저 다시 한 번 여행을 하고 싶은 마음뿐이었다.

그 순간 그 서점 책장에서 내가 『동유럽 공산 정권』이란 책을 집어든 것은 결코 우연이 아니었다. 사실 그 무렵 나는 그 책을 찾고 있었던 것이다. 저자 고든 스킬링은 그 분야에 상당한 족적을 남긴 캐나다의 동유럽 냉전 신문기자로서 토론토 대학교에서 강의를 하면서 토론토에서 반反 공산주의 체제 인사들을 지원하고 있었다. 그는 당시 체코슬로바키아의 정세에 특히 관심이 많았고, 그가 써온 글들 역시 근본적으로는 체코슬로바키아의 20세기 역사에 관한 내용이었다. 하지만 나는 그 시절 그런 문제에 무지했다. 나에게 그는 그저 지루한 싸구려 책의 저자일 뿐이었다. 그럼에도 한 가지 기억이 떠올라서 나는 그 책을 읽기로 결정했다.

1971년 여름 나는 기차를 타고 며칠 동안 유고슬라비아 전역을 여행한 적이 있다. 그 짧은 여행에 고무된 나는 대학을 졸업한 뒤 1973년 여름 유럽 공산주의 국가들을 순회하는 3개월간의 여행길에 올랐다. 동독에서 출발해 폴란드와 체코슬로바키아를 거쳐 헝가리 남동부와 루마니아, 불가리아를 관통하는 여정이었다. 숙박은 유스호스텔이나 여행길에서 만난 사람들의 집에서 해결했다. 그때는 냉전이 절정에 달해 있던 시기였는데, 서유럽의 언론매체들은 그 나라들을 소련의 '위성국가'라는 하나의 회색 덩어리로 뭉뚱그리기 일쑤였다. 그러나 나는 동베를린을 출발해 바르샤바에 도착하자마자, 각 나라들의 문화와 통치방식이 제각각 얼마나 어마어마하게 다른지 깨닫기 시작했다. 동독은 완전하게 통제된 감옥 국가였던 반면, 폴란드는 훨씬 자유로운 공기가 가득했다. 폴란드처럼 유쾌한 젊음이 끓어오르고 있어서 헝가리에서는 친구를 사귀는 것이 어렵지 않았지만, 바로 뒤이어 방문한 루마니아에서는 친구를 단 한 명도 만들 수가 없었다. 루마니아 사람들은 서유럽 방문객에게 폐쇄적이고 훨씬 더 가난했기 때문이다. 그리고 마지막 여행지였던 불가리아 시골 지방에서는 유럽에서 이미 벗어난 것 같은 기분을 느꼈다. 그곳 풍경은 내 상상 속 중동의 모습이었다.

1973년 여행에서는 아무런 결과물도 얻지 못했다. 특파원처럼 글을 써 출간하려는 나의 시도는 작가로서 나의 미숙함, 그 시절 뉴스거리가 거의 없었던 그 지역에 대한 무관심 때문에 실패했다.

미국으로 돌아와 작은 신문사에 취직한 나는 다시 여행을 떠나기에 충분한 돈을 저축한 다음, 이번에는 아랍 세계 전체를 관통하는 여행길에 올랐다. 그 여행은 분명한 이유 없이 이스라엘에서 끝났다. 나는 그때 내 삶을 허비하게 될까봐 겁에 질려 있었다.

나는 먼지투성이 서점의 철제 책장에 기대어 서서 스킬링의 이야기를 읽기 시작했다. 5쪽을 읽으면서 1930년대 영국과 프랑스가 히틀러에 대해 취했던 유화정책이 동유럽에서 서유럽에 대한 인상을 악화시켰다는 사실을 깨달았다. 때는 아직 제2차 세계대전이 일어나기도 전, 주로 공산주의자들이 나치에 저항하는 세력과 눈에 띄게 동맹을 결성하던 때였다. 스탈린이 보기에는 영국의 수상 네빌 체임벌린Arthur Neville Chamberlain(1869-1940)이 1938년 히틀러와 뮌헨 협정*을 통해 맺은 화해가 동유럽 상실의 발단이었다. 또, 7쪽을 읽으면서 동유럽 국가들 자체의 분열 때문에 소련이 그 지역을 점령하고 계속 그 지역에 통제력을 행사할 수 있었다는 사실을 알게 되었다. 동유럽 국가들 간의 분열, 그것은 그때로부터 8년 전 동유럽을 여행하면서 내가 느꼈던 인상이기도 했다. 계속 서점에서 책을 읽자니 너무 피곤해서 그 책을 사 예루살렘 올드 시티 근처 무스라라 거주지역의 내 다락방으로 갖고 돌아왔다.

*** 뮌헨 협정**Munich Agreement
1938년 9월 30일 독일 뮌헨에서 독일, 영국, 프랑스, 이탈리아 4개국이 모여 맺은 협정을 말한다. 서구 열강이 당사자인 체코슬로바키아를 제외한 채, 체코슬로바키아 내 독일인 거주자가 많은 주데텐란트 지역에 대해 소유권을 주장하는 히틀러의 요구에 따라 그 지역을 독일에 할양한 유화 협정이다.

그 뒤 며칠 동안 스킬링의 책을 읽으면서 나는, 외부적으로는 민족 간 갈등이 첨예하고 내부적으로는 정치적으로 취약한 그 세계에 대해 알게 되었다. 그 지역 국가들은 지리적으로는 예리하게 구분, 정의되지만, 외세, 즉 전 세기 오스트리아의 합스부르크 왕가나 금세기 소련 같은 강대국의 힘이 가해지면 하나로 합쳐지기 일쑤인 나라들이었다. 당시에도 이미 10년이나 지나 있던 낡은 페이퍼백 책에 내가 속기로 기록해놓은 메모들을 온전한 문장으로 옮겨보면 이렇다. "다뉴브 평원은 오랜 세월 이주민이나 침략군의 이동경로였다. …… 십여 개의 민족이 그곳에 지형만큼이나 다양한 인종적 모자이크를 수놓았다. …… 슬라브족은 주로 아시아계 민족으로 구성되어 있었지만, 문화적 동류의식이 정치적 결합으로 이어진 적은 없었다. 슬라브족 내부의, 혹은 슬라브족과 비非슬라브족 사이의 갈등이 점점 심해졌는데 이는 각 민족 간 종교적 전통과 점령당해본 경험의 차이에서 비롯된 것이었다. 종교는 늘 결합을 불가능하게 만들었다. 그리스정교는 자치성이 몹시 강했고, 게다가 늘 가톨릭 구교나 신교가 일으키는 균열도 존재했기 때문이다" 물론 그곳에는, 로마 제국과 비잔티움 제국의 분리를 상기시키는 가톨릭과 정교 사이의 분리도 존재하고 있었다. 스킬링의 책에 쓰인 '정교Orthodox'라는 단어를 읽자마자, 내가 종종 방문하고는 했던 유대 사막 한복판의 그리스 수도원과 관련된 기억이 실타래처럼 머릿속에서 풀려나왔다. 사향이 풍기는 반짝이는 울타리가 쳐진, 성상과 달걀 템페라 프레스코화가 가득한 경내, 아연 색으로 그을린 파이 껍질처럼 불타오르는 풍경에 둘러싸인 건물 등.

스킬링은 이야기를 이어갔다. 두 번의 세계대전을 겪는 사이에 동유럽 국가들의 민주주의는 빈약한 뿌리마저 메말라 버렸다. 제2차 세계대전으로 동유럽 내부에는 엄청난 규모의 인종적 승자와 패자가 생겨났고 1945년 이래 실질적인 역사 발전은 멈추었다. 그러는 동안에도 루마니아와 알바니아 국민의 상당수는 여전히 농노 신분이었다. 스킬링의 설명을 읽으니 놀랍게도 1973년에 헝가리에 비해 루마니아가 그렇게 보이고 느껴졌던 까닭이 어느 정도 이해가 되었다. 나는 잠시 동안 13쪽에 실린 인종 지도를 물끄러미 바라보았다. 냉전 지도와 달리 왠지 친숙하게 느껴지는 지도였다.

가치 있는 통찰이 대부분 그렇듯, 어떤 계획의 핵심은 별안간 마음속에 떠오를 수 있다. 비록 바르샤바조약기구* 때문에 외교적으로 고립되어 있기는 했지만 이스라엘은 예전부터 루마니아 공산주의 정권과 국교가 있었다. 게다가 결정적으로 내 목적에 딱 알맞게도 이스라엘 공항에는 루마니아의 수도 부쿠레슈티까지 직항하는 비행기가 있었다. 나는 군대를 제대한 바로 그날, 루마니아로 날아가 동유럽 전역을 돌아보는 여행길에 오르기로 마음먹었다.

내 수중에는 그동안 대필을 해 모아놓은 약간의 돈이 있었다. 나는 스스로 다짐했다. 이번에는 결단코 기회를 날려버리지 않

*** 바르샤바조약기구Warsaw Pact**
서유럽의 북대서양조약기구North Atlantic Treaty Organization에 대항해 동유럽 국가들이 맺은 공동 방위 조약기구로 1955년 폴란드의 바르샤바에서 체결되었다. 회원국은 소련, 알바니아, 불가리아, 헝가리, 동독, 폴란드, 루마니아, 체코슬로바키아 8개국이었다.

으리라. 스킬링의 책을 가이드 삼아 지니고 가는 만큼 이번만큼은 틀림없이 신문사에 원고를 팔아 경력의 토대를 다질 수 있으리라. 1981년의 동유럽, 특히 발칸반도는 심각할 정도로 저널리즘의 변방이었다. 스킬링의 분류에 따르면 공산주의 동유럽 안에는 세 개의 하부 구조가 존재했는데, 그중 하나인 "바위투성이 산악지대 발칸반도"는 (다른 두 개의 지역은 북유럽과 다뉴브 평원) 수십 년 동안 그 지역 이야기는커녕 단어 하나조차 신문 헤드라인에 오른 적 없는 것으로 유명했다. 그 당시 '발칸'이란 말은 이스라엘과 중동의 반대말로 통했다. 그곳에도 저널리스트가 수십 명씩 있었지만 그들은 예루살렘의 경우와 마찬가지로 똑같은 기자회견에 참석하고 똑같은 이야기를 따라 썼다. 그 지역은 그 자체로는 유럽 내부에 속해 있음에도 아무도 다루지 않는 곳이었지만, 나는 역사적으로나 문화적으로나 내가 그때 살고 있던 곳만큼 그 지역에도 관심이 많았다. 스킬링은 책 말미에, 그 국가들 모두가 소비에트 연방에 속해 있음에도 여전히 각자 나름의 방식대로 "독특함"을 유지하고 있다고 설명했다. 공산주의 역시 각국의 문화적, 역사적 경험에 따라 각자 나름의 방식대로 받아들였던 것이다. 나는 그 나름의 방식을 내 글의 주제로 삼기로 결정했다. 우리를 인간답게 만들어주는 것은, 유사점은 물론 우리 사이에 존재하는 차이점까지 똑바로 인식하는 것이기 때문이다.

나는 동유럽, 그중에서도 특히 발칸반도에 대한 기사를 닥치는 대로 찾아 읽기 시작했고, 예루살렘 서부에 위치한 미국문화원

도서관에 소장되어 있는 신문 마이크로필름도 훑어보았다. 그 글들 속에 일정한 패턴이 존재한다는 사실을 곧바로 알 수 있었다. 기사의 대부분은 1970년대 후반부터 1980년 초반까지 바르샤바나 빈에 상주하면서 1년에 한두 번 정도 동유럽 공산주의 국가들의 남부 일대를 여행하고는 했던 특파원들이 작성한 것으로 유고슬라비아나 루마니아 등에 대해 쓴 이야기들이었다. 루마니아의 통화 가치가 얼마나 바닥까지 떨어졌으면 사람들이 켄트 담배를 물물교환의 수단으로 이용한다는 내용의 기사를 여러 편 발견했다. 그 내용은 흥미로웠지만, 나는 이 통신원에 이어 저 통신원이 전하는 똑같은 이야기를 읽는 데 그만 싫증이 나고 말았다. 그 기사들이 전하는 내용보다 더 많은 일들이 그 나라에서 벌어지고 있는 것이 분명했다.

그러다가 마침내 ≪예루살렘 포스트Jerusalem Post≫ 안쪽 지면 하단에 실린 한 통신원의 기사가 내 관심을 끌었다. 날짜 기입란에 기록된 통신원의 위치는 유고슬라비아의 수도 베오그라드였다. 보아 하니 소련이 동유럽 국가들에 지급해주던 연료 지원금을 감축하고 있어서 그 지역 전역에서 시도 때도 없이 정전이 일어나고 있는 모양이었다. 당시 나는 그 사건이 초래할 결과에 대해 알지 못했지만, 그것은 결과적으로 최고 권력자들에게 저항하는 단초가 된 불만을 그 사회 내부에 스스로 촉발시키는 데 기여한, 10년간의 경제 침체가 시작될 전조였다. 어떤 지면에서였는지는 가물가물하지만, 1981년 10월 나는 베오그라드에서 작성된 또 다른 통신원의 기사를 한 편 보게 되었다. 유고슬라비아 남부 코소보 지방에서 일어난 알바니아 인종 간의 소요에 대한 기사였다. 그즈음 나는 이스라엘을 떠날 준비를 마치고, 기사문도 여남은 개 오려서 이미 챙겨둔 상태였다.

제대하는 날, 나는 텔아비브 교외에 있는 병무청 바쿰BAKUM에 내 군복과 잡낭을 제출하고, 해외여행 허가를 요청하는 통상적인 신청서를 작성했다. 이제 예비군 자격을 취득한 병사에게 꼭 필요한 절차였다. 군복 차림의 여군이 어디를 여행할 계획이냐고 내게 물었다. 나는 루마니아라고 대답했다. 그녀는 흠칫 놀랐다. 루마니아가 바르샤바조약기구의 회원국이었고 팔레스타인 해방 기구PLO : Palestine Liberation Organization나 과격한 아랍 국가들과 밀접하게 국교를 맺고 있었기 때문이다. 여군은 말했다. "그 나라에 가는 이스라엘 국민은 많지 않은데요. 왜 가시는 거죠? 그것도 겨울 초입에 말이에요." 나는 내가 그동안 여러 책에서 소재로 다루었던 그리스정교 수도원들을 돌아볼 생각이라고 말했다. "예루살렘 외교부에 전화를 걸어서 루마니아 주재 이스라엘 대사관 주소랑 전화번호를 적어 가세요. 그 나라에 계시는 동안 안전과 관련된 문제가 생길 경우에 대비해서 말이죠." 여군은 여행 허가증을 내주며 사무적인 목소리로 무미건조하게 말했다. 그러고는 그 허가증은 오로지 루마니아 한 국가에서만 통용되는 것이며, 이스라엘 방위군은 이스라엘과 아무런 외교 관계가 없는 다른 동유럽 지역을 여행해도 좋다는 허가를 내준 것이 아니라고 덧붙였다. 나는 그 말에 복종할 마음이 내게 전혀 없다는 사실을 잘 알면서도 그 조건을 수락했다. 그리고 그 순간 깨달았다. 사소한 규칙 위반이 되겠지만 내가 이스라엘로 돌아오지 않을지도 모른다는 사실을.

다음 날 아침 나는 부쿠레슈티행 엘 알El Al 항공기에 탑승한 뒤 이스라엘 여권을 조심스럽게 여행 가방 밑바닥에 집어넣었다. 그러고는 부쿠레슈티에 도착해서 귀국용 비행기 표를 환불하고 미국 여권을 갱신한 다음, 그 여권을 이용해 루마니아 수도에 대사관을 두고 있는 다른 공산주의 국가들을 여행할 수 있는 비자를 발급받았다. 스킬링의 책이 내게 어떤 소명과 방향, 즉 운명을 부여한 까닭이었다. 누군가가 성장한 나라의 역사적 배경을 읽는 행위는 그것을 배우는 행위이다. 향후 9년 동안 부정기적으로 나를 냉전 유럽에 파견함으로써 나로 하여금 내가 태어난 시대에 대해 정통하게 해준 사람은 다름 아닌 스킬링이었다. 그리고 비록 그 누구도 나를 고용하지는 않았지만, 나를 해외 특파원으로 만들어준 책 역시 스킬링의 그 책이었다.

1 장

1981년

부쿠레슈티

여행이라는 행위는 슬픔을 덜어준다. 20세기 초반 포르투갈의 시인이자 실존주의 작가인 페르난도 페소아Fernando Pessoa(1888-1935)는 이렇게 기록했다. "새로운 나라의 새로운 거리 풍경 …… 비탄에 빠진 우리를 위해 그것들이 베풀어주는 듯한 평화." 새로운 환경은 낡은 환경을 잊게 만들고 그리하여 시간이 빨리 흘러가게 만든다. 부쿠레슈티Bucharest 오토페니Otopeni 공항에 착륙해 비행기에서 내리는 그 순간, 나의 세계는 눈이 멀 것처럼 햇살이 쏟아지는 강렬한 원색의 시끄러운 중동에서 11월의 으스스한 흑백 판화 색조를 띤 발칸반도로 바뀌어 있었다. 고작 몇 시간 거리밖에 떨어져 있지 않았는데도 이스라엘은 이미 고릿적에나 존재하던 머나먼 세상의 일부였다.

오토페니 공항은 대리석과 더러운 유리로 뒤덮인 요새 같은 건물로, 불결한 칸막이 사무실에 자리한 출입국 관리소를 갖추고 있었다. 그것마저 없었더라면 굉장히 황량했을 벽 위에 붉은 별과 독재자의 사진이 걸려 있었다. 나는 추운 버스 안 합판 의자에 앉아서 그 버스가 나를 시내로 데려다주길 30분 동안 기다렸다. 앙상한 가지만 남은 너도밤나무, 포플러나무, 잎사귀가 넓은 보리수 등이 버스 창을 때리는 스텝기후 바람에 끼익 소리를 냈다. 구름이란 강

철 지붕 아래로 오후 햇살이 비치지 않는 겨울이 왔다는 신호였다. 내가 막 떠나온 지중해 동부 연안에는 거의 알려져 있지 않지만 이 지방에서는 흔히 볼 수 있는 낙엽수가 빽빽하게 들어서 있는 숲은 내가 이동해온 거리가 얼마나 되는지 그 감각을 날카롭게 일깨울 따름이었다. 도시의 주요도로로 진입하자 눈앞에 나타난, 예상 강설량을 고려해 북부 바로크양식풍으로 지붕을 가파르게 올린 집들 역시 마찬가지였다.

지난 6년 동안 나는 북아프리카와 지중해 동부 연안 너머를 여행한 적이 없었다. 이스라엘을 떠나 있었던 시간이라고는 예정보다 길게 그리스로 여행을 다녀왔을 때뿐이었다. 그때와 비교해 볼 때 북쪽 지역을 다시 찾은 일은 내게 갑작스럽고 극적인 영향을 끼쳤다. 앙드레 지드André Gide(1869-1951)는 『배덕자The Immoralist』(1901)에 이렇게 기록했다. "영원히 푸른 하늘만큼 심하게 사색에 방해가 되는 것은 아무것도 없다." 이 말은 우리가 진지하게 생각을 할 때 추상적으로 생각을 한다는 뜻이다. 지드는 납빛 구름이 드리워진 북쪽 지방의 추운 기후가 추론, 분석, 성찰을 부추김으로써 추상성을 강화한다고 추측했다. 오히려 나는 몇 년 동안 그리스 섬에 지어진 집 한 채에서 여름을 나는 꿈을 계속 꾸었었는데 말이다. 부쿠레슈티의 첫 몇 시간 동안 나는 그렇게 정신적 여행을 시작하고 있었다. 그것은 몇십 년이 흐른 뒤에야 미국 메인 주에서 가장 어두운 겨울을 보내는 과정을 탐구하면서 끝이 날 여행이었다. 그때가 되면 나의 독서 습관에도 변화가 일어날 터였다. 로렌스 더럴*의 눈부시게 관능적인 지중해는 토마스 만**의 차갑게 절제된 열정으로 바뀌게 될 테니까. 이따금 선부르게 표현되는 헨리 밀러***의 고대 그리스적 황홀감일랑 저리 밀어두고, 그리스 문화의 고갱이인 투키디데스의 사실주의 원칙을, 그리고 한 발 더 나아가 그의 20세

*** 로렌스 더럴Lawrence Durrell(1912-1990)**
영국의 시인, 소설가. 고전적인 필치로 지중해의 아름다움을 노래했다. 피아노 연주자로 방랑생활을 시작해 처음에는 시를 쓰다가 점차 산문으로 영역을 넓혀갔다. 대표작으로 4부작 대하소설『알렉산드리아 사중주Alexandria Quartet』(1957-1960)가 있다.

**** 토마스 만Thomas Mann(1875-1955)**
독일의 사실주의 소설가로 현대 독일 문학의 세계화에 가장 큰 공을 세운 것으로 평가된다. 엄격한 정치가인 전형적인 독일인 부친과 자유분방한 예술가 기질을 타고난 라틴계 모친 사이에서 태어난 만은, 시민으로서의 도덕성과 예술적 탐미주의 사이의 갈등과 극복을 여러 작품에서 절묘하게 그려냈다. 1919년 노벨문학상을 수상했다.

***** 헨리 밀러Henry Miller(1891-1980)**
미국의 소설가. 뉴욕 태생이지만 미국에서는 주목을 받지 못하다가 프랑스로 건너가 파리에서 발표한『북회귀선Tropic of Cancer』(1934),『남회귀선Tropic of Capricorn』(1939)으로 세계적인 명성을 얻었다. 문명을 비판하는 그 작품들은 유럽에서는 호평을 받았지만 정작 영어권에서는 외설이라는 이유로 30년이 흐른 뒤에야 출간되었다.

기 후계자인 한스 모겐소*, 케네스 왈츠**, 새뮤얼 헌팅턴*** 등을 새로이 탐험하게 될 테니까.

사람은 꾸준히 성장하는 것이 아니다. 사람은 결정적인 순간에 자신이 얼마나 무지하고 미숙한 존재인지 불쑥 깨달음으로써 짧게 폭발하듯 성장한다. 공항에서 버스를 타고 가면서 곰팡이가 핀 버스 운전사의 잿빛 얼굴, 그리고 외투와 겨울 모자와 귀마개와 근심에 꽁꽁 싸매어져 있는 다른 루마니아 승객들의 얼굴을 보고 있는 동안, 부쿠레슈티는 나로 하여금 내가 잃어버린 지난 5년간의 모든 역사를 무의식중에 깨닫게 만들었다. 그곳 자체가 레반트****로

---

* **한스 모겐소Hans Morgenthau(1904-1980)**
미국의 국제정치학자. 독일 태생이지만 히틀러가 집권하자 스페인을 거쳐 미국에 정착했다. 카E. H. Carr(1892-1982)와 함께 현실주의 국제정치학의 대표적인 학자로 꼽힌다. 국제 정치에서 권력의 본질과 한계가 무엇인지 분석하고 국익을 위해 그 권력을 획득할 수 있는 외교적 방법론은 제시하고자 했다. 대표 저서로『국제관계론Politics among Nations』(1948)이 있다.

** **케네스 왈츠Kenneth Waltz(1924-2013)**
미국의 국제정치학자. 모겐소의 고전적 현실주의와 구분되는, 제2차 세계대전 이후 주로 활동한 신 현실주의 국제정치학의 대표주자이다. 철학적, 윤리적 관점이 아닌 실증주의, 현실주의적 관점에서 핵무기를 둘러싼 역학관계를 비롯해 국제관계의 여러 현상을 분석하고자 했다.

*** **새뮤얼 헌팅턴Samuel Huntington(1927-2008)**
미국의 정치학자. 군사정치학과 비교정치학 등 다양한 분야를 연구했다. 포드와 카터 행정부의 정책 관료로 참여하는 등 현실정치에 적극적이었다. 서구 기독교 문명과 이슬람 문명, 유교 문명의 충돌을 예견한 '문명충돌론'을 주창했다.

**** **레반트Levant**
이탈리아어로 '해가 뜨는 땅'이라는 뜻이다. 넓게는 그리스, 이집트, 시리아 등 동부 지중해 연안을 일컫는 표현이며, 좁게는 지중해 동쪽 이슬람교 국가들을 뜻한

빠져나가는 외국인을 묵인하는 하나의 완전한 범주였다.

대형 건축물을 선호했던 스탈린풍 양식에 따라 지어진 웅장한 ≪신테이아≫* 신문사 건물이 우뚝 서서 도시로의 진입을 알렸다. 높은 단상에 세워진 레닌의 동상까지 앞뜰에 갖추고 있는 1950년대 스탈린풍 건축물은 주위환경에 정신적으로 완전히 패배한 모습이었다. 다음 날 나는 그곳 진입로 오른쪽에 있는 텅 빈 콘크리트 건물 사무실에서 투이우 씨를 만날 예정이었다. 루마니아 공산당 통신사 에저프레스AGERPRES의 임원인 투이우 씨는 내게 자신이 보장하는 사람을 제외한 "그 누구에게든 말하는 것을 조심하라"고 충고했다.

덜컹거리는 버스를 타고 지나가면서 내가 시선을 빼앗겼던, 피아차 아비아토릴러Piața Aviatorilor(비행사 광장)에 세워져 있는, "에롤러 아에룰루이Erolor Aerului", 즉 "하늘의 영웅들에게"라는 문구가 새겨진 비상하는 형태의 조각상은 제1차 세계대전에 참전한 비행사들과 항공 선구자들에게 1935년 헌정된 것이었다. 나는 베토벤 교향곡 3번 〈영웅Eroica〉을 연상하면서 그 문구를 곧바로 발음해 보았다. 여행 가이드로 가져온 책 여러 권 덕분에 나는 이미 루마니아

= 다. 유럽, 아시아, 아프리카를 연결하는 요충지로 '지리상 발견'으로 인도 항로가 개척되기 전까지 동서무역의 중심지였다.

* 신테이아Scîteia
1919년 소련에서 루마니아 혁명가들에 의해 발행된 일간지로 루마니아 공산당의 기관지였다. '신테이아'는 루마니아어로 '불꽃'이란 뜻이다. 1989년 차우셰스쿠의 공산정권이 몰락하면서 폐간되었다.

어가 라틴어 계통의 언어라는 사실을 알고 있었다. 그런데도 그 조각상에 새겨진 문구를 읽자 불쑥 그 사실이 또렷이 떠올랐다. 참으로 황량한 겨울 배경과 넓은 길이나 좁은 길이나 사실상 텅 비어 있는 거리를 보고 있자니, 내가 평소 라틴어와 아무 관계가 없는 세상의 일부였다는 사실이 불쑥 떠올랐던 것이다. (사실, 외국 지리학자들은 루마니아어의 구성 요소로 트라키아 기층언어는 물론 슬라브어, 헝가리어, 터키어, 그리스어, 롬어까지 이야기하지만, 기본적으로는 라틴어에서 유래했다는 의견이 지배적이다.)

곧 빵과 연료를 배급받는 줄이 나타났다. 그곳은 피아차 로마나Piaţa Romană(로마나 광장) 너머 게오르게 마게루 장군(301쪽 각주 참조) 대로였다. 내가 배낭을 멘 채 아카데미 가에서 내리는 바람에 거리의 침묵이 깨지고 있었다. 도시는 엄청난 메아리만이 가득했다. 거리에는 차가 거의 없었고 사람들은 모두가 똑같이 허름한 외투 차림에 털모자를 쓰고 있었다. 그 모습을 보니 동부 스텝 지역 어딘가에서 자행되던 소련의 국내 유폐가 떠올랐다. 사람들은 묵은 빵이라도 얻을 수 있으리라는 기대감에 너절한 자루를 꽉 움켜쥐고 서 있었다. 나는 그들의 얼굴을 들여다보았다. 그들은 마치 다음에 닥쳐올 재앙을 정복하려고 안간힘을 쓰는 듯, 불안하고 숫기 없고 어수룩하고 계산적이고 비통한 얼굴을 하고 있었다. 햇빛이라고는 단 한 번도 본 적 없는 것 같은 참으로 축축한 안색들이었다.

게오르게 게오르기우데지(1901-1965)

1947년부터 1965년 사망할 때까지 루마니아 공산당을 이끈 서기장. 어린 시절부터 아저씨처럼 조숙하고 무자비하기 이를 데 없는 성격이었다. 그가 1940년대 후반과 1950년대에 루마니아에 남아 있던 중산층 문화와 부르주아 문화를 모조리 말살하는 바람에, 그 나라에는 감옥 마당처럼 고분고분한 분위기만 남게 되었다. 그는 제2차 세계대전을 소련에서 겪은 이른바 모스크바 공산주의자들을 숙청하고 권력을 잡은, 말하자면 토종 공산주의자들의 대표였다.

루마니아 역사상 최악의 10년이 그렇게 시작되고 있었다. 실제로 정치적 압제는 게오르게 게오르기우데지*가 장악한 공산당이 이념적으로 적대적인 인구 대다수를 통제하는 제도를 총체적으로 정비한 1950년대에 훨씬 지독했었는데도 말이다. 훗날 영국의 저명한 한 역사가는 1980년대 루마니아 국민에 대해 이렇게 기록하게 될 터였다. "그들은 …… 짐승이나 다름없는 상태였다. 그들의 관심사는 오로지 하루하루 먹고사는 문제뿐이었다."

상황은 단계적으로 점점 더 악화될 터였다. 식량, 연료, 물, 전기 부족현상이 제1차 세계 대전 때보다도 더 심해지게 될 테니까. 1982년 말, 빵을 팔기 전에 일부러 빵집에 스물네 시간 동안 방치해둔다는 소문이 공공연하게 나돌았다. 빵 맛을 변하게 해서 사려는 사람의 수를 줄이려고 그런다는 것이었다. 어떤 지역에서는 세태를 풍자하는 이런 농담이 유행했다. "러시아가 침략을 해야만 우리도 체코인처럼 먹게 되고 헝가리인처럼 여권을 얻게 될 것이다." 그 최악의 10년 중반에는 디젤 연료를 사용할 형편이 안 되어 버스가 값은 훨씬 더 싸지만 훨씬 더 위험한 메탄가스 탱크를 지붕에 매

* **게오르게 게오르기우데지Gheorghe Gheorghiu-Dej(1901-1965)**
루마니아의 정치가, 총리, 독재자. 가난한 가정에서 태어나 11세부터 노동자로 일하다가 1930년 공산당에 입당해 1933년 그리비차 철도 파업을 주도했다. 1945년 10월 루마니아가 공산화되면서 당 서기장에 올랐고 1952년부터 3년간 총리를 역임했다. 1952년 정권을 장악한 이래 1965년 사망해 그 정권이 차우셰스쿠에게 넘어가기 전까지 산업의 국유화, 농촌의 협동농장화, 반대파의 숙청과 사상 통제 등을 시행했다.

단 채 운행했다.

나는 값이 저렴하다는 안내에 따라 아카데미 가Strada Academiei의 문테니아 호텔Hotel Muntenia을 숙소로 정했다. 시내에 있는 호텔이었는데도 하룻밤 숙박비가 25달러가 안될 정도로 값이 쌌다. 그 방에 대해 기억나는 것이라고는 알전구 하나가 달랑 달린 갈색 방이었다는 것, 외풍이 심한 휑한 복도 끝에 공동 화장실과 세면장이 있었다는 것뿐이다. 나는 흑백텔레비전을 켰다. 민속무용을 곁들인 지도자의 연설이 흘러나왔다. 그 방에는 호텔 교환대를 통해야만 통화를 할 수 있는 코드가 삭은 전화기가 한 대 있었다. 그런데 나는 오히려 그렇게 형편없는 환경 속에서 이전 삶으로부터 해방되었다는 자유를 느끼기 시작했다.

"물론 내일 아침에 오시면 상황을 보고 받으실 수 있을 겁니다. 아마 대사님을 뵙게 해드릴 수도 있을 걸요." 전화선 너머에서 미국 대사관의 이등 서기관인지 뭔지 하는 여자가 반기듯 친절한 목소리로 말했다. 온통 갈색인 방 안이 밝아지는 기분이었다. 나는 그저 여전히 냉전 중인 그 변두리에 모습을 드러낸 것만으로도, 사람이 버글대는 예루살렘 저널리즘 속 무명의 존재에서 갑자기 훨씬 중요한 사람이 된 것이었다. "지금 인터콘InterCon 호텔에 머무르고 계시죠? 아닌가요?" 여자가 물었다. 나는 불안한 목소리로 대답을 얼버무렸다. 앞으로 도래할 세상은 이른바 유스호스텔에 머무는 저널리스트가 총리를 인터뷰하는 기술을 완벽하게 보여주는 시대가 되리라.

다음 날 아침 나는, 평범하기 짝이 없는 현대식 대형 건물인 인터콘티넨탈 호텔의 때탄 크림색과 흰색 벽 옆을 걸어서 지나갔다. 반원을 그리며 하늘을 향해 우뚝 서 있는 그 호텔은 1970년에 완공된 건물로 부쿠레슈티 후기 공산주의의 사치를 보여주는 전형적 산물이었다. 호텔 뒤쪽은 투도르 아르게지* 가였다. 그 거리의 이름이 된 아르게지는 20세기의 지칠 줄 모르는 시인이자 작가로, 그의 문학적 미학과 통렬한 현대성은 공산주의 체제에서도 용케 살아남았다. 미국 대사관이 자리한, 뾰족한 흰색 지붕의 바로크 양식 건물이 바로 그 거리에 있었다. 건물 내부로 들어가니 세공한 짙은 색 원목 가구가 번들거렸고, 그 시대 물건치고는 최신식인 깨끗한 파일 캐비닛과 복사기가 갖추어져 있었다. 당시 내가 보기에는, 직원들의 단정한 워싱턴풍 옷차림이 교도소 마당 같은 근처 거리 환경과 분리된 치외법권 피란처다운, 안전하고 우아하고 효율적이고 자유로운 대사관 분위기를 조성하는 데 한몫하고 있었다. 나는 그 곳을 아주 호의적인 곳으로 기억한다. 한 무리의 외교관들이 즉시 나를 맞이하고는 직접 분석한 정보는 물론 자신들이 느끼는 좌절감까지 내게 털어놓았기 때문이다. 그들은 나를 유명하지는 않지만 결정적인 고발을 할 수 있는 프로 저널리스트로 대접했다. 이스라엘에서는, 내가 프리랜서였던 데다가 지역 방위군의 일원이라

* **투도르 아르게지Tudor Arghezi(1880-1967)**
루마니아의 시인. 14세부터 시를 지어 문단의 인정을 받았고 19세에 수도사가 되었다. 수도원과 속세를 오가며 정신적 방황을 거듭하면서 사회주의 운동에 참여하기도 했다. 영적 구원과 세속적 예술 사이의 갈등, 인간 사회의 부조리 등을 상징주의 필치로 그려냈다.

서 그 시절 민족주의 우익 정권에 우호적인 쪽으로 기울어져 있었기 때문에 언제나 내 프로정신이 의심스럽게 느껴졌었건만.

1980년대에 부쿠레슈티를 여러 번 방문하면서 나는 점차 서구 국가 외교관들에게 의지하는 일이 많아졌다. 평범한 루마니아인들은 공산당 관료 집단을 당연히 꺼리는 것은 물론, 뭔가 실질적인 것을 털어놓는 행위에 대해 느끼는 공포감 때문에 외국인 저널리스트에게도 선전되고 있는 내용 이상의 대안을 제시하려고 감히 시도하는 일이 거의 없었다. 정보원이나 비밀경찰이 어디에나 있는 것 같았다. 내가 용케 인터뷰에 성공한 루마니아 공무원들은 실제로 그런 상황에 대해 이렇게 말하고는 했다. "우리는 우리 국민들에게 장미 정원을 약속한 적이 없습니다." 혹은 대통령 니콜라에 차우셰스쿠*의 말을 인용해 이렇게 말했다. "우리는 지금 부르주아 지주 사회에서 다각적으로 발전된 사회주의 사회로 가는 통로를 건설 중입니다."

* 니콜라에 차우셰스쿠Nicolae Ceauşescu(1918-1989)
루마니아의 대통령, 독재자. 스코르니세슈티 출생. 1936년 불법 조직이었던 공산당에 입당해 활동을 하다가 두 번 투옥되었고, 루마니아 건국 후 차근차근 정치이력을 밟아 1965년 게오르기우데지가 사망한 뒤 공산당 서기장이 되었다. 1967년 대통령에 해당되는 국가평의회 의장으로 선출된 뒤 1985년 선거까지 4선에 당선되며 장기 집권에 성공했다. 1989년 티미쇼아라에서 시작된 반정부 시위를 유혈 진압하려다가 저항이 거세지자 영부인 엘레나와 함께 도주했다. 결국 12월 23일 혁명군에게 체포된 차우셰스쿠 부부는 12월 25일 성탄절에 인민재판을 받고 총살당했다.

니콜라에 차우셰스쿠(1918-1989)와 엘레나(1916-1989)

게오르기우데지 사망 이후 권력을 이어받은 토종 공산주의자로 민족주의적 공산주의를 표방했다. 니콜라에 차우셰스쿠는 억압과 중앙 권력의 경제 장악이라는 스탈린식 공산주의와 개인숭배라는 북한식 공산주의를 결합해 새로운 루마니아식 공산주의를 만들어냈다. 그 부부는 루마니아를 바르샤바조약기구 회원국 중 가장 가난한 나라로 만들어놓고 처형당했다. 차우셰스쿠 자신은 수십 년 동안 매우 약삭빠르게 처신해왔지만, 말년에는 건강이 악화되면서 점차 훨씬 정치적 판단력이 부족한 아내에게 의지하게 되었는데, 그 아내 엘레나의 결정이 그들을 비참하고 갑작스러운 죽음으로 이끌었다.

1989년 차우셰스쿠가 처형된 뒤 사후 대책으로 부쿠레슈티 주재 미국 대사관에 통신원이 한 명 배치된 것과 달리, 1989년 이전까지는 미국 대사관 자체가 반쯤 잊히고 갈가리 찢긴 그 나라에서 일어나고 있던 일에 대해 정보와 분석을 제공하는 취재 중심지 역할을 하고 있었다. 소피아, 베오그라드, 부다페스트 등 다른 도시에 주재하는 미국 대사관과 마찬가지로 그곳 직원들 역시 감성에 치우지지 않는, 그리고 궁극적으로 이상주의를 훼손하지 않는 인상적인 통찰로 내게 상황을 보고해 주었다.

그 하얀 바로크 양식 건물에서 나는 발칸 지역 전문가인 미국 외교관을 한 명 만났다. 어네스트 레이텀Earnest Latham 박사는 공산주의 빙하기가 엄습하기 이전 루마니아를 방문했던 사람들의 회고록이나 다른 저작물을 열성적으로 수집해온 사람이었다. 그가 그런 일을 하는 주된 이유는 공산주의 이전 과거의 기록을 보존함으로써 공산주의 너머 미래의 모습을 그려볼 수 있게 하기 위함이었다. 냉전이 영원히 끝나지 않으리라는 전망이 시대를 완전히 장악하고 있던, 그리고 차우셰스쿠의 루마니아가 스탈린의 러시아 분위기를 잔뜩 풍기고 있던 1980년대 초중반에 그런 행동을 하다니, 그것은 사실 엄청난 예언이었다.

발칸 지역과 중유럽의 냉전기는 서구 대사관 보도의 황금기였다. 그 나라의 수도들 중에 최신식 저널리즘 세계가 형성되어 있는 곳은 전혀 없었는데도, 나는 그런 환경에서 현재진행형 역사를 현장에서 직접 겪기 시작했다. 그때부터 10년 동안은 레바논의 수도 베이루트, 니카라과의 수도 마나과, 엘살바도르의 수도 산살바도르, 파키스탄의 도시 페샤와르 같은 곳이 저널리즘의 중심지였다. 미디어는 레바논과 중앙아메리카의 전쟁에 정신이 팔려 있었고 그보다 정도가 덜 하기는 했지만 아프가니스탄에도 관심이 있었다.

내가 어중간한 지역에서 뉴스거리를 찾아 헤매는 그 저널리스트 무리로부터 습관적으로 스스로 떨어져 나오기 시작한 것은 그 무렵부터였다. 예를 들어보겠다. 훨씬 나중인 1984년 부쿠레슈티를 여행할 때였다. 레이텀 박사가 내게 우연히 이런 말을 했다. 차우셰스쿠가 수도의 방대한 지역을 폭파해 폐허로 만들고 있다고, 치안부대가 그리스정교 성당, 수도원, 유대교 회당과 19세기 주택들이 있는 동네 전체를 마구 쓸어버리며 약탈을 일삼고 있다고, 도합 만 개에 달하는 건물과 거기 딸린, 숲처럼 나무가 우거진 정원이 모조리 파괴되었다고 했다. 주민들에게는 단 몇 시간을 주며 포탄을 장전하기 전에 생필품을 챙겨 떠나라는 소개령이 떨어졌다. 폭파된 지역에는 스탈린풍의 거대한 관청과 블록 같은 아파트들이 들어섰는데, 외국 외교관들에게 그런 말을 할 수 있을 정도로 용감한 루마니아인들은 그 지역을 '차우시마'*라고 불렀다. 새 공산당

* 차우시마Ceaushima
'차우셰스쿠'와 '히로시마'가 결합된 신조어이다. 1980년대 루마니아 독재자 차우셰스쿠가 부쿠레슈티의 여러 지역을 파괴했는데, 그 참상이 히로시마 원폭에 비길 만하다고 해서 그 지역을 이렇게 불렀다. 이 용어는 단지 지역 명칭에서 그치지 않고 차우셰스쿠의 독재로 파괴된 문화, 전통을 모두 아우르는 의미로 넓게 쓰이기도 한다.

복합단지와 기념 거리 건설 계획에 대해 미리 알고 있던 레이텀은 그 계획을 "천 년 나치 제국이 실현되었더라면 알베르트 슈페어*가 아돌프 히틀러를 위해 설계, 완성했을지 모르는" 무언가에 비교했다. 나는 그때 그곳에서 일어나고 있던 일을 몇 달 뒤 잡지 사설을 통해 세계에 알렸고, 그 때문에 차우셰스쿠가 실각할 때까지 5년 동안 루마니아에서 환영받지 못하는 인사로 지정되고 말았다.

1980년대 중반 이웃나라 불가리아에 갔을 때 다른 미국 외교관이 내게 말했다. 공산주의 체제가 불가리아 전체 인구의 10퍼센트를 차지하는 터키 인종에게 억지로 이름을 슬라브족 식으로 바꾸게 하고 있다고. 심지어 회교 사원을 폐쇄하고 터키어 사용까지 금한다는 것이었다. 1984년 그때 세르비아의 수도 베오그라드에서 근무 중이던 또 다른 미국 외교관 댄 프라이드Dan Fried는 그 시간부로 유고슬라비아에 나의 모든 에너지를 쏟아 부어야 한다고 강력히 충고했다. 그의 말에 따르면 인종적, 정치적, 경제적 분열이 점차 심화되고 있어서 "그 나라에 장차 뉴스거리가 엄청나게 많아

* 알베르트 슈페어Albert Speer(1905-1981)
독일의 건축가. 베를린 공과대학에서 수학 후 조교수로 재직하다가 1933년 히틀러의 수석 건축가로 발탁되어 나치 본관, 베를린 수상관저 등을 설계했다. 히틀러는 집권 후 시 전역을 개조해 베를린을 '세계의 수도 게르마니아Welthauptstadt Germania'로 만들려는 엄청난 구상을 세웠다. 이 구상의 핵심은 베를린 정중앙에 세계에서 가장 거대한 돔형 전당을 세우고 십자형의 방대한 교통망을 건설하는 것이었다. 이 계획의 총감독이었던 알베르트 슈페어는 실무자들의 반대에도 기존의 베를린을 완전히 파괴했다. 1935년부터 1943년까지 5만 채 이상의 주택이 철거되었고 15만 명 이상이 생활터전을 떠났다. 이 도시계획은 이후 베를린의 현대화에 토대가 된 것이 사실이긴 하지만 제2차 세계대전의 발발로 중단되고 말았다.

질 것"이라고 했다.

내가 투도르 아르게지 가 미국 대사관에서 직업인으로 첫날 아침을 맞이한 1980년대는 이후에 밝혀진 바와 같이 그 지역, 그중에서도 주로 발칸 지역의 시국이 급변하던 시기였고, 그 지역은 나 혼자 독점하고 있는 것이나 마찬가지였다. 물론 예외로 빈이나 바르샤바 같은 수도에 근거지를 둔 헌신적인 특파원들이 극소수 있기는 했지만, 그들마저도 중동과 중앙아메리카에서 벌어지고 있던 훨씬 더 극적인 사건들 중에서 자신의 실력을 입증할 수 있을 만큼 눈에 띄는 자신만의 기사거리를 찾아내려고 안간힘을 쓰고 있었다. 동유럽 전체를 통틀어 오로지 폴란드만이 자유노조, 계엄령, 폴란드인 교황 덕분에 주요 헤드라인에 오르내리고 있었다.

프리랜서 특파원으로 일하면서 나는 대체로 열정이 부족했다. 기사는 우체국, 때로는 외교관용 우편물 배송을 이용해 나의 반송용 주소를 적은 봉투에 넣어 보냈다. 그리고 기사에 담긴 사실만은 악몽의 연장인 현실을 충분히 담아낸 것이었지만, 그 기사 안에는 종종 비현실적인 분위기가 감돌았다.

한 번은 우연히 공산당 의회에서 그 독재자를 가까이에서 본 적이 있다. 독재자가 성큼성큼 걸어 단상으로 올라가자 그 자리에 참석한 당원 4천 명이 자리에서 일어나 주문을 외우듯 "차-우-셰스-쿠, 차-우-셰스-쿠……"를 연호했다. 턱이 앞으로 돌출된 독재자는 아내 엘레나와 나란히 서서 무표정한 표정으로 3분이 흐르도록 그 광경을 지켜만 보았다. 그러더니 왠지 히틀러의 경례를 연상시키는 몸짓으로 한 팔을 약간 들어올렸다. 그 동작이 즉각 거대한 홀 전체를 침묵시켰다. 그는 거대한 자신의 초상화 밑에 서서 연설을 시작했다. 그 연설은 차우셰스쿠가 침묵시켜야만 끝나는 박수와 "차-우-셰스-쿠, 차-우-셰스-쿠……"를 연호하는 주문에 다섯 번이나 몇 분씩 중단되었다. 그는 90분 내내 사회주의 경제학에 대해 이야기했다. 잠시 휴식을 취한 뒤 사회주의 이론과 이데올로기에 대해 90분 더 이야기할 예정이었다. 군중들은 완전히 겁에 질린 듯한 얼굴을 하고 있었다. 차우셰스쿠가 팔을 들어올리기 전까지는 그 누구도 박수와 연호를 감히 멈추지 못했다.

나는 부쿠레슈티에서 저널리스트가 되는 법을 배웠다. 그 기술을 한꺼번에 배운 것도, 언제나 의도적으로 배운 것도, 완전히 의식적으로 배운 것도 아니었지만 말이다. 1981년 부쿠레슈티는 첫인상만 강렬했던 것이 아니라, 세월이 흐르는 동안에도 여전히 내 기억 속에 강렬하게 남아 있었다. 훗날 책을 읽으면서 그에 대한 반응으로 부쿠레슈티를 곰곰 떠올리고는 했던 것이다. 즉, 저널리스트가 되는 법을 그곳에서 실시간으로 배우기도 했지만, 또 반추를 통해서 그만큼 배우기도 했던 것이다.

저널리스트가 되는 법을 배웠다는 말은 정확한 필기, 기사문 쓰기, 정보원 확보하기 등을 잘 하게 해주는 결정적인 요령 같은 일반적인 방법을 배웠다는 뜻이 아니다. 그런 것들은 일찍이 내가 대학과 작은 신문사에서 이미 배워 둔 기본적인 형태의 방법일 뿐이다. 내가 지금 말하고 있는 것은 그런 것이 아니라, 객관적 사건의 진짜 본질을 제대로 이해하는 방법이다. 저널리즘 관련 학교에서 가르치는 것 역시 유용한 기술이기는 하지만, 세상을 제대로 관찰하는 기술은 역사, 철학, 정치학 등 관련 분야 도서를 수십 년 동안 진지하게 읽고 깊이 사고해야 얻을 수 있는 기술이다. 그리고 그 분야 전문가들이 뭐라고 주장하든, 사실 저널리즘은 꼭 그 자체로 전통적인 과목이라고 할 수 없다. 오히려 그것은 사실 앞서 말한 역사, 철학은 물론 행정학, 정치학, 문학, 건축학 예술 등등 전통적인 학문분야에 속하는 여러 과목들을 탐구하고 그 안에서 훨씬 더 소통을 잘하기 위한 수단에 가깝다. 나는 저널리스트들이 스스로에 대해 하는 말을 전적으로 믿은 적이 없다. 20세기 전반 오스트리아의 위대한 소설가 로베르트 무질Robert Musil(1880-1942)은 "모든 직업적 이데올로기의 표식은 고상함"이라고 말했다. 이것이 바로 "전문직 종사자의 마음속에 존재하는 그 직업의 이미지를 절대 믿을 수 없는" 이유이다. (그러므로 저널리즘을 가르치는 학교들에도, 국외에서 편리한 장소에서만 직업을 추구하려는 기자들의 행태에 일정 책임이 있다.)

나이를 먹어가면서 전 세계에 대한 기사를 쓰느라 수많은 역사 서적과 정치철학 서적을 읽게 되었는데 책을 많이 읽으면 읽을수록, 머나먼 미래는커녕 가까운 미래조차도 저널리스트가 세부적인 내용까지 정확히 예측할 수 있으리라는 기대를 해서는 안 된다는 사실을 배우게 되었다. 그런 예측은 불가능하다. 미래는 지리나 첨단과학 같은, 인간으로서 어쩔 수 없는 힘은 물론, 종종 열정이라는 볼썽사나운 돌개바람이 동기를 부여하는 개개인의 행동에 너무나 크게 좌우되는 것이기 때문이다. 그러나 저널리스트가 자신만의 관찰을 통해, 단 몇 년이라는 기간 안에, 그러니까 가까운 미래에 정해진 장소에서 일어날 사건들을 예측함으로써 독자를 덜 놀라게 만드는 일은 어느 정도 가능할지도 모른다. 그리고 불완전하기는 해도 그렇게 할 수 있는 저널리스트의 능력은 독하게 마음을 먹어야만 키워질 수 있는 것이다.

무질은『특징 없는 남자The Man without Qualities』(1930)에 다음과 같이 썼다. "진실은 비인간적으로 무자비하게 사고하는 행위가 성공했을 때 얻어지는 결과이다. 진실은 피가 차가워졌을 때 떠오른다." 그는 사랑보다 돈을 향한 욕망이 객관성을 더 잘 유지하므로, 천사보다 은행가가 훨씬 더 의지할 수 있는 존재라고 말했다. 토마스 만 역시『토니오 크뢰거Tonio Kröger』(1903)를 쓸 때, 작가가 "인간이 되어 감정을 느끼기 시작하면 그것으로 모든 것은 끝"이란 말로 그 의견에 동의했다.

나는 그곳에서 그런 충고가 얼마나 가치 있는 것인지 배우게 되었는데, 1981년 부쿠레슈티를 보고 무심결에 내가 보인 노골적인 반응도 그 배움을 얻게 된 과정의 일부였다. 부쿠레슈티는, 저널리스트란 정보와 통찰을 얻기 위해 영원히 사람들을 찾아다니면서도 머나먼 도시에서 기나긴 길을 홀로 걷는 고독을 감당해야만 하는 존재라는 사실을 내게 가르쳐 주었다. 나는 지난 수십 년 동안 내가 만난 온갖 종류의 사람들에게 늘 깊이 공감하고는 했다. 특히 냉전 기간 내내 루마니아 국민들한테 그랬는데, 독자들한테 일부러 루마니아인의 시선에서 세상을 이야기함으로써 대놓고 그들에 대한 연민을 표하기도 했다. 공감은 도움이 되는 반면 연민은 사실을 왜곡할 수도 있다는 사실을 잘 알면서도 그랬다. 저널리스트는 정세를 올바로 분석하는 일에만 집중해야 하며, 그 정세가 비극적인 결과를 초래할 것인지에 관심을 기울여서는 안 된다. 저널리스트는 자신이 상상했던 어떤 결과를 유도해내기 위해 자신의 논지를 속여서는 절대 안 된다. 결과는 저널리스트가 아니라 정책 입안자의 책임이다. 그리고 정책 입안자는 현지 사정에 대한 냉철한 평가를 토대로 도덕적이고 희망적인 정책을 세워야 한다. 따라서 저널리스트는 때때로 단체와 개인 양쪽 모두를 불안하게 만드는 논평으로 이어지는 무례한 질문을 마구 던질 줄 아는 예의 반듯한 사람이 되어야 한다. 바로 그 질문과 논평 때문에 저녁 식사 테이블이나 일부 화려한 기자 회견에서 환영받지 못하는 존재가 된다 하더라도 말이다.

저널리스트, 그중에서도 특히 내가 지금 이야기하고 있고 있는 해외 특파원의 진짜 약점은 그들이 기본적으로 경험주의자라는 사실이다. 그들은 충동적인 어린이 같아서 경험에 어찌나 심하게 지배되는지, 그들 마음속에서는 세상 전체의 운명이 자신이 기사화한 인물들의 운명에 따라 좌우된다. 심지어 자신이 직접 경험하지 않은 것일랑은, 그것이 자기 자신의 모험에 비추어 알 수 있는 역사라 하더라도 마음 뒤편으로, 말하자면 저 아래 문단으로 미뤄버릴 정도로 말이다. 특히나 지역의 역사가 끝없이 심금을 울리는 뭔가를 담고 있는 듯싶을 때는 더 그런다. 똑같이 심각한 딜레마가 존재하는 다른 세상, 혹은 실천을 도덕적으로 여기거나 실천을 요구하는 다른 세상에 살고 있는 사람들이, 현장에서 그런 사건을 직접 목격하지 않는 한 그 문제에 관심을 기울이지 않기 때문이다.

그렇다면 어떻게 해야 도덕적으로 깊이 관여하면서 동시에 심장을 얼음처럼 차갑게 유지할 수 있을까? 어떻게 해야 꼭 필요한 섬세한 감성을 유지하며 고통스러운 사건을 기술하는 동시에 그 사건에 지나치게 몰입되지 않을 수 있을까? 훗날 내가 읽은 책들 중에 나로 하여금 1981년 부쿠레슈티에서 보낸 열흘을 다시 떠올리게 만든 책을 모두 통틀어, 조셉 콘래드*의 책, 그중에서도 특히 『로드 짐』과 『노스트로모』만큼 공감과 객관성 사이의 균형이라는 난제를 잘 해결해준 작품은 없다.

콘래드의 합리주의는 모험담 앞에 무릎 꿇는 일이 없다. 콘래드가 세운 분명한 업적은, 머나먼 이국땅에서 홀로 곤경에 처한 저널리스트가 무엇을 경험하는가를 압도적인 간결함으로 재현해냈다는 것이다. 그러나 그는 이 세상에 해결되지 않은 채 그저 방치되어 있는 문제가 얼마나 많은지 인간 경험의 기록이 그 사실을 보여준다는 점을 잘 알고 있었기 때문에, 그의 허구적 특파원들은 한때

* **조셉 콘래드Joseph Conrad(1857-1924)**
영국의 소설가. 해양소설을 주로 썼다. 우크라이나에서 태어나 폴란드 독립운동에 가담했던 아버지가 유형지에서 사망하자 선원이 되어 전 세계를 항해하다가 영국에 정착했다. 선원, 선장 생활 중 식민지의 처참한 현실을 직접 목격하면서 제국주의를 비판적으로 바라보게 되었다. 『로드 짐Lord Jim』(1900)은 침몰 위기에 처한 배와 승객을 버리고 혼자 탈출을 감행한 젊은 항해사 짐이 죄의식에서 벗어나려고 말레이반도 원주민 마을의 지배자가 되는 이야기이며, 『노스트로모Nostromo』(1904)는 가상의 남미 국가 술라코에 사는 부두 노동자 노스트로모와 주변 인물들을 묘사함으로써 미국의 대 남미 경제 제국주의를 예리한 필치로 그려낸 작품이다.

인류가 깃들어 살았던, 신처럼 위풍당당한 객관성을 사랑하고 깊이 동경한다. 이미 밝혀진 바와 같이 그 대상이 무엇을 위해 존재하는지 알고 있기만 하면 사랑하는 것은 괜찮다. 완벽한 관찰을 위해서는 반드시 감정이 필요하지만, 결국에 가서 관찰은 감정을 단념한다. 정말로 콘래드의 책을 읽으면 가난뱅이나 아픈 어린이는 가망 없는 처지라는 사실을 잘 알면서도 세계의 운명이 그들에게 달려 있는 것 같은 기분이 든다. 이것이 헤로도토스의 저서보다 콘래드의 책이 오히려 더 위대한 해외 특파원의 역사가 될 수밖에 없는 이유이다. 미래는 침묵의 내부에, 사람들이 저녁 테이블에서 대놓고 논하길 두려워하는 것 내부에 존재하기 때문에, 작가는 훨씬 더 쉽게, 그리고 가차 없이 진실을 말하려고 그것을 허구적 이야기로 가장하는 것이다. 나는 콘래드의 책을 읽음으로써, 그리고 부분적으로는 부쿠레슈티를 겪으면서 이런 깨달음을 얻었다.

루마니아 국민들과 다른 동유럽 사람들은 결과적으로 스스로를 해방시켰다. 콘래드의 정신은 그들이 가망 없는 존재라고 말하고 있었지만, 몇 년 뒤 그들이 결국 그 일을 해냈다는 사실은 내가 알고 지내던 미국 외교관들의 이상주의가 옳았음을 입증해 주었다.

투이우 씨의 경고에도 불구하고 나는 정보를 얻으려고 외국 대사관 몇 군데를 더 방문했다. 이스라엘 대사관은 도심부 최남단 플란텔러 가Strada Plantelor에서 약간 벗어난 곳에 있었다. 그곳은 작고 음침한 성처럼 생긴 주택 건물이었는데, 보안상의 이유로 그 구역에는 주민이 살지 않는 것이 분명했다. 한 블록 떨어진 곳에 바리케이드가 설치되어 있고, 돌격용 자동소총으로 무장한 루마니아 민병대 병사들이 그 주변 순찰을 돌고 있었다. 몸수색을 마친 뒤 루마니아인들은 대사관 관내로 들어가도 좋다고 허가했다. 자물쇠가 잠긴 문 여러 개를 지나고 나서야 대기실에 도착할 수 있었다. 그 대기실에는 반대편에서 안을 들여다볼 수 있는 유리거울 두 개와 이스라엘 휴일에 대한 따분한 벽보가 붙어 있었다. 마이크를 타고 목소리가 흘러나왔다. 거울을 마주보고 서서 철제 투입구에 내 여권을 집어넣으라는 이야기였다. 이제 이스라엘 영토에 들어온 만큼 나는 이스라엘 국적을 가진 사람답게 이스라엘 여권을 제시했어야 했다. 투입구에 미국 여권을 집어넣으면서 나는 내가 작은 심리적 경계를 또 하나 건너고 있다는 사실을 깨달았다.

투입구를 통해 여권이 다시 나오더니 잠겨 있던 문 하나가 또 열렸다. 나는 해저 세계 같은 문 안으로 들어갔다. 흰 타일이 붙은 미로 속 통로를 지나 커튼 하나를 지났고, 그 통로 반대쪽 끝에서 장차 내게 정보를 제공해줄 이스라엘 외교관을 만났다. 그의 사무실 벽에는 벙커처럼 다듬지 않은 돌이 붙어 있었다.

그 외교관은 나이에 안 맞게 회색 머리를 하고 있었지만 내 또래거나 나보다 나이가 약간 많아 보였다. 그는 호의가 흘러 넘쳤다. 자신에게 루마니아 유대인 외에 다른 주제에 대한 정보를 달라고 청하는 미국인 기자한테 존경심을 느끼는 것 같았다. 유대인이라는 말을 듣자 일주일 전까지 내가 있던 곳, 내가 입던 옷, 내가 쓰던 언어가 떠올랐다. 이스라엘은 이미 내게 저 먼 과거가 되어 있었다. 적어도 그 순간만큼은 그렇게 느껴졌다. 이스라엘에서 나는 그저 그곳을 스쳐 지나가는 사람이었다. 군대도 모험을 위해 들어갔을 뿐, 그럴 의도가 아니었음에도 사회에 충분히 깊이 동화되지 못했었다. 그런데 그곳 공산주의 국가인 루마니아에 와서야 내가 늘 하려고 했던 일을 드디어 시작했다는 기분이 들었다.

그곳에서 얻은 정보는 루마니아 주재 모든 외국 대사관을 통틀어 가장 쓸모없는 것이었다. 미국인, 프랑스인, 영국인, 서독인과 달리, 그는 어떤 순간에도 차우셰스쿠 체제를 비판하려고 들지 않았다. 그 이유는 분명했다. 동유럽에 존재하는 이스라엘의 유일한 전초기지인 루마니아에서는 이스라엘인의 생명이, 이스라엘과의 공식적인 관계를 이용함으로써 서구사회를 구슬려 무역에서 이득을 취하는 한편, 바르샤바조약기구 내에서 최악의 인권 유린을 범하고 있던 독재자의 변덕에 달려 있었기 때문이다. 대사관의 복잡한 보안 절차와 외교관의 인색한 정보 제공이 이를 잘 보여주는 증거였다. 이스라엘인은 언제든 루마니아 밖으로 내쳐질 수 있었기 때문에 그 외교관은 고작 젊은 기자 한 명한테 솔직해지자고 위험을 감수할 수 없었던 것이다.

"하지만 겨우 맛 간 빵을 사려고 사람들이 해 지기 전에 줄을 서야 하잖아요." 나는 그에게 애원하듯 말했다.

"그렇죠. 하지만 아시다시피 이 세계 사람들은 줄서서 기다리는 데 익숙합니다. 그게 이 지역 문화거든요."

그것은 거창하게 도덕적으로 말하면, 참으로 딱한 대답이었다. 그리고 이스라엘의 이해관계와 난감한 지정학적 위치를 고려하면, 어설프기 짝이 없는 대답이었다. 차우셰스쿠는 일정 대가만

치르면 루마니아의 유대인들이 그 나라를 떠나는 것을 허용하고 있었다. 그 절차를 지키는 것만도 도덕적인 일로 여겨졌기 때문이다. 그때 스스로 이스라엘을 떠나 아는 이도 거의 없고 음울하고 감정적으로 중립적인 그곳에 가 있던 나는 이스라엘인들의 논리를 훨씬 더 잘 이해할 수 있었다.

그 나라에서 나는 혼자였고 감정적으로 애착을 느낄 대상도 없었으며 그 나라의 운명에 아무런 개인적 이해관계가 없었기 때문에, 그저 내가 아직 지적으로 살아 있다는 것을 느끼는 것만도 내게는 계시요, 영감이 되었다. 2세기 로마의 풍자 작가 루키아노스 Lukianos(120-195)는 진짜 관찰자라면 글을 쓸 때 "국적 없이 오로지 자신만의 원칙에 따라 살아가는 외국인"이 되어야 한다고 기록했다. 이스라엘에 있는 동안 나는 내 유대인 친구들이 예루살렘 주재 해외 특파원 몇 명을 몹시 욕하는 것을 들은 적이 있었다. 특파원들이 암묵적으로 팔레스타인에 우호적인 입장을 취하는데, 대개 그들이 외국인이기 때문에 그런다는 것이었다. 그들은 이스라엘의 현재나 미래와 아무런 관련이 없는 사람들이라서 이스라엘이란 나라가 계속 존속할 가능성이 얼마나 되는지 제대로 이해하지 못한다고 했다. 그런데 루마니아에서 지내면서 나는 내 친구들이 비판했던 그 예루살렘 주재 해외 특파원들을 본능적으로 이해하게 되었다. 그들이 단지 전쟁 중인 두 나라 사이에서 균형을 잃지 않으려고 애쓴 것뿐이라는 사실을, 결과에 아무런 이해관계가 없으면 감정적으로나 지적으로나 기사의 정확성 면에서 엄청나게 유리할 수 있다는 사실을 이해하게 되었던 것이다.

어쩌면 그 당시 루마니아는 보도의 벽지요, 이스라엘은 뉴스거리가 끊이지 않고 계속 생산되는 곳이었는지도 모른다. 하지만 사실 내가 경험한 현실은 그렇지 않았다. 당시 루마니아는 시대 갈등의 상징인 냉전을 몸소 겪고 있었던 반면, 아랍과 이스라엘 간의 위기는 비판적으로 말해서 냉전의 지엽적 문제에 불과했다. 빵과 연료를 얻으려고 길게 늘어선 줄이, 그 사람들의 얼굴과 옷차림이, 모조리 음영 반전 사진 속 두 가지 톤의 회색 그림자처럼 변해 버린 주변의 빌딩과 하늘이 계속 내 마음을 어지럽혔다. 때때로 진열장이 텅 빈 가게 앞 추운 보도블록에 앉아서 무언가를 기다리는 사람들이 보였다. 조만간 고기, 달걀, 혹은 치즈가 배달될 것이라는 소문 때문이었다. 사람들은 교대로, 때로는 밤새도록 기다렸다. 그들은 덜덜 떨고 있었지만 이제 겨우 11월초였다. 우중충하기는 해도 적어도 내 호텔 방은 난방이 되고 있었다. 하지만 대부분의 연립단지 건물들은 그렇지 못했다. 인간이 겪는 고통만 놓고 말하자면, 루마니아는 공산주의와 자본주의라는 이데올로기 전선의 최전방에 서 있었다. 그것은 지구상의 내 시간과 일치하는 역사 자체였다. 토마스 만이 『마의 산』(146쪽 각주 참조)에 이렇게 기록했듯 말이다. "인간은 개인으로서 사적인 삶만 살아가는 것이 아니라 의식적으로든 무의식적으로든 동시에 시대의 삶 역시 살아가기 마련……"

그보다 3년 전인 1978년 그리스의 아토스Athos 산 반도에 간 적이 있었다. 그곳에서 나는 소비에트 연방과 그 제국이 곧 붕괴될 것이며 그것도 내 생전에 그리 되리라는 말을 들었다. 조그라푸

Zographou 지방의 불가리아계 수도원에서 젊은 러시아계 미국인 신학생 두 명을 만나서 그들과 러시아계 성 판텔레이몬St. Panteleimon 수도원까지 함께 하이킹을 하던 중이었다. 그들은 내게 차르의 위대함, 러시아의 그리스정교회에 대해 이야기했고, 당시 레오니트 브레주네프Leonid Brezhnev(1906-1982, 재임 1964-1982)의 공산주의 체제보다 교회와 로마노프 왕조가 더 정당한 이유에 대해 말했다. 소비에트 체제에는 더 이상 신이 존재하지 않기 때문에 도덕이란 목적도 존재하지 않고, 따라서 머지않아 러시아가 참된 자아를 부활시킬 수밖에 없을 것이란 이야기였다. 그들은 그 모든 이야기를 사무적인 태도로 늘어놓았다. 냉전이 내가 태어나기 전부터 계속되고 있었기 때문에 무의식중에 그것이 영원하리라 생각했던 나는 그들의 의견을 충동적으로 거부했었다. 그런데 이제 하루 먹을 빵을 얻으려고 매일 꼬리를 물고 늘어서는 줄을 보고 있자니 그 주장이 다시 또렷하게 떠올랐다. 나는 불쑥 깨달았다. 이런 상태가 영원히 지속될 수는 없으리라. 적어도 유럽 내에서는. 하지만 더 편안한 시간이 다시 찾아오면 냉전이 종식되리라는 단정적 전망이 여전히 심히 의심스러웠다.

1943년 중국 허난 성 기근에 미국의 저널리스트 시어도어 화이트Theodore White(1915-1986)가 보인 감정적인 반응이 생각난다. 굶주린 중국 소작농 무리의 모습이 얼마나 효과적으로 그에게 장제스의 국민당 정부가 부당하고 참을 수 없는 정부라는 점을 확신시켰는지도. 내가 화이트의 회고록을 읽은 것은 1년 전 예루살렘에서였는데도 그 책의 일부가 부쿠레슈티에 있는 내게 여전히 영향을 끼치고 있었다.

1981년 루마니아의 공산주의는 꼭 흐릿한 악몽에서 튀어나온, 산업화된 형태의 봉건주의 같았다. 또 소비에트 제국은 이미 도덕적 정당성을 잃었는데도, 으스스한 잠수함 안처럼 침묵에 싸인 그 거리에서는 그 존재가 여전히 깊이를 헤아릴 수 없을 만큼 분명하게 느껴졌다. 엄밀하게 말하자면 차우셰스쿠의 스탈린주의는 25년 전 소련의 스탈린주의에서 완전히 벗어난 체제요, 차우셰스쿠라면 오래전부터 넌더리를 내던 소련 지도층에게 그는 일종의 모욕이었다. 그런데도 모스크바 체제 내부에서는, 벽이란 벽마다 독재자와 그 부인의 사진을 걸어놓는, 그리고 학교 교실마다 그의 흉상을 세워놓는 루마니아의 그 전체주의가 꽤 내성 있는 변종으로 통했다. 하지만 그보다 나중인 1984년에 내가 썼던 것처럼 "자신이 직접 세운 마르크스주의 바나나 공화국*을 통치하는 차우셰스쿠는 과감한 독불장군이라기보다는 새장 안에서 시끄럽게 짹짹대는 한 마리 새였다."

내가 부쿠레슈티에서 맞이한 셋째 날 아침, 5만 명의 군중이 "차우셰스쿠, 평화, 차우셰스쿠, 평화"를 연호하며 1848년 혁명 당시 진보적인 선구자들의 이름을 딴 마게루 장군(301쪽 각주 참조) 대로와 니콜라에 바르체스쿠(301쪽 각주 참조) 대로를 행진했다. 그 독재자는 그 나라에서 전 세계 평화와 군비 축소를 주도하는 신화적

* **바나나 공화국** a banana republic
해외 강대국의 원조로 살아가는 정치적, 경제적 후진국을 일컫는 용어이다.

존재로 여겨졌다. 리본이 드리워져 있고, 파랑, 노랑, 빨강의 루마니아 국기로 장식된 독재자와 그 부인의 거대한 사진이 요란스럽게 공중에서 운반되고 있었다. 새벽 무렵 나는 (루마니아 평균보다도 덜 개발되어 더) 가난에 시달리고 있는 왈라키아Walachia 지방 농노들이 그 동네 호송대가 힘겹게 끌고 온 버스와 트럭에서 내리는 장면을 보았다. 내 호텔 근처 피아차 유니벌시차티Piaţa Universităţii(대학 광장) 옆에서 검은색 중절모를 쓰고 긴 트렌치코트를 입은 불량스러워 보이는 사내들이 확성기를 들고 농노들을 지휘해 행진 대열을 갖추게 하고 있었다. 추수감사절 행렬로 그들은 정부가 자신들의 목적을 위해 주관하는 몰염치한 행사에 강제로 끌려온 참여자들이었다. 가끔씩 짖어대듯 명령이 들렸고 그러면 사람들이 더 빠르게 달려가 자리를 잡았다. 대부분 소매 없는 양가죽 옷을 입은 농노들의 얼굴은 공포로 가득해서 심지어는 아침 빵 대열보다도 훨씬 더 비참해 보였다. "차우셰스쿠, 평화, 차우셰스쿠, 평화" 여전히 천둥처럼 울려 퍼지는 울부짖음은 오히려 사방에 도사리고 있던 침묵을 더 강화하는 것처럼 느껴졌다. 침묵이야말로 압제를 드러내주는 가장 강력한 소리였다.

구체적인 형태로든 가상적인 형태로든 군중을 조종하는 법에 관하여 논한 엘리아스 카네티*의 대작 『군중과 권력』으로 나를 이끈 것이 바로 부쿠레슈티였다. 카네티는 군중을 '궁극적으로 외로

* 엘리아스 카네티Elias Canetti(1905-1994)
불가리아의 유대인 상인 집안에서 태어나 영국으로 이주했다. 어린 시절에는 유

움에서 벗어나려고 집단의 상징에 열광하는 행위를 지지하려고, 의식적으로든 무의식적으로든 각자의 개성을 내던진 사람들의 덩어리'라고 정의한다. 말하자면 군중은 항상 다른 사람들과 같은 견해를 내세우는 사람들이다. 설사 그 견해가 틀렸다는 사실이 입증되더라도 군중 안에 있으면 그들이 자신을 보호해주지만, 군중 밖에 있으면 진위 여부와 무관하게 자신의 견해가 별안간 취약한 것이 될 수 있기 때문이다. 그 군중의 일부가 되는 요령은 도덕적 타협이 필요하든 말든 언제나 그 순간 생존하는 것이며, 다음 위기는 그것이 닥쳐올 때만 걱정하는 것이다.

나는 발세스쿠 대로의 보도에 서서 군중 두 무리 사이의 경쟁을 지켜보았다. (유럽 전역을 통틀어 마지막 남은 농노인) 시골뜨기 농노들로 구성된 군중 한 무리는 행진을 하고 있었고, 도시 거주민들로 구성된 다른 군중 한 무리는 조용히 그 모습을 바라보고 있었다. 보아하니 정부는 도시 거주민 군중을 전혀 믿지 못하는 모양이었다. 그렇지 않다면 뭐 하러 굳이 버스까지 태워서 도시 밖에서 사람들을 동원하겠는가? 하지만 체제 유지자들의 말에 따르면 그 정도가 덜 할지는 몰라도 농노들도 의심스럽기는 마찬가지였다. 나중에 외국인 외교관들한테 확인한 바에 따르면 농노들은 그

= 럽 여러 도시를 전전하다가 오스트리아 빈 대학교에서 화학을 전공했다. 1938년 나치의 박해를 피해 영국으로 망명한 뒤 런던에서 독일어로 작품을 발표했다. 소설과 희곡도 여러 편 썼지만 『군중과 권력Masse und Macht : Crowds and Power』(1960)은 '군중의 광기'에 대한 깊은 통찰을 담은 사상서이다. 1981년 노벨문학상을 수상했다.

행진에 참석하라고 뇌물을 받기도 하고 괴롭힘을 당하기도 한다고 했다.

그 농노들은 군중 형태로 집회에 강제 동원되는 일을 주기적으로 겪으면서, 단지 자신들의 개인적인 생각을 꼭꼭 숨겨야 하는 고통 이상의 더 큰 개인적, 가정적, 집단적 고통을 역사 속에서 겪어온 것이 분명했다. 더 침울하고 더 믿음이 안 가는 도시 거주자들과 비교할 때 그들의 상대적 유순함은 자연스럽게 그들의 생존 메커니즘이 되었다. 예컨대 1914년 시작된 기나긴 유럽 전쟁 기간에 태어난 한 농노는 그 전쟁이 1945년 서유럽에서 이미 종식되었음에도 1981년 루마니아에서 여전히 군중의 하부 세포로서 천천히 행진을 하고 있었다. 사실 차우셰스쿠의 민족주의적 스탈린주의는 크렘린궁의 승인을 받은 체제요, 중유럽과 동유럽에서 히틀러를 패배시킨 스탈린 체제의 직접적 생산물인 소련군 주둔의 대체물이었다. 그 모든 서사시 같은 역경과 희생을 수반한 열강 사이의 투쟁 과정이 그곳에서는 여전히 진행형이었다. 루마니아에서는 1980년대 후반까지도 제2차 세계대전과의 간격이 피부로 느껴질 정도로 좁았다.

동유럽은 그 무엇에든 적응할 수 있다고 체스와프 미워시*는 말한다. "인간은 너무나 유연한 존재라서, 자긍심으로 가득한 시민들까지도 자신이 살고 있는 체제의 질서에 순응한다는 표식으로 환한 색 깃털 꼬리를 자랑스럽게 흔들며 네 발로 기어 다니는 날을 상상하는 것도 가능하다." 무엇보다도 동유럽인들, 그중에서도 특히 루마니아인들은 영토 분할, 외세의 점령, 군주제, 군부독재, 파시즘, 공산주의 등 그 모든 사건을 단 한 세기만에 모조리 겪은 사람들이었다. 그런데도 그 뒤로도 그런 사정이 계속될 20년이 여전히 남아 있었다. 그러고 나서 그 세기가 끝나갈 무렵에야 그들도 혁명과 민주주의가 무엇인지 알게 될 터였다. 1865년 이래로 자신들의 본토를 대상으로 하는 격렬한 변동을 겪은 적이 없는 미국인들과 달리, 루마니아인들이 심오하고 비극적인 역사적 상상력을 갖추고 있는 것도 무리는 아니다. 라트비아계 캐나다 역사가 모드리스 엑스타인Modris Eksteins(1943-)은 제1차 세계대전의 참호 안에서 살았던 일이 동유럽인들, 특히 루마니아인들에게 얼마나 심각할 정도로 지대한 영향을 끼쳤는가에 대해 이렇게 말했다. "외부세계가 오직 야만성, 위선, 오해로 가득 차 있다면 명예, 영광, 영웅주의, 용맹 따위가 모든 무슨 의미가 있겠는가? 심지어 가족과의 끈끈한

*** 체스와프 미워시Czesław Miłosz(1911-2004)**
폴란드계 미국 시인, 저술가, 외교관. 리투아니아에서 태어나 폴란드에서 성장했다. 제2차 세계대전 중에는 히틀러에게 저항하는 시를, 종전 뒤에는 스탈린주의에 반대하는 글을 썼다. 1960년 미국으로 이주해 슬라브어 교수로 버클리, 하버드 등 여러 대학교에 재직했고 1980년 노벨문학상을 수상했다.

유대까지도 이미 와해되어 있는 지경이다. 인간이여, 현실세계에 발판을 마련하지 말고 그냥 홀로 남아 있으라." 1981년 루마니아에서의 삶을 보면, 그것은 절대로 과장된 기술이 아니었다.

그 시기 폴란드 바르샤바에는 반체제 인사들이 존재했다. 그리고 그들은 도덕적으로는 보편적인 입장을, 소련의 통치에는 민족주의적 반대 입장을 취했던 로마 가톨릭 교회의 정신적 지지를 받고 있었다. 그러나 나는 부쿠레슈티에서 반체제 인사라고는 단 한 명밖에 만나지 못했다. 자신을 지지해줄 교회도, 노동조합도 없는 그는 외롭고 의기소침해 보였다. 1981년 그는 내게 말했다. "서구인들은 루마니아가 폴란드 다음 순서일 것이라고 생각하지만 그런 일은 일어나지 않을 겁니다. 이 나라에는 순교자가 전혀 없어요. 게다가 나라 절반이 나머지 절반에 대해 전혀 모르는 나라인걸요." 폴란드나 헝가리 같은 나라에는 비공식적으로 반대파 역할을 담당하는 '자유주의적' 공산주의자나 '수정' 공산주의자 따위가 존재했지만, 루마니아에는 그런 사람들이 고작 한 줌밖에 존재하지도 않았거니와 그들은 자신이 계속 고개를 잘 숙이고 있는지, 두 눈을 꼭 감고 있는지 늘 확인했다. 그래서였을까, 그들은 그 10년의 마지막 해인 1989년만 빼고 표면 위로 모습을 드러낸 적이 거의 없었다. 그런데도 일부 기사에 보도됐듯 루마니아에서 개인적으로 타자기를 소유한 사람들은 모두, 소유주의 지문을 기록해두는, 반체제 문학을 원천적으로 봉쇄하려는 취지의 등록 절차를 밟아야만 했다.

간단히 말해서 루마니아인들은 정치적으로든 경제적으로든 1930년대 이래로 한숨 돌릴 틈이 전혀 없었다. 제2차 세계대전 중에는 히틀러가 군대를 몰고 루마니아의 영토를 마구 돌아다녀도 그냥 내버려두는 나치의 꼭두각시 정권을 목격했다. 체임벌린이 히틀러랑 맺은 협정(32쪽 각주 참조)에 따라야 했기 때문에 박하게도 그들에게 주어진 선택지는 스탈린 체제로의 복속이냐, 아니면 히틀러 체제로의 복속이냐 두 가지뿐이었다. ("당신네는 그때 그 어느 곳에도 없었습니다." 몹시 늙은 루마니아 공산주의자 실비우 브루칸Silviu Brucan(1916-2006)은 훗날 1944년까지 중유럽에서 미국이 얼마나 완전히 잊힌 존재였는지 언급하면서 내게 이렇게 말했다.) 그리고 일부 견해에 따르면 제2차 세계대전이 끝난 뒤로 35년 동안에는 동양적 전제정치 형태의 공산주의가 1940년대보다 루마니아의 형편을 더 나쁘게 만들었다. 또 1980년대 후반이 되면 상황이 더 나빠질 것이 분명했다.

"루마니아 역사 전반을 살펴볼 때 그 나라가 생존할 수 있었던 것은 순전히 영웅주의가 아니라 자국 국민의 영리한 융통성 덕분이었다. …… 루마니아인들은 긴장하지 않고 운명의 타격을 받아내는 능력을 타고난 민족이다." 발데크 백작부인*은 1940년대 초반 부쿠레슈티에서 출간된 회고록에 이렇게 기록했다. 발데크가

*** 발데크 백작부인**Countess R. G. Waldeck(1898-1982)
독일계 미국인 작가. 독일 은행가 집안에서 태어나 하이델베르크 대학교에서 수학했고 1930년대 미국으로 이주했다. 1940년부터 다음 해까지 ≪뉴스위크 Newsweek≫ 지의 부쿠레슈티 특파원으로 일했다. 저서 『아테네 궁전 Athene Palace』(1942)에는 제2차 세계대전 중 루마니아 주재 외교관들로 이루어진 상류층 사회에서 일어난 몇몇 사건이 기록되어 있다.

넌지시 서술한 바에 따르면 루마니아인들은 역사라는 측면에서 볼 때 운명론자도, 현자도 아니었다. 그 나라 역사에는 순열順列의 과정이 없었기 때문에, 그들은 생존을 위해서라면 무엇에든 적응하고 어디에서든 늘 새 천사를 찾아낼 수 있었다. 홀로코스트를 생존의 호기로 삼은 자들 가운데 규칙을 준수하는 자보다 사기꾼이 더 많았던 것처럼, 루마니아인들도 체제 전체를 붕괴시키면서 차우셰스쿠의 세월을 견뎌냈다. 따라서 1981년 열흘 동안 나를 당황스럽게 만들고 동시에 나를 매혹시킨 그 나라는, 동유럽의 급소에 위치한, 이오시프 스탈린Joseph Stalin(1879-1953)과 후안 페론*이 혼합된 라틴 스타일의 전제 국가라고 보면 딱 알맞은 나라였다. 루마니아는 일면만 이해하려고 해도 수년간 책을 읽으며 연구해야 하는 나라이다. 너무나 섬뜩하면서도 매혹적인 루마니아의 20세기 경험, 그중에서도 특히 1930-40년대 경험을 다룬 책들은 장차 루마니아 그 자체를 넘어 발칸반도 내의 합스부르크 제국, 비잔티움 제국, 헝가리인, 러시아인, 오스만 제국의 역사로 나를 데려가게 될 터였다.

* 후안 페론Juan Perón(1895-1974)
아르헨티나의 군인, 정치가, 대통령. 1943년 군사 쿠데타의 핵심 장교 가운데 한 명으로 군사정권에서 노동장관을 지냈다. 임금 인상, 주 60시간 노동, 해고 노동자 복직 등의 정책을 시행해 노동자 계급의 폭발적 지지를 받으며 1946년 대통령에 당선되었다. 배우 출신의 영부인 에바도 그의 인기에 한몫했다. 정권 초기에는 여러 개혁정책을 실시했지만 1950년대 초반 금융 위기를 겪으면서 점차 강압적 성향이 강해졌다. 1951년에는 부정선거가 문제가 되었고 1952년에는 에바가 암으로 사망했다. 1955년 구교도와 반 군부 세력의 쿠데타로 실각한 페론은 파라과이를 거쳐 스페인으로 망명했다. 페론 시대에 향수를 느끼던 일부 국민들의 지지로 1973년 귀국해 다시 한 번 대통령에 당선되었으나 이듬해 노환으로 사망했다.

여행에서 진짜 모험이라고 할 만한 요소는 정신적 영역에 속한다. 말하자면, 다른 곳에 있는 그 누구와도 접촉할 수 없기 때문에 한 장소에 온전히 몰두할 수 있는 것이다. 당신은 혼자다. 따라서 당신의 삶은 당장 눈앞에 놓인 것으로 축소된다. 그런 생활 속에서 얻은 경험은 훨씬 더 생생하게 살아남아 삶을 변화시킨다. 1981년 내가 부쿠레슈티와 중유럽, 동유럽 다른 국가들을 방문했을 때 내게 강한 인상을 남긴 것은 수도의 도시 풍경만이 아니었다. 그곳에서 내가 외교관이나 다른 사람들과 나눈 대화 역시 그랬다. 진정한 대화는 누군가를 카페에서 만나 이야기를 나누면서 동시에 문자를 보내는 것과는 다른, 철저한 집중을 요한다. 여행은 직선으로 이루어져 있어서, 그러니까 한 번에 한 장소를 가거나 한 가지 인식을 얻거나 한 권의 책을 보는 것이어서, 각각의 경험은 당신의 삶을 영원히 변화시키기 위해 기억 속에 깊이 각인된다.

1981년 동유럽은 1973년 처음으로 그 지역을 쭉 돌아보았을 때만큼 내게 큰 영향을 끼쳤다. 그 두 번 다, 포스트모던 시대 통신 기술이 가장 극단적인 형태의 여행만 빼고 거의 모든 것을 파괴하기 이전에 이루어진 여행이었다. 그래서 가족 중에 나랑 연락되는 사람이 아무도 없었을 뿐더러, (그 지역 여러 곳에서 판매가 금지되어 있거나 며칠씩 지연되어 배달되던, 내가 소속된 ≪인터내셔널 헤럴드 트리뷴International Herald Tribune≫을 비롯해) 영어권 신문에는 세상에 대해 제대로 알려주는 진짜 기사가 거의 없었다. 따라서 1973년과 1981년 두 번에 걸쳐 그 지역을 돌아보는 동안 내가 만났던 젊은 동독인, 폴란드인, 헝가리인, 루마니아인, 불가리아인

등과의 상호작용은 고도로 밀도가 높은 것이었다. 사실, 내가 우연히 만난 사람들 중에는 개인적으로 부유한 사람들도 종종 있었다. 엄밀히 말하자면 정치적, 공적 공간이 너무나 척박해서 그렇게 느낀 것일지도 모르지만. 나는 그들의 얼굴, 그리고 그들과 나눈 일부 대화를 영원히 잊지 못할 것이다. 예컨대 1973년 여름 동유럽 여행 중이던 나는 워터게이트 사건 보도로 온 세상이 떠들썩했는데도 도저히 내가 있던 그곳에 신경을 덜 쓸 수가 없었다.

진지한 독서와 마찬가지로 진정한 여행 역시 이제는 전자 시대의 산만함에, 그리고 그 시대를 등에 업고 우리를 짓누르는 온갖 근심에 반대하는 하나의 저항 행동이 되었다. 좋은 책은 끝까지 다 읽을 만한 가치가 있는 책이다. 잊을 수 없는 풍경이 직접 그 풍경을 더 경험해보고 안으로 들어와 그것을 더 연구해보라고 우리를 유혹하는 것처럼 말이다. 지속적인 집중을 요하는 여행과 진지한 독서는 지구상을 흐르는 현재 시간을 훼손하는, 그리고 실재하지 않는 '주의 집중 시간'에 맞서는 행위이다.

당시 나는 현재의 순간에 성스러움을 느꼈다. 역사와 풍경을 진정으로 감상하기 위해 필요한 깊은 깨달음이 허용되는 순간이었기 때문이다. 역사와 풍경은 불가분의 관계이다. 풍경을 감상하려면 총체적이고 확고한 집중이 필요하다. 집중하지 않는다면 달리 어떻게 그 풍경으로부터 역사를 유추해낼 수 있겠는가? 부쿠레슈티에 남아 있는 건축학적 유산을 생각해보라. 그곳에는 비잔티움 시대, 브르코베아누* 시대, 오스만 시대, 르네상스 시대의 건축물, 베네치아 고전주의 양식, 프랑스 바로크 양식, 오스트리아 분리주의 양식, 아르데코, 모더니즘 등 각양각색의 건축물이 존재하고, 대리석 덩어리로부터 도망치는 미켈란젤로의 '미완의 노예들'** 처럼 스탈린주의의 사격진지가 넘실대는 더러운 회색 바다로부터 벗어나려는 온갖 기록과 투쟁이 존재한다. 구름 장막과 추운 날씨 때문에 여러 개의 거대하고 흉물스러운 스탈린풍 건축물들이 더 강렬한 인상을 뿜어내고 있었다. 만약 그곳의 11월 날씨가 구름이 별로 없고 햇빛이 더 많이 쏟아지는 날씨였다면 그때 나는 아마도 스탈린 시대 이전에 세워진 건축물을 더 유심히 보았을 것이다. 물론 훗날 1980년대와 1990년대에 걸쳐 여러 번 방문하면서 결국 그 도시 전체를 다 돌아보게 되었지만 말이다.

산만함 없는 진짜 여행은 또한 지리적, 문화적, 언어적으로 구분된 한 지역을 직업적으로 연구하며 평생을 보내는 일, 독특한 미

* **브르코베아누**Constantin Brâcoveanu(1654-1714)
현재 루마니아의 남부에 있던 왈라키아의 공국의 왕이었다. 오스만 제국의 세력 확장을 견제해 수도를 현재의 수도인 부쿠레슈티로 옮긴 인물이다. 부쿠레슈티에는 브르코베아누의 동상은 물론 같은 이름의 전철역과 대학교가 있다.

** **미켈란젤로**Michelangelo Buonarroti(1475-1564) **'미완의 노예들**Unfinished Slaves'
미켈란젤로는 자신의 무덤을 설계해달라는 교황 율리오 2세Julius Ⅱ(1443-1513)의 요구에 따라 원래 12점의 노예 조각상을 제작할 계획이었다. 그러나 성 베드로 성당 재건으로 예산이 바닥나자 교황은 주문을 철회했고, 그 바람에 다섯 점만 미완으로 남게 되었다. 그중 두 점 '죽어가는 노예Dying Slave'와 '반항하는 노예Rebellious Slave'는 현재 루브르 박물관에 소장되어 있다.

학적 감상과 냉정한 분석가들의 요구를 잘 혼합하여 글을 쓰는 일 등 그 지역에만 존재하는 특별한 도전들을 내게 소개해 주었다. 슬라브어 학자, 아랍어 학자, 중국학자 등등이 부쿠레슈티 덕분에 내가 갑자기 관심을 갖게 된 사람들이었다.

사실주의는 도덕적 철학과 지역에 관한 전문지식 사이의 긴장에서 생겨난다. 역사와 풍경의 무게는 특정 영역 안에서 어떤 것이 이루어질 수 있는지 제한한다. 물론 개선의 가능성은 언제나 존재해야 하지만 말이다. 지역 전문가는 이렇게 말한다. “이 지역 세상에 존재하는 것들은 늘 이런 식으로 움직인다. 이것은 연구자가 가까이 두고 연구해야 하는 물리 현상이다.” 그러면 도덕주의자는 이렇게 대답한다. “운명론자가 되지 말라. 이런 압제와 빈곤은 평균 수준에도 미치지 못하는 것이다. 이런 정도의 압제와 빈곤은 선량한 사람들이 아무 일도 할 수 없을 만큼 압도적인 힘은 아니다.”

루마니아는 양쪽 진영 모두의 지혜를 내게 불어넣어 주었다. 1980년대 루마니아의 운명이 지리적 위치, 그러니까 소련과 가까운 나라라는 위치의 산물이었다는 사실은 의심할 여지가 없다. 동시에 루마니아는 동유럽 내부에서 심리적 고립을 유발하는 (역사와 지리의 또 다른 산물인) 라틴 문화 딱지를 뚜렷하게 달고 있었다. 그런 독특함 때문에 루마니아에 북한식 공산주의가 뿌리 내리는 것이 가능했을지도 모른다. 이런 특징은 연구자가 가까이 두고 연구해야 하는, 단순화할 수 없는 결정론적 물리 현상으로, 그 지역 전문가들은 이미 그 문제에 심취해 있었다. 냉전 초기부터 일부 미국인들은 환상에 빠져 즐거워했지만, 다른 서구 국가들은 루마니아의 그런 체제와 그 지역 다른 체제들을 군사 행동으로 무너뜨릴 생각이 없었다. 서구 국가들은 그저 소련이 언제든, 그리고 어디에서든 벌일 수 있는 일들에 압력을 행사하면서 군사적, 정치적으로 경계심을 늦추지 않았을 뿐이다. 그러면서 공산주의의 실현 불가능성과 도덕적 부당함에서 비롯된 내부적 압력이 차례차례 동유럽 공산권을 안으로부터 와해시키는 날이 오기를 바랐다. 공격적인 레이건 지지자들이 냉전 마지막 단계에 세운 대책은 현실과 이상 사이의 적절한 타협점을 찾는 것이었다. 그 결과 지역 전문가들과 도덕주의자들 양쪽 모두의 주장이 관철될 수 있었다. 1980년대 부쿠레슈티와 다른 동유럽 국가 수도에 주재했던 미국의 외교관 군단은 전통과 현실 풍조 사이의 정밀한 결합을 대변하는 존재들이었다.

하지만 나는 그들만큼 현명해지고 성숙해지려면 아직 갈 길이 먼 사람이었다. 나는 오직 수 년, 혹은 수십 년을 회상할 때에만 현실과 이상 사이의 균형을 의식할 수 있는 사람이었다. 장년이 된 지금까지도 내가 갖추지 못한 것이 바로 그 균형이며, 나는 그것을 영원히 갖출 수 없을 것만 같다.

1980년대 초반 부쿠레슈티에서 내가 받은 인상이 항상 좋은 결과로 이어진 것은 아니지만 그것은 믿을 만한 나의 사고 기준이 되었다. 예컨대 1980년대 후반 취재를 하려고 이라크를 여행하면서 나는 사담 후세인 체제가 그때까지 내가 아랍 세계에서 경험했던 다른 어떤 체제와도 비슷하지 않으며 오히려 기계적이고 전체주의적인 강경함이라는 면에서 루마니아의 차우셰스쿠 체제와 놀라울 정도로 비슷한 점이 많다고 확신했다. 그래서 거의 20년이 흐른 뒤 후세인을 무너뜨릴 기회가 생겼을 때 나는 그 노력을 지지했다. 후세인에 대한 나의 강박관념은 차우셰스쿠한테 느끼던 강박관념에서 비롯된 것이었다. 그러나 그 노력이 정작 이라크 체제보다도 오히려 더 끔찍한 무정부 상태의 악몽을 초래하자, 나는 딱 톨스토이의 『부활』에 나오는 네플류도프 공작처럼 몇 년 동안이나 "신체적 통증을 동반하는 도덕적 욕지기"에 시달렸다. 예전과 달리 우울증에 빠져 루마니아를 포함한 이 세상을 바라보게 된 것이었다. 그 결과 내가 훨씬 더 명확하게 알게 된 수많은 것들 중 하나는 레이건이 얼마나 위대한 대통령이었느냐 하는 것이었다. 왜냐하면 그는 조지 슐츠*, 캐스퍼 와인버거**, 제임스 베이커 3세*** 등 현실주의자와 실용주의 전문가들에게 스스로 둘러싸여 있었기 때문

* 조지 슐츠George Shultz(1920-)
미국의 경제학자, 정치가. 뉴욕 출생. 닉슨 정부에서 노동장관, 재무장관을 지냈고 레이건 정부에서 국무장관을 지냈다. 레이건의 절대적 신임을 받았으면서도, 냉전과 안보에 역점을 두었던 레이건의 대외정책에 여러 번 반대했던 것으로 유명하다.

** 캐스퍼 와인버거Caspar Weinberger(1917-2006)
미국의 정치가, 사업가. 샌프란시스코에서 태어나 하버드에서 수학했다. 1952년 주 의원으로 정치 이력을 시작한 뒤 30년간 공화당 내 다양한 관직에서 일했고 레이건 정부에서 국방장관을 역임했다. 중거리 미사일 감축에 동의해 미소 냉전의 공식적 종결로 평가되는 1988년 아이슬란드 미소 정상회담 체결에서 중대한 역할을 한 것으로 평가된다.

*** 제임스 베이커 3세James Baker III(1930-)
미국의 정치가, 행정가. 휴스턴에서 태어나 프린스턴에서 수학했고 텍사스 대학교 로스쿨에서 변호사 자격을 취득했다. 레이건 정부에서 대통령 수석 보좌관과 재무

이다. 그들은 차우셰스쿠나 후세인 체제만큼 끔찍한 체제들이 전 세계로 퍼져나가면 결국에 가서는 그 나라 국민들이 스스로를 해방시켜야만 될 것이라는 사실을 알고 있었다. 그 국민들을 위해 미국이 대신 그 일을 해줄 수는 없는 노릇이니까. 중유럽과 동유럽의 공산주의 압제에 대항해 미국을 전례 없는 새로운 방식으로 도덕적으로 무장시켜야 한다는 그 화려한 언변만 봐도 알 수 있듯, 영감에 가득 차 있고 타협할 줄 몰랐던 레이건과 그 주위 사람들이었다면, 이라크에서 미국이 선택했던 것과 같은 군사 행동에 절대로 동의하지 않았을 것이다.

냉전의 마지막 10년 동안 내가 동유럽에서 만났던 외교 공무원들은 모두, 앞서 말한 그 균형, 그러니까 나는 이라크에서 낭패를 본 뒤에야 겨우 완전히 깨닫게 된 그 대단한 지혜를 이미 내면화한 사람들이었다. 그 뒤로 1980년대 루마니아에서 경험한 공포가 내 마음속에서 사라진 적은 한 번도 없었다. 하지만 더 빨리 몰락하는 것이 불가능할 만큼 순식간에 무너진 차우셰스쿠를 나는 이라크 사태 이후에야 훨씬 더 잘 이해하게 되었다. 어쩌면 레이건이 그때 동유럽에서 진행 중이던 역사를 바로잡는 일에 도움을 줄 수 있었을지도 모른다. 그러나 독재자를 제거하는 특정 행위가 외국인의 임무가 될 수 있는 경우는 별로 없다.

= 장관을 지냈다. 부시 정부에서도 국무장관을 지냈으며 걸프전 당시 다국적 연합군 결성에 크게 기여한 것으로 평가된다.

1981년 11월 부쿠레슈티에서 보내던 마지막 저녁 나는 배낭을 메고 문테니아 호텔부터 세 블록 떨어진 피아차 유니벌시차티까지 걸어가 그곳에서 노스 역North Station으로 가는 버스를 탔다. 자정 무렵 기차를 타고 국경을 건너 불가리아로 들어가면서 이스라엘과의 자잘한 관료적, 심리적 연결고리를 또 여러 개 끊어냈다. 그 뒤 1981년에서 1982년으로 넘어가는 몇 주 동안 나는 불가리아, 마케도니아, 코소보, 세르비아, 크로아티아, 헝가리, 체코슬로바키아를 쭉 돌며 여행했다. 1980년대 중반쯤에는 내가 생계비를 벌기 위해 무슬림 세계에서도 가장 과격한 지역을 홀로 여행하는 이스라엘 시민이라는 두려움을 삼켜 가며 이라크, 시리아, 알제리, 북예멘을 비롯해 아랍 세계 여러 국가를 취재했다. 그리고 아프가니스탄과 아프리카의 뿔 지역에서 일어난 전쟁 역시 내 담당이었다.

하지만 1980년대 내내 내 관심을 주로 끌었던 곳은 루마니아와 그 밖의 발칸반도 지역이었고, 그래서 반복해서 계속 그 지역으로 돌아갔는데 대개는 날씨가 추운 겨울이었다. 내가 십 년 동안 인터뷰한 사람은 그리스정교 수도원에서 만난 수녀, 카페에서 만난 땀투성이 정치가, 열차 객실에서 자주색 브랜디를 마시던 부랑자, 집단농장에서 만난 농부, 교실에서 만난 중학생, 집이나 도서관에서 만난, 가슴 저릴 정도로 친숙하게 느껴지는 그 지역 역사학자와 지식인 등 수백 명에 이른다. 그 모든 사람들의 수에, 당당함이 느껴질 정도로 자기네 대사관에 객관적인 입장을 취하던 서구 외교관들의 수도 더해야 한다. 베를린 장벽이 붕괴될 때까지 4개월이 더 남은 1989년 7월호 ≪애틀랜틱 먼슬리The Atlantic Monthly≫에 나는 이렇게 썼다. "1970년대와 1980년대에 전 세계는 베트남과 아프가니스탄 같은 곳에서 초강대국이 행사할 수 있는 힘에 어떤 한계가 있는지 목격했다. 1990년대에는 유럽 내 제3세계에서 그 한계가 가시화될 것이 분명하다. 발칸반도가 이 세기의 시작을 장식했던 것과 똑같이 이 세기의 마지막을 장식할 가능성이 있다." 베를린 장벽이 붕괴되고 3주 뒤인 1989년 11월 30일 나는 또 ≪월스트리트 저널The Wall Street Journal≫에 이렇게 썼다. "공산주의 유럽의 폐허에서 두 개의 역사적 개념이 등장했다. 그 하나는 미디어가 지금 죽도록 두들겨 패고 있는 '중유럽*'이며, 다른 하나는 미디어가 이제부터 찾아 헤매야 할 '발칸반도'이다. ……" 나는 이어서 유고슬라비아의 인종 분열을 생각해보라고 그 사설에 썼다. 그때는 아직, 책의 초반부 몇 장에서 유고슬라비아를 다루기는 하지만 지면의 상당 부분을 루마니아에 할애한 『발칸의 유령들Balkan Ghosts』(1993)이란 책의 집필을 끝내기 전이었다.

그 지역에 대한 나의 집착, 그리고 유럽의 다른 지역과 비교해보면 뚜렷하게 나타나는 그 지역의 독특함이 내가 루마니아에서 저널리스트로 첫발을 내딛으면서 경험한 것의 핵심이었다. 적어도 이론적으로는 발칸반도 사람들한테 전쟁과 갈등을 대하는 특이한

* 중유럽Central Europe
역사적으로 국경 분쟁이 심한 지역이라서 시대나 학자에 따라 견해가 다르지만, 기본적으로 독일 문화권인 독일, 스위스, 오스트리아를 일컬으며, 그 나라들과 국경을 맞대고 있어서 정치, 문화적으로 비교적 분위기가 자유로운 폴란드, 체코, 슬로바키아, 헝가리를 중유럽에 포함시키기도 한다.

성향이 없을지 모르지만, 유럽대륙 여타의 지역, 그중에서도 특히 바르샤바조약기구의 다른 회원국들에 비해 상대적으로 개발이 부진한 상황과 그 지역의 가난 자체가 역사적 논쟁을 더 격렬하게 촉발시킨 것만은 분명한 사실이다. 예전에 유고슬라비아가 있던 지역에서 전쟁이 끝날 가능성을 논한 내 글을 읽고 미국의 한 대통령은 우울해했지만 내 생각은 달랐다. 나는 애초에 그 지역에 대한 군사 개입을 지지했었다. 『발칸의 유령들』에 쓴 글 역시 그 의견에 반박하는 내용이 아니었다. 무엇보다도 그곳은 인도주의적 조치가 가장 먼저 필요한, 인간이 사는 곳 가운데 가장 어두운 풍경이 펼쳐져 있는 곳일 뿐이었다. 다만, 어디에 개입을 하든 그에 앞서, 어느 곳이 최악의 장소인지 미리 파악하고 침략 군대를 지휘하는 실무자들끼리 토론할 필요가 있었다. 이라크 침략이 궁극적으로 실패할 수밖에 없었던 이유는 수니파와 시아파 사이의 뿌리 깊은 불신을 냉정하게 인정하고 대비책을 마련하지 않았기 때문이었다.

그러나 내 의도가 무엇이었든 그 책에 기록된 내용이 한시적 정책에 끼친 영향은 전혀 과장하지 않고 말해도 비극이다. 그런 점에서 내가 지금 느끼고 있는 감정이 죄책감이 아니라면 그것은 깊은 슬픔이다. 앞서 말했듯 기자는 그 결과를 고려하지 말고 바로 그 순간에 보고 들은 것을 있는 그대로 기술해야 하지만, 때때로 그 결과를 참기 힘든 경우가 생길 수도 있다.

루마니아는 발칸반도를 여는 나의 마스터키였다. 그 나라는 크기로 보나, 인구로 보나, 대소對蘇 지정학적 위치로 보나, 동남부

유럽의 폴란드였다. 그 나라는 최전방 국경이자, 방대한 영토가 여러 외세의 침략에 의해, 즉 비잔티움 제국, 오스만 제국, 합스부르크 제국, 러시아 제국의 국경 말단에 편입됨으로써 갈가리 난도질된 나라였다. 그러면서 동시에 언어 자체에는 라틴계 서유럽을 향한 동경이 담겨 있었다. 현대 초기 오스만 제국, 합스부르크 제국, 러시아의 군대는 모두 현재 루마니아가 있는 지역에 군침을 흘렸다. 루마니아의 심장부를 구불구불 관통하는 카르파티아Carpathia 산맥은 유럽과 근동을, 더 구체적으로 말하자면 중유럽과 동유럽을 구분한다. 그 어떤 단일한 지리적 경계가 할 수 있는 것보다도 더 명확하게 말이다. 내가 루마니아를 방문하던 초기, 어쩌다 보니 차우셰스쿠가 러시아의 승인을 받은 그 나라 대표가 되어 있기는 했지만, 루마니아는 희망과 문화유산이라는 또 다른 씨앗을 무수히 품고 있었다. 설사 그 당시에는 과거를 뒤져 그 씨앗을 찾아내는 행위가 어둠 속을 더듬는 짓이었다 하더라도.

2 장 2013년 부쿠레슈티

그 후 3분의 1세기가 지나고 나서 나는 다시 루마니아의 수도로 돌아갔다. 그리스정교에서 가장 중시하는 성주간*이었다. 정교 성당 내부 장식에서, 흔들리는 향로에 검게 그을린 성상과 프레스코화만큼 감각과 영혼의 성스러운 결합을 상징하는 것은 없다. 향유 속에 떠 있는 성당은 키릴 문자로 새겨진 명문과 성 금요일에 대한 그리스어 찬송가로 가득하다. 토요일 자정 무렵 부쿠레슈티의 '비세리카 알바Biserica Albă(하얀 성당)'는 어둠 속에 웅크리고 있다. 그때 칼레아 빅토리에이Calea Victoriei(승리 대로) 쪽에서 사람들이 조용히 성당으로 스며든다. 애들을 데려오거나 조부모를 모시고 온 젊은 부부도, 성령으로 가득 차 있는 여인도, 찢어지게 가난한 노파도 모두 불을 붙이지 않은 초를 하나씩 움켜쥐고 있다. 내세를 향

* 성주간Holy Week
기독교에서 부활절 일요일 전 한 주 동안의 기간을 말한다. 특별한 의식을 치르며 예수의 부활을 준비하는 그 기간은 수백 년 동안 로마 가톨릭과 그리스정교 등 다수 기독교 안에서 '중대한 주간'이라 불렸다. 루터가 종교개혁을 하는 과정에서 그 의식들을 대부분 폐지했지만 츠빙글리가 그 일부를 복원했기 때문에 신교 내에서는 그 주간을 보내는 방법이 교파마다 제각각 다르다. 성 금요일Good Friday은 십자가에 못 박힌 예수를 기리는 날이다.

한 경외심과 겸허함이 그들 사이의 다름을 지운다.

그 찬송가는 음침하면서도 선율 있는 주술적 주문을 상기시킨다. 거부할 수 없는 물결이다. 드디어 성직자 두 명이 성화가 그려진 벽 뒤에서 불이 켜진 나뭇가지 모양의 촛대를 들고 나온다. 사람들이 자신의 초에 불을 붙이려고 앞쪽으로 몰려든다. 불을 붙인 사람들은 다른 신자의 초에 불을 붙여주고, 마침내 촛불의 숲이 성당 앞쪽에서 점차 뒤쪽으로, 그리고 성당 마당까지 퍼져나가며 어둠을 몰아낸다. 부활절이다. "Hristos a înviat Adevărat ca a înviat. (예수께서 부활하셨다. 진실로 그 분은 부활하셨다.)" 가장 이교도 성향이 강한 이 유일신 숭배의식 안에는 봄이 이미 성큼 들어와 있다. 부활절 미사에 참석한 루마니아인들의 촛불에 비친 얼굴 속에서는 역사가 그다지 현실적으로 느껴지지 않는다. 그러나 그들의 두 눈에서는 모든 비극과 모든 기적과 모든 부활을 읽어낼 수 있다.

신고전주의 도리아 양식의 그 성당이 세워진 것은 겨우 19세기 초반이다. 하지만 조지 폰 레조리*의 『어느 반유대주의자의 회고록』에 나오는 1920년대 후반 부쿠레슈티 이야기와 연관 지어 생각하니까 더 오래된 것처럼 느껴졌다. 20세기 중반에 태어난 사람한테 19세기 초반은 중세시대와 마찬가지로 추상적인 시대이다. 어

* 조지 폰 레조리Geroge von Rezzori(1914-1998)
오스트리아 태생의 루마니아 작가. 영어, 독일어, 루마니아어, 이탈리아어, 우크라이나어, 폴란드어, 유대어, 프랑스어에 능통했던 레조리는 주로 독일어로 소설을 썼고, 회고록 작가, 극작가, 라디오 시나리오 작가, 배우, 저널리스트, 시각미술가,

떤 삶의 기억이든 연결 짓기에는 너무 멀리 떨어져 있는 것이다. 우리 아버지는 레조리보다 5년 먼저 태어났고 레조리가 묘사한 시대에 거의 스무 살이었다. 지금껏 살아계셨다면 백 살이 훌쩍 넘었을 테니까, 스무 살의 아버지는 지금 생각하면 너무나 고릿적 이야기다. 레조리가 때로는 불손하게, 그리고 때로는 연민 없이 그려낸 그 유대인들은 어쩌면 레조리의 이야기의 배경이 되는 시대와 현재 사이의 시간 속에서 홀로코스트로 죽임을 당했을지 모른다. 그렇지 않았다면 아마도 나치와 동맹관계였던 루마니아 체제 속에서 공산주의가 안겨 주는 공포와 가난을 수십 년 동안이나 견디며 살아남아야만 했을 것이다. 이민을 갈 수 있을 정도로 운 좋은 사람이 아니었다면 말이다. 그 지역의 1930년대와 1940년대는 그 이전 시대와 그 이후 시대 사이에 놓여 있는 바닥을 가늠할 수 없을 만큼 깊은 골이라서, 그 지역 역사는 상상할 수 없을 정도로 압축되어 있다. 그중에서도 특히 동유럽 다른 나라들보다 훨씬 더 상황이 심각했던 루마니아의 경우 그 골이 1989년까지 지속되었다. 그 골의 한쪽 끝에는 레조리의 이야기가 놓여 있고 다른 한쪽 끝에는 내 삶이 놓여 있다.

= 미술비평가, 예술품수집가 등으로도 활동했다. 평생 루마니아, 헝가리, 소련 등을 돌아다니다가 말년에 오스트리아 국적을 얻고 그곳에서 살았다. 1969년 뉴욕에서 영어로 출간한 『어느 반유대주의자의 회고록Memoirs of an Anti-Semite』으로 영어권 독자들에게 호평을 받았다. 1986년 노벨평화상을 수상한 루마니아의 유대인 작가 엘리 비젤은 그 작품을 이렇게 평했다. "레조리는 가장 중요한 우리 시대 문제들을, 진짜 이야기꾼이 만들어내는 놀랍고도 충격적인 마법과 메아리치는 목소리를 통해 우리에게 전달한다."

부활절로 넘어가는 자정 무렵 내 머릿속을 채우고 있던 것은 그런 생각이었다. 소용돌이치는 시간의 신비와 그것의 의미, 1920년의 비셰리카 알바, 1981년에 루마니아를 방문했던 일, 2013년 다시 루마니아로 돌아온 일 등. 1981년이 너무나 멀게 느껴지는 데 반해 1920년대는 그보다 덜 멀게 느껴졌다. 내가 태어나기 훨씬 전 시대에 존재한 공간인데도 레조리의 이야기 속 부쿠레슈티는 꼭 손에 잡힐 것처럼 생생하게 느껴졌다. 물론 그 1920년대 부쿠레슈티는 또 1820년대 부쿠레슈티보다 시간적으로 훨씬 더 먼 공간인 것처럼 느껴졌지만 말이다.

레조리는 "자그마한 아파트" 안에 앉아 비셰리카 알바 뒤편 한 가든 레스토랑에서 들려오는 합창소리에 귀를 기울이며, 부쿠레슈티에서 보낸 "라벤더블루 빛깔 하늘과 실현되지 못한 열망"으로 가득 찬 어느 여름을 회상한다. 곧 그 젊은 주인공은 어느 유대인 가족이 운영하는 하숙집으로 이사를 가게 될 테고 이야기의 주제도 스스로 모습을 드러내게 될 터였다. 주요 등장인물 모두가 루마니아인인 그 이야기가 보여주는, 배경에 깔린 잡음으로서의, 그리고 소수 개인의 병적 집착으로서의 반유대주의라는 주제가 더 충격적으로 느껴지는 까닭은 그것이 그 시대의 일반적인 경향이며 오히려 작품 내에서 축소 진술된 것 같은 인상이 느껴지기 때문이다. 공포는 순전히, 자신이 이야기하고 있는 시대가 1920년대와 1930년대라는 사실을 가끔씩 은밀하게 상기시키는 레조리의 서술 방식 때문에 일어난다. 그 뒷이야기가 어떻게 되었을까를 추리하는 것은 독자들의 몫이다.

두 번의 세계대전 사이에 놓여 있는 이 시기의 중유럽과 동유럽은 '불빛이 꺼진 세계' 가운데 하나였다. 즉, 그곳은 농노들의 전통적 엮기 방식이 가미된 비더마이어 양식의 가구로 가득한 오스트리아 헝가리 제국이라는 선명한 불빛이 꺼진 세계, 소수 인종이라는 격변하는 정치적 양탄자를 덮고 있던 합스부르크 제국의 관용이라는 불빛이 꺼진 세계, 위험스럽게 밖으로 노출되어 버린 혼란에 빠진 세계였다. 아버지가 아직 젊은이였던 그 세계는 평생 나 자신의 삶으로부터 멀리 떨어진 곳에 놓여 있었는데, 부코비나 Bukovina 출신의 오스트리아인 레조리가 그 세계를 내 곁으로 가져다준 것이었다.

많은 이들이 실제로 더 가까운 시간일수록 더 멀게 느끼는 것 같다. 개인에게 중대한 사건들이 시시콜콜 나열되어 이루어진 한 사람의 인생은 비교적 최근의 역사가 될 수 있다. 그러나 그 개인의 유년기와 동시에 시작된 역사는 더 머나먼 옛날 일처럼 느껴진다. 바꾸어 말하면 개인의 삶은 역사적 시간을 왜곡시킨다. 나는 제2차 세계대전이 종전되고 겨우 7년 뒤에 태어났다. 사실 중년이 되어서야 어느 날 문득, 내가 50년 전으로 거슬러 올라가는 기억들을 머릿속에 축적해왔다는 점을 고려하면 7년이란 세월이 더 이상 긴 시간이 아닐지도 모른다는 사실을 깨달았다. 루마니아가 파시즘에 휘둘리던 그 전간기戰間期는 그렇게 현실적, 실체적인 모습으로 내게 다가온 반면, 내가 아직 어린이, 혹은 청소년이었던 1950년대와 1960년대 공산주의 시대는 내게 어둡고 상상할 수 없을 정도로 먼 고대시대나 다름없었다. 그 거리감을 정복해준 것은 오로지, 그 시간과 자신들 모두를 일치시키고 있던, 부활절에 본 촛불에 비친 그 얼굴들이었다.

2013년 부쿠레슈티의 부활절은 패트릭 리 퍼모어*의 작품을 이해하는 데도 큰 도움이 되었다. 퍼모어는 모든 문장이 타임캡슐에 들어갈 가치가 있을 정도로 신성한 본질을 더없이 간결하게 표현할 줄 아는 예술가였던 만큼, 그를 그냥 여행 작가라고 부르는 것은 그를 너무나 과소평가하는 것이다. 루마니아를 유려하게 묘사한 퍼모어의 문장을 내가 맨 처음 읽은 것은 1986년 『숲과 강 사이에서』가 출간된 직후였다. 하지만 그때는 아직 1930년대로 시간 여행을 하기에는 루마니아 공산주의 언덕이 뚫을 수 없는 장벽으로 여겨지던 시절이라 그의 문장은 거의 골동품이 되어 버리고 말았다. 그러나 2013년 말 마침내 연작 여행서의 세 번째 책이 마침내 사후死後 출간으로 영국에 등장하면서, 1930년대 부쿠레슈티에 대

*** 패트릭 리 퍼모어Patrick Leigh Fermor(1915-2011)**
영국의 작가, 학자, 군인. 런던에서 저명한 지리학자의 아들로 태어났다. 사관학교를 졸업한 뒤 장교로 군에 복무했는데 제2차 세계대전 중 크레타 섬의 독일군 사령관이었던 크라이페 장군 납치작전을 지휘, 성공한 것으로 유명하다. 군인 신분이었던 몇 년을 제외하고는 평생 여행을 다니며 글을 썼다. BBC 방송국의 한 저널리스트는 그를 "인디아나 존스, 제임스 본드, 그레이엄 그린 사이에 놓인 교차로"라고 평했다. 저서 『숲과 강 사이에서Between the Woods and the Water』(1986)는 1930년대 퍼모어가 도보로 중유럽과 동유럽을 여행하면서 쓴 세 권의 연작 여행서 중 두 번째 책으로 이 책에 소개된 나라는 체코슬로바키아, 헝가리, 유고슬라비아, 루마니아이다. 다른 두 권의 연작 여행서는 『선물 같은 시간A Time of Gifts』(1977)과 『끊어진 길The Broken Road』(2013)이다.

한 그의 묘사도 언제든 그 즉시 손에 넣을 수 있는 것이 되었다. "모더니즘 스타일의 멋들어진 글씨가 새겨진 상점 간판 …… 은은하게 불이 켜진 비둘기 색 피라미드 위에 향기롭고 반짝이는 포도주 병 하나가 아슬아슬하게 진열되어 있고 그 뒤쪽에는 레몬 빛깔 실크로 주름을 잡은 휘장이 드리워져 있는 고급스러운 상점 쇼윈도, 무지갯빛으로 전기 신호가 들어오는 전선이 엉켜 있는 철근 콘크리트 건물 전면, 여러 언어로 쓰인 정기간행물이 펄럭이는 환하게 불 밝힌 가판대, …… 상상할 수 없을 정도로 화려한 내부 장식, ……" 퍼모어에게 부쿠레슈티는 "환상적인 악몽"이자 "지나치게 장식품이 많은 바빌론"이었다. 그러나 공산주의 수십 년이 그 모든 것을 파괴했고, 2013년 부쿠레슈티는 이제 다시 태어나는 중이었다.

루마니아는 참으로 감탄스러울 정도로 지리적으로나 문화적으로나 군침을 돋우는 사탕 같은 나라이다. 나는 늘 그 나라로부터 그런 영향을 물리적으로, 그리고 관념적으로 받아왔고, 그 영향은 나로 하여금 직간접적인 방식으로 그리스정교의 성상에, 냉전에, 시간 여행에, 또 그 밖의 많은 것들에 집착하게 만들었다. 냉전 중 언젠지 딱 잘라 말할 수 없는 시점까지 '루마니아'라는 이름의 철자는 현재 통용되는 'Romania'가 아니라 'Rumania'였다. (아마도 이 변화는 1960년대에 루마니아어 안에서 Romînia가 România로 바뀌면서 일어났을 것이다.) 그러나 나는 철자나 발음이나 Rumania라는 예전 영어 표기가 더 좋았다. 왠지 그 표기가 더 그 나라가 발칸반도에 있다는 사실을 연상시키고 그 결과 더 실제적으로 느껴졌기 때문이다.

이제 어쩔 수 없이 Romania라고 표기해야 하는 그 나라 루마니아는 조지아나 아르메니아와 마찬가지로 인종적으로 통합되기 힘든 나라 중 하나로 여겨졌는데도, 비록 압제와 침략과 정복은 당했을지언정 천 년 세월을 기적적으로 살아남았다. 루마니아인들은 트랜스코카서스* 지역보다 훨씬 더 방대한 인구 규모에도 살아남았고, 그것도 중유럽의 가장 끝 가장자리에서 그런 일을 해낸 것이었다. 그래서 그 나라에는 내가 다시 익혀야 할 것, 다시 적응해야 할 것이 너무나 많다.

1981년 말부터 2013년 초까지 수십 년의 세월은 루마니아의 방식에 몇 가지 진화를 일으켰다. 내가 그 변화를 처음으로 경험한 것은 1990년과 1998년 두 번에 걸쳐 짧게 그 나라를 방문했을 때였다. 1989년 크리스마스 혁명이 일어난 뒤 겨우 4개월이 지났을 무렵 그 나라로 돌아간 나는, 지난 수십 년 동안 종교를 부정해온 부쿠레슈티가 얼마나 개방적인 교회로 변모해 있는지 목격했다. 그곳에는 차우셰스쿠와 싸우다가 죽어간 혁명의 주인공들을 기리기 위해 바쳐진 성스러운 포장도로가 있었고 그 도로에는 장미, 튤립, 밀랍 초가 가득했다. 1990년대 후반 무렵 부쿠레슈티의 변화가는

* 트랜스코카서스Transcaucasus
현재 아제르바이잔, 아르메니아, 조지아가 있는 지역을 일컫는 명칭으로, 아제르바이잔인, 아르메니아인, 조지아인, 러시아인, 아브하지아인, 아자르인, 오세트인, 그리스인, 쿠르드인 등 인종 구성이 다양하다.

카지노, 누드쇼가 열리는 클럽, 때때로 살아 있는 모델을 쓰기도 하는 부티크 쇼윈도 속 이탈리아 패션을 자랑하고 있었다. 그 당시 뉴욕이나 파리와 마찬가지로 그곳에서도 검은 옷이 유행이었다. 예전에 루마니아 외교관을 지낸 이오아나 이에로님 씨는 1998년 내게 말했다. "전간기인 1930년대에 우리 모습이 딱 이랬을 거예요. 지금 새로운 지구 세계에 살고 있는 우리는 재주도 많고 적응력도 좋지만, 세계주의자로 가장한 거품덩어리 망명자들일 뿐이랍니다. 그러니까 우리는 서구 사회에 살고 있는 일차원적 라틴-동양계 복제인간인 셈이에요" 루마니아 철학자이자 수필가인 호리아-로만 파타피에비치Horia-Roman Patapievici는 이렇게 첨언했다. "우리가 컴퓨터, CD, 옷을 사면, 우리는 그 기술들을 처음에 창조해낸 근본적인 가치에 대해서는 전혀 모르는 채 서구 사회 물질문명의 결과물만 빌려오는 겁니다." 책이 줄지어 늘어서 있는 그의 아파트에서 내가 파타피에비치를 만난 것은 1990년대 후반이었다. 그 아파트 복도에는 떠돌이 개떼가 서성대고 있었다. 청바지에 스모킹재킷을 입은 파타피에비치는 나를 매혹시키고 있던 루마니아의 모든 것에 대해 간략히 요약해 주었다. 내게 루마니아는 감각적이고 섬뜩하며 영원히 매력을 잃지 않는, 그리고 때로는 눈부시기까지 한 누아르 영화 같은 나라였다.

그런 만큼 그 나라의 표면만 살살 긁어보는 것만으로는 충분치가 않았다. 나는 지금은 거들떠보지도 않는 세계의 다른 지역에 대해 길게 글을 쓸 기회가 많아지면 많아질수록, 그저 얼른 루마니아로 돌아가 초기 방문 때 그리다 만 그림을 완성하고 싶은 마음뿐이었다. 나는 그 나라에 대해 스스로 다시 알아내고 싶었다. 고급 학위를 취득한 훈련된 역사가로서 그런 바람을 품은 것이 아니었다. 어차피 난 거기에 해당되지 않았으니까. 레조리처럼 환상적으로 멋진 가정이란 배경에서 성장해 그에 딱 걸맞게 엄청난 언어적 재능을 타고난 회고록 작가로서 그런 바람을 품은 것도 아니었다. 역시 거기에도 해당되지 않았으니까. 나는 또 퍼모어처럼 언제든 쓸 준비가 되어 있는 완벽한 비유와 사회적 재능을 갖춘 문학적인 여행 작가도 아니었다. 나는 그저 한 장소에, 그리고 그 장소가 우리, 그중에서도 특히 내게 가르쳐줄 수 있는 교훈에, 또 유럽과 내가 운명적으로 살아온 시간의 역사에 집착하는 일개 저널리스트에 불과했다. 간단히 말해서 레조리와 퍼모어는 관찰 기술이란 면에서 범접할 수 없는 사람들이었지만 그렇다 하더라도 나 역시 루마니아라는 주제에 관심을 가질 수 있는 사람이었다는 이야기다. 그냥 관심 밖으로 밀어내기에는 당시 위치상 우크라이나, 러시아, 중유럽, 흑해, 지중해와 접해 있던 루마니아는 내게 너무 중요한 나라였다.

내가 루마니아에서 가장 먼저 접한 것은 그 나라 사람들이 아니라, 공산주의 정권이 수십 년 동안 싹을 제거하려고 애썼던 문명의 물질적 요소인 그 나라의 예술과 건축이었다. 나는 그 풍경의 배경색 뒤에 숨겨져 있는 루마니아의 물질적 유산을 경험하고 싶었다. 엄청난 양의 압제라는 회색을, 그때까지 유령처럼 내 안에 맴돌고 있던 1981년 그 도시 풍경의 기억을 박살내야 한다는 부담 없이 말이다.

부쿠레슈티 교외 3백 년 된 모고소아이아 궁전*에는 터키풍 뾰족탑을 닮은 첨탑이 여러 개 있었다. 아주 얇은 벽돌로 쌓은 반 돔, 역시 벽돌로 쌓은 아치형 복도, 훗날 개축할 때 세워진 반원 모양 기둥 등의 건축양식은, 로마 시대 마지막 유물에서 파생된 중세 초기 비잔티움 양식을 상기시켰고, 가파른 납빛 지붕은 바로크 양식을 향한 동경을 담고 있었다. 나는 문테니아 양탄자, 올테니아Oltenia와 몰다비아Moldavia 융단의 아름다움 안에서 길을 잃고 말았다. 다양한 식물성 염료를 이용해 양탄자를 온갖 색으로 물들이는 것은 터키와 페르시아로부터 크게 영향을 받은 기법이었다. 문테니아와 올테니아는 둘 다 부쿠레슈티가 자리한 드넓은 왈라키아 평원에 속한 하위 행정구역이다. 다뉴브 강에서 북쪽으로 65킬로미터도 채 떨어지지 않은 왈라키아 평원은 고대 후기부터 근대 초기에 이르기까지 비잔티움과 오스만 군대의 말발굽소리가 끊이지 않은 정복의 대상이었다. (부쿠레슈티는 루마니아의 수도가 되기 전 왈라키아 공국의 수도였는데, 왈라키아에 인접한 불가리아는 오스만 제국의 점령지였고, 튀르크족은 그곳을 근거지로 루마니아 침략과 습격을 감행할

* **모고소아이아 궁전**Palace of Mogosoaia
부쿠레슈티에서 10킬로미터 떨어진 곳에 있는 이 궁전은 왈라키아 공국의 왕 브른코베아누(77쪽 각주 참조)가 1702년 완공한 웅장한 궁전이다. 르네상스, 비잔티움, 바로크 등 다양한 양식을 하나로 결합시킨 이 궁은 '브른코네스크' 양식이라는 새로운 용어를 만들어냈을 정도로 독특한 루마니아만의 건축양식을 보여준다. 1920년대 궁의 소유주였던 작가 마르타 비베쿠스는 궁을 수리했고 그곳은 곧 루마니아 상류층의 사교 중심지가 되었다.

수 있었다.) 1698년부터 1702년까지 4년에 걸쳐 그 궁전을 세운 장본인이자, 서양식과 동양식을 결합한 루마니아의 인상적인 건축 설계 방식에 자신의 이름을 내어준 사람이 바로 비운의 왈라키아 대공 콘스탄틴 브른코베아누(77쪽 각주 참조)였다. 그는 네 아들과 손자까지 데리고 스스로 콘스탄티노플로 향했으나 1714년 그곳에서 튀르크족에게 참수를 당했다. 그를 처형하기 전 그의 눈앞에서 아들들을 죽인 것은 물론이다. 브른코베아누는 상황에 몰려 어쩔 수 없이 그런 선택을 한 것이었다. 그는 러시아 차르의 힘을 이용해 오스만 술탄의 힘을 떨쳐낼 생각이었지만 당연히 그의 계획은 결과적으로 실패였다. 바로 그때부터 19세기 중엽까지 러시아인과 튀르크족은 끊임없이 부쿠레슈티를 들락거렸다. 1866년에 발행된 루마니아 동전에 오스만 제국의 상징이 새겨져 있는 것을 보면 그런 상황이 얼마나 오래 지속되었는지 알 수 있다.

모고소아이아 궁전의 자욱한 연기에 싸인 비잔티움 성상, 탐스러운 양탄자, 벽돌로 쌓아올린 멜론 돔의 침묵 속에서 시간은 다시 한 번 나를 위해 모습을 감추었다. 수십 년 전 미스트라스Mystras, 아토스 산, 구 세르비아 지역은 물론 아테네, 소피아, 이스탄불의 중세 비잔티움 유적지를 찾아 다녔던 젊은 시절의 기억이 불현듯 생생하게 살아났다. 어떤 역사적 시기와 관련된 유물들이, 그것이 유발하는 예술적 감수성의 힘으로 나를 예전 삶과 이어준 것이었다.

모고소아이아 궁전에서 본 브른코베아누 양식 지붕과 마찬가지로, 부쿠레슈티 중앙 광장에서 약간 떨어진 곳에 위치한 공연장 건물 아테나에움Athenaeum도 서양의 전통을 열망하고 있었으나, 내가 보기에는 그것 역시 동양적 건축물인 것이 확실했다. 1888년 기부금으로 건축된 아테나에움은 그 나라가 공산주의 빙하기에서 깨어날 무렵 개축되었다. 그러나 부쿠레슈티의 스탈린풍 사격진지 같은 건축물들이 보여주는 가차 없는 야만성 때문이었을까, 개축되기 전에도 나는 그 건물을 보고 시각적인, 따라서 감정적인 안도감을 느꼈었다. 거대하고 음침한 연립단지는 물론, 카르파티아 산맥의 아푸세니Apuseni에서 공수해온 울퉁불퉁한 싸구려 흰 돌로 세워져 엄청난 위압감이 느껴지는 공산당과 정부 관청 건물들은, 수도에 있는 비잔티움, 르네상스, 베네치아 고전주의, 비엔나 분리주의, 아르누보, 아르데코 건축물의 아름다움을 질식시켜버리려는 의도에서 세워진 건물들이었다. 스탈린 사망 1년 뒤인 1954년 '건축의 산업화'를 장려한 사람은 니키타 흐루시초프Nikita Khrushchyov(1894-1971)였다. 강화 콘크리트와 조립식 건물을 강조한 그 '건축의 산업화' 정책은 훗날 부쿠레슈티의 외관을 완전히 망쳐버렸고 그런 이유로 나는 그를 몹시 증오했다.

아테나에움과 그것이 대변하는 시대는, 20세기와 그 세기의 이데올로기, 그리고 1914년 시작되어 루마니아에서는 1989년이 되어서야 끝이 난 기나긴 유럽 전쟁에 대한 비판을 담고 있다. 아테나에움은 기술적으로 보면 신고전주의 건축물이다. 그러므로 유럽적이고 르네상스적인 것으로 이해할 필요가 있다. 그러나 노란색과 탐스러운 분홍색 오르몰루(구리, 아연의 합금으로 금박 도금 재료의 일종 : 옮긴이)가 풍성하게 쓰인 것으로 보나, 날카로운 각 없이 모서리를 둥글린 것으로 보나, 과장과 과시라는 바로크 성향을 담고 있는 것으로 보나, 아네타에움은 비잔티움 양식의 건물이며, 따라서 동양의 숨결을 포착한 것으로 볼 수 있다. 그리고 그것이 바로 루마니아의 정확한 의미이다. 나는 그리스와 로마풍의 기둥과 벽기둥을 바라보았다. 그런데도 왠지 콘스탄티노플의 아야 소피아Hagia Sophia("성스러운 지혜" 성당 : 성 소피아 성당) 대기실에 들어가 있는 것 같은 기분이 들었다.

제1차 세계대전이 발발한 뒤로는 아테나에움 같은 건축물이 태어날 수 있는 여건이 조성된 적이 단 한 순간도 없었다. 수천만의 생명이 전쟁터에서 죽음을 맞이한 인류의 재앙으로 인류는 순수성을 완전히 잃었고, 그 결과 예술이 극심한 추상성과 공격적인 미니멀리즘으로 멀찌감치 후퇴한 까닭이었다. 아테나에움은 때가 타지 않은 낭만적인 예술품이다. 나는 루마니아의 화가 코스틴 페트레스쿠Costin Petrescu(1872-1954)의 1937년 작 루마니아 역사 벽화에 둘러싸인 원형 공연장에 앉아 있었다. 그 벽화 속에는 국왕 카롤 1세, 국왕 페르디난트, 마리아 왕비 같은 유명한 인물들, 근대 루마니아의 토대를 다진 인물들, 그러니까 19세기 후반부터 20세기 초반에 걸쳐 루마니아를 서구 속에 확고하게 정착시키려고 애쓴 독일과 영국의 왕족들, 그리고 나라 안의 동상과 그 밖의 증거들을 모조리 무너뜨림으로써 기억에서 벗어나려고 안간힘을 쓴 공산주의자들이 그려져 있었다. 그런데 이제 구세계 건축물의 마지막 숨결인 그 아테나에움이 다시 한 번 승리를 거두고 있었다. 그곳에서 저녁마다 클래식 공연과 연주회가 열렸고, 1989년 이전 수십 년 세월을 일부 내용으로 하는 벽화로 장식된 그 공연장을 관객들이 매번 꽉

꽉 채우고는 했으니까. 역시 존재의 궁극적인 목적은 미美의 신성화이다. 그리고 아테나에움은 숭배의 공간이다.

20세기 내내 너무나 큰 격변을 겪어온 루마니아에는, 일찌감치 복원해야 할 필요가 있는 불멸의 예술적, 정신적 유산도 남아 있지 않았고, 과거를 인정하고 미래로 가는 길을 제시해줄 정상적인 시대도 존재하지 않았다.

나는 니쿠 차우셰스쿠Nicu Ceaușescu(1951-1996)가 예전에 살던 저택에서 에스프레소를 마시며 두 시간을 보냈다. 공산당 독재자의 타락한 아들인 니쿠는 부모가 마지막 반공 혁명으로 처형된 1989년으로부터 7년 뒤 간경변증으로 사망했다. 젊은 차우셰스쿠가 만취해서 여성을 폭행한 사건이 여러 번 있었다는 말을 그 저택 담장 안에서 들었다. 이제 벨 에포크* 시대 펜촉 글씨를 상기시키는 카페가 된 그 저택 안에는 등받이가 우아하게 굽이치는 의자가 놓여 있었고 태평하게 양산을 어깨에 걸친 세기말 미인들의 은판 사진이 걸려 있었다. 나는 거기 앉아서 벨 에포크가 끝나갈 무렵인 1913년 5월 파리에서 공연된 러시아 출신 작곡가 이고르 스트라빈스키Igor Stravinsky(1882-1971)의 〈봄의 제전The Rite of Spring〉 속, 폴란

* 벨 에포크Belle Époque
제1차 세계대전이 일어나기 전, 구체적으로 말하면 1870년경부터 1914년까지 서유럽이 평화와 번영을 누리던 시기를 일컫는 말로, 인류가 도덕성을 상실하기 전 '아름다운 시절'이라는 뜻이다.

드게 러시아 무용수 바슬라프 니진스키Vaslav Nijinsky(1890-1950)의 안무를 생각했다. 음악과 무용으로 구성된 그 작품은 20세기 불화와 해체를 정의한 작품으로 그 안에는 아직 1년 조금 더 남은 일에 대한 공포가 도사리고 있었다.

일찍이 1980년대에 내가 칠흑 같은 어둠 속을 수백 미터씩 걸으며 불 켜진 상점이 없는지, 괜찮은 음식을 먹을 수 있는 식당이 없는지 찾아 헤매던 도시, 부쿠레슈티의 2013년 모습은 우아함의 극치였다. 1980년대에는 심지어 형편없었던 나의 싸구려 취향에도 기름이 끈적거리는 매점이나 식당 분위기는 일종의 폭력이었다. 유니언 호텔Union Hotel 식당의 종업원들은 손님 테이블 근처에 놓인 얼음 양동이에 기침을 해 끌어올린 가래침을 뱉거나 담배꽁초를 손가락으로 튕겨 넣고는 했다. 브라쇼브Brașov 출신의 루마니아인이 19세기에 개업한 '카루쿠 베레Caru'cu Bere(맥주 수레)'라는 소시지 상점은 지방 공포증에 걸려 있던 냉전이 기승을 부리던 그 옛날에 다시 문을 열었는데, 머리가 희끗희끗한 종업원들은 손님이 들어와도 반시간이나 무시하다가 머스터드소스를 곁들인('미티테이mititei', 혹은 '미치meech'라고 불리는) 소시지 접시를 물 탄 맥주와 함께 탕 소리가 나게 손님 테이블 위에 내려놓고는 했다. 메뉴판에는 다른 음식이 거의 없었다. 스테인드글라스 유리창까지 갖춘 짙은 색 고급 목재 인테리어의 그 식당은 말하자면 담배 연기와 손님들의 몸 냄새를 가득 담아놓은 통이었다. 그래서였을까, 여자 손님은 아주 드물었다. 그런데 2013년이 되어 가보니, 메뉴판은 말 그대로 수십 가지 고기와 채소 요리를 자랑하고 있었고, 단정하고 친절한 남녀 종업원이 음식을 서빙하고 있었다. 손님들도 대개 자녀를 동반한 젊은 부부들로 모두 건전한 중산층 같아 보였다. 와인 메뉴판이 따로 있었고 트란실바니아 산 와인인 팔링카palinka는 물론 훨씬 도수가 높아서 즐기는 사람이 적은 왈라키아와 몰다비아 산 추이커tuică도 함께 팔고 있었다. 예전에는 이루 말할 수 없을 만큼 엉망이던 화장실도 싹 고쳐져 있었고, 당연히 흡연은 허용되지 않았다. 차우셰스쿠 일가가, '카루쿠 베레', 그리고 루마니아 공산주의 시대를 대변하는 모든 끔찍한 것들을 길들이고 문명화하기 위해 처형을 당해야만 했던 것은 아닐까, 그런 생각이 들 정도였다.

부쿠레슈티에는 이제 카페가 널려 있었다. '차르메Charme, 렘브란트Rembrandt, 라 뮤즈La Muse' 등 온갖 이국적인 이름을 단 카페들 안에는 고리버들, 함석, 벨벳, 금색 목재, 검은색 금속 등으로 제작한 의자와 테이블이 놓여 있었다. 모든 카페의 시설들이 파리, 베를린, 비엔나, 스톡홀름, 뉴욕을 떠올리게 만들려고 저마다 아우성이었다. 심지어는 재떨이에조차 아르누보나 벨 에포크라고 하면 딱 떠오르는 디자이너의 문양이 버젓이 새겨져 있었다. 그러나 부쿠레슈티에 새로 생겨난 그 카페들은 포근함과 다층적인 우아함, 그리고 특히 중유럽이 카페들에서 느껴지는 친근함이 부족하다는 말을 들어도 싼 곳들이었다. 내가 있던 그곳은 여전히 예전에 비잔티움 제국과 튀르크 세계의 영토였던 카르파티아 산맥 남쪽 지역이었던 것이다. 그 말은 그저 편히 쉴 수 있는 곳이 전혀 없다는 뜻이요, 진짜 과거 속에서 유기적으로 잉태된 공간이 거의 없다는 뜻이다. 2013년의 부쿠레슈티는 한 마디로 말해서 부자연스러운 신문물의 도시였다. 전간기 부쿠레슈티에 대한 레조리의 관찰이 그곳에서는 여전히 유효했다. "쓰레기 같은 모더니티," "양치기의 휘어진 지팡이를 장식품으로 곁들이는 초현대주의 풍조", 그것이 "발칸 성향"이 너무나 뚜렷한 그 도시가 "아르누보풍의 빌라, 유리와 콘크리트로 지어진 빌딩들, …… 그 모든 것에도 불구하고 스미르나*만큼 동양적인 곳인 이유였다."

하지만 다른 한편으로 생각해보면, 카페와 꽃집과 서점이 그렇게 많은 도시라면 문명화된 도시인 것이 틀림없었다. 아무리 문명의 발생기라 하더라도, 그것들보다 더 훌륭한 도시 문명의 상징이 어디 있겠는가?

1981년 부쿠레슈티에는 그래도 하나의 주제와 하나의 패턴, 즉, 모든 거리와 도로에 음침하고 무시무시하고 숨 막히는 침묵을 조성하는 공산주의라는 주제, 패턴이 있었다. 그러나 2013년 부쿠레슈티에는 아무런 주제도 없었고, 19세기 후반 파리나 원형으로 도로가 설계된 빈에 굉장한 도시 풍경을 마련해 주었던 원대한 도시 계획 같은 것도 없었다. 물론 차우셰스쿠 시대에 세워진 관청 단지 역시 계획에 의한 것이라기보다는 그냥 훼손에 가까웠다. 21세기 초반 루마니아의 수도를 정의하고 있던 것은 계획이라기보다

* 스미르나Smyrna
현재 터키 서부의 주인 이즈미르Izmir의 옛 명칭이다. 소아시아 서안의 항구도시로 스미나르는 '몰약'이라는 뜻이다. 고대 그리스의 식민지였다가 로마시대까지 교역 중심지로 번영했다. 제1차 세계대전 직후 그리스령이 되었다가 1923년 터키에 반환되었다.

는 무분별한 계층화와 변화의 퇴적이었다. 어떤 요소도 다른 요소와 얽혀 있지 않았기 때문에 각각의 요소는 개별적 위기로 그 자리에서 밀려났다. 2013년 부쿠레슈티에는 미래의 나로 하여금 기억을 떠올리게 할 만한 것이 아무것도 없었다. 개인적 이해관계가 전혀 없는 저널리스트로서 주민들에게 정보를 요구하느라 애를 먹었을지언정 그래도 1981년 부쿠레슈티에는 그런 것이 있었는데 말이다.

세련된 카페와 레스토랑 사이에 있는 번화가는 부서진 보도블록, 깨진 콘크리트 조각, 쓰레기, 버려진 건물들로 가득한 사막이었다. 수십 년째 그곳에서 벌어지고 있는 법적 논쟁의 상당 부분은, 물적 재산의 소유권을 공산주의 시대 이전의 합당한 주인에게 되돌려주는 문제와 관련된 것이었다. '켄트 담배를 매개로 물물교환을 하는 경제'가 차우셰스쿠 시대를 다룬 저널리즘의 상투적 표현이었던 것과 마찬가지로, '떠돌이 개떼'는 포스트 냉전시대 초기 부쿠레슈티를 뜻하는 하나의 문구였다. 그 개떼를 비롯해 버려진 일반적 폐기물 목록에, 최근 몇 년 사이에 색 넣은 플렉시 유리(Plexiglas : 유리 상표)와 폴리머 콘크리트로 레고 블록처럼 높다랗게 쌓아올린 입체파 건물들과 모래를 분사하는 방식으로 외관을 개축한 칼레아 빅토리에이 인근 호텔들도 끼워져야 한다. 1982년 하룻밤 숙박료로 29달러를 내고 머물렀던 마제스틱 호텔은 이제 소형 라마다Ramada 호텔이 되어 있었다. 1981년 내 숙소였던 문테니아 호텔은 이미 문을 닫은 상태였다. 차양은 이미 완전히 녹슬어 있었고, 건물 앞면은 철판으로 덮여 있었는데, 그 철판 위에는 '빠구리'라는 낙서가 보기 흉하게 여기저기 몇 개씩 휘갈겨져 있었고 펑크 밴드 공연이나 클래식 연주회의 광고전단이 덕지덕지 붙어 있었다. 그리고 그 자리에 곧 미용실이 개업할 것이라는 안내문이 붙어 있었다. 그곳에서는 수많은 역사가 그렇게 비뚤어진 방향으로 탈바꿈하는 중이었다.

통굽 구두를 신은 여자도, 화장실 슬리퍼를 신은 다른 이들도 보였다. 어떤 이는 티셔츠를 입고 있었고 어떤 이는 잠옷 차림이었다. 그리고 그 뒤편으로 예전 신고전주의 시대에 건축된 황토색 대칭형 왕궁이 흐릿하게 보였다. 우후죽순처럼 생겨난 고급 주택단지에도 불구하고, 나는 흙먼지가 쓸고 간 중유럽, 혹은 아나톨리아*의 황량한 도시 가까이 있는 것 같은 기분이 들었다. 그 도시의 립스틱을 문질러 닦아 보시길. 그러면 여전히 슬픔에 젖어 있는 푸석푸석한 얼굴이 드러날 테니. 여전히 낙서와 찢겨져나간 벽보가 누덕누덕 붙어 있는 마게루 가 돌담 사이에 더없이 파격적이고 호화로운 부티크들이 자리잡고 있었다. 원래 포스트모더니즘은 어울리지 않는 것들을 병치하는 것이다. 부쿠레슈티에는 그렇게 스탈린 시대 건축 유산과 자본주의의 데카당스가 야무지게 버무려져 있었다.

제2차 세계대전을 다룬 올리비아 매닝의 '발칸 3부작'**에서 아름다운 배경으로 그려진 치슈미지우 공원Cişmigiu Garden은 아무

* 아나톨리아Anatolia
아시아대륙 남부에서 발칸반도에 이르는 드넓은 산악지대를 말한다. 고대에는 소(小)아시아라고 불렸다. 아나톨리아의 어원인 그리스어 '아나톨레 anatole'는 '동쪽', '해 뜨는 곳'이란 뜻이다.

** 발칸 3부작Balkan Trilogy
영국의 소설가 올리비아 매닝Olivia Manning(1908-1980)의 연작 소설이다. 주

렇게나 방치되어 있었다. 떠돌이 개떼, 무성하게 자란 잡초, 낙서가 되어 있고 판때기가 빠진 벤치, 굳이 따지자면 노숙자는 아니지만 갈 데라고는 아무 데도 없어 보이는 사람들. 1990년대에 실비우 브루칸은 이런 유명한 말을 남겼다. 차우셰스쿠가 그 나라에 저질러 놓은 짓들을 루마니아가 극복하려면 아마 한 세대도 더 걸릴 것이라고. 그 당시 사람들은 브루칸의 그런 어두운 비관론에 충격을 받았지만 결국은 그의 말이 옳았다.

교통체증으로 길이 꽉 막혀 있었다. 중동과 다른 제3세계 도시들이 그런 것처럼 그곳도 시끄럽고 난폭한 자동차로 가득했다. 침묵의 공산주의 도심은 이미 끝없이 경적을 울려대는 운전자들의 도심이 되어 있었다. 중년 이하의 보행자는 모두들 스마트폰에 열중하고 있었다. 그러면서도 그 젊은이들은 내게 발전 없는 그 나라가 환멸스럽다고 개탄했다. 그들 중 대다수에게는 냉전에 대한 쓸 만한 기억이 없었기 때문에 그것을 참고의 기준으로도, 비교의 기준으로도 삼을 수가 없었다. 아랍 속담에 이런 말이 있다. "사람은 자신의 조상을 닮는다기보다 자신의 시대를 닮는다." 새 세대의 자율성을 인

= 로 영국, 유럽, 중동 지방을 여행하는 개인의 모험을 소재로 수많은 작품을 발표한 매닝은 탁월한 예술적 시선으로 풍경을 생생하게 묘사한 작가로 평가된다. '발칸 3부작'은『위대한 행운The Great Fortune』(1960),『망가진 도시The Spoilt City』(1962),『친구와 영웅Friends and Heroes』(1965) 세 권으로 구성되어 있으며,『위험한 나무The Danger Tree』(1977),『승패 전쟁The Battle Lost and Won』(1978),『공공복지The Sum of Things』(1980) 세 권으로 구성된 '레반트 3부작The Levant Trilogy'과 함께 묶여 '전쟁의 운명Fortunes of War'이란 시리즈로 불린다.

정하려는 사고방식이기는 하지만, 어떤 이들은 본질주의*나 문화적 결정론에 대한 반발로 그렇게 새로운 것만 찾는 위험한 태도가 과거와 과거의 유용한 교훈까지도 모조리 잃게 만들 것이라고 주장하기도 한다.

나는 그 도시가 뭔가의, 그러니까 역사적인 한 시대의 결과인 뭔가의 상징이 되어 있었으면 싶었다. 1981년 그 도시가 그랬던 것만큼, 2013년 그 도시도 그에 맞먹는 강력한 영향을 내게 끼쳤으면 싶었다. 그리고 물론 나는 그 도시에 실망했다. 하긴 그 시절 내가 훨씬 더 젊었던 것은 사실이다. 젊은 때는 새로운 경험이 기억을 더 깊이 불사르는 법이니까. 하지만 그보다 더 중요한 이유는 현재의 부쿠레슈티가 너무나 뒤죽박죽이었기 때문이다. 그리고 그것이 동시에 그 도시에 남아 있는 유일한 해결책이요, 인간미였다. 그것은 그래도 그 도시가 아직까지는 다른 유토피아 이데올로기나 원대한 도시 계획에 사로잡혀 있지는 않다는 뜻이었으니까. 그 수도의 정치가 얄팍하고 수준 낮은 음모와 혼란의 상징이 되어 가는 동안, 그 도시는 그저 새로운 요소들을 계속 추가하면서 하루하루 살아갈 뿐이었다. 그러니까 다행스럽게도, 그 도시에는 아직 전형적인 것이라고는 아무것도 존재하지 않았다.

*** 본질주의essentialism**
어떤 개념을 규정하는 근본적인 속성이 존재한다고 보는 관점이다. 예컨대 남성과 여성에게 각각 불변의 고유 속성이 있다고 보는 것도 일종의 본질주의이다. 즉 뭔가의 정체성이 생물학적, 심리적, 사회적으로 이미 '고정', 혹은 '결정'되어 있다고 보는 전통적 사고방식을 말한다.

"모든 포스트 공산주의는 사회의 뿌리를 뽑습니다. 일찍이 공산주의가 전통의 뿌리를 뽑아버린 터라 그 무엇도 그 사회와 맞지 않기 때문입니다." 2013년에 만난 철학자 파타피에비치의 설명이었다. 그는 15년 전 나와 마지막으로 만났을 때 내게 이렇게 경고했었다.

"루마니아가 이루어야 할 과업은 비인격적 규준에 근거한 공공 방식을 확립하는 것입니다. 그렇게 하지 않으면 경제든 정치든 음모가 판치게 될 테니까요. 우리 그리스정교의 전통이 그런 부분에 아무런 보탬이 되지 않을까봐 걱정입니다. 루마니아, 불가리아, 세르비아, 마케도니아, 러시아, 그리스 등 유럽 내 그리스정교 국가는 관습이 빈약한 것이 특징이지요. 아마도 그리스정교가 문자화된 전통보다는 농노들의 구비 전통에 바탕을 둔, 유연하고 사색적인 성격이 강한 종교라서 그럴 겁니다. 그렇다 보니 소문이 나는 데도 일정한 패턴이 있답니다. 정보는 없고 음모만 가득한 ……"

1998년 파타피에비치는 루마니아 정치가 10년째 시험단계이며 향후 5년 정도는 더 그럴 것이라고 단정적으로 말했다. 2013년 이렇게 덧붙이기는 했지만 말이다. "그 누구도 과거에 대해 사과하지 않더군요. 그리고 그 상태에서 벗어날 수 있는, 거의 사반세기에 달하는 엄청나게 긴 기회가 있었는데도 교회는 아무런 진보도 이끌어내지 못했답니다. 이제야 알겠어요. 인종적, 민족적 집단에 따라 종교적 신앙을 구분하는 행위는 도덕적 이단이라는 것을요."

브랜드 없는 비즈니스 캐주얼 차림에 세련된 안경을 쓴 파타피에비치의 겉모습은 완전히 서구 사람 같았다. 더 정확히 말하자면, 물론 그는 그런 회의에 참석하는 사람들이 혹하기 쉬운 유행 따위는 개의치도 않았지만, 다보스 포럼*이나 빌더버그 회의**처럼 끝내주는 컨퍼런스에서나 만나볼 법한 세계적인 엘리트처럼 보였다. 그런데도 그는 평생 독신이었다. 그의 예를 보면, 어째서 '스피노자의 신' 같은 숭고한 정신보다 특정 역사적 사건의 풍경이 천재의 존재를 더 빛나게 해주는지 알 수 있다. 물론 개개인으로 보면 천재도 문화와 가족의 역사에 부분적으로 뿌리를 내릴 수 있겠지만 말이다. 파타피에비치의 아름답고 복잡다단한 정신은 보편적 존재라는 신비의 소중한 징후 안에 놓여 있었으며 동시에 또 그 징후 자체였다.

파타피에비치는 이렇게 말을 이었다. "나는 서양 정전***을 지켜야 한다고 생각합니다. 내게는 우리의 아버지, 우리의 문명을 기억

* 다보스 포럼Davos Forum
스위스 다보스에서 개최되는 세계 경제 포럼으로, 연 1회 2천 명에 가까운 세계 정재계 브레인들이 모여 약 한 주 동안 자유롭게 정보를 교환하고 세계 경제의 발전 방향에 대한 의견을 나눈다. 1981년 첫 모임을 가진 이 회의를 주관하는 단체는 '세계 경제 포럼World Economic Forum'이란 비영리단체이며 본부는 스위스 제네바에 있다.

** 빌더버그 회의Bilderberg Meeting
1954년 네덜란드 빌더버그 호텔에서 첫 모임을 연 이래로, 서유럽과 미국의 정재계 실권자들을 비롯해 백여 명의 극소수 엘리트들이 모인다. 모임 자체는 알려져 있지만 회의 내용은 극비에 부쳐져서 '세계의 그림자 정부'라고 불리기도 한다. 매년 비밀리에 개최되는 이 회의에서 전 세계 모든 나라의 굵직한 정책이 모두 결정된다는 설이 나돌 정도로, 서구 강대국에 막강한 압력을 행사하는 것으로 알려져 있다.

*** 서양 정전West Canon
학자들이 서구 문명의 형성에 지대한 영향을 끼친 문화라고 일반적으로 인정하는 문학, 음악, 예술작품을 통칭하는 용어이다.

해야 할 의무가 있어요. 나 아니면 다른 누가 그 일을 하겠습니까? 나는 19세기 관점, 그러니까 토크빌*, 액턴 경**, 존 스튜어트 밀***의 자유주의 관점에서 볼 때 자유주의자입니다. 그리고 나의 믿음

*** 알렉시 드 토크빌Alexis de Tocqueville(1805-1859)**
프랑스의 역사가, 정치사상가. 파리에서 태어나 법학을 공부해 판사가 되었다. 미국을 시찰하고 쓴『미국의 민주주의De la Democratie en Amerique』(1835-1840)는 미국을 비롯한 서구 사회가 근대 민주주의 사회로 이행할 수밖에 없는 이유를 필연적으로 규명한 대작으로 평가된다. 외무장관에 임명되었으나 나폴레옹의 쿠데타에 반대하다가 체포된 뒤 공직에서 은퇴, 연구에 전념했다. 역사를 '평등화로 나아가는 진보'로 본 토크빌은 다수의 횡포와 개인의 무관심, 자발적 굴종을 경계했다. 밀과 교류해 영국 자유주의에 영향을 끼쳤다.

**** 액턴 경Lord Acton**
영국의 역사가, 정치가인 존 달버그John Dalberg(1834-1902)를 말한다. 1869년 빅토리아 여왕에게 기사 작위를 받아 남작에 봉해졌다. "절대 권력은 절대 부패한다."는 명언을 남겼다.

***** 존 스튜어트 밀John Stuart Mill(1806-1873)**
영국의 철학자, 사상가. 스코틀랜드 출신의 역사학자였던 아버지의 영향으로 어려서부터 여러 언어를 배우고 다양한 학술 서적을 접했으며, 아버지와 마찬가지로 동인도회사에 35년간 근무했다. 학문적 스승인 벤담Jeremy Bentham(1748-1832)의 영향을 크게 받아 공리주의자가 되었으나, 쾌락의 계량이 가능하다고 보았던 벤담의 양적 공리주의를 비판하고, 고귀한 이상적 쾌락의 추구를 중시하는 질적 공리주의를 주창했다. 정부 개입을 통한 자본주의 모순 개선, 노동자와 여성에게 참정권 부여 등, 점진적 개혁을 주장해 영국의 정치경제 사상 발달에 크게 기여했다.

과 존경은 그들로부터 칼 포퍼*, 프리드리히 하이에크**, 루드비히 폰 미제스*** 같은 20세기 자유주의 철학자들로 이어집니다. 그들이 나의 관점을 세워준 이들이지요. 물론 경직된 이데올로기에 반대해 자유주의 전통을 고수한 이사야 벌린****과 마이클 오크쇼트*****도

* **칼 포퍼Karl Popper(1902-1994)**
영국의 철학자. 오스트리아에서 유대인 변호사의 아들로 태어났다. 아버지의 영향으로 어려서부터 사회 문제에 관심이 많았다. 객관적 지식을 중시하는 과학 철학을 주창했다. 가설 제기와 반증, 그 과정에서의 시행착오를 통해 배움으로써 점차 진리에 접근하게 된다는 그의 인식론은 다양한 현대 사상 체계에 지대한 영향을 끼쳤다.

** **프리드리히 하이에크Friedrich Hayek(1899-1992)**
영국의 경제학자. 오스트리아에서 태어난 빈 대학교에서 수학했고 1938년 영국에 정착했다. 신자유주의 입장에서 모든 경제계획에 반대했다. 1974년 노벨경제학상을 수상했다.

*** **루드비히 폰 미제스Ludwig von Mises(1881-1973)**
미국의 경제학자. 오스트리아 태생으로 1940년 미국으로 이주했다. 자유주의 경제를 주창한 오스트리아학파에 속한다. 전통적 자유주의 관점에서, 관료제로 구현되는 정부의 모든 경제 통제를 비판했다.

**** **이사야 벌린Isaiah Berlin(1909-1997)**
영국의 역사가, 철학자. 라트비아에서 태어나 1915년 러시아로 이주했다가 1920년 영국에 정착했다. 옥스퍼드에서 수학 후 제2차 세계대전 중 워싱턴 주재 영국 대사관에 근무했다. 전통적 자유주의자로서 '적극적 자유'와 '소극적 자유'라는 자유의 두 가지 개념을 주창했다. 정부는 소극적 자유만을 추구해야 하며 적극적 자유는 개인에 의해 추구되어야 한다는 것이었다. 다원주의 옹호자요, 이스라엘과 시온주의 지지자였으며, 철저한 반공주의자이기도 했다.

***** **마이클 오크쇼트Michael Oakeshott(1901-1990)**
영국의 철학자. 진보와 보수로 양분되는 이분법적 정치를 경계하는 정치적 중용을 강조했다. 정치철학뿐 아니라 역사철학, 종교철학, 교육철학, 미학, 법철학 등에 관련된 다양한 저술을 발표했다. "역사는 역사가의 경험이다. 역사가 말고는 그 누

있고요. 개인의 권리를 추구한다는 점에서 볼 때 나는 자유주의자입니다. 하지만 문화를 중시하고 문화의 보존 필요성에 동의한다는 점에서 보자면 약간 보수주의 쪽으로 기울어 있죠. 그리고 근본적인 가치의 보존을 적극 지지한다는 점에서 보자면 극단적인 보수주의자이고요."

위대한 지성들의 이론을 옹호하는 일은 복잡다단한 사고력을 요한다. 그래서 그런 사상들은 대중적 영역에서 논해지면 엉성하게 단순화되는 고초를 겪기 마련이다. 2005년부터 2012년까지 파타피에비치가 총괄했던 루마니아 문화원Romanian Cultural Institute의 운명을 생각해보라. 나랑 마지막으로 만났던 1998년 이후 그 몇 년 동안 그가 인도주의자로서 개인적 족적을 남기려고 애쓴 분야가 바로 하나의 조직이요, 그 조직의 위상이었다. 그는 루마니아 작가와 예술가들을 고무시키는 것이 자신의 임무라고 생각했다. 그리고 그 작가와 예술가 중 일부는 유대인이거나 아방가르드를 표방하고 있었지만, 루마니아어로 자신을 표현하는 한 그들은 루마니아인이었다. 그가 예전에 내게 설명했듯, 그에게는 그것이 바로 "세계주의의 핵심"이었다. 그런데 가벼운 추문이 일었다. 그가 장려, 지원하고 있는 것이 진짜 루마니아 문화가 아니라는 비난이었다. 파타피에비치가 남달랐기 때문이었다. "세계주의 외부에는 실현 가능한 가치가 존재하지 않습니다. 그것이 (우리 루마니아의 지

= 구도 역사를 만들 수 없다. 역사를 쓰는 것이 역사를 만드는 유일한 길이기 때문이다." 오크쇼트가 남긴, 역사가의 책임과 역할을 강조한 명언이다.

리적 한계에도 불구하고) 우리가 서양 정전을 준거 틀로 삼을 수밖에 없는 이유입니다."

그는 나라 전체의 상황에 대해 환멸은 느꼈을지언정 비관은 품지 않았다. "우리가 만났던 1998년 뒤로 엄청난 진보가 있었습니다. 루마니아에서는, 불가리아에서 유행병처럼 번졌던 군중 범죄도, 러시아에서 자행되었던 언론인 살해도 일어나지 않았답니다." 루마니아는 그리스처럼 경제적으로 완전히 몰락한 것도 아니었다. 베를린 장벽이 무너진 뒤 불가리아와 알바니아가 그랬던 것처럼 띄엄띄엄 한차례씩 무정부 상태를 겪은 것도 아니었다. 루마니아와 단일민족에 가까운 헝가리는 내전을 피했다. 루마니아를 이끈 정치가들 중에 진짜 철학적인 가치관을 장착하고 있는 사람은 아무도 없었지만, 파타피에비치가 보기에 그것은 루마니아인의 결함이라기보다는 루마니아 자체를 제쳐 둔 발전 속도의 문제였다. 파타피에비치는 이렇게 설명했다.

"당신네 나라에서도 철학적 가치관이 사라지는 상황을 곧 목격하게 될 겁니다. 정치가들이 유리한 입지를 점하려고 점점 더 자신이 실제로 동의하지 않는 신념을 내세우게 될 테니까요. 가치관은 영혼의 거울입니다. 따라서 영혼이 사라지면 사람들은 더 이상 가치관을 필요로 하지 않게 되지요. 그런데 과학기술이 만들어내는 내적 상상력의 대체물 때문에 영혼이 점차 사라지고 있습니다. 이를테면 스마트폰, 인공지능 장난감, 쇼핑몰 진열장을 채우고 있는 전자제품들, 그 모든 것이 영혼을 담은 지성을 불필요하게 만들어 버리는 것들이죠. 과학기술의 발전이 여러 가지 관점에서 볼 때 이미 목적을 상실했다고 했던 하이데거의 생각이 옳았어요. 현재의 첨단기술이 공공대중을 영혼 결핍 상태로 이끌고 있잖습니까. 정치가들도 마찬가지고요. 일각에서는 영혼 숭배가 육체 숭배로 대체되고 있는 지경이니까요. 최근에 패션 잡지에 실린 광고 본 적 있습니까? 특히나 젊은이들은 더 이상 영혼을 필요로 하지 않습니다. 관능미를 필요로 하지요. 과학기술이 이미 우리의 이미지를 구축해 놓은 겁니다. 미래에는 과학기술이 점점 더 많은 뇌 기능을 대신하게 될 겁니다. 정신 근육은 위축될 테고, 정치는 훨씬 더 엉망이 되겠죠."

파타피에비치는 환자에게 고통스러운 현실을 조목조목 알려주는 정신과 의사처럼 차분하게 말했다. 그는 미래가 부유한 계층에게 새롭고 극단적인 이데올로기를 제공할 것이라 믿고 있었다. 차우셰스쿠 시대를 살아온 사람, 게오르기우데지 시대의 삶을 기억하고 있는 사람이었기에, 그는 자신이 무슨 말을 하고 있는지 잘 알고 있었다. 그리하여 그가 직접 경험한 20세기 공포에 대한 지식은, 방대한 독서, 그리고 서구 엘리트 사회를 향한 다양한 폭로로 이어졌다. 그는 과학기술이 어떻게 원시주의와 함께 흐를 수 있는지 알고 있는 사람이었다. 그리고 나에게 그는 풍요로운 부쿠레슈티 태피스트리의 일부였다. 그의 통찰이 어떤 민족주의적 범주에도 속하지 않는다는 사실을 잘 알고 있었음에도 말이다.

아테네 펠리스Athénée Palace 호텔 로비에서 그 나라의 선도적 분석가 중 한 명이 파타피에비치가 루마니아 정책에 대한 내렸던 관념적이고 철학적인 평가의 구체적인 사례를 내게 폭로했다.

2013년 루마니아의 대통령은 자유민주당 전 당수 트라이안 바세스쿠Traian Băsescu(1951-, 재임 2004-2014)였다. 그리고 총리는 빅토르 폰타Victor Ponta(1972-) 사회민주당 당수였다. 그 두 사람은 비리, 표절 등등을 근거로 악착같이 서로를 비난하며 상대방의 숨통을 조이고 있었다. 그 즈음 루마니아의 정책들은 그 두 사람의 경쟁관계 때문에 대부분 표류 상태에 빠져 있었다. 몇 년이 흐르고 나면 그 두 정치가의 이름을 기억하는 사람이 몇이나 있을까 그런 의심이 들 정도였는데도, 그리고 그 이름을 기억할 극소수의 사람들 역시 두 정치가(그중에서도 특히 폰타)의 존재나 그들의 진지함을 달갑게 여기지 않았는데도 그랬다. 공식적으로는 바세스쿠가 보수 진영의 대변자요, 폰타가 자유 진영의 대변자였지만, 호텔 로비에서 그 젊은 분석가가 내게 말해준 바에 따르면, 그 두 사람 사이에는 철학적 논쟁이 근본적으로 존재하지 않았다. 그들은 그저 누가 상황을 더 망치나 경쟁하기에 급급한 두 개의 집단 네트워크를 대변할 뿐이었다. "바세스쿠는 개인적으로 보면 호기심도 많고 촉도 좋은 사람이지만, 신념체계가 전혀 없는, 그저 형식적으로만 보수주의자인 사람입니다. 폰타도 사정은 비슷하고요. 폰타가 이끌고 있는 사회민주당은 집권에 실패한 뒤로 재정적 보상에만 매달려 있죠. 그들이 지금 논쟁을 벌이고 있는 사안 중에 정말로 중요한 문제는 거의 없어요. 둘 다 국고 돈을 빼돌리는 법과 네트워크 운영하는 법을 공산주의 유산으로부터 배워온 사람들이거든요. 그저 처해 있는 입장과 취하고 있는 자세만 다를 뿐, 그들은 둘 다 포스트 공산주의와 라틴 문화가 짬뽕된 존재들이에요."

그 젊은 분석가는 그 나라 속담 하나를 인용했다.

"Mămăliga nu explodează" 번역하면 이런 뜻이다. "루마니아 사람은 옥수수 죽과 같다." 옥수수 죽은 폭발하지 않는다. 옥수수 죽은 정해진 형태도 없고 근성도 없어서 언제나 어떤 그릇에 담든 그 모양을 취한다.

본질주의야 부인하더라도, 그 나라가 차우셰스쿠의 공산주의가 아직 완전히 끝나지 않은 과도기에 놓여 있다는 것만은 부인할 수 없는 사실이었다. 독재자가 장악하고 있던 영역이 넓은 만큼, 그것을 극복하는 데 더 긴 세월이 필요했다. 사법적 체계는 이미 무너진 상황이었고 법률 규칙 역시 일부만 유지되어 있는 상황이었기 때문이다. 텅 빈 구역과 버려진 건물들을 보면 알 수 있듯 부동산 정책 역시 확실하다고 하기에는 불분명했다. 루마니아에는 2010년대 들어서 경찰국가 시스템, 혹은 그 시스템으로부터 파생된 유사체제에서 부상해 권력을 잡은 정치인이 너무 많았다. 루마니아에는 폴란드 같은 다른 바르샤바조약기구 회원국에 있었던 이점도 없었다. 예컨대 폴란드에는 1989년 훨씬 이전부터 정부에 반대하는 시민 여론, 자유주의를 표방한 공산주의 계파, 보편 구제설을 신봉하는 교회의 행동주의 등이 존재했던 것이다. 냉전에 잇따른 독일의 막대한 투자에서 얻은 이익은 물론, 제2차 세계대전 이전에 폴란드에 존재했던 부르주아에 대한 생생한 기억도 폴란드의 발전에 큰 도움이 되었다는 사실은 굳이 말할 필요도 없다. 동유럽 공산주의 (그리고 포스트 공산주의) 안에 다양한 계파가 존재한다는 사실은, 거의 반세기 전 고든 스킬링이 기록했듯, 그 지역을 정의하는 한 가지 요소였다.

하지만 파타피에비치가 말했듯, 그리고 그 젊은 분석가가 인정했듯, 그래도 최악의 상황은 피한 셈이었다. 나치 시대 철위단*에 향수를 느끼는 공산주의 잔당들과 극우 광신도들에게 지지를 받던, 코르넬리우 바딤 투도르Corneliu Vadim Tudor(1915-2015)의 대大 루마니아 당The Greater Romania Party이 1990년대보다 기세가 한풀 꺾였기 때문이었다. "바딤 투도르는 훌륭한 연설가이기는 하지만 반유대주의 얼간이에요. 루마니아 속사정을 보여주는 전형적 인물이지요. 어쨌거나 이젠 한물갔지만요." 젊은 분석가는 말했다. 1930년대 철위단의 절대권력 지도자 코르넬리우 젤레아 코드레아누Corneliu Zelea Codreanu(1899-1938)는 '피와 흙'** 반유대주의 다키아 신화와 왜곡된 형태의 그리스정교 신앙이 결합된 파시즘이 판치던 시대에 거의 신으로 농노들의 숭배를 받았다. 하지만 간단히 말해서 포스트 공산주의 시대 루마니아에서 그의 부활은 환영받지 못

* **철위단The Iron Guard**
1927년 창당된 루마니아의 극우 정당으로 극단적 민족주의, 반공주의, 반자본주의, 반유대주의, 파시즘을 표방했다. 제2차 세계대전 이후 해체되었다. 당원 제복 색깔 때문에 '그린 셔츠Green Shirts'라고 불리기도 했다.

** **피와 흙blood-and-soil**
나치가 홀로코스트라는 만행을 저지르면서 내세웠던 근거 중 하나이다. 이상적인 인류는 '땅을 부쳐 먹으며 사는 순수 아리아 인종'이라는 뜻이다. 히틀러는 이 개념을 근거로 도시 산업에 종사하는 유대인을 말살해 아리아 인종의 목가적 삶을 구현하고자 했다.

이온 안토네스쿠(1882-1946)

제2차 세계대전 당시 루마니아의 독재자. 안토네스쿠는 엄격한 파시스트는 아니었지만 군국주의자, 민족주의자, 독재자였다. 그는 소련 침공에 58만 5천 명의 병력을 파병하고 히틀러와 10여 차례 만나는 등 히틀러의 가장 중요한 동맹국이었다. 그는 유대인 30만 명을 학살한 책임이 있지만 동시에 그보다 더 많은 수의 유대인을 가스실에서 구해내기도 했다. 한 역사가는, 그가 아돌프 아이히만이나 알프레드 로젠버그 같은 천년왕국의 일원이 아니라 그냥 보수적인 반유대주의자였을 뿐이라고 기록했다.

했다. 복잡한 이력을 쌓아온 나치 시대 육군 사령관 이온 안토네스쿠* 원수의 경우(철학적 확신보다는 필요를 근거로 히틀러와 동맹을 맺었던 안토네스쿠는 제2차 세계대전 중 나치가 스탈린그라드에서 패배하자 부리나케 입장을 바꾸는 절차에 착수했다.), 1989년 이후 "사실 그에 대한 향수가 전면적으로 표현된 적이 없었다." 전시에 그가 시행한 정책에 대한 냉정한 학문적 논쟁이 물밑에서나마 계속 진행되고 있기는 했지만 말이다. 그랬다. 베사라비아Bessarabia와 트란스드니에스트리아Transdniestria 동부 영토에서 자행된 유대인 수십만 명의 학살에 안토네스쿠가 공모했다는 사실을 고려하면, 어울리지 않는 장소 여기저기에 그의 동상이 세워져 있다는 사실만도 남부끄러운 일임에는 틀림없었다. 1990년대에 잠시나마 안토네스쿠 식의 정치가 등장할 조짐이 보이기도 했지만, 2013년 부쿠레슈티에서 안토네스쿠는 이야깃거리조차 되지 못했다.

* 이온 안토네스쿠Ion Antonescu(1882-1946)
루마니아의 군인, 정치가. 1940년 총리가 되어 1944년 국왕 미하이 1세가 연합군에 항복할 때까지 재임했다. 파시즘 신봉자였던 안토네스쿠는 극우 정당과 철위단 등에서 활동하며 정치적으로 성장했다. 1938년 철위단 지도자였던 코드레아누가 반역죄로 체포되자 안토네스쿠는 국방장관 자리를 내놓으면서까지 그를 옹호했지만 카롤 2세는 코드레아누를 처형했다. 카롤 2세를 축출하고 실권을 잡은 안토네스쿠는 제2차 세계대전 중 40만 명 이상의 유대인과 소수민족 학살을 자행했고, 결국 연합군으로 진군한 소련군에 체포, 전범으로 기소되어 인민재판을 받고 처형당했다.

그 다음으로는 1989년 이후 사회 안정을 좀먹은 상징적 존재, 공산주의 과거와 불안한 미래의 마지막 절충안이자 그 시대의 지표였던 이온 일리에스쿠Ion Iliescu(1931-)가 있다. 차우셰스쿠가 처형된 뒤 일리에스쿠가 대통령에 재직한 기간을 모두 합하면 10년에 달한다. 그가 공산당의 수장으로서 반드시 필요한 개혁들을 지연시키기는 했지만, 1990년대 그 지역에서 벌어진 인종 간 전쟁과 혼란에서 나라를 구한 것은 사실이다. 그리고 2003년 3선 대통령이었던 일리에스쿠는 안토네스쿠 체제였던 제2차 세계대전 중 루마니아의 점령지 베사라비아와 트란스드니에스트리아에서 자행된 유대인 학살 범죄를 공식적으로 인정하기도 했다. (얼마 안 가 그 발언을 철회하기는 했지만.)

중요한 점은 정치적 위기에도 불구하고 상황이 조금씩 나아지고 있다는 사실이었다. 유럽의 지속적 저성장을 초래한 유럽 경제위기의 전야나 마찬가지였던 1998년부터 2008년 사이에 루마니아 경제는 매년 평균 6.5퍼센트씩 성장했다. 전체 인구 2천1백만 명 가운데 3백만 명 이상의 루마니아 국민이 서유럽에 나가 일하고 있었고, 상류층은 동구권 안에 묶여 있던 지난 40년 동안 서구화되었던 것보다 그 몇 년이란 적응 기간 동안 더 많이 서구화되었다. 그동안 얼핏 보기에는 무의미하고 어수선하고 음모로 가득한 궐위 기간이 존재하기도 했는데, 나와 대화를 나누었던 사람들 중 대다수는 안타까움을 표하면서 그 시간을 카롤 2세*가 다스리던 1930년대에 비교했다. 음모와 무의미한 술책으로, 그리고 부패라는 악습으로 가득했던 카롤 2세 체제를 거치는 동안 루마니아는 소련과 나치 독일에 의해 분열되었다. (아마도 카롤이 특유의 기행과 성질을 도저히 참을 수 없을 정도로 상황이 엉망이기는 했을 것이다. 나치 독일과 스탈린의 소련 사이에 낀 루마니아의 지리적 상황 자체가 악몽이었으니까.) 2013년 나는 부쿠레슈티에서 'interbellum(두 전쟁 사이의 기간)'이란 단어를 여러 번 들었다. 파타피에비치 같은 예리한 관찰자들 역시 21세기 초반에 들어서 독일과 러시아의 세력이 1990년대보다 더 강해지고 있다는 사실을 깨닫고 있었지만, 그럼에도 히틀러나 스탈린의 사악한 그림자가 더 이상 존재하지 않았던 만큼, 카롤의 시대에 그랬던 것처럼 현재 루마니아의 국경 지방에 파시즘과 공산주의의 힘이 뻗치고 있었다고 딱 잘라 말할 수는 없었다.

* 카롤 2세King Carol Ⅱ(1893-1953, 재위 1930-1940)
페르디난드 왕과 영국 왕가 출신의 마리아 왕비의 아들로 태어나 왕위계승자가 되었다. 그러나 왕족으로서 품위와 미덕을 지키지 않고 탈영을 하는가 하면 여성편력을 일삼아서 결국 왕위계승권을 박탈당했다. 1927년 페르디난트 왕이 서거하자 카롤의 아들인 미하이가 왕위에 올라 미하이 1세가 되었다. 3년 뒤 카롤은 미하이의 왕위를 찬탈해 국왕이 되었으나, 왕권 강화를 위해 공작정치를 펴면서 온갖 부정부패를 저질렀으며, 1938년에는 헌법을 어기고 모든 정당을 강제 해산했다. 1939년 독소밀약(127쪽 각주 참조)으로 여러 지역을 소련과 독일에 빼앗기자 국민적 반발이 심해졌고 결국 자신의 손으로 임명한 이온 안토네스쿠의 요구에 따라 사임, 망명해 포르투갈에서 살다가 사망했다.

국왕 카롤 2세(1893-1953)

부패하고 무원칙한 독재자. 페르디난트와 마리아의 아들이다. 서구가 뮌헨 협정을 통해 중유럽과 동유럽을 팽개쳐버린 상황에서, 아무리 카롤 2세보다 현명한 지도자가 왕위에 있었다 하더라도 영토 상실을 막을 수는 없었겠지만, 카롤 2세는 히틀러와 스탈린의 계략에 말려들어 상당히 넓은 영토를 잃었다.

그때는 아직 중유럽과 동유럽에 우크라이나 사태*와 관련된 지정학적 시대의 여명이 밝기 1년 전이었다. 사실 우크라이나 사태는 2013년 봄 부쿠레슈티에서는 아직 상상하기 힘든 사건이었다. 2013년 나는 루마니아의 정치가 훨씬 더 극적인 격동기였던 1930년대와 비교되는 하나의 메아리로서 당분간 그 상태로 지속될 것이라 생각했다. 나는 아테네 펠리스 호텔 카페에 앉아 피아차 레볼루치에이Piața Revoluției(혁명 광장)를 바라보고 있었다. 1989년 혁명 기간에 훼손의 시련을 겪은 뒤 이제 아름답게 보수된 프렌치 바로크 대학교French Baroque University 도서관에 시선을 고정한 채, 경쾌한 재즈 음악을 배경으로 이야기를 털어놓는 젊은 분석가의 말에 귀를 기울이면서 나는 깨달았다. 당분간 루마니아에서는 1914년 이래 그 나라가 겪어본 적 없는 그 상태가 정상으로 여겨지리라는 것을.

물론 그것만도 대단한 변화였다. 생각해보라. 루마니아인들

* 우크라이나 사태
2014년 2월 18일 키예프에서 2만 명의 시민이 반정부 시위를 일으켰다. 정부는 무력으로 그 시위를 진압했고, 그 과정에서 75명이 사망하고, 천백여 명이 부상당했다. 시위는 전국적으로 확대되었고 그 결과 2014년 2월 22일 빅토르 야누코비치Viktor Yanukovych(1950-) 대통령이 탄핵되었다. 갈등의 근본적 원인은 우크라이나의 지정학적 위치 때문이었다. 유럽, 아시아, 흑해가 연결된 지점에 자리하고 있어서 늘 유라시아 패권 다툼의 무대가 되었던 우크라이나는 결국 2월 18일 친유럽 성향의 서부 지역과 친러시아 성향의 동부 지역으로 양분되어 각기 다른 정권이 들어섰다. 두 정부는 각자의 이해관계에 따라 서로 다른 입장을 취했다. 결국 2014년 3월 18일 러시아는 우크라이나 동부 크림 공화국을 합병했고, 미국과 EU는 그에 따른 대 러시아 경제제재를 단행했다. 신냉전시대의 급소로 꼽히는 우크라이나 사태는 여전히 현재진행형이다.

은 제1차 세계대전 중 자신의 나라를 제멋대로 돌아다니며 점령하는 외국 군대의 강력한 주먹을 목도했다. 오스트리아-헝가리 군대가 카르파티아 산맥 자락 트란실바니아Transylvania까지 깊숙이 진군하는 동안 독일 군대는 남부 왈라키아의 부쿠레슈티를 점령했다. 루마니아 왕족과 상류층 정치인들은 북동쪽 몰다비아 이아시Jassy로 피란을 떠났다. 온 나라에 질병, 굶주림, 혼란만이 가득했다. 사실 1920년경 루마니아가 역사적인 영토를 모두 회복할 수 있었던 것은 순전히 연합국 측의 최종 승리와 볼셰비키 혁명에 따른 러시아 전선의 붕괴 덕분이었다. 그러나 1939년 히틀러와 스탈린 사이에 맺어진 몰로토프-리벤트로프 협정*은, 소비에트 러시아가 베사라비아 지역을 되찾고 부코비나 북부 지방을 침략할 수 있는 근거를 마련해줬다. 나치 독일은 그 대가로 트란실바니아 북부 지방을 빼앗아 헝가리에게 주었다. 제2차 세계대전 초반 오데사Odessa, 스탈린그라드 등지에서 소련에 맞서 나치 독일과 함께 싸우고 있던 루마니아 군인 수십만 명은, 그 일을 계기로 전쟁 후반에는 트란실바니아를 탈환하기 위해 편을 바꿔 나치 독일과 맞서 싸웠다. 제2차 세계대전에 이어 공산주의라는 죽느니만 못한 삶이 시작됐다. 그 시기 소련은 루마니아를 마음껏 주물렀다. 스탈린그라드 전투

*** 몰로토프-리벤트로프 협정Molotov-Ribbentrop Pact**
1939년 8월 23일 독일과 소련이 맺은 비밀 협정이다. 기본적으로는 상호불가침을 골조로 하고 있었지만, 실질적으로는 독일이 서유럽을 마음껏 유린하고 소련이 동유럽으로 세력을 확장해나가는 것을 서로 묵인하자는 내용이었다. 이 협정은 사실 히틀러가 폴란드 침공 시 러시아가 뒤통수를 칠 것에 대비해 마련한 포석이었다.

당시 히틀러의 동맹국이었던 루마니아가 그 전투가 끝난 뒤 패전국이라는 포식하기 딱 좋은 상태에 놓여 있었기 때문이다.

이전의 그 어떤 전쟁도 해내지 못했던 방식으로 무력분쟁을 불법화한 것이 바로 제1차 세계대전이었다. 제1차 세계대전은, 그동안 유럽 전역에서 격렬하게 벌어진 모든 전쟁의 합계 수치를 무의미하게 만듦으로써 과거 전체를 무색하게 만들어 버린 상징적인 전쟁이었다. 솔직히 말해서 유라시아 대륙 최서단에서 벌어진 이 무력분쟁의 기록을 보면 정신이 아찔하다. 나는 잠시 생각에 잠겼다. 예컨대 유럽에는 9년 전쟁, 30년 전쟁, 80년 전쟁, 백년 전쟁, 16세기 이탈리아 전쟁, 17세기 북유럽 전쟁, 18세기 스페인 왕위계승 전쟁 등등, 수많은 전쟁이 있었다. 15세기로 말하자면 아마도 로마제국이 몰락한 이래 유럽 전역이 가장 많은 피로 물든 세기였을 것이다. "실직한 용병들이 프랑스와 이탈리아를 초토화시켰고" 대영제국도 내전으로 분열이 되었으니 말이다. 브레시아Brescia, 시에나Siena, 상세르Sancerre, 앤트워프Antwerp, 마그데부르크Magdeburg, 아우크스부르크Augsburg 등의 도시에서 끝없이 약탈이 자행됐고, 전쟁 중 군대의 '일상 업무'는 시민들에게 고통을 안겨 주는 것이었다. 전쟁터에서 동쪽으로 멀리 떨어진, 국경선이 불안정한 공국 내에 살고 있던 루마니아 지배계급은 튀르크족하고만 싸우면 되었지만, 튀르크족이야말로 수세기 동안 계속해서 수많은 민간인의 피를 빼앗은, 진정으로 멈출 줄 모르는 고문 기술자였다. 그래서일까, 1914년부터 1989년까지 계속된 루마니아의 기나긴 유럽 전쟁이 끝난 뒤로 그곳에서 중요하게 여겨지는 것이라고는 오로지 개인과 개인의 행복뿐인 것 같았다. 그것을 제외한 나머지는 모두 광기였다. 심지어 민족주의 국가에 대한 논의조차도 비록 완전히 사라진 것은 아니었지만 일시적으로 기세가 꺾여 있었다. 그 논의가 한 방향으로든 여러 방향으로든 폭력을 초래하기 때문이었다.

나는 몇 달 뒤 문득, 루마니아 방문 중에 몰다비아 마라셰슈티Mărășești에 있는 제1차 세계대전 기념공원을 찾았던 일을 떠올렸다. 그곳은 1917년 8월부터 9월까지 한 달 동안이나 전투가 계속된 곳으로, 루마니아 군대는 그곳에서 독일 군대 및 몇몇 오스트리아 부대와 싸워 그들을 저지했다. 그 저지 작전의 성공 결과, 2만 7천 명의 루마니아인이 사망했고, 독일인과 오스트리아인 사망자 수는 4만 7천 명에 달했다. 기념공원에는 루마니아인 5천73명의 무덤이 조성되어 있었다. 전구 소켓이 달린 휑뎅그렁한 묘지의 음울한 회색 벽이 그 무덤 위에 쿵 떨어진 마지막 운명을 잘 보여주고 있었다. 그것은 추모비 속에 담긴 전쟁이란 것이 얼마나 무용한 것인지 선언하고 있는 듯했다. 마라셰슈티는 공포를 고상하게 표현한 장소요, 루마니아인들이 왜 입버릇처럼 역사로부터 벗어나게 해달라고 요구하는지 그 이유를 단적으로 보여주는 독특한 증거였다.

아테네 펠리스 호텔은 그 자체로 실망스러운 결말을 맞이한 루마니아 역사의 상징이었다. 제1차 세계대전이 시작된 1914년에 문을 연 그 호텔은 리스본의 몇몇 호텔을 제외하면 1940년대 초반

유럽 전체에서 유일하게 나치 장교, 미국 언론인, 서구와 추축국*과 소련의 외교관과 첩자들이 모두 같은 술집이나 레스토랑 테이블에 앉아 제각각 대책을 강구하던 장소였다. 그래서 부쿠레슈티의 그 특급 호텔은 그야말로 20세기 루마니아 음모의 박물관으로 여겨졌다. 1990년대 내가 그곳에 마지막으로 묵었을 때에는 음침한 뱀 형상의 계단과 이쪽 벽 끝에서 저쪽 벽 끝까지 보라색 융단이 깔린 복도에 공산주의 유령이 떠돌고 있었다. 차우셰스쿠는 그곳을 비밀경찰에 고용된 매춘부들이 복도 순시를 도는 진정한 지식인의 모임 공장으로 만들었었다. 그런데 현재 그곳은 아시아의 화려한 호텔들을 어중간하기 짝이 없는 미래파 건물로 만들어 버리는 우아한 최첨단 기술도 부족하고 미국 중부의 수많은 호텔들처럼 별 특징도 없는 힐튼 생산라인이 되어 있었다. 그 호텔에는 별 특징 없는 영국식 술집이 있었다. 그리고 그 옆에는 최근 몇 년 동안 그곳을 다녀간 세계적인 배우, 록 스타, 운동선수, 우주비행사의 사진을 자랑처럼 내건 카페가 있었다. 그 사진들 위에는 자신이 잠을 잔 장소가 얼마나 중요한 곳인지 그들이 전혀 모르고 있음을 잘 보여주는 추천사가 적혀 있었다. 그 낡은 호텔이 계속 유지될 수 있는 것은 희미해진, 그저 금색 대문자가 새겨진 탑스티오 고딕드식 일주와 뒷맛에서 상큼한 쇠 맛이 느껴지는 몰다비아 산 레드와인을 서

* 추축국the Axis powers
독일, 이탈리아, 일본 세 나라를 중심으로 제2차 세계대전 동안 연합국과 맞서 싸운 국가들의 국제 동맹을 말한다.

빙하는 짙은 색 머리의 매력적인 웨이트리스 덕분이었다.

호텔 길 건너 맞은편 아테나에움 옆에 '치나Cina(저녁식사)'라는 레스토랑이 있었다. 1930년대부터 1940년대 초반까지는 그 레스토랑 나무 밑에서 '압제'와 '외국인 사장'에 대해 한탄하는 집시 노래가 흘러 나왔다. 1940년 어느 날 밤 발데크 백작부인(73쪽 각주 참조)은 한 여인을 떠올렸다. "은색 여우 털 재킷을 입은 여인은 (음악을 듣다가) 조용히 흐느껴 울기 시작했고 마스카라가 흘러내려 파프리카 치킨이 담긴 접시 위로 떨어졌다. ……" '치나'를 계승한 현재 식당의 주 메뉴는 대부분 세계화된 이탈리아 요리였다. 티셔츠 차림에 야구 모자를 쓴 손님 몇 명이 식사를 하고 있었다. 음악은 없었다. 손님들 테이블 음식 접시 옆에는 각자의 스마트폰이 놓여 있었다.

'치나'와 아테나에움 너머에 피아차 레볼루치에이가 펼쳐져 있었는데, 그곳은 예전에 왕족이 살던 궁전과 공산당 본부 건물이 자리한 드넓은 광장이었다. 1989년 12월 유럽의 냉전을 마무리한 독특한 사건, 즉 차우셰스쿠에게 저항하는 시위가 일어나는 동안 그 광장에는 탱크가 굴러다녔고 옆 거리에는 피가 흘렀다. 그곳은 군중들한테 공격당하기 전 차우셰스쿠가 마지막으로 연설을 한 곳이었다. 광장은 아직 완성되지 않은 고등학생의 기술 작품들이 뒤죽박죽 놓여 있는 듯한 형상이었다. 그중에서도 2008년 제막식을 한 말 탄 카롤 1세의 동상은, 1948년 공산당에 의해 파괴된, 1930년 크로아티아의 위대한 조각가 이반 메슈트로비치Ivan Meštrović(1883-1962)가 조각한 원래 카롤 1세 동상의 싸구려 모조품처럼 보였다. 로댕에게서 깊은 영향을 받은 메슈트로비치는 몸동

작에 전체 개념을 담아내는 로댕의 능력을 물려받은 터라 기념비적인 조각가가 된 인물이었다. 그런데 지금 있는 그 카롤 동상은 마치 공장에서 대량 생산된 잔디밭 장식품 같았다.

카롤 1세*를 그의 조카손자인 카롤 2세(124쪽 각주 참조)와 헷갈려서는 안 된다. 카롤 2세는 무원칙하고 감각적인 인물이었던 반면 카롤 1세는 프로이센 호엔촐레른-지그마링겐 왕가의 꼼꼼함을 물려받은 인물이었다. 48년의 재위 기간(1866-1914) 동안 그는 근대 루마니아의 기반을 닦고, 여러 개의 지방과 두 개의 허약한 공국이 결합된 그 나라의 초기 행정체제를 완성했다. 한동안 외면당해온 카롤 1세는 1989년 이후로 루마니아 정부 적통의 상징이 되었다.

* **카롤 1세Carol I (1839-1914, 재위 1866-1914)**
루마니아의 초대 국왕. 프로이센 호엔촐레른-지그마링겐 왕가 출신으로 프로이센 장교였다. 루마니아 귀족층의 추대로 1866년 루마니아 공(公)이 되었고 러시아-튀르크 전쟁에서 러시아를 지원한 결과 1881년 독립을 인정받으면서 국왕으로 승격, 대관식을 치렀다. 행정기구, 경제제도를 개혁했고 철도와 도로를 비롯해 여러 인프라를 건설했다. 또 군비를 확충해 루마니아인들이 루마니아 독립전쟁이라고 부르는 러시아-오스만튀르크 전쟁에 직접 참전해 튀르크족을 물리치기도 했다. 루마니아의 근대화에 크게 기여한 왕으로 평가된다.

이울리우 마니우(1873-1953)

시대의 흐름에 뒤떨어진 위험한 행동이었는데도 나치의 적이 되기를 자처했고, 훗날 역시 위험하고 시대의 흐름에 뒤떨어진 행동이었는데도 또 공산주의자들의 적이 되기를 자처한 인물이다. 20세기 중반 루마니아에 이런 사람이 존재하는 것이 가능했을까 싶은 생각이 들 정도로 진보적인 민주주의자였다. 루마니아 북부 시게트 교도소에서 독재자에게 희생된 영웅의 모습으로 눈을 감았다. 부쿠레슈티 중앙광장 카롤 1세의 동상 옆에 이울리우 마니우의 동상이 나란히 서 있다.

카롤 1세가 현실성과 안정성을 중시했던 반면, 자유주의 성향의 민족농민당 당수였던 이울리우 마니우*는 그리스 가톨릭** 집안에서 성장해 보편적 가치를 추구한 인물이었다. 마니우는 20세기 중반 지독할 정도로 끔찍한 상황에 처해 있던 루마니아 현지 출신 정치가로 유대인 탄압에 반대했고 안토네스쿠가 입장을 바꾸어 나치의 반대편에 선 것을 지지했다. 그리고 그로부터 얼마 뒤 냉전 초기에는 소련과 루마니아 내 소련 꼭두각시들에게 저항했다. 나치 시대 독일 외무장관 요하임 폰 리벤트로프Joachim von Ribbentrop(1893-1946)가 루마니아 정부에 마니우 처형을 요구한 적이 있을 정도였다. 밝혀진 바와 같이 게오르기우데지 공산정권은 1947년 공개재판을 열고 마니우에게 유죄를 선고했다. 마니우는

*** 이울리우 마니우Iuliu Maniu(1873-1953)**
루마니아의 정치가. 제1차 세계대전 전후부터 국민당을 이끌었고 1928년부터 1933년까지 총리를 지냈다. 재임 중이던 1930년 어린 왕 미하이를 폐위하고 카롤 2세를 옹립하는 데 기여했으나, 정작 카롤 2세와 정치 방식을 놓고 갈등하다가 3년 만에 사임했다. 1989년 차우셰스쿠 몰락 후 루마니아 정계의 두 주요 정당이 된 민족자유당The National Liberal Party과 민족농민당The National Peasant Party 중 하나인 민족농민당을 창당한 인물이다. 제2차 세계대전 중에는 나치에, 냉전 초기에는 공산주의에 공개적으로 비판적인 태도를 취했고, 결국 게오르기우데지의 공산주의 교도소에 정치사범으로 투옥, 옥사했다. 루마니아 현대사에서 가장 선구적인 민주주의자요, 상징적인 진보주의자였다.

**** 그리스 가톨릭Greek Catholic Church**
동방 기독교의 소규모 분파. 동방 기독교 중 유일하게 전례예식을 유지하고 로마 가톨릭 교황의 권한을 인정한다. 이스탄불에서 처음 조직되어 그리스 북부에서 성행했다. 1957년 이후 터키 교구는 교황 특사 관할로 관리되고 아테네에는 정주 주교가 임명된다.

법정에서 자신을 기소한 자들에게 반론을 펴면서 목소리를 높여 자유선거, 정치적 자유, 기본적 인권을 역설했다. 그는 1953년 감옥에서 사망했고 그의 시신은 공동묘지에 버려졌다. 광장에 세워져 있는, 성경 시편에서 인용한 구절이 새겨져 있는 나무처럼 야윈 마니우의 동상은 그 자체로 너무나 감동적이었다. 그러나 그 동상은 1989년 혁명 희생자들을 기리기 위해 근처에 세워진, 하늘을 찌르는 거대한 창 조각상과 완벽하게 부조화를 이루고 있었다. 그리고 창 조각상 옆에 서 있는 기념비는 이미 깨지고 금이 가 있었다. 1981년의 피아차 레볼루치에이는 어둡고 텅 비고 두려움을 일으키는 곳이었다. 그런데 이제 온갖 기념물로 어수선한 그 광장은 교통체증을 앓고 있었다. 딱 보면 마치 아직 한창 작업 중인 아마추어 예술가의 작품처럼 보였다. 하지만 아무리 세련된 도시 디자인과 개성과 그 광장이 기리고 있는 사상의 산물인 상징적인 드라마가 부족하다고 해도, 그곳은 루마니아 정부의 도덕적 진보를 보여주는 곳이었다.

내가 니쿠 차우셰스쿠가 예전에 살던 저택에서 에스프레소를 마시며 두 시간을 보내는 동안 친한 친구 한 명이 말했다. "우리 루마니아의 지리적 조건은 여전히 악몽입니다."

사실 루마니아가 2004년 북대서양조약기구North Atlantic Treaty Organization(NATO)에, 2007년 유럽연합European Union(EU)에 가입했을 때 루마니아인들은 자신들이 간단하고 기계적인 방식으로 서유럽에 흡수될 수 있으리라 생각했다. 그리하여 그들은 자신들의 역사적 비극을 뭔가 유토피아를 지향하는 다른 것으로 바꾸었다. 역사 자체는 완벽하게 과거로 치부되었고, 그들에게 역사는 더 이상 자신들한테 일어났던 폭력적인 재앙의 북소리가 아니었다. 하지만 방위 예산 규모가 비슷한 강대국끼리만의 군사적 동맹은 유럽 내에서 꾸준히 하향세에 놓여 있던 일부 국가들을 예외로 만들었고 유럽연합의 미래를 의문에 빠뜨렸다. 루마니아가 유럽연합에 가입하기가 무섭게 유럽연합은 존재 자체를 위협받는 최대 위기에 빠져들었다. 통제 불능 상태의 산더미 같은 부채가, 가입국의 복지라는 미래, 즉 전쟁으로 얼룩진 수 세기와 그간 유럽대륙에 가해진 고통에 대한 대가로 응당 지불되어야 할 복지라는 미래를 불확실성에 빠뜨렸던 것이다. 루마니아가 역사로부터 도망쳐 뛰어들었던 품, 단일한 유럽은 유로존* 가입국과 비가입국, 셍겐 국경 협정** 체

*** 유로존Eurozone**
유럽연합 단일 화폐인 유로를 사용하는 국가를 일컫는 말로 유로랜드Euroland라고도 부른다. 1995년 스페인 마드리드에서 열린 유럽연합 정상회담에서 유럽통화동맹EMU이 결성되었고 단일 화폐 명칭을 '유로Euro'라 부르기로 한 의견이 통과되었다. 1999년 11개 국가가 유로존에 가입했다. 유로존에 가입하려면 까다로운 여러 요건을 충족해야 하지만 탈퇴 조건이나 벌칙은 없다. 유로존 내 독일 같은 부국은 많은 혜택을 누렸지만 2008년 금융위기 이후 약체국인 그리스, 아일랜드, 스페인 등은 만성적인 재정 적자 등 여러 문제에 시달리고 있다. 2016년 현재 가입국은 19개국이며 루마니아는 비가입국이다.

**** 셍겐 국경 협정Schengen border agreement**
유럽연합 회원국 간 무비자 통행을 규정한 협정으로 1985년 룩셈부르크 남부 셍겐에서 체결되었다. 1990년 일부 조항이 개정되어 1995년부터 실효를 발휘하기 시작한 이 협정으로 가입국 국민들은 비자나 여권 없이 자유롭게 여러 나라를 왕래할 수 있게 되었다. 스위스, 노르웨이, 아이슬란드, 리히텐슈타인의 경우 유럽연

결국과 비체결국, 유럽연합 가입국과 비가입국 등 곧 몇 개의 유럽으로 갈라지기 시작했다. 더욱 더 골치 아픈 사실은 유럽의 파편화에 지리적 논리가 작용했다는 점이다. 중세 카롤링거 왕조*의 핵으로 여겨지는 나라들과 근대 초기 프로이센 왕국에 속해 있던 나라들은 대개 이미 가장 부강한 나라이거나 번영 쪽으로 나아가고 있는 나라들이었다. 예전에 중유럽 합스부르크 제국에 속해 있던 나라들은 번영을 누린다고 하기에는 다소 무리가 있었고, 남유럽 가톨릭 나라들이나 예전에 비잔티움-오스만 제국에 속해 있던 발칸반도 나라들의 상황은 최악이었다. 그리하여 루마니아는 자신이 또다시 위험에 노출되어 있으며, 자신의 생생한 역사 속에 머무는 것이 훨씬 안전하리라는 사실을 깨달았다. 바로 그 시기에 (진보적인 지배자보다는 사악한 차르를 연상시키는) 권위주의적인 블라디미르 푸틴Vladimir Putin(1952-, 재임 1999-) 치하의 러시아가 또다시 루마니아 북동부를 위협하는 지정학적 요소로 등장했다. 러시아는 실제로 루마니아에게 굉장한 편안함을 안겨 주던 1990년대 보리

= 합 회원국은 아니지만 솅겐 협정 체결국이며, 2016년 현재 아일랜드, 불가리아, 키프로스, 루마니아는 유럽연합 회원국이지만 솅겐 협정 비체결국이다.

* **카롤링거 왕조**Carolingian Dynasty(751-987)
프랑스의 왕조. 751년 재상이었던 피핀이 메로빙거 왕조를 무너뜨리고 피핀 3세로 즉위하면서 시작되었다. 이어서 왕위를 계승한 샤를마뉴 대제Charlemagne(748-814, 재위 768-814)는 47년이란 재위 기간 동안 끊임없이 정복 전쟁에 나서 유럽 전역을 손아귀에 넣었고 로마 교황청으로부터 새로운 서로마 제국 황제라는 인정을 받게 되었다. 그러나 샤를마뉴 사후 왕국은 세 개의 영토로 분할되었고 현재 프랑스, 이탈리아, 독일의 원형을 이루게 되었다.

스 옐친Boris Yeltsin(1931-2007, 재임 1991-1999)의 나약하고 혼란스러운 체제에서 이미 벗어나 있었다.

그 모든 상황을 더욱 어렵게 만든 것은 루마니아가 에너지 공급원의 25퍼센트에 달하는 천연가스를 러시아에 의존하고 있다는 사실이었다. 러시아는 그때 파라오 스타일의 방대한 에너지 파이프라인 네트워크에 발칸반도를 편입시키려 애쓰고 있었다. 러시아는 발칸지협을 가로지르는 전략적 이권을 다른 나라에 양도할 의향이 전혀 없었다. 그리고 그것은 모스코바가 루마니아 북동부 국경선에 맞닿아 있는 몰도바에서 국제적 분쟁을 계속 일으킬 수 있다는 뜻이었다. 그동안 지구 정반대 쪽에 뚝 떨어져 있는 미국은 중동과 태평양 해역에서 일어나는 사건들에 정신이 팔려 있었다. 미국은 루마니아에 두 개의 군사기지와 그 기지에서 교대 근무를 서는 병력을 보유하고 있었다. 그러나 그것이 철조망으로서 불충분한 것은 아닌지 루마니아인들의 근심은 점점 깊어졌다. 부쿠레슈티 대학교의 정치과학자인 라두 두다우Radu Dudău는 내게 이렇게 말했다. "루마니아에서 벌어지는 외교 정책에 대한 심각한 논의는 모조리 지리로 시작해서 지리로 끝납니다." 이 문제와 관련해 내가 일찍이 제기했던 모든 문제들은 2014년 우크라이나 사태(126쪽 각주 참조) 때문에 다시 더 큰 의미를 부여받게 되었다.

나는 영국의 정치 운동가이자 역사가인 세튼-왓슨R. W. Seton-Watson(1879-1951)이 1934년 출간한 『루마니아 민족의 역사History of the Romanians』를 떠올렸다. 그 책의 첫 문장은 바로 이것이었다. "루마니아의 영토에는 원래 스키타이인, 키메르족, 게테족이 살았다."

그들은 모두 유럽의 가장 바깥쪽 가장자리, 종종 우크라이나와 관련이 되는 지역에서 온 사람들이었다. 이어서 몇 쪽을 더 넘어가면 로마 황제 아우렐리아누스Lucius Domitius Aurelianus(214?-275, 재위 270-275) 이야기를 읽을 수 있다. 그는 271년 오늘날 루마니아의 영토에서 철수하기로 결정했다. "몰려오는 야만족의 파도에 눈에 띌 정도로 심하게 노출되어 있는 땅의 형상" 때문이었다. 루마니아인들은, (최근 몇 세기 동안 일어난 침략의 역사는 말할 것도 없고) 자신들의 역사가 시작된 아주 옛날부터 자신들이 언제나 지리적으로 유럽의 변두리였다는 사실을, 그리하여 짓밟히거나 어떤 정치적 구렁에 빠질지 모르는 위험한 상황에 영원히 놓여 있다는 사실을 잘 알고 있었다.

예전에 외무장관을 지낸 루마니아의 정치가 미르체아 지오아나Mircea Geoană(1958-)는 2013년 내게 이렇게 말했다. 루마니아는 자신을 스스로 어쩔 수 없는 운명을 반복해야 하는 형벌을 선고받은, 지리와 역사의 희생양으로 보는 행위를 멈추어야 한다고. 루마니아인들이 자신의 운명을 자신의 손으로 거머쥐어야 한다는 이야기였다. 그렇게 볼 때 외부의 지정학적 세력을 방어하는 최고의 방법은 국내를 잘 통치하는 것, 힘을 키워 자신들의 땅이 제국의 국경지대가 아니라 국제적 소통의 요충지가 될 수 있도록 통치하는 것이었다. (이런 점에서 지오아나는 마키아벨리Niccolò Machiavelli(1469-1527)나 프리드리히 대왕Friedrich II(1712-1786, 재위 1740-1786)과 비슷한 사람이었다. 그들은 둘 다 나라의 국제적 힘은 대개 강력한 국내 체제를 토대로 키워진다고 믿었으므로.) 지금은 경제적으로든, 전략적으로든 세계적인 명성을 누리고 있는 싱가포르도 그 옛날 처음 상승기에 들어설 무렵에는 한낱 인도네시아와 말레이시아라는 거대한 두 외세 적국 사이에서 시달리는 소국에 지나지 않았다. 지오아나는 지리적 위치에도 불구하고 폴란드가 얼마나 잘해내고 있는지 보라면서, 그것은 순전히 국내 개혁 덕분이라고 말했다. 러시아가 루마니아를 다시 침략할 가능성은 별로 없지만, 루마니아가 강력한 체제를 구축하지 않는다면 현 정부를 전복시키려고 시도할 가능성은 있다는 것이었다. 지오아나는 루마니아의 진짜 적이 훨씬 덜 지리적인 것, 그러니까 공적으로나 사적으로나 행동할 때 "투명성이 부족한 것, 즉 충분한 기준이 없는 임기응변에 능한 자들과 생존자들의 나라가 되는 것"일지도 모른다고 말했다. 지오아나는 그렇게 파타피에비치의 의견에 동의하고 있었다.

그것은 프로이센 출신의 왕으로서 오스만의 지배를 받던 가난한 변두리를 맡아서 말채찍을 휘둘러 가며 나라꼴을 만든 카롤 1세의 업적을 계승할 수 있느냐 하는 문제였다. 무엇보다도 루마니아는 흑색토, 광물자원, 셰일가스 등이 풍부했고 아마도 연안 에너지 자원 매장량도 꽤 될 터였다. 지오아나는 흑해와 중유럽으로 이어진 다뉴브 강을 잇는 항구도시라는 점을 생각하면 콘스탄차Constanța가 컨테이너항으로서 "제대로 활용되지 못하고" 있는 셈이라고 말했다. 루마니아에는 분명히 가능성이 있다고 전직 외무장관은 이야기를 계속했다. 남쪽으로 지중해에 이르는 슬라브족 연합전선을 구축하고자 했던 러시아 표트르 1세Pyotr I(1672-1725, 재위

1682-1725)의 목표를 좌절시킨 것이 바로 루마니아였다는 사실이 단적인 그 예였다. 그러나 지오아나도 1980년대 후반 레이건과 고르바초프 사이의 중대한 대화가 결국 중유럽의 운명만 결론짓고 말았다는 사실만큼은 단박에 인정했다. 심지어 지금껏 한 번 제대로 논의된 적조차 없는 발칸반도는 여전히 러시아의 입김이 언제나 강하게 작용하는 지리적 범주에 묶여 있었다. 하지만 1990년대에 북대서양조약기구가 발칸반도 문제에 간섭하는 데 러시아가 아무런 장애도 되지 않은 것은 순전히 그 당시 러시아가 옐친 치하에서 유약한 외교정책을 취했기 때문이었다. 그리고 옐친의 후임자 치세에까지 그런 상황이 계속될 리 만무했다.

지오아나의 사무실에서 그다지 멀지 않은 헤라스트라우 공원 Herăstrau Park에서 산책을 했다. 1973년 여름 부쿠레슈티에 잠깐 들렀을 때, 나는 자그마한 석교와 화단으로 가득한 그 공원에서 '나들이옷'* 차림으로 서로 팔짱을 끼고 한가롭게 거니는 루마니아 가족들을 관찰했었다. 여자들은 드레스를 입고 있었고 남자들은 재킷에 넥타이까지 매고 있었다. 그랬다. 그날은 일요일이었다. 지금도 기억이 생생하다! 1970년대 초반은 아직 차우셰스쿠가 더욱 퇴행해

* 나들이옷
영어에서는 구어로 '나들이옷'이나 '가장 좋은 옷'을 'Sunday best'라고 한다. 제일 깨끗한 옷을 아껴 두었다가 일요일에 입고 교회에 가는 청교도 풍습에서 유래된 표현이다. 저자가 바로 아랫줄에서 "그날은 일요일이었다."고 말하는 것은 일종의 언어유희이다. 평상복은 'Everyday clothes'라고 한다.

스탈린주의에 흠뻑 빠져들기 전이었고, 루마니아인들도 아직 모든 희망을 완전히 상실하기 전이었다. 그 뒤로 40년이 흐른 지금, 롤러블레이드나 산악자전거를 타고 비틀거리는 젊은이들을 보면 알 수 있듯 그곳에 다시 희망이 피어나 있었다. 패션만큼은 아이러니하게도 공산주의 시대가 보존하고 있던 구세계의 형식주의 흔적이 완전히 자취를 감춘 모습이었지만 말이다. 공원 중앙에서 쇼핑센터를 만났는데, 그곳 주위에 장 모네*, 로베르 쉬망**, 콘라트 아데나워*** 등 전후 유럽을 재건한 사람들의 거대한 석조 흉상이 나란히 놓여 있었다. 한 가지 석재를 이용해 이스터 섬 두상처럼 미니멀리즘 스타일로 조각한 그 동상들은 강렬하고 신화적인 분위기를 풍

*** 장 모네Jean Monnet(1888-1979)**
프랑스의 경제학자. 제1차 세계대전 직후 국제연맹 사무처장으로 일했고 제2차 세계대전 중에는 영국, 프랑스 간 경제문제 조정위원회 의장을 지냈다. 전후 모네 플랜을 제안해 프랑스의 경제 부흥에 힘썼다. 석탄, 철강 유럽공동체 설립에 기여했다.

**** 로베르 쉬망Robert Schuman(1886-1963)**
프랑스의 정치가. 전후 프랑스의 외무장관을 역임하며 프랑스, 독일 간 석탄 철강 공동시장 설립을 골조로 하는 쉬망 플랜을 제안했다. 이를 토대로 석탄 철강 유럽공동체가 결성되었다. 유럽 통합의 아버지라 불린다.

***** 콘라트 아데나워Konrad Adenauer(1876-1967, 재임 1949-1963)**
독일의 정치가. 서독의 초대 총리를 지내면서 전쟁으로 초토화된 독일을 재건해 '라인 강의 기적'을 일으킨 것으로 평가되는 인물이다. 1917년 상원의원을 시작으로 차근차근 정치 이력을 쌓았으나 1933년 나치가 집권하면서 정계에서 밀려났다. 1944년 히틀러 암살 사건에 연루되어 투옥되었고 1949년 정계에 복귀해 총리가 되었다. 독일의 경제를 부흥시켰고 독일의 북대서양조약기구 가입, 유럽연합의 모체가 된 서유럽연합 결성 등의 업적을 남겼다. 강력한 반공주의자였던 아데나워는 독일 내에서 공산당을 불법화하기도 했다.

졌다. 그들은 발칸반도에 위치한 이 라틴 국가에게 역사에서 잠시 벗어나 한숨 돌릴 수 있는 휴식을 제공한 자유주의의 신들이었다. 하나로 통합된 유럽은 루마니아인들에게 단지 전쟁의 종식만을 뜻하는 것이 아니라, 모든 국가 구성원을 주권적 개인으로서 보호해주는 비인격적이고 합법적인 규준을 갖춘 근대 국가의 세계를 뜻하기도 했다. 근대 국가의 세계는 내내 루마니아를 따라다닌 저주, 즉 케케묵은 논쟁을 동반하는 인종국가의 세계가 아니었다. 어찌나 강렬한 열망에 빠져 있었던지 루마니아인들에게는 유럽연합의 근본적인 존재 이유가 번영보다 훨씬 더 중요해 보였다. 그 나라가 나아가야 할 방향은 분명했다. 하지만 과연 지정학과 그 나라 국민의 행태가 그것을 허용할 것인가? 그리고 그보다 더 중요한 문제는 이것이었다. 루마니아의 역사와 너무나 동떨어져 있는 서구 민주주의 세계가 루마니아를 경계심 없이 대하는 날이 과연 오기는 할 것인가?

FUNDATIUNEA UNIVERSITARA CAROL I

3 장 라틴 비잔티움

6년 동안이나 지중해 너머 지역을 여행하지 않다가 1981년 공산주의 동구권에 도착했을 때 내 감각을 일깨운 것은 (정치적 압제는 말할 것도 없지만) 그곳의 다른 풍경과 기후뿐 아니라 내가 읽으려고 가져간 책들이었다. 그중 한 권이 바로 내가 루마니아와 발칸반도 나머지 국가들을 죽 둘러본 뒤 중유럽에서 읽었던 토마스 만의 『부덴브로크 가 사람들』이었다. "묵직한 빨간색 다마스크", "딱딱하고 거대한 소파", "불꽃이 일렁이는 초", "반짝이는 나뭇가지 모양 촛대", "빗물이 장막처럼 흘러내리는 …… 음침한 회색 고딕 건물"에서 "감칠맛 나는 포도주"와 함께 대접받는 "기름진 고급 음식" 등 친근하고 풍성한 배경 묘사를 통해 『부덴브로크 가 사람들』은 겨울이라는 익숙한 계절에 황량함을 불어넣었고, 나는 그 문장을 읽다가 나 자신이 그 겨울 속에 있음을 문득 깨달았다.

그 소설에 담겨 있는 예리한 철학적 통찰, 그리고 특히 서서히 우울증에 빠져드는 주인공 토마스 부덴브로크의 모습을 그려내는 방식을 보고 나는 곧장 만의 대작 소설 『마의 산』*을 집어 들었다. 그

* 마의 산Der Zauberberg(1924)
토마스 만의 장편소설. 23세의 청년 한스 카스토르프는 폐결핵에 걸려 요양 중인

책에 등장하는 보석 같은 인물들 가운데 위대한 문학적 인도주의자이자 박식한 괴짜인 루도비코 제템브리니가 있었다. 제템브리니는 단언컨대 만이 창조해낸 인물들 중에서 이야기할 것이 가장 많은 철학적 인물이다. 그는 프랑스 철학자 볼테르가 1755년 리스본 지진*에서 느낀 공포 이야기를 다음과 같이 풀어낸다.

제템브리니는 이렇게 설명했다. 볼테르는 포르투갈 수도의 4분의 3을 붕괴시키고 수만 명의 사람을 죽인 "가증스러운 자연의 태만에 이성과 지성의 이름으로 저항한 것"이라고. "깜짝 놀랐지?

= 사촌 침센을 병문안하러 알프스 산 베르크로프 요양원을 찾았다가 자신도 폐결핵 증상이 있다는 진단을 받고 요양 생활을 시작한다. 유럽 각지에서 다양한 인간군상이 모여드는 고립된 요양원에서 7년 동안 머물면서 카스토르프는 내외적으로 성장하게 된다. 합리적이고 진보적인 인문주의자 제템브리니, 매력적인 쇼샤 부인, 냉소적인 반자본주의자 나프타, 활달한 페페르코른 등이 카스토르프에게 큰 영향을 끼치는 인물이다. 페페르코른은 병들어 가는 자신의 육체를 용납할 수 없어 자살하고, 나프타 역시 제템브리니와 자유에 대한 논쟁을 벌이던 중 권총으로 자신의 머리를 쏴버린다. 이런 사건들을 목도한 카스토르프는 매일 똑같은 생활이 반복되는 눈 속의 요양원 생활에 염증을 느끼고 '마의 산'에서 내려와 막 발발한 제1차 세계대전에 참전한다.

*** 리스본 지진**

1755년 11월 1일 오전 9시 40분, 진도 9의 강진이 리스본을 강타했고, 지진 발생 40분 후 쓰나미가 밀려와 해안을 덮쳤다. 이 지진으로 전체 인구 20만여 명 가운데 3만~4만 명이 사망했고 도시 건물의 85퍼센트가 붕괴되었으며 이때 발생한 화재가 5일 동안이나 도시를 불태운 것으로 알려져 있다. 국왕 주제 1세는 "죽은 자는 묻고 산 자는 치유하겠다."는 폼발 후작에게 수습을 맡겼고 폼발은 놀라운 속도로 리스본을 재건해냈다. 그래서 강력한 지진에도 견딜 수 있게 철저하게 내진 설계된 리스본의 그 건물들을 폼발 양식이라고 부른다. 볼테르Voltaire(1694-1778)는 대표작인 소설『캉디드Candide ou l'optimosme』에서 순박하고 낙천적인 청년 캉디드가 리스본 지진을 비롯해 유럽에서 일어난 여러 역사적 사건을 겪으면서 세상을 배워나가는 이야기를 그림으로써 무조건적인 낙천주의를 비판했다.

웃어?" 제템브리니는 (독자는 물론) 다른 등장인물들이 자연의 행동에 저항한다는 개념에 의심을 품고 있고 있다는 것을 느끼며 이야기를 계속했다. 만은 제템브리니의 목소리를 통해 유명한 설명을 남겼다. 천재지변에 대한 볼테르의 맹렬한 비난 속에 진지한 도덕적 의도가 깔려 있다는 것이었다. 볼테르는 인류가 운명에 굴복해야 한다는 의견을 인정하려 들지 않았다. "자연은 힘이다. 힘을 묵묵히 견디기만 하는 것, 해보지도 않고 물러나는 것은 노예근성이다. ……" 자연, 지리, 문화, 인종, 경제 등 그것이 어떤 종류의 힘이든 사회에 전 방위적으로 뻗어 있는 힘을 용인하는 것은 "인간의 존엄성"에 대한 모독이다.

인간의 굴종에 반대한 인물이 볼테르 한 명뿐이었던 것은 아니다. 1953년 옥스퍼드 학자 이사야 벌린(113쪽 각주 참조)은 이듬해 출간된 책 『역사적 필연성Historical Inevitability』과 똑같은 제목의 강연에서 지리, 천연자원, 인종적 특징 등등 "막강한 비인격적 힘"이 우리의 삶을 결정짓는다는 믿음은 부도덕하고 비겁한 변명이라며 강하게 규탄했다. 벌린의 전기 작가 마이클 이그나티에프Michael Ignatieff의 말을 빌리자면, 벌린은 늘 파시즘과 공산주의를 겨냥했는데 그것은 그들이 도덕적 자결성에 대한 인간의 권리를 부인하려고 했기 때문이었다.

운명론에 대한 볼테르와 벌린의 정면공격이 우리 시대에 유난히 더 통렬하게 느껴지는 까닭은, 솔직히, 그리고 간단히 말해서 나치의 홀로코스트가 일어난 뒤로 시간이 겨우 한 세대 정도밖에 흐르지 않았으며, 그 한 세대의 세월은 만물의 이치에서 볼 때 실제로 찰나의 순간에 불과하다는 사실 때문이다. 지식인층과 정책 입안자들에게는 이전 역사에 대한 책임이, 그러니까 뿌리 깊은 운명론적 논쟁, 예컨대 지리나 인종적 특성을 탓하는 주장에 굴복하지 않을 책임이 있다.

더 분명히 설명하기 위해 이 문제와 관련된 한나 아렌트*의 글을 아래에 인용한다. 『전체주의의 기원The Origins of Totalitarianism』에 실린 다음 글은 한 문단을 통째로 인용할 만한 가치가 있는 글이다.

> 어쩌면 인종주의가 정말로 서구 세계, 아니 인류 문명 전체의 파멸을 초래할지도 모른다. 모든 '게르만족'이 '아리아인'이 되어야 한다는 재앙에 가까운 주문이 이미 존재했던 것처럼 '러시아인'이라는 단어가 '슬라브족'을 뜻하게 된다면, 프랑스인이 '흑색 군대'**의 사령관

* 한나 아렌트Hannah Arendt(1906-1975)
미국의 철학자, 사상가. 독일 태생의 유대인으로 마르부르크 대학교에서 철학, 신학을 공부했다. 하이데거Martin Heidegger(1889-1976), 야스퍼스Karl Jaspers(1883-1969) 밑에서 공부하다가 나치의 유대인 탄압을 피해 파리로 도피했으나 파리마저 점령되자 미국으로 망명했다. 『전체주의의 기원The Origins of Totalitarianism』(1951)으로 명성을 얻었고 시카고 대학교를 비롯해 여러 대학교에서 철학을 가르쳤다. 아렌트는 광신자나 반사회적 인물이 아닌 '사고할 줄 모르는 평범한 사람들'이 홀로코스트, 전쟁, 학살 등의 역사적 만행을 범한다는 개념의 '악의 평범성'을 주장해 큰 사회적 반향을 일으켰다. 활발하게 강의, 연구, 저술 활동을 펴던 중 심장마비로 사망했다.

** 흑색 군대a force noire
제1차 세계대전 중 프랑스는 손실된 병력을 계속 충원하기 위해 아프리카 식민지에서 병사들을 징집했다. 후한 보상금을 주겠다는 선전과 폭력을 동원해 징집한 흑인 병사들은 유럽 전선에 즉각 투입되었고 이들은 '흑색 군대'라 불렸다. 흑인을

을 맡게 된다면, '영국인'이라는 단어가 '백인'을 뜻하게 된다면, 그 변화는 그 자체로 서구인의 종말을 의미하게 될 것이다. 많이 배운 학자들이 뭐라고 말을 하든, 정치적으로 말해서 인종은 인간다움의 시작이 아니라 끝이요, 인간의 기원이 아니라 인간의 필멸이요, 인간의 정상적인 탄생이 아니라 비정상적인 죽음이다.

그러니까 토마스 만의 제템브리니, 볼테르, 이사야 벌린의 정신에 따르면, 그리고 무엇보다도 결정적으로 한나 아렌트의 정신에 따르면, 루마니아인을 그저 라틴족이라 여기는 행위는 인간을 파멸에 이르게 하는 행위다.

그러나 이런 논리로 인종과 관련된 논쟁을 종식시킬 수 없는 것은 분명하다. 물론 라틴족이건 슬라브족이건 백인이건 간에, 개인을 어떤 광범위한 범주로 분류하는 것은 그들을 격하시키는 처사이며, 저들 인도주의 철학자들의 경고와 두려움이 얼마나 옳은지 확실하게 보여주는 증거이다. 벌린은 역사가 에드워드 기번 Edward Gibbon(1737-1794)과 아놀드 토인비Arnold Toynbee(1889-1975)를 비판하며 이렇게 기록했다. "국가와 문명"은 분명 존재할지는 몰라도 그것을 구현하는 개인들만큼 "구체적"인 것은 아니다. 개인은 집단보다 도덕적으로 더 넓게 생각할 뿐 아니라, 개인의 존재 자

= 본 독일군은 경악했다. 프랑스는 흑인들이 인종적으로 더 잔인하고 폭력적이라는 소문을 퍼뜨려 독일군과의 심리전에 이용했다. 여기에서는 그보다 폭넓게 '흑인' 전체를 뜻하는 은유로 쓰였다.

체는 선천적으로 집단의 존재처럼 문제가 되지 않는다. 집단, 문명, 그리고 인간들의 수많은 집합은 모두 어느 정도 (예컨대 민족주의 같은 이데올로기에 의해) 인위적으로 조직된 것이며, 어떤 경우든 보이는 것만큼 경계가 명확하지 않다. 집합들이 상당히 긴 시간에 걸쳐 문명과 다른 집합에 미묘한, 그러면서 동시에 미묘할 것 없는 영향을 끼치기 때문이다.

'라틴 루마니아 문화'는 보편적인 희망, 꿈 두려움은 물론, 예컨대 언어, 음악, 미술, 건축, 시, 국민 대다수가 신봉하는 그리스정교 신앙 등, 특별한 지리적 배경에서 태어나, 구성원 모두가 공유하고 있는 역사적 경험에 닻을 내리고 있는 루마니아의 문화를 통칭하는 용어이다. 그런데 '라틴 루마니아 문화'만큼 독특한 문화는 전 세계에 다시없을 것이라고 말하는 것은 일종의 신성모독이다. 마찬가지로 도덕적 자주성에 대한 개인의 권리를 부인하는 것은 그들이 인간이라는 사실을 부인하는 것이며, 따라서 그것은 보편적인 물질문화와 국민적 특성을 통해 자신을 스스로 표현할 권리를 부인하는 것이다. 물론 그 특성이라는 것이 수백만 명의 개개인과 비교해보면 훨씬 더 모호하고 문제가 더 많을 수도 있지만 말이다. 모든 나라가 세계 각국에 대해 취하는 외교 정책은 모두 독특하다. 각국의 특성과 역사적인 경험 역시 독특하기 때문이다. 그러므로 그런 문제들을 합리적 수준에서 일반화하는 능력이 없으면 관찰도 무용지물이 되고 만다. 그리고 그 결과 우리는 모두 벙어리가 되고 만다.

예컨대 캠브리지에서 수학한 루마니아 미술 비평가이자 건축

비평가인 셰르반 칸타쿠지노Sherban Cantacuzino(1928-)의 다음과 같은 글을 보자.

> 국민적 특성은 인종, 기후, 지형에 따라 결정된다. 외세의 잦은 공격과 침략이 루마니아인을 거칠고 용감하고 회복력 강하게 만들었다. 정치적 불안정, 어떤 미래가 될 것인가 하는 불확실성이 그들을 실제적이고 지략 있는 사람들로, 동시에 약삭빠르고 부패하기 쉬운 사람들로 만든 주범이다. 루마니아인들은 선천적으로 신비주의자도, 꿈을 좇는 사람들도 아니다. 그런 까닭에 루마니아 예술은 지나친 환상을 억지로 참지 않는 합리주의에 확고하게 뿌리를 내리고 있다. …… 루마니아 건축은 일반적으로 실제적인 요구에 대한 응답이라서 사치스러운 장식이 쓰이는 일이 거의 없다. 단 한 가지 예외, 채색된 성당은 아무리 화려해도 지나치지 않지만.

칸타쿠지노 자신이 루마니아인이었기 때문에 어쩌면 자기네 국민을 너무 지나치게 일반화한 것인지도 모른다. 하지만 그렇게 하지 않으면 달리 어떤 방법으로, 독자로 하여금 독특한 국민적 경험에 철저하게 뿌리박고 있는 근본적인 건축양식을 이해하게 만들 수 있겠는가? 패트릭 리 퍼모어(93쪽 각주 참조)는 루마니아를 "내가 가본 곳 중에서 가장 기이한 사회", "장려하면서도 머나먼 곳"이라고 불렀다. 부쿠레슈티 대학교의 역사학과 교수인 뤼시앵 보이아Lucian Boia(1948-)는 비교적 최근인 2001년 이렇게 말했다. (그다지 멀지 않은 시점까지 서구 세계에 그런 경향이 남아 있었던 것처럼)

루마니아에는 “아직도 민족과 민족국가를 힘주어 강조하는 세태가 남아 있다.”

그런데 내가 이 글을 쓰면서 20세기 바이올리니스트이자 작곡가인 게오르그 에네스쿠*가 1901년 작곡한 〈루마니아 광시곡〉 두 곡 중 한 곡을 듣고 있었다는 사실에 주목해야 한다. 그 곡은 루마니아 작곡가가 의도한 딱 그대로, 독특한 루마니아의 민요 리듬을, 아름답고 웅장한 루마니아 풍경을 모조리 떠올리게 만드는 곡이다. 그 음악을 들으면 늘 순무의 밝은 오렌지색이 가득한 왈라키아 평원의 광활한 봄 풍경이 생생하게 떠오른다. 에네스쿠의 음악은 그렇게 나로 하여금, 내가 유난히 루마니아와만 인연을 맺었던 그 수많은 것들 중에서 순수한 식물성 염료, 부코비나 수도원에 그려져 있던 성경 속 풍경, 동양식과 서양식이 혼합된 건축양식의 원조로 여겨지는 브른코베아누 시대 건축물이 자아내는 독특한 황홀감을 떠올리게 만든다. 흙냄새가 나는 독주 추이카의 향을 떠올리자, 전간기 부쿠레슈티 카페에 울려 퍼지던 음악이 덩달아 떠오른다. 카르파티아 산맥의 북쪽과 서쪽 능선 풍경을 떠올리면 서양식

* 게오르게 에네스쿠George Enescu(1881-1955)
루마니아의 작곡가, 지휘자, 바이올리니스트. 루마니아 리베니 지방에서 태어난 에네스쿠는 어려서부터 음악에 천재적 재능을 보였다. 5세에 첫 곡을 작곡했고 7세에 빈 음악원에 들어가 바이올린을 배웠으며 13세에 파리 음악원에 들어가 작곡을 공부해 16세에 첫 자작곡 연주회를 열었다. 유럽과 미국 전역을 돌며 여러 교향악단의 객원 지휘자로 활동했고 수많은 바이올린 연주자를 키워냈다. 그의 대표곡인 〈루마니아 광시곡Ronamian Rhapsodies〉 두 곡은 루마니아 민속 음악의 리듬과 멜로디를 클래식으로 훌륭하게 재창조해낸 작품으로 평가된다.

건축물이나 여러 다른 양식의 건축물에서 찾아볼 수 있는 붓 터치가 살아 있는 유화의 질감이 느껴진다. 마치 지금, 예전 합스부르크 제국이 지배하던 중유럽에 와 있는 것 같은 기분이 든다. 나는 디테일이 풍부하게 살아 있는 양탄자나 성상, 그리고 파나리오트*라는 그 지역 귀족 의상에서 보듯 동양의 영향이 더 강렬하게 남아 있는 곳이 카르파티아 산맥의 남쪽과 동쪽 능선 지역이라는 사실을 잘 안다. 이제 예전 비잔티움 제국과 오스만 제국의 세계에 더 가까이 온 것이다. 미학적으로 볼 때 나에게 비잔티움의 마지막 유산은 오스만 제국의 폭정에 더 큰 희생양이었던 그리스가 아니라 루마니아이다.

하지만 나의 이런 의견은 모두, 카르파티아 산맥 양쪽에 거주하고 있는 약 2천1백만 루마니아 국민 개개인의 생각보다 현실성이 훨씬 떨어지는, 일견 운명론적이고 낭만적인 일반화일 뿐이다. 루마니아 국민들은 아마도 자기들끼리 있으면 이런 현실 압축에 종종 반대하고 싶은 마음이 들 것이다. 그렇다면 어떻게 너무 멀리

* 파나리오트Phanariot
발칸반도의 역사적 문제는 로마 제국의 지배를 받는 동안 기독교가 하층민인 농민들에게까지 깊이 뿌리를 내렸는데 15세기 이후 이 지역의 패권을 이슬람교를 신봉하는 오스만 제국이 잡았다는 데에 있다. 오스만 제국의 지배 형태는 지역의 특성에 따라 제각각 달랐는데, 민족과 사용하는 언어로 볼 때 독자적 성격이 강했던 현재 루마니아 지역, 그러니까 왈라키아와 몰다비아 지역은 오스만 제국에 조공을 바치는 대신 자치권을 누렸다. 1711년부터 오스만 제국은 '파나리오트'라는 그리스 출신의 귀족을 이 지역의 왕으로 파견했으나 1821년 투도르 블라디미레스쿠(195쪽 각주 참조)의 반란으로 이 제도는 폐지되었고 그때부터 루마니아 출신의 현지 귀족이 왕으로 선출되었다.

가지 않고 일반화할 것인가, 그러면서 동시에 개인이 경험한, 그리고 그 경험으로부터 끌어낸 결론을 어떻게 도덕적 책망에 대한 두려움 없이 기술할 것인가 하는 문제는 딜레마이다. 이와 관련해 과거에 실패한 경험이 있는 나는 지난 몇 년간 그 둘 사이에 올바르게 균형을 잡으려고 안간힘을 써왔다. 그런데 나이가 들어갈수록 나 자신에 대한 불신이 점점 깊어진다. 그러면서도 명백한 문화적 특성을 기술하는 일과 인종주의나 본질주의(109쪽 각주 참조) 망령을 도발하는 일은 완전히 다른 일이라는 사실을 깨닫는다.

비록 그늘진 공산권에 속해 있어서 루마니아의 중요성이 그동안 간과되기는 했지만, 그 나라가 현재 존재하는 나라이기 때문에 루마니아의 문화와 경험의 윤곽을 그리는 일은 일반적인 경우보다 더 많은 의지를 요한다. 모든 지역에서 똑같은 오트밀을 먹는데도 공산주의는 루마니아 내의 지역적 차이를 심화시켰고 동시에 그 나라를 서구권에서 분리시켰다. 또한 이전에는 존재하지 않았던 그 나라 국민에 대한 고정관념을 만들었고, 문화적으로 가장 매력 없는 나라라는 인상을 강화했다. 밝혀진 대로라면 공산주의자들이야말로 궁극적으로 본질주의자들이었던 것이다.

근자에 노벨상을 수상한 불가리아인 엘리아스 카네티(68쪽 각주 참조)는 저서 『군중과 권력』에서 국민적 특성의 존재를 인정하면서 "국가에 따른 군중을 상징하는 표현"을 이렇게 구분했다. "영국의 바다, 네덜란드의 도랑, 독일의 숲, 프랑스의 혁명 등." 이아시에 있는 쿠자 대학교에서 루마니아 민속학을 가르치는 전문가 애드리언 포루치우크Adrian Poruciuc는 1990년 내게 말했다. 차우셰스쿠의 통치가 최악으로 치닫던 시절, 루마니아인의 "극단적인 자부심"만이 그 가족에게 음식을 공급해줄 수 있었다고, 그래서 공산주의 체제가 최근까지도 유지된 루마니아에서 '군중을 상징하는 표현'은 "초라한 밥상에 둘러앉은 가족"이었다고 말이다. 2013년 또 다른 루마니아인 친구는 암담했던 그 시절을 회상하며 이렇게 말했다. "차우셰스쿠는 우리에게 식량을 주지 않았기 때문에 처형당할 수밖에 없었던 겁니다." 그 친구는 계속 말했다. 차우셰스쿠 치하에서 루마니아인들이 겪은 굴욕이 어찌나 심했던지 '우리는 적어도 집시는 아니다.'라는 못난 생각을 할 정도로 정체성까지 훼손되었다고. 이렇듯 루마니아에서는 공산주의가 집단적 반감의 수호자이자 주동자 노릇을 해온 것이었다.

1990년 봄 내가 보았듯이, 거의 반세기에 걸친 공산주의 겸 스탈린주의 체제가 끝난 직후 후유증에 빠져 있던 루마니아인들은 온 국민이 개인으로서의 자존감을 회복하느라 고군분투하고 있었다. 왜냐하면 그 나라의 이름에 어울리는 민족적 특성은 오직 정교하고 건강한 개인적 정체성을 통해서만 실현될 수 있었기 때문이다. 19세기 프랑스 철학자 알렉시 드 토크빌(112쪽 각주 참조)이 말했듯, 안정성과 문명은 자주성이 강해진 뒤 복잡한 관계가 점점 더 많아지는 사회 내부로부터 나와야 한다. 그래야만 개인적 개성과 집단적 특성이 대립할 필요가 없어진다. 그러면 집단적 특성이 개인적 개성을 침해하지 않고도 양성적 영역에 존재할 수 있을 테니까. 루마니아가 풍부한 개인주의 사회가 된다면 '군중을 상징하는 표현'도 필연적으로 새것으로 바뀌게 될 것이다.

그러나 카네티가 말했던 군중을 상징하는 표현 같은 것은 결국 심하게 왜곡된 일반화에 뿌리를 두고 있는 신화인 만큼, 그런 상징은 피하는 것이 옳다. 19세기 역사가 에르네스트 르낭*은 이렇게 썼다. "잊는 것 …… 그리고 잘못된 역사를 아는 것은 국가를 형성하는 과정에 필요한 기본적인 요소이다. 따라서 역사 연구의 발전은 종종 국가에 위협이 된다." 달리 말하면, 국민들이 역사를 잘 알면 알수록 민족적 신화에 더 큰 위협이 된다는 뜻이다. 20세기에 라인홀트 니부어**도 이와 비슷한 주장을 한 적이 있다. 그는 "감정에 호소하는 주장과 정신에 호소하는 주장은 동시에 양립할 수 없으며" 이 둘 사이의 이율배반을 해소할 수 있는 방법은 부정직뿐이기 때문에, 민족주의가 성공하려면 "자기기만"이 필요하다고 기록했다.

신화, 망각, 자기기만이 루마니아인들의 국민적 기억을 가득 채웠다. 물론 다른 나라 국민들도 비슷한 과정을 거치지만 루마니아의 경우에는 그 정도가 훨씬 심했다. 공산주의의 유산, 그중에서

*** 에르네스트 르낭Ernest Renan(1823-1892)**
프랑스의 철학자, 역사가, 언어학자. 파리의 신학교에서 수학하던 중 종교에 회의를 품고 신학 연구를 그만둔 뒤 인문학 연구에 몰두했다. 예수 그리스도의 삶에서 신성화된 요소를 걷어내고 신의 아들이 아닌 한 명의 인간으로서 역사적 환경 속에서 예수를 재조명했다. 또 역사적 사건들을 통해 민족과 국가의 본질을 규명하고자 했다.

**** 라인홀트 니부어Reinhold Niebuhr(1892-1971)**
미국의 신학자, 윤리학자. 독일계 이민자 루터파 목사의 아들로 태어나 예일 대학교에서 신학을 수학했다. 교리나 전도에 얽매이지 않고 그리스도의 삶을 현대적 시각에서 해석함으로써 현대 사회의 모순에 대한 해답을 제시하고자 했다. 그리스도교적 리얼리즘이라 불리는 이런 사고를 통해 미국의 낙관주의를 비판했다.

도 특히 차우셰스쿠가 사회 전반에 다양하게 남겨 놓은 유산이야말로 진짜 민족주의적 파시즘이었기 때문이다. 그저 여러 약체 공국의 결합체로서 중세 후기, 근대 초기, 근대시대를 보낸 그 나라의 역사와 겨루어야 했던 민족주의적 파시즘은 마침내 여러 개념을 얼기설기 대충 꿰맞추어 하나의 국가를 만들어냈다. 그것이 루마니아가 북쪽과 북서쪽으로 국경선을 맞대고 있는 폴란드나 헝가리 같은 훨씬 강력한 세력, 혹은 서쪽과 남쪽으로 인접해 있는 세르비아나 불가리아와 다른 점이었다.

차우셰스쿠의 민족주의적 파시즘은 전임자인 게오르기우데지의 민족주의적 공산주의를 극대화한 것이었다. 그리고 그 민족주의적 공산주의의 이데올로기적 지향점은, 냉전 초기 몇십 년 동안 동구권 다른 나라의 공산주의 정권을 대부분 장악하고 있던 모스크바 기반 공산주의의 대척점에 서 있었다. 동구권 다른 나라에서는 대개 스탈린이 장악하고 있던 모스크바에서 추방되어 타국에서 제2차 세계대전을 겪은 러시아 사람들이 공산당 정권을 이끌고 있었던 반면, 루마니아에서는 그 시기를 루마니아 국내의 감옥에서 보낸 게오르기우데지와 차우셰스쿠가 권력 투쟁의 승자가 되었고, 그런 까닭에 그들은 1945년 이후 소련에서 건너온 다른 공산주의자들을 신뢰하지 않았다. 게오르기우데지와 차우셰스쿠가 보기에 모스크바 기반 공산주의는 세계주의나 유대주의와 별반 다를 것 없는 전혀 루마니아답지 않은 것이었다.

그러나 전적으로 지배자들의 개인적 성격이나, 접전이었던 권력 투쟁의 예측 불가능한 결과 때문에 우연히 루마니아 공산주의가 전대미문의 민족주의적, 그리고 파시즘적 성향을 띠게 된 것이라고 보기는 어렵다. 시인부터 공산주의자에 이르기까지 루마니아인들의 지적이고 정치적인 삶 속에는 언제나 지리, 시골 농노, 라틴어에 근거한 민족국가에 대한 이상이 깊게 흐르고 있었고 그것은 그렇게 쉽게 소멸될 수 있는 것이 아니었다. 그중에서도 특히 라틴어는 민족주의의 시대였던 19세기에 루마니아를 분명하게 구분해주는 하나의 요소가 되었고, 그리스정교 덕분에 (영토 일부를 둘러싸고 있는) 슬라브족과 연계되어 있던 루마니아 국민들은 합스부르크 제국과 오스만 제국의 세력이 약화되자 슬라브족은 물론 이웃한 헝가리 국민과도 자신들을 구별해내기 위한 수단을 강구하기 시작했다.

이런 현상을 보면, 그동안 서구, 그중에서도 특히 프랑스와 영국과 미국의 지식인들은 (당연히 다양성을 두루 갖춘) 정치적 스펙트럼에서 인간의 권리와 세계주의를 증진시키려는 경향과 열정이 뚜렷하게 살아 있는 좌측에 포진해온 반면, 루마니아 지식인들은 지난 두 세기를 거치는 동안 그 횟수를 무시하기 힘들 만큼 많은 경우에 신화와 인종국가와 토양 기반의 농업적인 삶을 강조하는 우측의 철학적 공간에 머무는 경향을 보여 왔다는 사실을 알 수 있다. 외국인을 혐오하는 확고한 보수주의자였던 19세기 후반 루마니아의 '국민 시인' 미하이 에미네스쿠*와 20세기 심오한 절충주의 종교 철학자였던 미르체아 엘리아데**는 이런 경향을 분명하게 보여주는 예이다. 유대인과 집시에 대한 인간적인 염려가 각별했던 작곡가 게오르게 에네스쿠(153쪽 각주 참조)와 철위단 파시스트들의 득세에 대한 공포를 표현했던 극작가 에우젠 이오네스쿠***는

*** 미하이 에미네스쿠Mihai Eminescu(1850-1889)**
19세기 루마니아의 대표적 시인으로 사조로 보면 후기 낭만주의에 속한다. 몰다비아에서 태어나 학구열 강한 부모님 덕분에 빈에서 유학했고 그곳에서 은사인 폼눌 선생을 만나 루마니아 문학과 역사에 심취하게 되었다. 극작가로서 연극 활동을 하기도 했다. 평생 보수당 당원으로 활동했던 에미네스쿠는 1877년 부쿠레슈티에 정착해 보수적 일간지 ≪팀풀Timpul≫의 편집장으로 일하기도 했다. 심장내막염으로 비교적 젊은 나이에 사망했으나, 루마니아 지폐에 계속 초상화가 찍혀 나올 정도로 루마니아인들에게 국민적 사랑을 받아온 시인이다.

**** 미르체아 엘리아데Mircea Eliade(1907-1986)**
루마니아 출신의 종교 철학자. 부쿠레슈티에서 태어나 부쿠레슈티 대학교에서 철학을 공부했고 인도로 건너가 콜카타 대학교에서 인도 철학, 요가, 고대 종교 등을 연구했다. 그는 주로 여러 종교적 전통 속에 반영된 인간의 보편적 의식을 연구했다. 1930년대부터 루마니아 민족운동에 가담했고 런던 주재 대사관에 근무하면서 해외 공관 문화 활동에 관여했다. 1945년 루마니아가 공산화되자 프랑스로 망명해 소르본 대학교에서 강의했다. 49세에 시카고 대학교 전임교수로 부임해 죽을 때까지 그곳에서 연구에 매진했다. 종교 철학에 시카고학파라는 말이 생겼을 정도로 지대한 영향을 끼쳤다.

***** 에우젠 이오네스쿠Eugen Ionescu(1909-1994)**
루마니아 태생의 프랑스 극작가. 새뮤얼 베케트Samuel Becket(1906-1989)와 함께 20세기 프랑스 희곡을 대표하는 작가로 꼽힌다. 프랑스어로는 외젠 이오네스코Eugène Ionesco라고 부른다. 루마니아 슬라티나Slatina 시에서 태어나, 어머니의 모국인 프랑스에서 유년시절을 보냈다. 16세에 아버지의 나라로 돌아가 루마니아어를 배우고 부쿠레슈티 대학교에서 프랑스 문학을 전공했다. 1938년 프랑스 파리에 정착한 뒤 전통적 희곡 양식에 도전하는 실존주의, 초현실주의 계열의 작품을 주로 썼다. 프랑스 학술원인 '아카데미 프랑세즈' 회원으로 선출되기도 했다.

미르체아 엘리아데(1907-1986)

단언컨대 20세기를 통틀어 가장 유명한 루마니아 지식인이자 철학자이다. 젊은 시절 다른 루마니아 지식인들과 마찬가지로 파시즘에 매료되었다. 루마니아의 상황이 다소 특수해서 그랬는지, 그 나라 지식인들은 좌파보다 우파에 감정적으로 더 끌리는 경향이 많았다.

둘 다 그들에 반대되는 안티테제였다. 시인 에미네스쿠는 "통나무목" 불가리아인과 "매부리코" 그리스인을 경멸했으며, 동시에 악명 높은 반유대주의자였다. 종교적 경험을 수많은 언어로 읽고 말할 줄 알았던 종교 철학의 선구자요, 다작의 소설가이자 수필가였던 엘리아데는 철위단 지도자 코르넬리우 젤레아 코드레아누의 철저한 신봉자였다. 1937년 엘리아데는 철위단, 좀 더 정확하게 말하자면 파시스트들을, "새로운 인물을 탄생시키고 우리의 민족적 구원 …… 을 추구하려는 목적의 정신적 운동을 전개하는" 대천사 미카엘 군단Legion of the Archangel Michael이라고 불렀다. 그러고는 이렇게 말을 이었다. 군단의 젊은 용사들은 "희생, 헌신, 그리고 창조적 의지를 통해 달성한 다른 놀라운 업적들과 함께 루마니아 엘리트 사회의 기초를 닦는 일을 이뤄냈다. ……"

여기에서 에미네스쿠, 엘리아데, 그리고 다른 보수적인 사상가들이 어중간한 가짜 지식인이 아니었다는 사실에 주목하는 것이 중요하다. 그들은 모두 박식한 예술가의 대명사였다. 영국 철학에서 높은 위상을 차지하고 있는 이사야 벌린과 같은 인물을 루마니아 철학에서 찾으면 그것이 바로 엘리아데이다. 두 사람이 차이점은, 자신의 삶의 중요한 일부를 한 명은 자유주의적 인도주의자로 살았고 다른 한 명은 보수주의적 민족주의자로 살았다는 것뿐이다. 역사학자 뤼시앵 보이아는 1945년 공산당의 정권 찬탈 전야를 다룬 균형 잡힌 논문에서 이런 현상을 절묘하게 요약했다.

전체적으로 볼 때 루마니아는 오른쪽으로 기울어져 있다. 문학적으로 말하든 상징적으로 말하든, 이 나라는 대부분 목가적 사회이며, 소규모 자작농의 사고방식을 지닌 농노들은 좌익 이데올로기에 쉽게 현혹되는 법이 없다. 역설적이게도 심지어는 좌파조차도 얼핏 보기에는 가장 오른쪽으로 기울어진 것처럼 보인다.

이 말이 정말인지 확인하고 싶다면 전간기인 1930년대에 완전히 파시스트 우익의 지배를 받았던 유명한 지식인 삼인방, 즉, 엘리아데, 에밀 시오랑*, 콘스탄틴 노이카**를 보라. 물론 그 세 사람 모두 훗날 도덕적으로 생각이 바뀌면서 젊은 시절 자신들의 관점에 대해 제각각 회개하는 과정을 거쳤다는 사실에 주목하는 것 역시 중요하다. 아마도 그 세 명 가운데 가장 흥미로운 경우는 노이카일

* **에밀 시오랑Emil Cioran(1911-1995)**
루마니아 출신의 프랑스 철학자, 수필가. 트란실바니아에서 태어나 부쿠레슈티 대학교에서 철학을 전공했다. 그 시기 경험한 불면증과 자살 충동을 첫 저서로 출간해 루마니아 왕립 아카데미상을 수상했다. 1930년대 철위단을 지지했고 루마니아가 공산화된 뒤 프랑스에 정착해, 루마니아어를 버리고 프랑스어로만 저술활동을 했다. 냉소적이고 비관적인 허무주의 철학으로 유명하다.

** **콘스탄틴 노이카Constantin Noica(1909-1987)**
루마니아의 철학자, 수필가, 시인. 루마니아 텔레오르만Teleorman 지방에서 태어나 부쿠레슈티 대학교에서 철학을 전공했다. 인식론, 가치론, 존재론, 역사철학, 문화철학, 인류학 등 철학 전반에 깊이 몰두했고 번역과 비평에도 능했다. 미르체아 엘리아데와 친한 친구 사이이기도 했던 노이카는 엘리아데와 함께 1930년대 파시즘 운동을 지지했다. 1949년 공산주의 정권에게 유배 10년형을 선고받고 복역했다. 1958년에는 다시 강제노역 25년형을 선고받았으나 6년 뒤인 1964년 사면, 석방되었다. 이듬해부터 부쿠레슈티에 거주하며 연구에 매진했다.

것이다. 제자 가브리엘 리체아누Gabriel Liceanu의 설명에 따르면, 다재다능한 노이카는 주로 공산주의 이데올로기의 상스러움에서 벗어나려는, 그리고 루마니아 토착 문화를 풍성하게 발전시키려는 목적에서 그리스, 라틴, 유럽 문명 연구에 매달렸다고 한다. 그러나 명확히 우익 세력에 속해 있지 않았던 때조차도 그들은 여전히 루마니아 지식인의 삶을 독특하게 만들어주었던 세계주의적 가치보다는 민족주의 문화에 특별히 더 역점을 두고 있었다.

20세기 중반에 들어서기 전 루마니아 지식인들이 주도했던 지적인 경험 체계를 그 자체로 가장 분명하게 이해시켜주는 문서는 아마도 미르체아 엘리아데가 쓴『루마니아 민족 : 약사The Romanians:A Concise History』일 것이다. 62쪽 정도밖에 되지 않는 그 책은 그의 저서들 가운데 비교적 덜 알려진 글로, 내가 갖고 있는 싸구려 영어 번역본에는 여기저기 얼룩이 남아 있다. 그 책이 출간된 것은 엘리아데가 세계적 철학자로 성장하기 전, 아직 치기 어린 30대 중반이었을 때였다. 엘리아데는 1943년 그 소책자를 독재자 프란시스코 프랑코Francisco Franco(1892-1975) 치하 스페인의 한 우익 출판사에서 출간했는데, 그것은 그 즈음 그가 프랑코와 비슷한 독재자 안토니오 살라자르Antonio Salazar(1889-1970) 치하 포르투갈에서 루마니아 파시스트 철위단의 단원이자 안토네스쿠 정부의 외교관으로 활동하고 있었기 때문이다. 엘리아데는 런던에서도 루마니아 외교관으로 일한 적이 있었지만 제2차 세계대전이 발발하고 루마니아의 다른 외교관들이 모두 연합군 쪽으로 전향하자 고심 끝에 철학적으로 마음이 통하는 독재 국가 포르투갈로 옮겨가기로 결심했고, 그 결과 그곳에서 나치를 지지하는 루마니아의 이익을 마음 놓고 대변할 수 있게 된 것이었다. 전쟁이 끝난 뒤 엘리아데는 파리에 거주하다가 1956년 마침내 시카고 대학교에 정착해 그곳에서 종교사학 교수로 일했다. 차우셰스쿠가 민족주의적 파시스트로 돌아섰을 때 엘리아데가 낭만적이고 동정어린 어조로 써내려간 루마니아 국민에 대한 그 짧은 역사책을 야무지게 써먹을 수 있었다면 좋았으련만. (하지만 엘리아데는 제2차 세계대전 종전 후 다시는 루마니아로 돌아가지 못했고, 새로 들어선 공산주의 정부가 그를 물어뜯을 듯이 공격했기 때문에 엘리아데에게 접근하려던 차우셰스쿠의 몇 차례 시도는 모두 실패로 끝나고 말았다.)

(예컨대 루마니아의 고대 이교도 신 잘목시스Zalmoxis가 유일신 신앙이 들어설 수 있는 길을 닦아 놓았다는 주장 같은) 엘리아데의 역사책에 담긴 내용은 귀를 현혹시키는 사설邪說이라는 공격을 받아왔지만, 루마니아인들이 왜 자신들을 남다른 민족, 영웅적인 민족, 그러면서도 압제를 당해온 민족으로 느끼는지 이해시켜주는 기발한 입문서를 찾는다면 그 책만큼 유용한 책도 없다. 내가 자랄 때 읽었던 교과서와 별반 다를 것 없는 다른 민족주의 역사책들과 마찬가지로 엘리아데의 책에도 일정한 패턴의 독재가 존재한다. 그는 일부러 민족국가라는 미래를 지향하며 일한 역사적 인물들을 다수 골라 기술했는데, 일부 인물들은 실제로도 그런 업적을 남긴 반면, 그 부족장들과 군인 출신 지도자들 가운데 일부는 만일의 사태를 너무 염려한 나머지 사리사욕을 채우기에 바빴고 따라서 당연하게도 그들에게는 미래를 내다보는 명쾌한 시각 따위가

에밀 시오랑(1911-1995)

젊은 시절 파시즘에 몹시 경도되었고, 그에 대한 죄책감과 우울증으로 냉전 기간 중 프랑스에서 망명생활을 하는 내내 고통 받았다. 시오랑의 비극은 그가 아주 명석하고 창조적인 사람인 동시에, 미숙하고 일반적인 상식이 부족한 사람이었다는 사실이다. 그러나 그는 지식인으로서 자신이 저지른 잘못을 스스로 인정함으로써 결국 성숙한 사람이 되었다. 적어도 그는 후회라는 감정을 느낄 줄 아는 사람이었다. 으쓱 어깻짓 한 번으로 히틀러를 지지했던 젊은 날의 잘못을 훌훌 털어 버린, 훨씬 더 자신만만한 엘리아데와 달리.

없었다. 이것이 에르네스트 르낭이 좀 더 심도 있는 역사 연구가 루마니아 국민들 사이에 팽배해 있는 민족주의를 건강하게 약화시킬 수 있을지도 모른다고 말했던 이유이다.

젊고 치기 어린 엘리아데를 길잡이 삼아 루마니아 역사를 살펴보면 주로 두 가지 효과를 거둘 수 있다. 그 첫째는 간략하고 다소 왜곡되기는 했어도 루마니아의 과거를 개괄적으로 살펴볼 수 있다는 것이요, 둘째는 20세기 루마니아 우파 지식인들이 자신들의 민족적 정체성을 어떻게 형성했는지 그 전후맥락을 자세히 알 수 있다는 것이다.

엘리아데는 명석하면서 동시에 위험한 인물이었다. 나는 수많은 루마니아 저자들을 내가 유난히 사랑하는 루마니아 풍경을 통해 알게 되었는데 엘리아데도 그렇게 알게 된 지식인 중 한 명이었다. 여행객의 여정은 이렇게 공간적일 뿐 아니라, 역사적, 문학적, 지적일 수도 있다.

엘리아데의 책에서 주로 다루고 있는 지역은 에드워드 기번이 로마의 새 속주 다키아라고 규정한 지역, 즉 2세기 초반 로마 제국 황제 트라야누스Trajanus(53-117)에게 정복당해 복속된 곳으로, 북동쪽으로는 드니에스테르Dniester 강을, 동쪽으로는 폰투스 육시누스Pontus Euxinus라고도 불리는 흑해를, 남쪽과 남서쪽으로는 다뉴브 강 하류를, 북서쪽으로는 티서Tisza 강을 자연 경계선으로 하고 있는 곳이었다. 그곳은 (근대에 와서 불가리아의 영토가 된 다뉴브 강 하류 남쪽 도브루자Dobrudja 지역을 제외하면) 역사상 루마니아의 영토 확장과 토지 소유가 최대치에 달했을 때를 기준으로 어림잡은 영토이다. 기번의 기록에 따르면 로마의 새 속주는 "비옥한 곡창지대"를 갖추고 있었는데도 고트족이나 "스키타이 패거리 같은 미개한 종족의 탐욕을 실컷 충족시켜줄 수 있을 만큼 부유하지도, 로마에 저항할 수 있을 만큼 강력하지도 않았다." 따라서 기번이 "부지런한 …… 그리고 좀 더 정착생활에 익숙한 미개인"이라는 딱지를 붙인 다키아 토착민들은 일단 독립을 이루고 나자 "북방 야만족"을 견제하기 위해 로마 제국과 동맹관계를 맺었다.

엘리아데는 여기에 중심축이 되는, 그리고 유사역사적인 신화를 한 꺼풀 덧입혔다. 그가 "게토 다키아인Geto-Dacians"이라고 부른 그들은 정착생활에 익숙한 미개인이라기보다는 오히려 광범위하게 퍼져 있던 트라키아Thracia 종족의 후손들이었다. "고대 역사와 유서 깊은 헬라스 종교에 깊이 닻을 내린" 어딘가 다른 곳에서 이주해온 그들은 그리스 도시국가 문화의 산물인 진보된 수준의 행정과 도시화는 물론, 질 좋은 도자기, 오일, 와인 등 호사스러운 물건들의 수혜를 누려온 사람들이었다. 엘리아데는 게테Gete 혹은 다키아인을 "트라키아 종족 가운데 가장 용감하고 가장 올바른 사람들"이라고 부른 헤로도투스Herodotus(BC 484-BC 425)의 말을 인용했다. 그러니까 그 견해에 따르면 고전적인 그리스의 그늘진 땅에 살던 주민들과 고전적인 로마 문명과의 교배로 오늘날 루마니아 민족이 태어난 셈이었다.

이것은 엘리아데가 초기에 어떤 이야기를 선택했는지 잘 보여주는 하나의 사례이다. 게토 다키아 토착민을 용감하다고 표현한 헤로도토스의 말은 인용한 반면, 헤로도토스의 다른 서술은 언급하지 않고 그냥 넘어갔던 것이다. 루마니아 출신 정치철학자 블라디미르 티스마네아누Vladimir Tismăneanu(1951-)가 인용한 표현에 따르면 헤로도토스는 게토 다키아인들을, "농업을 치욕스럽게 생각하고 게으름을 세상에서 가장 행복한 경험이라 여기는 민족"이라고 평했는데도 말이다. 티스마네아누는 이런 이유 때문에 엘리아데의 민족주의적 역사에 "과거에 대한 집착과 합리화"라는 딱지를 붙였다.

엘리아데의 서술에 따르면 "영웅적인" 다키아 왕 데케발루스Decebalus(?-106, 재위 87-106)는 102년 로마의 정복자들과 접전을 벌인 끝에 다뉴브 강 하류 북쪽과 (현재 불가리아 북부인) 모이시아Moesia 지방 남쪽에서 트라야누스 황제 군에게 "엄청난 수의 사상자"를 안겨 주었다. 105년부터 106년까지 벌어진 제2차 로마-다키아 전쟁으로 다키아는 완전히 정복되어 로마의 속주가 되었는데도 엘리아데는 상당히 승리감에 취한 어조로 이렇게 적었다. "그때까지 다키아는 동구 헬라스 문화권 쪽으로 기울어 있었다. 그런데 그 때를 기점으로 서구화되기 시작했다. 다키아의 전체 인구가 로마 식민지 주민들과 합병되었고" "저급 라틴어"가 주민들이 사용하는 보편적인 통용어가 되었기 때문이었다. 그것이 루마니아인이 게르만족이나 슬라브족이나 원시 튀르크족 같은 야만족의 늪에서 허우적대지 않은 이유였다. 그 대신 그들은 로마와 그리스라는 훨씬 위대한 지중해 고전 세계의 후손이 될 운명이었다. 그래서 그들은 정신적으로나 문화적으로나 이웃나라인 세르비아나 불가리아보다 이탈리아나 스페인과 더 가까워지게 된 것이었다.

그러나 내가 좀 더 연구해본 바에 따르면 이야기는 그렇게 간단하지가 않다. 더 정확히 말하자면 현대 루마니아 역사가 블라드 게오르게스쿠Vlad Georgescu(1837-1988)가 요약한 대로 "루마니아 민족은 다키아인의 로마화로 시작해 슬라브족의 루마니아화로 끝난, 다뉴브 강의 북쪽과 남쪽 전 지역에 걸쳐 일어난 길고 긴 과정의 결과물이었다." 그러니까 다른 수많은 민족들과 마찬가지로 루마니아 민족 역시 여러 종족이 혼합된 민족으로, 엘리아데의 역사책이 그들에게 부여한 순수한 기원 따위는 존재하지도 않는 것이었다.

그럼에도 엘리아데는 혼란에 빠져 있는 그 나라에게, 끝없이 그 땅으로 흘러든 여러 종족 가운데 라틴족이 보존되어 있는 이야기만을 취해 선사한 것이었다. 엘리아데는 이렇게 기록했다. "고트족이라는 야만 세계가 들썩이고 있었던 터라" 주로 북쪽에서 밀고 내려온 이민족이 로마령 다키아에 지속적인 공격을 가했다. 271년경 아우렐리아누스Aurelianus(214-275, 재위 270-275) 황제는 그 지역에서 전략적으로 철수해 수비가 훨씬 더 용이한 다뉴브 강 이남 모이시아 지방으로 물러나기로 결정했다. 로마 군대가 다뉴브 강을 건너 남하하자 그들에게 봉사하던 시민 계급과 부자들도 그 뒤를 따랐지만, 인도 유럽계 키메르 종족이나 다른 야만족들이 침략했을 때와 마찬가지로 "로마령 다키아 농노들과 양치기들은 모두 자신들의 땅에 남았다."고. "루마니아인에게 숲은 형제이다."라는 유명한 속담의 기원은 야만인들을 피해 나무가 빽빽한 숲에 몸을 숨겼던 그 로마령 다키아인들이었다.

고대 루마니아 세계는 문명화 임무를 띤 로마 군대와 로마 도로망 덕분에 거의 두 세기 동안이나 안으로 우거진 숲을 견뎌냈다. 그 뒤 서로마와 단절되어 몇 세기를 암흑 속에 보내게 되었는데도 일찍이 그 나라에 기독교가 뿌리내리게 된 사연을 이야기하면서, 그리고 훗날 루마니아어라 불리게 된, 라틴어의 영향을 받은 어휘들을 예로 들면서 엘리아데가 느끼는 즐거움은 독자한테도 느껴질 정도다. 예컨대 '성당'을 뜻하는 루마니아어 'biserică'는 라틴어 'basilica'에서, '신'을 뜻하는 'Dumnezeu'는 'Dominus Deus'에서, '천사'를 뜻하는 'ínger'는 'angelus'에서, '죽다'를 뜻하는 'răposa'는 'repausare'에서 비롯되었다는 것이다. 로마의 신학자 터툴리안 Tertullian(155-240)의 기록에 따르면 2세기도 되기 전 일찌감치 다키아 땅에 기독교를 들여온 사람들 역시 로마의 식민지 주민들이었다. 엘리아데는 다키아 사람들이 로마에 매력을 느낀 가장 큰 이유가 부분적으로 그 지역이 그리스의 문화적 영향권에 놓여 있었기 때문이라고 생각했다. 그래서 로마 제국이 물러가버렸는데도 다키아는 로마의 풍성한 문화를 유지했고, 그 결과 얼마 안 가 야만족 패거리로부터 유럽을 구원한 '동쪽의 로마', 비잔티움으로 부상하게 된 것이었다. 엘리아데에게는 인종적 본토에서 두 개의 로마 제국이 융합된 것이 루마니아 역사의 "은밀한 변화"였다.

여기에는 분명 황홀하고 분위기 있는 진실이 담겨 있다. 실제로 루마니아 문화는 라틴어와 동로마의 그리스정교가 혼합된 독특한 성격을 띠고 있다. 그리스 비잔티움의 성상과 프레스코화는 이탈리아와 어깨를 나란히 할 수 있을 정도다. 누구나 루마니아에 가면 비잔티움 예술과 유적 때문에 영광스러운 이탈리아 도시 라벤나Ravenna를 떠올린다.

엘리아데는 루마니아어가 전접 관사*를 보존하고 있는 유일한 로맨스어**라고 주장한다. 루마니아인은 '늑대, 늑대의, 늑대에게'를 '*el* lobo, *del* lobo, *al* lobo' 대신 라틴어에서 'lup*us*, lup*um*'이라고 쓰는 것처럼 'lup*ul*, lupu*lui*'이라고 쓴다. 엘리아데는 이런 현상이 라틴어의 "기적"이 무엇인지 보여주는 대표적인 현상이라고 말했다. 더구나 루마니아는 중세를 거쳐 근대 초기에 이르기까지 거의 그 시대 내내 서구로부터 단절되어 있었고 슬라브족을 비롯해 언어에 영향을 끼치는 다른 이주 민족의 지배를 받았기 때문에 그 현상이 더더욱 기적적이라는 것이었다. (그러나 다른 부분에서는 물론 여기에서도 엘리아데는 그런 용법이 전적으로 옳다고는 말하지 않았다. 불가리아어, 알바

*** 전접 관사enclitic article**
루마니아어에서 ~ă, ~i, ~e 등 다른 단어의 뒤에 붙어서 앞 단어의 일부처럼 발음되는 관사를 말한다. 영어의 관사, 전치사와 같은 기능을 한다.

**** 로맨스어Romance**
원래는 라틴어에서 파생된 고대 프랑스어를 일컫는 표현이었으나, 점차 그 의미가 확장되어 현재는 프랑스어는 물론 라틴어에서 파생된 다른 언어, 즉 스페인어, 포르투갈어, 이탈리아어까지 모두 통칭하는 용어로 쓰인다. 또 본래는 지식인의 전유물이었던 그리스어, 라틴어 등 고전적인 언어에 대비되는 하층민 언어로서의 색채가 짙었으나 중세 이후 로맨스라는 소설 양식이 인기를 누리면서 점차 언중의 범위가 확대되었다.

니아어, 터키어 역시 모두 어말 정관사를 사용하기 때문이다.)

고대 후반부터 근대에 이르는 기간 내내 루마니아인들은, '동쪽에서 밀려오는 야만족들과 온갖 유목민들에게 대항해' 자신들의 영토를 지켜내야 하는 '변경지대 민족'으로서의 운명에 끊임없이 시달렸다. 그 과정에서 전쟁을 치르고 정의를 수호하는 임무를 맡은 지역 지배자, 혹은 지방 지배자 '보이보드voivode'들이 등장했다. 보이보드가 다스리는 지역보다 규모가 크고 나라의 형태를 갖춘 공국이 등장한 것은 타타르족이 침략한 1241년 이후이다. 카르파티아 산맥과 드니에스테르 강 사이에 있던 몰다비아 공국은 오늘날 루마니아의 몰다비아 지방 대부분과 예전에 소련의 영향권 아래 놓여 있다가 독립한 나라 몰도바 전역을 아우른다. 그리고 크게 굽이치는 다뉴브 강을 서쪽 경계선으로, 흑해를 동쪽 경계선으로 하는 왈라키아 공국은 지리적 구분 기준에 따라 다양하게 정의되기는 하지만 대체로 올테니아, 문테니아 지방, 도브루자 지방 북부를 포함한다. 심지어 오늘날까지도 그 영토를 역사학자들조차 제대로 이해하지 못하는 것은 그 나라가 우여곡절을 겪으며 너무나 천천히 형성되었고 그 과정이 명쾌하게 밝혀져 있지 않기 때문이다. 13-14세기를 지나는 동안 타타르족에게 저항하는 헝가리와 폴란드 군대의 움직임에도, 몰다비아의 드라고Dragoş나 보그단Bogdan, (터키계 유목민 쿠만족Cuman의 시조인) 왈라키아의 바사라브Basarabs 같은 보이보드들은 자력으로 그 공국들을 세움으로써 중세 군소 왕국을 넘어서는 발전된 형태의 통치 양식을 이룩할 수 있었다. 엘리아데는 근대사에서 그 두 개의 루마니아 공국이 동쪽에서 밀려오는 "슬라브족과 튀르크족의 위협으로부터" 라틴 문명과 기독교를 지켜낸 서구의 구원자 노릇을 한 셈이라고 언명했다. "익명의 루마니아인들이 피를 흘리고는 했기 때문에" 서구 유럽이 미래에 헤게모니를 장악할 여건을 마련하는 데 "필요한 여유"를 누릴 수 있었다는 것이다.

분명히 말해서 이 논리에는 결함이 수도 없이 많다. 예컨대 몽골족이 세운 킵차크한국의 압박을 받고 있던 러시아는 중요한 목표가 있어서라기보다는 루마니아가 남유럽을 지원했던 것과 같은 이유로 북유럽을 지원했다는 주장이 가능하다. 또 서구의 부상은 어떻게 보든, 르네상스와 뒤이어 일어난 계몽주의와 산업혁명 등 일련의 방대한 내부적 요인 덕분이라고 말할 수도 있다. 서구가 스스로, 그리고 그 자체로 하나의 문화 현상이 되었다는 점에서 볼 때 서구는 루마니아에게 그렇게 빚진 바가 많지 않다. 서구의 부상에서 루마니아는 부차적 존재일 뿐 중요한 요소가 아니었다.

그런데도 엘리아데는 루마니아가 서구를 구원한 지대한 역할을 했다는 내용을 더 큰 강령을 위한 프롤로그로 제시하고 있다.

> 역사 속에서 수행한 역할이 너무나 지대해서 그 누구도 감히 그것에 의문을 제기할 마음을 먹지 못하는 나라들이 있다. 그러나 상당히 유쾌하지 못한 임무를 수행했음에도 그 누구도 그 사실을 알아채지 못해서 덜 행복한 나라들도 있다. 로마령 다키아인의 후손인 루마니아 민족이 담당했던 신중하면서도 어중간한 그런 역할 말이다. …… 무시당해온, 아니, 잘 봐줘야 오해받아온 그런 나라들 국민의 삶은 그

> 냥 치열한 것 이상이었다. 그런 나라들의 역사는 자체적 비극 외에도 영속적이고 성스러운 존재 때문에 변형되었다고 말할 수 있다. …… 끊임없이 공격당하면서 그들이 떠올릴 수 있는 것은 오직 스스로를 방어해야겠다는 생각뿐이었다. 그들의 역사는 …… 수세기째 생존을 위한 끝없는 전쟁의 연속이다. 그리고 그들은 전투가 벌어질 때마다 자신들이 가진 모든 것을, 즉, 생명, 종교, 언어, 문화에 대한 자신들의 모든 권리를 건다.

다시 말하면 루마니아인들이 유럽의 다른 나라 민족들보다 훨씬 고달픈 삶을 살았을 뿐 아니라, 그들의 고통이 순교자들이 느끼는 신비로운 고통을 그들의 정신에 안겨 주었다는 이야기다. 훗날 엘리아데가 『영원 회귀의 신화The Myth of the Eternal Return』(1954)에 기록한, 역사에 대한 두려움이 커질수록 역사에 대한 무관심과 원형적 신화가 생겨난다는 내용과 그다지 다르지 않은 주장이다. 이 논리대로라면 하나의 민족으로서 루마니아인들은 십자가에 못 박힌 구세주와 같은 존재들이라고 말해도 과언이 아니다.

구세주가 인류의 영혼을 구원하기 위해 죽은 것과 꼭 같이, 엘리아데의 이야기에 나오는 루마니아 민족은 아시아 패거리로부터 서구를 구원하기 위해 너무나 오랫동안 구세주에 맞먹는 역할을 열정적으로 수행해온 주인공이다. 밝혀진 바와 같이 이 고전적인 순교자 민족은 20세기에 최대 시련의 후방이 아닌 선봉에 서게 되었다. 그래서 그때까지 (1920년대 후반 '대천사 미카엘의 그리스정교 군단'으로 출범한) 파시스트 철위단의 강력한 지지자를 자처했던 엘리아데가, 유럽의 심장을 꿰뚫으려고 시도하는 "이슬람 거인", 즉 무슬림 오스만튀르크족에 저항해온 기독교 신봉자 루마니아 민족의 거의 다섯 세기에 걸친 투쟁을 우리에게 소개한 것이었다.

엘리아데가 튀르크족과 맹렬하게 다투어온 루마니아 민족을 소재로 쓴 대하소설 줄거리는 대개 위대한 보이보드와 군주들의 분투이다. 엘리아데는 다른 역사적 인물들은 가차 없이 누락시킨 반면, 노왕老王 미르체아*, 이안쿠 드 후네도아라**, 블라드 3세(말뚝

* **노왕 미르체아Mircea the Elder(1355-1418, 재위 1386-1395, 1397-1418)**
발라키아Valachia 공국의 왕 미르체아 1세를 말한다. 미르체아라는 이름을 사용한 왕들 가운데 가장 선대왕이기 때문에, 그리고 튀르크족에 대항해 공국의 기틀을 공고히 하였기 때문에 존경의 뜻이 담긴 노왕이라 불린다. 외교적으로 헝가리, 폴란드를 영리하게 활용해 튀르크족으로부터 나라를 지켰다. 튀르크족과 전투를 하다가 패배해 트란실바니아로 피신, 강제 퇴위 당했으나 헝가리에서 세력을 키운 뒤 2년 만에 돌아와 왕위를 되찾고 점령군을 몰아냈다. 계속 침략에 시달리다가 1417년 술탄에게 매년 금화를 상납하겠다는 조공 조약을 맺고 자치국으로서의 지위를 인정받았다.

** 이안쿠 드 후네도아라Iancu de Hunedoara(1406-1456)
루마니아 출신의 헝가리 장군이다. 헝가리-튀르크 전쟁에서 큰 공을 세움으로써, 당시 헝가리령이었던 트란실바니아 공국의 총독으로 임명되었다. 야노스 훈야디János Hunyadi라는 헝가리 이름으로 더 잘 알려져 있다. 평생 왈라키아, 세르비아 등지에서 오스만 군과 전쟁을 했고, 그 전쟁에 방해가 되자 왈라키아 공국의 블라드 2세와 그의 장자 미르체아 2세를 은밀히 제거하기도 했다. 오스만 제국의 수중에 떨어질 뻔한 베오그라드 요새를 농민, 어부들과 함께 구해냈지만 전장에서 역병이 걸려 사망했다. 후네도아라가 죽은 뒤, 그의 아들 마차시 코르비누스(185쪽 각주 참조)가 헝가리 왕으로 선출되었다.

처형자)*, 슈테판 대왕**, 용맹공 미하이*** 등에게는 상당히 많은 지면을 할애했다. 그 이름들은 내가 1981년 루마니아를 방문해 처음으로 그곳에서 장시간 머무는 동안 우연히 접했던 이름들이요, 그 뒤 수십 년이 흐르는 동안 마치 내 인생의 등장인물들처럼 점점 더 익숙해진 이름들이다.

* **블라드 3세(말뚝 처형자)Vlad III(the Impaler)(1428-1477, 재위 1448, 1456-1462, 1477)**
발라키아 공국의 왕. 드라큘라 백작의 실제 모델이다. 오스만 제국과의 갈등으로 퇴출되었다가 왕위를 되찾는 일을 여러 차례 반복했다. '말뚝 처형자'라는 별명으로 불린 것은 성정이 포악하고 잔인하여 산 채로 심장에 말뚝을 박아 튀르크족을 살상하기를 즐겼기 때문이다. 영화나 소설에서 드라큘라가 심장에 말뚝을 박아야 죽는 것도 이 때문이다.

** **슈테판 대왕Stephen the Great(1433-1504, 재위 1457-1504)**
몰다비아 공국의 왕이다. 스스로 전쟁을 지휘하는 장수로서 평생 오스만 제국과 40번의 전투를 치러 그 가운데 36번을 승리했다고 알려져 있는 전쟁 영웅이다. 슈테판 대왕은 자칭 신성한 기독교 군대를 이끌고 전투에 참여해 승리할 때마다 그 자리에 성당이나 수도원을 건립했고, 그 결과 중세 루마니아 건축의 발전에 크게 기여한 것으로 평가되는 인물이다.

*** **용맹공 미하이Michael the Brave(1558-1601, 재위 1593-1601)**
발라키아 공국의 왕으로, 중세시대 현재 루마니아 영토에 난립해 있던 세 개의 공국 발라키아, 몰다비아, 트란실바니아를 최초로 통일한 왕이다. 미하이는 오스만 제국의 인정을 받고 왕위에 올랐으나 1594년 반 오스만 동맹에 참여하면서부터 튀르크족과의 갈등이 깊어졌다. 잦은 전쟁으로 국고가 바닥나자 미하이는 1598년 튀르크족과 조공을 전제로 한 화친협정을 맺은 뒤 내부 통일이란 꿈으로 시선을 돌렸고, 튀르크족과의 끝없는 전쟁으로 전력이 약해져 있던 두 왕국 트란실바니아는 1599년에, 몰다비아는 1600년에 미하이에게 무릎을 꿇었다. 물론 미하이는 채 1년도 되지 않아 내부의 반란으로 실각, 퇴출되었지만, 통일된 공국은 현재 루마니아의 상징적 모체 역할을 한 것으로 평가된다.

노왕 미르체아(1355-1418)

한 역사가의 말에 따르면, "튀르크가 불가리아와 세르비아에서 차르의 세력을 몰아내던 시기에 왈라키아가 정치적 독립체로서 살아남을 수 있었던 것은 미르체아의 투지와 책략 덕분이었다."

바사라브 왕가 출신의 미르체아 1세는 재위 기간이 길어서, 그리고 그의 사후 왕위를 이은 손자 미르체아 2세를 비롯해 이름이 같은 후대 왕들과 구별하기 위해 '노왕 미르체아'(루마니아어로 '미르체아 첼 버트른Mircea cel Bătrân')라 불린다. 엘리아데는 노왕 미르체아를 "루마니아 민족이 모셨던 군주 가운데 최고로 위대한 왕 중 한 명"이라고 말했다. 그는 튀르크족이 발칸반도 깊숙이 진군해 다뉴브 강을 향해 전진 중이던 14세기 마지막 20년 동안, 우연히 (왈라키아의 노른자 땅인) 문테니아의 실권을 잡고 있던 인물이다. 미르체아는 무슬림에게 대항해 기독교 동맹을 결성하려는 정책을 세우고 세르비아의 '크네즈'를 도와 싸울 수 있게 루마니아 분대를 파견했다. 크네즈 라자르*는 1389년 코소보 폴레Polje 전투에서 세르비아인의 패배와 그 뒤로 거의 4세기 반이나 지속될 오스만튀르크에 의한 세르비아 정복의 시작을 목도했다. 튀르크 술탄 바예지드 1세 일디림Bayezid I Yildirim('일디림'은 '벼락'이라는 뜻)(1354-1403, 재위 1389-1403)은 세르비아 민족에게 거둔 승리에 이어 1393년 불가리아 민족에게도 승리를 거두었다. 그러나 노왕 미르체아 치하의 루

* 크네즈 라자르Knez Lazar(1329-1389, 재위 1371-1389)
세르비아의 민족 영웅이다. 황궁에서 포도주를 담당하는 하급관리의 아들로 태어났다. 직급은 낮았으나 황제의 최측근이었던 아버지의 관직을 물려받은 라자르는 점차 궁내 영향력을 키워나갔다. 섬기던 왕이 죽은 뒤 왕궁을 나와 고향에서 경쟁자의 즉위, 사망 등의 사건을 영리하게 활용하며 영토를 넓혀 나가던 라자르는 교회의 지지를 얻으려고 애쓰는 한편 다섯 딸을 세도가와 정략적으로 혼인시켰고 결국 1379년부터 스스로를 '세르비아와 포모라블레의 절대군주 슈테판 라자르 공'이라고 부르게 되었다. 영어로 'Prince'로 번역되는 세르비아어 '크네즈'는 '공, 대

마니아는 튀르크족과 접촉이 많았는데도 병력 규모가 워낙 컸기 때문에 1395년 5월 17일 왈라키아 로비네에서 바예지드가 이끄는 튀르크 군을 간신히 격퇴시킬 수 있었고, 그 날짜는 루마니아 역사에서 가장 중요한 기념일이 되었다. (그것이 정말로 승리였다면) 그 승리를 기회로 삼기에는 너무나 지쳐 있었던 데다가 튀르크족이 곧바로 전열을 정비해 재공격해오자 (트란실바니아의 도시 브라쇼브로 피신한) 미르체아는 룩셈부르크 왕가 출신의 헝가리 왕 지기스문트Sigismund(1368-1437, 재위 1387-1437)와 동맹을 맺기로 결심했고, 그 결과 두 개의 기독교 국가, 즉 헝가리와 폴란드의 군주였던 지기스문트의 군대가 튀르크족의 발을 다뉴브 강 저편에 묶어두는 일을 맡게 되었다. 그러나 그것도 잠깐, 1397년 '기독교 동맹Christian League'은 와해되었고 오스만 군대는 다뉴브 강을 건너 미르체아의 군대를 공격했다. 그 해와 1400년 두 차례에 걸쳐 미르체

= 공'이란 뜻이다. 라자르는 끝까지 왕이란 칭호 대신 이 '크네즈'란 칭호를 사용했다. 1380년대 들어 점차 심해지고 있던 오스만튀르크의 공격을 저지하기 위해 라자르는 전 병력을 이끌고 코소보 폴례 전투에 나섰다. 구전설화에 따르면 튀르크 진영에 숨어든 세르비아 기사가 술탄 무라트 1세를 단도로 살해했다고 한다. 왕이 죽자 부왕을 호위해 함께 참전했던 왕자 바예지드 1세가 그 지휘권을 이어받았고, 결국 라자르는 바예지드 1세에게 생포되어 처형당했다. 바예자드는 부왕의 죽음으로 인한 혼란을 수습하기 위해 코소보에서 철군했다. 코소보 전투는 승자와 패자가 불분명한 전투였지만, 거의 전 병력이 몰살된 세르비아는 아직 병력이 남아 있던 오스만 제국의 봉신 국가가 되어 조공과 파병 의무를 져야 했다. 그럼에도 세르비아 민족은 그 전투에서 무라트 1세가 사망했고 튀르크족이 먼저 철군했기 때문에 자신들이 승리한 전투라고 믿고 있다. 그 뒤 라자르는 민족의 신앙을 지키기 위해 이교도와 싸우다가 순교한 영웅으로 영원히 추앙받게 되었다.

아의 농노 군대는 튀르크족을 물리쳤다. 1417년 튀르크족은 다뉴브 강 건너편으로 물러나면서, 이듬해 죽음을 맞이하게 될 노왕 미르체아에게 군신의 예를 표하라고 강요했고, 왈라키아의 내부적 자유를 지키고 싶었던 미르체아는 이를 받아들였다. 엘리아데보다 훨씬 더 형평성이 있었던 역사가 블라드 게오르게스쿠 역시 1984년 출간한 자신의 역사서에서 "튀르크가 러시아 차르의 세력권 안에 놓여 있던 불가리아와 세르비아를 접수하던 딱 그 시점에 왈라키아가 정치적 독립체로서 살아남을 수 있었던 것은" 미르체아의 투지와 책략 덕분이었다고 평가했다.

두 나라의 관계 변화는 그렇게 확정되었다. 세르비아나 불가리아와 달리 보스포루스 해협의, 즉 튀르크족의 직접 지배를 받는 오스만 술탄의 봉신 국가였기 때문에 루마니아는 사실 독립된 지위는커녕 반독립된 지위조차도 그다지 오래 누릴 수 있는 가망이 없었다. 루마니아 보이보드들이 때때로 위대하다고 평가되는 까닭은, 그들이 무슬림 적군에 대항해 완벽한 승리를 거두었기 때문이라기보다는 오히려 그들이 일시적인 동맹을 맺고 끝없이 군사적 책략을 활용하는 방식으로 그 상태를 견뎌내는 일관성, 정치적 기발함을 발휘했기 때문이다.

형편이 그랬는데도 트란실바니아의 보이보드 이안쿠 드 후네도아라는 1442년 오스만 군대를 두 차례에 걸쳐 격파했고, 1456년 발칸반도의 심장부인 서남쪽으로 옮겨 가 메메트 2세Mehmet II(1432-1481, 재위 1451-1481)에게 대항해 베오그라드 요새를 방어해 냈다. (그리고 이 작전이 중유럽으로 진출하려던 오스만 제국의 계획을 75년 넘게 지연시켰다.) 같은 해인 1456년 이안쿠가 사망하자 노왕 미르체아의 손자인 블라드 3세가 문테니아의 왕위를 계승하고 그 주변 지역에 영향력을 행사했다. 블라드가 '체페슈Țepeș', 즉 '말뚝 처형자'라는 별명으로 불리게 된 까닭은 개인적인 정적과 사로잡은 튀르크족 포로를 똑같이 잔인하게 고문한 그의 방식 때문이었다. ('블라드 체페슈 드라큘라', 즉 '용의 아들'이라는 뜻의 별명을 단 블라드 3세는 극단적인 잔인함과 불타는 정의감의 원조인 고딕 전설의 주인공이 되었다. 그러나 본래 '드라쿨Dracul', 즉 '용'은 잔인함을 뜻하는 것이 아니라, 블라드 3세의 아버지 블라드 2세가 룩셈부르크 왕가의 지기스문트에게 기사 작위를 받을 때 함께 하사받은 명예로운 봉건 영주의 문장이었다.) 아무튼 모든 상상을 초월할 만큼 과격했던 블라드 3세는 이슬람과 로마 가톨릭에 맞서 그리스정교를 수호한 "용맹스러운 투사"였다. 1462년 그는 다뉴브 강변에서 왈라키아 공격을 준비하고 있던 튀르크 군대 전체를 모조리 몰살했다. 엘리아데는 블라드 3세를 튀르크족의 무시무시한 적수요, 이슬람에 대항해 기독교 정교를 지켜내려고 고군분투한 또 한 명의 영웅으로 그려내면서, 그가 왕위에 오르게 된 것이 동생보다 그를 지지한 튀르크족 덕분이었다는 사실은 언급하지 않고 마음대로 그냥 넘어갔다. 어쩌면 엘리아데는 거기서 한술 더 떠 블라드 3세의 아버지, 즉 블라드 2세 드라쿨*이 똑같은 튀르크족과

* 블라드 2세 드라쿨Vlad Ⅱ Dracul(1390-1447, 재위 1436-1442, 1443-1447)
발라키아 공국의 왕으로 노왕 미르체아 첼 버트른의 아들이자 블라드 3세의 아버

맺은 동맹도 무시하고 싶었을지 모른다. 그가 기독교 동맹에서 떨어져 나와 튀르크족과 동맹을 맺은 까닭이 단지 헝가리나 폴란드 같은 지역에서 일어난 다른 기독교 국가 연합과 그들의 세력 때문이었으니 말이다. 아들 드라큘라와 마찬가지로 무슬림에게는 더없이 가혹했지만, 블라드 2세는 영리하고 때로는 섬세하기까지 한 정치가이기도 했다. 그리고 튀르크족은 딱 보기에 영원해 보이는 것을 좋아했기 때문에, 그들과 맞서려면 전쟁은 물론, 장기적인 관점에서 볼 때 혁신적인 외교 정책도 필요했다.

= 지이다. 왕위에 오르기 전부터 가톨릭을 신봉하는 헝가리령 트란실바니아와 그리스정교를 신봉하는 발라키아 공국의 국경선에서 분쟁을 중재하는 일을 맡아서 헝가리 왕 지기스문트의 호감을 샀다. 지기스문트는 1408년 오스만의 세력 확장을 저지하고 기독교 국가의 단결을 도모하려는 목적에서 '용의 기사단'을 창설했는데, 1431년 블라드 2세에게 이 '용의 기사단'에 입단할 수 있는 기사 작위를 수여하고 '용 문장'의 사용을 허용했다. 이 사실에 큰 자부심을 느낀 블라드 2세는 왕위에 오른 뒤 용 문양을 새긴 동전을 발행하고 용 장식을 올린 성당을 건축하는 등 이를 적극 활용했고 그 덕분에 블라드 드라쿨이라 불리게 되었다. 집권 초기에는 친서방 정책을 펴며 기독교 국가들과 연합해 오스만 제국에 대항하였으나 점차 자국의 이익을 위해 튀르크족과 우호적 관계를 유지하는 쪽으로 돌아섰다. 1432년에는 심지어 기독교를 신봉하는 튜튼 기사단의 근거지인 세베린 성을 튀르크 군과 함께 공격해 그들을 전멸시키기도 했다. 오스만 제국과 우호 협정을 맺는 과정에서 3남인 블라드 체페슈와 4남인 라두 첼 프루모스Radu cel Frumos(1435-1475)를 볼모로 보냈는데, 블라드 2세와 장남인 미르체아 2세가 이안쿠 드 후네도아라의 사주를 받은 대지주들에게 암살당하자 블라드 체페슈는 오스만튀르크의 지원을 등에 업고 왕위를 계승해 블라드 3세가 되었다.

블라드 체페슈 드라큘라(1431-1476)

블라드의 별명이 '체페슈', 즉 '말뚝 처형자'가 된 것은 그가 자신의 개인적인 정적과 사로잡은 튀르크족을 똑같이 무자비하게 고문했기 때문이다. 블라드 체페슈 드라큘라, 즉 '용의 아들'이란 이름 덕분에, 그는 극단적인 잔인함과 강력한 정의감을 소재로 삼는 고딕 전설에 자주 등장하는 인물이 되었다. 그러나 '드라쿨', 즉 '용'은 잔인함을 뜻하는 것이 아니라 명예로운 봉건적 질서를 뜻하는 것이었다.

다소 편향되어 있기는 하지만 엘리아데의 이야기가 꼭 완전히 선전용인 것은 아니다. 거의 영원히 지속되는 갈등 속에서 군인한테 민간인 농노들은 시도 때도 없이 고문을 당하며 피를 흘렸고, 그 고문은 오로지 군인들이 병에 걸리거나 허기를 느껴 스스로 멈출 때에만 중단되었기 때문이다. 실제로 루마니아의 역사는 끝나지 않는 용기와 순교 이야기라고 보아도 무방하다. 다만 주제의 다양성이 존재하지 않는다는 바로 그 사실 때문에, 즉 과격한 것이든 그렇지 않은 것이든 간에 오로지 무슬림 튀르크에 저항하려는 더없이 필사적인 책략과 속임수만이 존재한다는 사실 때문에, 그 역사가 더욱 극단적으로 기술된 유럽 중세 후기 버전이 되었을 뿐이다.

왈라키아와 그 주변부에 노왕 미르체아, 이안쿠 드 후네도아라, 두 명의 블라드 왕 등 분명히 눈에 띄는 사람들이 몇몇 있었다면, 몰다비아에는 1457년부터 1504년까지 거의 반세기에 달하는 세월 동안 그 나라를 통치한 슈테판 3세, 혹은 슈테판 대왕, 즉 슈테판 첼 마레Ştefan cel Mare가 있었다. 슈테판 대왕 역시 시대라는 비극적 현실이 요구하는 기민한 외교 정책을 편 인물이다. 그가 로마 가톨릭을 신봉하는 폴란드, 그리고 무슬림 튀르크족 술탄과 동시에 맺은 동맹은, 똑같이 가톨릭을 믿는 헝가리 군주 마차시 코르비누스*는 물론, 헝가리의 동맹국이자 함께 루마니아어를 사용하는

* 마차시 코르비누스Matthias Corvinus(1443-1490, 재위 1458-1490)
헝가리, 크로아티아, 보헤미아의 왕이었던 인물로 말년에는 합스부르크 제국으로부터 오스트리아 대공국 지배권까지 취했다. 마차시 코르비누스는 헝가리 이름이

동료 왈라키아와도 갈등을 일으켰다. 엘리아데와 여타의 민족주의 역사가들이 발전시킨 개념, 그러니까 루마니아 땅이 필연적으로 중세와 근대 초기 여러 보이보드들이 늘 노릴 수밖에 없었던 지리적 요충지였다는 개념은 다분히 일차원적이다. 그런 혼란스러운 상황에서 그저 살아남는 것, 그리고 걸핏하면 동맹국을 바꾸는 것은 위대한 업적이라고 볼 여지가 별로 없기 때문이다.

그럼에도 슈테판이 중세 보이보드 가운데 가장 위대한 인물로 평가되는 까닭은 그의 조직화 능력 때문이다. 그는 관료들이 쥐고 있던 힘을 중앙집권화하고 몰다비아에 군사조직을 세웠는데, 그 덕분에 기나긴 통치 기간 동안 전설적인 40번의 전투를 치를 수 있었고 오스만튀르크와의 대립이라는 서사시의 주인공이 될 수 있었다.

엘리아데는 책 초반부에 슈테판 대왕이 통치를 시작하기 불과 4년 전인 1453년 비잔티움 제국이 튀르크족에게 무릎을 꿇었다고 기록했다. 그리스정교를 신봉하는 동유럽은 완전히 무방비 상

= 며 루마니아어로는 마테이 코르비눌Matei Corvinul이라고 불렀다. '코르비누스'는 가문의 문장인 '까마귀'를 뜻한다. 10세기 말 헝가리 왕국이 수립된 뒤 1541년 수도 부다가 오스만 제국에 함락되기 전까지 중부와 동부 유럽의 강대국으로서 지위를 누렸는데, 마차시는 '검은 군대Black Army'라는 이름의 친위대를 상비군화해 중앙집권에 성공함으로써 그 전성기를 구가한 왕이다. 그는 '인문주의 왕'이라는 별명답게 대학, 도서관, 왕립 인쇄소를 세우고 이탈리아 출신 건축가, 조각가, 화가 등을 초빙해 도시를 단장했다. 그의 재위 기간 동안 부다는 르네상스의 중심지였다.

태에 놓였다. (모스크바, 노브고로드, 리투아니아, 폴란드 사이에 권력 투쟁이 벌어지고 있었고 지리적으로 너무나 방대했던 터라) 러시아의 세력이 극단적으로 약해진 사이에, 그리스, 세르비아, 불가리아는 이미 오스만 제국의 통치권 하에 들어가 있었다. 그렇게 엄청난 소용돌이 속에서 유일하게 루마니아, 그중에서도 특히 몰다비아만 자치권을 유지하고 있었다. 엘리아데는 이렇게 기록했다. "비잔티움의 영광을 되살리는 것," 그리고 무슬림이라는 불신자들 사이에서 십자군 운동을 다시 시작하는 것, "그것이 바로 슈테판 대왕의 목표였다." 엘리아데는 또 이렇게 썼다. 슈테판 대왕이 기독교를 신봉하는 발칸반도와 중유럽 대공들에게 자신이 최근 거둔 승리를 알리는 편지 한 통씩을 보내어 이렇게 선언했다고. "우리는 기독교 세계의 적들과 늘 맞서왔습니다. …… 우리가 그들을 발로 짓밟고 그들의 목에 칼날을 들이댈 수 있었던 것은 모두 주님의 은총 덕분입니다." 그런 다음 슈테판은 더 많은 수의 튀르크족이 공격해올 것을 두려워하며 이렇게 탄원했다. "기독교 세계의 적들과 싸우는 우리를 도울 수 있게 용사들을 보내 주십시오. ……" 엘리아데는 이것을 슈테판이 '역사적 사명'을 자각하고 있었다는 증거로 꼽았다. 물론 진실은 훨씬 더 복잡할지 모른다. 슈테판이 이슬람에 대항해 기독교를 수호해야 한다는 사명을 인식하고 있었고, 몰다비아를 "헝가리와 폴란드를 지키는 방어벽"으로 본 것은 분명하다. 나중에 폴란드와 교전을 하고 이웃 기독교 국가들과 맞대고 있는 국경선을 강화하느라 말년을 다 보내기는 했지만 말이다. 하지만 그것은 루마니아의 위상을 몰다비아, 왈라키아, 트

슈테판 대왕(1433-1504)

관료주의 권력을 중앙에 집중시키고 몰다비아 군사제도를 정비했다. 그에게 몰다비아는 긴 통치기간 동안 40번의 전설적 전투를 치를 수 있게 허락해준 땅, 오스만튀르크와의 대결이라는 서사시를 쓸 수 있게 마법의 준비가 갖추어져 있는 땅이었다.

란실바니아의 연합체, 즉 유일한 민족국가이자 합법적인 독립체로 보고 그것을 이루기 위해 한 일이 아니었다. 엘리아데의 이야기가 모조리 다 틀린 것은 아니지만, 그의 목적은 사실을 설명하는 것보다 영감을 주는 것이었다. 이아시에 있는 루마니아 연구 센터에서 출간된 『루마니아 역사A History of Romania』(1997)의 저자들 말을 빌리자면, 중세와 르네상스 시대의 정신을 소유한 사람들에게 세 공국의 연합체로서 루마니아라는 개념은 "완전히 생소한 것이었다."고 한다.

용맹공 미하이(1558-1601)

1593년 문테니아 대공 자리에 올랐고, 1601년 암살당했다. 1600년 처음 몇 개월뿐이기는 했지만, 루마니아어를 사용하면서 왈라키아, 몰다비아, 트란실바니아 세 개의 공국을 모두 다스린 역사상 최초의 대공이었다. 후기 르네상스 시대 사람인 미하이는 단언컨대, 르네상스의 아버지 마키아벨리가 말했던 진짜 대공의 모습이 어떤 것인지 제대로 보여준 인물이었다.

1593년 문테니아의 왕위를 계승한 용맹공 미하이(미하이 비테아줄Mihai Viteazul)를 보라. 그가 암살된 1601년 무렵, 그는 루마니아어를 사용한 대공 가운데 왈라키아, 몰다비아, 트란실바니아 세 개의 공국을 모두 통치한 역사상 최초의 왕이었다. 비록 그 상태가 1600년 몇 달 동안밖에 가지 못했지만 말이다. 그 당시 세 공국의 지도를 보면 북동쪽 국경선 밖에는 폴란드가, 북서쪽 국경선 밖에는 오스트리아 제국이, 그리고 남서쪽에서 남동쪽에 이르는 기나긴 국경선 밖에는 오스만 제국이 펼쳐져 있었다. 그러나 그런 지도들은 미하이가 마주하고 있던 위험이 어떤 것인지 제대로 보여주지 못한다. 용맹공 미하이의 초상화들은 앞으로 툭 튀어나온 거대한 터번을 쓴 눈부신 대공을 보여준다. 그 그림 속 대공은 모든 것을 다 안다는 눈빛을 하고 있는데, 그것은 불가해할 만큼 다층적인 계산을 이해해야 하는 근대 서구 정신이 그에게 '교활한'이란 단어를 붙이려는 시도를 무색하게 만드는 눈빛이다. 후기 르네상스 시대 인물인 미하이는 르네상스의 아버지 마키아벨리가 말했던 진짜 대공의 모습을 완벽하게 구현해낸 인물이라고 봐도 무방하다.

엘리아데는 "나의 불쌍한 나라를 기독교 세계 전체를 이슬람으로부터 지키는 방패로 삼겠다."는 미하이의 말을 의기양양하게 인용했다. 그러고는 이어서 이런 의견을 제시했다. 만약 루마니아가 정치적 독립을 지키지 못했다면 중유럽과 동유럽에 생겨난 것들 가운데 영원히 지속될 수 있었던 것은 아무 것도 없었을 것이라고. 미하이가 이뤄낸 고귀한 업적 뒤에는, 그런 역사적 관념 자체를 거의 무의미한 시련과 유사 무정부 상태의 수렁, 즉 대개 확실한 방향성을 파악하기 힘든 일련의 사건들 속에 빠뜨린 십 년에 걸친 유혈 사태와 고통스러울 만큼 복잡한 외교적 계략이 놓여 있다. 엘리아데는 그 모든 사건들 속에서 영감을 주는 메시지를 찾아내려고 애썼지만, 문제는 미하이의 경력 자체가 순전히 전술에만 국한되어 있었을 뿐 훨씬 더 좋은 방향으로 발전될 기미라고는 보이지 않는 마키아벨리 추종자의 모습을 보여준다는 것이다.

생각해보자.

1558년에 태어난 미하이는 자라서 특권귀족, 혹은 유명한 봉건귀족이 되었고, 마을을 닥치는 대로 사들이다가 1593년 오스만 제국 술탄에게 막대한 뇌물을 바치고 왈라키아 왕위를 손에 넣었다. 이듬해 그는 그 오스만 채권자들을 재판정으로 불러낸 다음 그들을 건물에 가두고 불태워 죽임으로써, 자신에게 왕위를 선사한 바로 그 술탄에 대한 저항 운동을 개시했다. 그 사건에 이어 왈라키아에서는 대대적인 튀르크인 학살이 일어났다. 미하이가 점점 남쪽으로 내려와 당시 터키의 영토이던 옛 트라키아의 수도 아드리아노플까지 급습하자 술탄의 기병대는 그에 응수해 1595년 왈라키아 본토를 침공했다. 공연히 도를 넘는 행동을 했다가 미하이는 어쩔 수 없이 이웃한 몰다비아까지 헝가리의 지배권 하에 귀속시킨다는 조건을 수용하고 트란실바니아의 헝가리인 지배자와 동맹을 맺었다. 그럼에도 그 동맹은, 미하이가 부쿠레슈티와 문테니아 지방을 흐르는 다뉴브 강 사이 칼루가레니Calugareni에서 튀르크족을 물리치는 데 큰 도움이 되었다. 그러나 그 정도 전술적인 승리를 거두었다고 해서 튀르크족의 북진을 막을 수는 없었다. 미하이는 북쪽 카르파티아 산맥까지 퇴각하면서 오스만 제국의 진군에 맞섰음에도 부쿠레슈티가 그들의 손에 떨어지는 모습을 지켜볼 수밖에 없었다. 물론 헝가리가 지배하고 있던 몰다비아와 트란실바니아의 원군으로 곧 튀르크족을 남쪽으로 쫓아낼 수는 있었지만 말이다. 그때 오스트리아의 합스부르크 왕가와 전쟁을 하는 데 한창 정신이 팔려 있던 오스만 제국은 1598년 미하이와 일시적으로 휴전 협정을 맺었다. 그 사이 폴란드의 침략을 당한 몰다비아는 헝가리 정권이 무너지자 반 오스만 동맹에서 빠져버렸다. 반 오스만 동맹은 헝가리가 트란실바니아를 놓고 오스트리아와 거래를 하면서 완전히 와해되었다. 그래서 미하이도 튀르크족과 계속 전쟁을 하는 대신, 튀르크족, 그리고 그의 왈라키아 왕위 유지에 대한 승인 권한을 갖고 있던 오스트리아와 협상을 하기 시작했다. 그런데 튀르크족이 너무나 엄청난 금액의 공물을 요구했기 때문에 미하이는 오스트리아와 동맹을 맺었다. 그때 몰다비아를 쥐락펴락하고 있던 폴란드는 트란실바니아를 지배하고 있던 헝가리에게 오스트리아와 맺은 동맹을 깨라고 강요했다. 전후사정이 훨씬 더 복잡하기는 했지만, 대략 이런 이유로 기독교 국가인 트란실바니아와, 마찬가지로 기독교 국가인 몰다비아, 그리고 이슬람 국가인 튀르크 사이에 협상이 이뤄지게 된 것이었다. 그러자 미하이도 한편으로는 트란실바니아에서 헝가리인을 몰아낼 계략을 오스트리아와 함께 꾸미면서 동시에 튀르크와 협상에 돌입했다. 미하이의 트란실바니아 침략은 1599년 시비우Sibiu 근처 셀림바르Selimbar 전투에서 승리함으로써 성공을 거둘 것이 거의 확실해졌다. 1600년 이제 왈라키아와 트란실바니아, 두 나라의 지배권을 갖게 된 미하이는 친폴란드 몰다비아를 침공했다. 그 전쟁에서 승리를 거둔 덕분에 미하이는 루마니아의 핵심 세 공국을 모두 합친 연합체의 지배자가 될 수 있었다. 그러나 그 해가 다 가기도 전에 미하이는 트란실바니아에서는 오스트리아에게, 몰다비아에서는 폴란드에게 패배했다. 미하이는 오스트리아와 다시 협상 테이블에 앉는 것으로 패배를 인정했다. 그러자 트란실바니아의 헝가리인들은 미하이와 합스부르크 왕가 사이에 어떤 협상이 이루어질지 두려웠던 나머지 1601년 클루즈Cluj 근처에서 미하이를 암살하고 말았다.

이런 내용을 읽으면 루마니아가 근대 초기 유럽 역사의 훨씬 더 강렬한 버전인 시련의 역사 속에서 탄생했다는 사실을 알 수 있다. 루마니아 역사에는 안정이란 것이 존재한 적이 없었고 매순간 더 많은 유혈 사태가 그 안에 도사리고 있었다. 만약 유럽 역사가 악몽이라면 루마니아의 역사는 그보다 두 배쯤 더 무서운 악몽이었다. 21세기 평균 수준의 서구 정치가라면 옴짝달싹도 하지 못할 수준의 압박을 몇 년 동안 계속 견뎌낸 용맹공 미하이의 불굴의 에너지를 서술하려면, 그저 그것이 그 시대 군 지도자에게 요구되던 자질이라는 말만으로는 부족하다. 비록 후기 르네상스 시대 인물인 미하이가 통합된 국가 루마니아라는 이상을 스스로 품은 것은 아니었지만, 짧디짧은 지속 기간에도 그의 업적은 루마니아어를 공용어로 사용하는 후손들에게 정치적으로 무엇이 가능한지 그 비전을 제시한 것이었다. 이런 점에서 보자면 엘리아데와 여러 역사가들의 생각이 옳았다.

엘리아데는 계속해서 근대 초기, 근대시대 역사를 죽 훑었다. 넋이 빠질 정도로 복잡한 사건들이 무수히 일어났지만 그중에서도 인종 기반 국가로 나라가 쪼개지는 시련은 끊일 날이 없었다. (그것이 바로, 다른 저자들의 책을 통해 더 많은 내용을 배워온 나를 끝없이 사로잡은 루마니아의 역사요, 다음 여러 장에서 더 깊이 탐구할 내용이다.) 1775년 오스트리아의 합스부르크 왕가는 세력이 약해진 오스만튀르크로부터 몰다비아 북부를 빼앗고는, 그 땅에 우크라이나어로 '거대한 숲'이란 뜻의 '부코비나Bukovina, 혹은 Bucovina'라는 이름을 새로 붙였다. 1812년 러시아는 튀르크로부터 몰다비아 동부 반쪽을 빼앗고는, 놀림조로 그 땅을 보이보드 왕가 '바사라브'를 본뜬 '베사라비아Bessarabia'라고 불렀다. 그렇게 몰다비아가 갈가리 찢기고 루마니아 전체가 굴욕을 당하고 있던 1821년, 별안간 왈라키아 출신의 투도르 블라디미레스쿠*라는 혁명가

* **투도르 블라디미레스쿠**Tudor Vladimirescu(1780-1821)
왈라키아의 혁명가. 올테니아 지방에서 소작농의 아들로 태어났다. 12세에 귀족 가문의 시동으로 들어가 그곳에서 루마니아어 문법, 수사법, 그리스어 등을 배웠다. 16세 무렵 그 귀족의 토지 관리인이 되었고, 그렇게 다양한 계층의 삶을 직접 경험해본 결과 계층 간 갈등에 대한 통찰을 얻게 되었다. 지방 단위로 조직, 발달되어 있던 '판두르Pandur'라는 농민 자위군에 들어가 의용군으로 러시아-튀르크 전쟁에 참전해 공을 세웠다. 1821년 파나리오트인 소우트조스 공이 죽자 그 지방은 일시적인 섭정 체제에 들어갔는데, 블라디미레스쿠는 농노들의 반 파나리오트, 반 귀족 감정을 대변해 파나리오트 출신 지배자 선출에 반대하는 한편, 그리스 반 오스만 비밀결사인 에테리아Eteria와 접촉하며 반 오스만 운동을 도모했다. 그러나 블라디미레스쿠의 판두르와 에테리아는 전술적으로 통일된 작전을 도출해내지 못했고 오히려 판두르 군인들이 민간인을 강탈하는 등 군기가 무너지자, 에테리아는 오스만과 내통한 혐의로 블라디미레스쿠를 체포, 고문하다가 처형한 뒤 시신을 절단해 오물통에 유기했다.

가 등장해 혐오스러운 파나리오트(154쪽 각주 참조)에게 저항하는 반란을 성공시켰다. 파나리오트, 즉 오스만튀르크가 그 지역 행정관으로 임명한 그리스인 왕족들이 비난받아 마땅할 정도로 루마니아 농노들을 착취했던 것이다. (그 그리스인 왕족들은 자신들의 출신지인 콘스탄티노플 지역구 이름을 따 '등대'라는 뜻의 '파나르Phanar'라고 불렀다.) 루마니아인들의 민족적 정체성 발전이 심각할 정도로 지연된 데 일조한 것이 바로 이 그리스인 지배였다. 그로부터 한 세대 뒤 러시아가 크림 전쟁 패배로 베사라비아 지역 대부분을 상실하게 되면서, 몰다비아 귀족 출신의 대공 알렉산드루 이오안 쿠자*가 왈라키아와 몰다비아를 통일했다. 하지만 행정체제가 제대로 갖추어지지 않은 상태였고 루마니아 왕실 내부에도 음모가 가득했기 때문에, 그 당시 루마니아인들은 현명하게도 자신들의 운명을 건실한 외국인 지도자, 즉 프로이센 호헨졸레른-지그마링

*** 알렉산드루 이오안 쿠자Alexandru Ioan Cuza(1820-1873)**
: 몰다비아와 왈라키아 대공 재위 1859-1862, 루마니아 왕 재위 1862-1866
몰다비아 영주 집안에서 태어나 근대식 교육을 받고 군인 장교가 되었다. 1848년 몰다비아 혁명 당시 자유 진영을 규합하면서 두각을 드러냈다. 반란 혐의로 체포, 빈으로 수송될 예정이었으나 영국의 도움으로 탈출했다. 1858년 본국으로 돌아와 몰다비아 수상을 지내면서 뛰어난 언변과 추진력을 보여줌으로써 1859년 1월에는 몰다비아 대공으로, 한 달 뒤인 2월에는 왈라키아 대공으로 선출되었다. 그로부터 3년 뒤인 1862년 2월 5일 두 나라가 연합된 '루마니아'라는 이름의 새로운 국가가 탄생했음을 공식적으로 선포하고 부쿠레슈티를 수도로 삼았다. 부쿠레슈티 대학교를 개혁해 법학, 과학, 인문학 등이 모두 통합된 오늘날의 종합대학 학교로 편성하는 등 학문을 장려하고 여러 개혁정책을 추진했으나 보수 세력의 반대로 실패했다. 루마니아는 1866년 입헌군주제를 선포하고 카롤 1세를 국왕으로 옹립했다.

알렉산드루 이오안 쿠자(1820-1873)

1859년 왈라키아와 몰다비아는 제각각 쿠자를 대공으로 선출했다. 그리하여 그는 현재의 루마니아 형태를 한 최초의 국가, 몰다비아와 왈라키아 연합 공국의 대공이 되었다. 쿠자는 점점 심해지는 빈곤, 전염성 강한 질병, 도로와 학교의 부재, (실질적 효력은 없었지만) 여전히 법률적 형태로 지속되고 있던 오스만 제국의 종주권, 주변에서 늘 얼쩡대는 러시아와 오스트리아 등 어려운 여건에 맞서서 재위 기간 내내 몹시 힘겹게 일했다.

겐 왕가 출신의 카롤(132쪽 각주 참조)에게 맡겼고, 그 왕조가 나치와 공산주의 시대 전까지 루마니아를 다스리게 되었다.

나치가 기세를 떨치던 시대에 대해 말하자면, 엘리아데가 안토네스쿠(122쪽 각주 참조)의 파시스트 성향의 체제를 대표하는 외교관으로서 유리한 입지를 구축하고 있던 1943년을 기점으로 이야기를 기술하고 있다는 사실을 기억해야 한다. 엘리아데는 그런 관점에서 루마니아와 히틀러와의 군사적 동맹을 "유럽-아시아 신비주의 연합에 대항해 유럽적인 기독교 자산을 지키기 위한 것"으로 그리고 있다. 이제 그들의 주적은 튀르크 제국주의의 계승자인 "슬라브족 제국주의"였다. 그리고 히틀러의 원조로 소련으로부터 베사라비아를 되찾은 것은 당연하게도 역사적 잘못을 바로잡은 것으로 여겨졌다. 다시 말해서 이제 루마니아는 다시 한 번 동구를 향한 서구의 창끝이 된 셈이었다.

엘리아데는 그리스정교의 기적, 루마니아 민족정신의 탄생 신화, 루마니아 민족 대다수가 타고난 예술적 천재성, 비잔티움 양식과 고딕 양식으로 세워진 루마니아 종교 건축물, 20세기 중반까지 살아남은 구식 지방 농노들이 창조해낸 루마니아 민속 문화의 승리 등을 거창하게 칭송하는 말로 『약사』를 마무리하고 있다. 그는 책 말미에서, 자신이 "영원한 농노"라고 표현했던 트란실바니아 농노를 주인공으로 한 대하소설을 썼다는 이유로 리비우 레브레아누*를 루마니아의 "우리 시대 가장 위대한 소설가"라고 칭송했다. 그러나 당연하게도 파시스트 나치 군대가 점령한 상황에서, 그리고 엘리아데가 치어리더 이상의 역할을 수행하던 상황에서 자행된 베사라비아 사건은 공산주의로 귀결되었고, 그 공산주의는 결과적으로 엘리아데가 그토록 사랑해 마지않던 루마니아 농노와 민속 문화를 모조리 파괴하고 말았다.

엘리아데는 이제 공격을 받을 만큼 받았다. 호리아-로만 파타피에비치나 블라디미르 티스마네아누 같은 21세기 초 루마니아 지식인들은, 딱 엘리아데가 주장했던 대로, 루마니아 민족이 이제 막 벗어난 과거라는 소용돌이가 얼마나 야만적이고 견디기 힘들고 용기를 요하고 비극적인 것이었는지 이해하고 있으며, 과거, 즉 로마와 비잔티움이라는 진짜배기 사탕에서 수태된 물질문명이 얼마나 눈부신 것이었는지 역시 인식하고 있다. 그럼에도 그들 우리 시대 지식

* 리비우 레브레아누Liviu Rebreanu(1885-1944)
루마니아의 소설가, 극작가, 저널리스트. 오스트리아-헝가리 제국 치하의 트란실바니아에서 태어나 부다페스트 육군대학을 졸업하고 장교가 되었으나 1908년 군대에서 도망쳐 부쿠레슈티에 살면서 습작활동에 전념했다. 1910년 탈영 혐의로 체포, 추방되었으나 곧 석방되어 다시 부쿠레슈티로 돌아왔다. 제1차 세계대전 중에는 언론사 통신원으로 일하기도 했다. 1920년 토지에 대한 트란실바니아 농민의 집착을 그린 첫 번째 현대적 장편소설 『이온Ion』을 발표해 루마니아 아카데미 문학상을 수상했다. 1932년 작 『봉기Răscoala』는 1907년 트란실바니아 농민 봉기를 그린 웅장한 장편소설로 루마니아 사실주의 문학의 최고봉으로 평가되는 작품이다. 말년에는 파시즘에 경도되어 혼란스러운 모습을 보이기도 했다. 1944년 59세의 나이에 폐병으로 사망했다.

인들은 엘리아데의 과열되고 신비주의에 젖은 애국심과 훌륭할 정도로 거리를 잘 유지하고 있다. 건강하고 건전한 민족주의가 무엇인지 가장 훌륭하게 통합해 제시하는 책은 아마도, 브라쇼브의 루마니아 유대인 부모 밑에서 태어나 미국 학계에서 수십 년 동안 활동한 티스마네아누가 1998년 출간한 저서 『구원이라는 환상 : 민주주의, 민족주의, 그리고 포스트 공산주의 유럽의 신화Fantasies of Salvation : Democracy, Nationalism, and Myth in Post-Communist Europe』일 것이다.

20세기 초반 독일 유대인 지식인 발터 벤야민*의 사상에서 꽤 큰 영향을 받은 티스마네아누는 "모든 사회는 탄생신화를 필요로 하며, 그것은 그 누구도 부인할 수 없고 부인해서도 안 되는 문명의 본질"이라고 설명한다. 예컨대 지리에 뿌리를 둔 일반적 문화적 경험을 의미하는 그런 신화가 없다면, "인류는 원자화된 획일성과 야만적인 규격화로 빠져들 위험이 있다."는 것이다. 시민 사회가 그 나름의 구제책을 제공할 수도 있겠지만 심지어 그 시민사회마저도 문화와 견해를 획일화하려는 경향이 있기 때문에 "한결같이 바람

* 발터 벤야민Walter Benjamin(1892~1940)
유대계 독일 철학자, 번역가, 평론가. 베를린에서 태어나 고교 시절부터 진보적 학생운동에 가담했다. 베를린 대학교와 뮌헨 대학교에서 수학 후 교수가 되려고 1924년 〈독일 비극의 기원〉을 집필했지만 그 꿈이 좌절되자 번역, 비평, 이론 연구에 몰두했다. 보들레르, 프루스트 등의 작품을 번역했고 브레히트, 아도르노 등의 문인들과 교류했다. 1920년대 중반부터는 마르크스주의 연구에 집중, 유물론적 역사철학을 정립하고자 했다. 1933년 나치를 피해 파리로 도피, 그곳에서 연구와 집필을 이어갔다. 그곳마저 독일군에게 점령되자 스페인을 거쳐 미국으로 망명하려고 했으나 국경을 넘을 수 없게 되자 자결했다.

직한" 곳은 아니다. 티스마네아누는 이어서 민족주의가 "하향평준화와 위엄 추구의 반향"이라는 이사야 벌린의 말을 제시한다.

하지만 티스마네아누가 계속 이야기하듯 루마니아 민족주의에는 어두운 면이 존재한다. 엘리아데는, 예수 같은 슈퍼히어로들의 투쟁에 주목함으로써, 그러니까 무슬림, 슬라브족, 그리고 다른 아시아 민족들에 저항해온 대다수 인구, 즉 전통적 농노 계급에 주목함으로써 루마니아의 과거를 신화화해온 오래된 역사서술 경향의 일부였다. 이것은 어떻게 보면 반유대주의와 큰 차이가 없는 경향이다. 실제로 냉전의 여파 속에서 그 이후 몇 년 동안 급진적인 포퓰리즘 민족주의와 반유대주의가 루마니아 지식인 계층의 창공 속을 위태롭게 떠돌았다. 나에 이오네스쿠(320쪽 각주 참조)나 알렉산드루 C. 쿠자(320쪽 각주 참조) 같은 전간기 철학자들의 글 속에 드러나는 극우 지식인과 인종주의자들의 새로운 관심사를 보면 이 사실을 분명하게 알 수 있다. 티스마네아누는 그런 경향을 더 광범위한 발칸반도 전체 현상과 연관 짓는다.

> 유난히 포스트 공산주의 지도의 북쪽 지역과 많이 비교되는 남동유럽의 강성 자민족 중심 포퓰리즘은 그냥 능수능란한 정치 선동가들에 의해 조작된 정치의 결과라고 보기에는 무리가 있다. 이를 이해하려면 지역적 전통, 국가적 종교(특히 그리스정교)의 역할, …… 발칸반도의 문화, …… 등 늘 보편적인 개인의 인권, 타문화에 대한 아량, 다양한 인종을 수용하는 포용력 등의 개념과 충돌 관계를 형성해온 문제들을 들여다보아야 한다. …… 이는 그 지역에 자유주의와 다원주의

> 전통이 존재했음을 부인하기 위해서가 아니라 그저 그 지역의 불안정성을 시인하기 위한 과정일 뿐이다. …… 그러나 예를 들어 폴란드 같은 나라의 주류 지식인들은 과거를 비신화적으로 탐구해온 반면, 발칸반도에서는 민족 역사의 부끄러운 페이지는 가려버리고 새로운 메시아적 자아도취 판타지를 날조하는 것이 그간의 유행이었다.

티스마네아누는 민족주의를 "자신이 가나인, 니카라과인, 몰타인이라고 선포함으로써 스스로를 짜증나는 상황에서 구해내는 우리 시대의 독……"으로 규정한 철학자이자 문학비평가인 조지 스타이너George Steiner(1929-)의 말을 인용했다. 스타이너는 이렇게 말을 이었다. "그러면 자신이 누구인지, 자신의 인간다움이 어디에서 비롯되는지 굳이 해명할 필요가 없다. 일관되고 잘 무장된 무리의 일원이 되는 것이기 때문이다." 티스마네아누는 이렇게 강조했다. "민족적 자부심이 본질적으로 그릇된 것은 아니다. 비극은 그 자연스러운 감정이 더 이상 '우리가 속해 있는 사회 속 작은 모임에 대한 사랑(에드먼드 버크)'을 뜻하지 않게 되었을 때, 변질되어 적대감, 증오심, 시기심의 이데올로기가 되었을 때 일어난다."

그런 문장을 읽으면 나는 마음속으로 엄청난 긴장감을 느낀다. 공동체의 자부심은 좋은 것이다. 그렇다. 무수히 많은 도금된 성상을, 비잔티움, 고딕, 바로크, 브륀코베아누 양식의 건축물을, 부쿠레슈티 거리에서 만나는 끌로 다듬은 모든 조각상의 짙은 색 얼굴을 물끄러미 바라보는 것은 너무나 개인적인 행위이며, 독특한 역사와 지리를 포용하는 행위이기 때문이다. 루마니아의 민족적 정체성, 그리고 또 인종적 정체성과 같은 것을 부정하는 행위는 그 나라의 현실 자체를 부정하는 행위라는 사실을 나는 잘 알고 있다. 그리고 또 그런 감정과 의견에 흥분하는 행위는 (그 나라의 20세기 역사를 고려하면) 더 깊고 더 물질적이되 덜 타락한 현실, 그러니까 내가 루마니아에서 우연히 만나거나 보았던 모든 개인들의 현실과 그들 각자가 너무나 도덕적으로 그리고 생생하게 요약해준 자신들의 복잡한 개인적 세계를 부정하는 행위라는 사실 역시 잘 알고 있다.

나는 지금 예일 대학교 역사 교수 티모시 스나이더Timothy Snyder(1969-)를 생각하고 있다. 스나이더는 이제는 고전이 된 자신의 학술서『국가의 재건 : 폴란드, 우크라이나, 리투아니아, 벨로루시The Reconstruction of Nations : Poland, Ukraine, Lithuania, Belarus 1569-1999』(2003)에서 19세기 시인 아담 미츠키에비츠*의 삶을 통해 유연성이 있었던 근대 초기 민족주의의 윤곽을 그려냈다. 스나이더는 미츠키에비츠가 리투아니아를 "궁극적으로 폴란드 민족의 운명을 타고난 사람들이 수도 없이 많이 사는 땅"으로 보았다고 기록했다. 미츠키에비츠는 바르샤바나 크라크푸Krakow에 한 발자국 발을 들인 적도 없는데 폴란드 민족주의의 '매체'가 되었다. 그리고 또 그

* 아담 미츠키에비츠Adam Mickiewicz(1798-1855)
폴란드의 낭만주의 시인으로 폴란드, 리투아니아, 벨로루시에서 국민 시인으로 칭송되고 있는 인물이다. 러시아령 폴란드-리투아니아 연방에서 태어나 고국의 독립을 위해 투쟁하다가 중앙 러시아에서 5년 동안 유배형을 살았다. 무사히 러시아에서 탈출한 뒤 로마를 거쳐 파리에 정착했고, 프랑스 대학교에서 슬라브족 문학을 가르치면서 집필과 번역에 몰두했다. 크림 전쟁이 발발하자 러시아에 대항할 폴란드와 유대인 군대 조직 결성을 독려하러 오스만 제국에 갔다가 콘스탄티노플에서 콜레라에 걸려 사망한 것으로 추정된다.

는 폴란드로부터 독립한 리투아니아를 상상한 적도 없는데 리투아니아 민족주의자들은 그의 글을 종종 인용한다. 그러나 스나이더가 지적했듯 오늘날 국적으로 따지면 엄밀하게 말해서 미츠키에비츠는 벨로루시인에 해당된다. 그 외에도 전간기 폴란드의 변화무쌍한 정치가이자 군인 지도자였던 유제프 피우수트스키*가 있다. 스나이더의 말에 따르면 피우수트스키는 "폴란드와 리투아니아 둘 중에서 하나를 선택한 적이 한 번도 없었고 말은 벨로루시 지방 방언을 사용했다."고 한다. 피우수트스키는 1935년 크라크푸의 바벨 성Wawel Castle에 역대 폴란드 왕들과 나란히 묻혔으나, 그의 심장은 따로 분리되어 리투아니아의 수도 빌노Wilno에 있는 그의 어머니 무덤 곁에 묻혔다. 스나이더는 고정된 지리적 '사실' 대신, 동북유럽 민족들의 복잡하고 중첩된 정체성을 다양하게 곁들여가며

*** 유제프 피우수트스키Jójef Piłsudski(1867-1935)**
폴란드의 정치가. 러시아령 폴란드-리투아니아 연방 귀족 가문에서 태어나 귀족 교육을 받았다. 러시아어 수업과 그리스정교 신봉 강요 등 러시화화 교육에 신물을 느낀 피우수트스키는 소년 시절부터 폴란드 사회주의 운동에 가담했다. 대학에 재학 중이던 1887년 차르 암살 음모를 꾸민 혐의로 체포되어 시베리아 유배 5년형을 선고 받았다. 1918년 제1차 세계대전 종전과 함께 123년 만에 폴란드가 독립하면서 수립된 폴란드의 정권을 잡았으나 1922년 반대파에게 밀려났다가 1926년 다시 쿠데타로 제2 공화국의 수반이 되었다. 1935년 간암으로 사망하기 전까지 폴란드의 근대화와 재건을 위해 여러 개혁 정책을 추진했다. 폴란드는 1932년에는 소련과, 1934년에는 독일과 불가침조약을 체결했으나 1939년 독일의 침공으로 서부는 독일에, 동부는 소련에 분할 점령되었다. 피우수트스키는 자신을 폴란드-리투아니아인이라고 불렀고, 두 나라 중 어느 하나가 자신의 나라라고 밝힌 적이 없다. 논란의 여지가 있기는 하지만 오늘날 그는 근대 국가 폴란드의 아버지로 칭송되고 있다.

문화적, 언어적 교류가 초래한 풍성함에 대해 기록했다. 그 지역의 민족 정체성이란 것은 너무나 미묘해서, 근대 민족주의자들이 요구하는 인종적 제복에 딱 맞출 수가 없다. 미츠키에비츠라는 단적인 사례에서 보듯 근대 민족주의자들은 초기 모더니즘이 보여주었던 탄력적 정의를 거부하고 그 대신, 결과적으로 집단학살과 인종 청소로 이어진 "민족 고유의 선천적 특성"과 순수한 집단이라는 환상을 좇은 자들이었다. 스나이더는 말한다. 인종 청소부들이 대개 예전에 공산당 기관원이었다는 사실은 아이러니할 것이 없다고. 왜냐하면 인종 청소는 권력을 쥐고자 하는 그들의 욕망의 산물로, 그 경우 하나의 집단에 또 다른 집단을 대치시키는 형태로 발현된 것이었기 때문이다. 다시 말해서, 집단의 이익을 위해 개인의 정체성을 분쇄해버리고 너무나 손쉽게 인종 정치에 가담하는 공산주의는 살아 있는 본질주의(109쪽 각주 참조)이다. 발트 해에서 발칸반도에 이르기까지 예전에 공산주의 국가였던 나라의 국민들이 온갖 어려움에도 불구하고 탈근대주의 유럽연합에 매력을 느끼는 것은, 근대적 민족주의의 구속에서 벗어나 인종을 넘어서는 개인적 인권의 세계에 편입되고자 하는 그들의 욕망 때문이다.

스나이더의 논리는 (폴란드, 우크라이나, 리투아니아, 벨로루시 등) 그가 기술의 대상으로 삼은 동북유럽 지역 나라들의 땅이 대체로 산맥이나 강 같은 자연 경계선이 비교적 드문 평야지대이며, 인구 이동을 장려하는 성향이 강해서 유동적 정체성을 띠는 슬라브족이 인구의 대부분을 차지하고 있다는 사실을 근거로 하고 있다. 산지가 많고 (유라시아 무역의 통로 역할을 해왔음에도) 인구의 지속적인 이동이 이루어지기에는 지리적 생산성이 훨씬 떨어지며 로맨스어, 헝가리어, 터키어, 그리스어, 알바니아어, 슬라브어 사용자들이 뒤섞여 거주하고 있는 발칸반도의 경우에는 스나이더의 의견에 다소 적합하지 않을 수 있다. 발칸반도에도 공산주의가 붕괴된 뒤 실제로 전쟁이 발발한 지역이 딱 한 곳 있기는 하다. 그곳은 바로 유고슬라비아인데, 사실 그 전쟁은 슬라브어 사용자와 다른 언어 사용자 사이의 갈등이라기보다는 오히려 배타적인 슬라브어 사용자 간의 갈등이었다. 게다가 루마니아인, 헝가리인, 유대인, 그리고 다른 민족의 정체성은 보이는 것처럼 언제나 명확하게 구분되는 것이 아니다. 아무튼 전시든 평시든 집단 정체성이란 것은 주로 인간의 선택, 그리고 "민족적 추론에서 벗어난" 우연적 사건으로 형성된다는 것이 스나이더의 주된 생각이었다.

미르체아 엘리아데의 『루마니아 민족』(1943)부터 티모시 스나이더의 『국가의 재건』(2003) 사이의 연표를 꿰뚫고 있는 것은 홀로코스트, 전체주의적 공산 정권, 인종 청소라는 무시무시하고 저주스러운 수렁이다. 엘리아데의 책은 부정확하고 신화적인 민족주의로 가득한 반면, 스나이더의 책은 강경한 민족주의 범주의 내장까지 드러내어 보여주는 명확성과 뉘앙스로 붐비고 있다. 가장 좋게 평하자면 스나이더의 책에는 선견지명이 담겨 있다. 그러나 엘리아데의 책 역시 완전히 부인할 수는 없다. 그 책에 담긴 내용이 절반의 진실, 혹은 4분의 3의 진실이라고 하더라도, 여전히 진실이 무수히 담겨 있는 것만은 사실이므로. 두 권의 책 가운데 한 권이 다른 한 권보다 월등하게 뛰어나기 때문에 내가 루마니아 여행을 하는 동안 두 책 사이에서 균형을 유지하는 것이 문제된 적은 없었다. 오히려 여행을 하는 내내 늘 문제가 된 것은 소멸해가고 있는 하나의 감수성을, 그리고 곧 도래할 희망찬 또 하나의 다른 감수성을 알아내는 것이었다.

4 장

바라간 스텝

끝없이 펼쳐진 곡식이 자라는 평야, 그 판화 같은 풍경 속 깊이를 가늠하기 힘든 어두운 색 위로 군데군데 희뿌연 안개가 서려 있었다. 포플러 나무와 아카시아 나무가 탄식했다. 그 뒤로 아프리카를 연상시키는 고철 건물과 판잣집들이 배경처럼 늘어서 있었다. 평원을 가르는 강에는 물보다 더 양이 많은 비옥한 흙이 영원히 흘렀다. 그 무변광대한 평야는 그대로 노출된 땅이었다. 내가 있던 그 곳은 여러 제국으로 이어진 길 가운데 너무나 쉽게 공략할 수 있는 곳이었는데, 그 정도가 어찌나 심했는지 그 지방에서 보란 듯이 살아남은 라틴어계 어휘들은 그 자체로 기적으로 여겨졌다. 일요일 아침이었다. 나는 라디오에서 흘러나오는 기독교정교 찬송가에 귀를 기울이고 있었다. 단조로운 찬송가 리듬이 그 풍경에 담긴 아름다운 고독을 더 짙게 만들었다. 말이 끄는 수레가 여러 대 보였다. 머리에 검은 수건을 두른, 허리가 굽은 노파들이 몇 명씩 그 수레에 타고 있었다. 그것이 그 고장에 남아 있는 유일한 터키 풍습이

---

* 바라간 스텝The Bărăgan Steppe
루마니아어로 나무가 자라지 않는 '대초원', 혹은 '황무지'라는 뜻이다.

었다. 곧 안개가 떠오르기 시작하자 오직 파스테르나크*만이 평가할 수 있는, 길게 뻗은 엄숙한 지평선이 모습을 드러냈다.

나는, 철저한 미니멀리즘에 의거해 왈라키아를 표현할 때 그 고갱이에 해당되는 바라간 스텝을 가로지르는 중이었다. 그곳은 단 하나의 풍경이 존재하는 곳이 아니었다. 그곳에는 그저 두려움만을 불러일으키는 텅 빈 들판, 시베리아에서부터 머나먼 길을 여행해온 바람의 울부짖음, 원시 온천으로 여기저기 구멍이 뚫린 흙 등 다양한 풍경이 존재했다. 수직으로 세워진 목재 기둥을 축으로 대각선으로 뻗은 뒤틀린 나무 막대가 보였다. 나일 강 삼각주에서도 그런 기둥을 본 적이 있었다. 공산주의자들이 체제 반대자라고 규정한 뒤 바라간 스텝으로 유배 보낸 사람의 수가 1950년대에만 자그마치 4만 명 이상이었다. 그것도 주로 겨울 초입에 마땅한 거처도 없는 사람들이 포승줄에 묶여서. 다른 말로 하자면 죽음 속에 내버려지는 것이었다. 만약 살아남는다면 집으로 보내는 편지를

* **보리스 파스테르나크Boris Pasternak(1890-1960)**
러시아의 소설가, 시인. 모스크바의 유대인 예술가 집안에서 태어났다. 아버지는 화가, 어머니는 피아니스트였다. 어려서는 음악가가 되려고 작곡을 공부했으나 모스크바 대학교에서 역사 철학을 공부하면서 시를 쓰기 시작했다. 1920년대부터 서사시 창작에 몰두했지만 그의 고전적 작품 성향에 대한 정치적 비판이 격화되자 1940년대 이후로는 주로 번역에 집중했다. 스탈린 사후 다시 창작을 시작해 유일한 장편 소설『닥터 지바고Doktor Zhivago』(1957)를 집필했다. 소련 내에서 발표가 금지되어 이탈리아에서 출판한 이 소설로 이듬해인 1958년 노벨문학상 수상자로 선정되었지만, 러시아 작가 동맹이 이를 빌미로 제명, 국외 추방을 결정하자 파스테르나크는 "러시아를 떠나는 것은 내게 죽음과 같다."고 탄원한 뒤 노벨상 수상을 거부했다. 2년 뒤 모스크바 교외에서 외롭게 사망했다.

써야 했지만 집권자들이 그 편지를 부쳐준 적은 거의 없었다.

한 친구는 내게 자신의 종조부 이야기를 이렇게 털어놓았었다.

> 할아버지는 트란스드니에스트리아에서 러시아인에 맞서 독일인이랑 함께 싸웠어요. 아내가 유대인이라는 이유로 최전방에 배치되었죠. 그런데 제2차 세계대전 중에 루마니아가 편을 바꾸는 바람에, 독일인, 그리고 헝가리인과 맞서 싸우라고 트란실바니아 서부로 보내졌답니다. 전투가 가장 격렬한 최전방은 늘 병력이 부족했거든요. 그래서 뭐가 달라졌냐고요? 전쟁이 끝나고 지식인이라는 이유로 바라간으로 추방되고 만걸요.

황량하고 포장 상태가 나쁜 바라간 스텝 도로 위에서 우연히 십자가 하나를 발견했다. 어찌나 세월과 풍파에 닳고 닳았던지 십자가에 새겨진 키릴 문자를 거의 알아볼 수 없을 지경이었다. (루마니아 사람들은 19세기 중반까지 키릴 문자를 사용했다. 러시아어에도 영향을 끼친 그리스어의 유산 키릴 문자를 보면 또다시 라틴어의 기적이 떠오른다.) 나는 1395년 그 고장 보이보드였던 노왕 미르체아가 로비네 대첩Great Battle of Rovine에서 오스만 제국을 물리친 뒤 이름 없는 땅에 표시를 해두려고 그 십자가를 세워둔 것은 아닐까 상상했다. 아, 그 전쟁은 승패를 판단할 수 없는 전쟁이었음이 곧 밝혀지고 말 텐데. 그 전쟁에서 패배한 튀르크족이 곧 돌아와 왈라키아 땅 전체를 쑥대밭으로 만들고 엄청난 공물을 요구할 텐데. 하지만 일부 사료에 따르면 그 전투는 아르제슈Argeş 강 근처에서 벌어졌다고 하는데 그곳은 내가 서 있던 곳으로부터 서쪽으로 한참 멀리 떨어져 있었다. 나는 너무나 혼란스러웠다. 예전에 이아시에 있는 쿠자 대학교의 역사학자 플로린 플라톤Florin Platon이 내게 했던 말이 떠올랐다. "루마니아 사람들이 (노왕 미르체아, 슈테판 대왕, 용맹공 미하이 등) 자기네 민족 영웅과 그들의 카리스마 넘치는 성품을 추앙하는 것은 종종 그들의 전투가 벌어진 장소가 어디인지 정확하게 알려져 있지 않기 때문입니다." 실제로 나는 다른 때 여행을 하다가 왈라키아 최남단인 부쿠레슈티와 다뉴브강 사이에서 옹이가 지고 키릴 문자가 새겨진 십자가를 발견한 적이 또 있었다. 승패가 불확실한 또 다른 전투, 1595년 용맹공 미하이가 오스만 제국을 격퇴한 칼루가레니 전투를 기념하는, 옹이가 져 있고 키릴 문자가 새겨져 있는 그 십자가는 북적대는 고속도로 옆에 서 있었다. 하지만 양국 간에 벌어진 수천 번의 전투가 그렇듯 그 전투 역시 어디에서 벌어졌는지가 명확하게 밝혀져 있지 않았다. 내가 그곳에서 본 것이라고 흙먼지, 닭, 쓰레기, 집시 아이들이 전부였다. 그래도 나는 여전히 드넓은 평야에 서 있었고, 오스만 제국 군대가 다뉴브 강에서부터 북진한 것만큼은 사실이니, 그 지점은 아마도 오늘날의 고속도로 근처가 아니었을까. 지리적 특징을 충분히 살펴본 나는 으르렁대는 트럭 소리가 사라지고 나자 그렇게 혼잣말을 중얼거렸다.

왈라키아 : 블라크인의 땅. '블라크인Vlachs'이라는 그 이름은 독일계 민족이 루마니아 사람들에게 붙인 이름이다. 왈라키아는 평야지대였기 때문에 언제든 침략할 수 있는 곳이었다. 그러나 고

대 기술의 변천을 고려하면 7만 5천 평방킬로미터는 광대한 땅이었고, 동쪽으로 갈수록 연못에 가까운 늪지가 펼쳐져 있어서, 침략자들은 종종 그 늪지에 발이 묶이고는 했다. 패트릭 리 퍼모어(93쪽 각주 참조)는 왈라키아에 대해서 "깊은 우울함과 절망감"이 느껴지는 "단조롭고 황량하되 아름다운 땅"이라고 기록했다. 251년 로마 황제 데키우스Decius(201-251, 재위 249-251)는 왈라키아 동부에 있는 도브루자 남쪽 지역, 그러니까 오늘날 루마니아 국경선 바로 넘어 불가리아 땅에서 고트족Goths과 전쟁을 하다가 전 병력을 잃었다. (680년과 708년에도 바로 그 지역에서 비잔티움 제국 군대가 불가르족Bulgars의 덫에 걸려 비슷한 운명에 처하고 말았다.) 그 다음에는 고트족이 이곳에서 훈족Huns, 서고트족Visigoths, 아바르족Avars, 쿠만족Cumans, 페체네그족Pechenegs 등 수많은 종족이나 패거리들한테 포위를 당하고는 했는데, 그들은 모두 튀르크족과 몽골족의 활동무대인 중앙아시아만큼이나 머나먼 동쪽 스텝 지역에서 발생한 종족들이었다. 기독교가 전파되던 처음 몇 세기 동안 헝가리 동부에서 남쪽으로 불가리아에 이르는 발칸반도 지역 전체가 내내 그들에게 유린당했다. 그런 침략은 고대시대 최대 제국이 330년 수도를 공식적으로 로마에서 콘스탄티노플로 옮기면서부터 일어났다. 제국의 변화된 권력구조를 정비하기 위해 사회기반 시설과 그 밖에 제국의 안정을 유지해주던 여러 제도들까지 지중해 중앙으로부터 발칸반도 외곽으로 옮겨온 그 천도 덕분에 남동유럽 내 응집력은 더 높아졌다. 콘스탄티노플에서 북서쪽 방향으로 다뉴브 강 하류 이남까지의 지역에는 개간은 되지 않았지만 비옥한 땅이 펼쳐져 있었다. 오늘날 불가리아의 영토와 대체로 일치하는 그 지역, 그러니까 트라키아, 모이시아, 도브루자 남부 지역은 곧장 비잔티움 제국의 직접 지배를 받게 되었지만, 오늘날 루마니아의 영토에 해당되는 지역은 로마보다 콘스탄티노플에 더 가까웠음에도 여전히 제국의 직접 지배를 받기에는 너무 멀리 떨어져 있었다.

따라서 내가 그때 여행하고 있던 다뉴브 강 북쪽 왈라키아 지방은 여전히 변경지대였고, 남쪽 비잔티움에 주둔 중이던 군사력의 영향을 직접적으로 받는 지역은 고작해야 그 지방에 포함되어 있던 도브루자 북부 지역 정도였다. 유스티니아누스 대제Justinian the Great(483-565, 재위 527-565)가 통치하던 6세기 무렵 비잔티움 제국의 지도를 보면 제국의 최북방 국경선이 다뉴브 강이라는 사실을 알 수 있다. 역사적으로 대大 루마니아에 속했던 영토를 통틀어 오직 도브루자만이 콘스탄티노플 정권의 영토, 즉 북쪽으로 흐르는 다뉴브 강과 흑해 사이에 놓여 있었다. '불가르족 학살자Bulgaroctonus' 바실리우스 2세Basil II(958-1025, 재위 976-1025)가 사망한 11세기 제국의 지도를 보아도 마찬가지다. 그 11세기 지도를 보면 다뉴브 강 북쪽에 헝가리 왕국과 튀르크어를 사용하는 페체네그족이 있음을 알 수 있다. 그때는 루마니아라는 나라를 떠올릴 수 없었던 시기였던 것은 물론, 근대 국가 루마니아의 모체가 된 왈라키아와 몰다비아 공국조차 아직 태어나기 전이었다.

풍부한 어휘와 문화 성향 면에서 보면 그 지역에 로마 다키아인, 혹은 라틴 다키아인이 계속 살고 있었던 것이 확실하지만 그들이 중세 초기에 정치적 주체로서 등장하지는 않는다. 다키아인과 루마니아인은 그저 비잔티움 역사에 띄엄띄엄 그 모습을 드러낼 뿐이다. 예컨대 콘스탄티누스 대제Constantine the Great(274-337, 재위 306-337)나 레오 1세Leo I(401-474, 재위 457-474)는 현대로 보자면 세르비아나 불가리아 영토 안에서 태어났는데도 그들에 관한 이야기를 할 때면 늘 다키아인이 등장한다. 그러나 앞으로 설명하겠지만 지리적 기원에 대한 이런 언급은 모두 거짓말이다.

나는 라디오에서 흘러나오는 그리스정교 찬송가에 계속 귀를 기울였다. 그것은 내가 알고 있는 찬송가 가운데 신앙심과 영감을 가장 잘 일깨워주는 노래였다. 나는 그런 찬송가 한 곡으로도 그 노래가 불리는 나라의 문명 전체를 떠올릴 수 있는 사람이다. 오늘날 루마니아의 영토는 비잔티움의 영역 바로 밖에 놓여 있지만, 비잔티움은 여전히 그 자체로, 이제껏 그 어떤 제국도, 심지어는 실제로 루마니아에서

발호했거나 루마니아를 점령했던 제국들조차 하지 못했던 방식으로 루마니아의 문화적, 역사적 경험에서 중심을 차지하고 있다. 지난 수십 년 동안 소련은 루마니아의 물질적, 정치적 세계에 자신들의 이데올로기와 신념 체계를 새겨 넣었는데, 루마니아인들은 그것을 그저 벗어나고 싶은 유산으로만 여긴다. 이와 달리 비잔티움은 루마니아에게 문화적, 종교적 정체성을 마련해 주었는데, 그 정체성은 또 어떤 면에서는 루마니아 사람들에게 아무런 쓸모도 없는 정신적 아름다움, 미학적 풍성함, 지정학적 영감 같은 것들을 수십 가지나 만들어 주었다.

루마니아는 로마의 라틴문화와 그리스정교라는 기독교가 융합된 나라라서, 루마니아 민족의 정신 속에는 다소 모호하고 간접적이기는 하지만 고대 로마와 그리스가 지금도 살아 있다. 그런데 실은 그 두 문화가 융합된 루마니아라는 나라 자체가 비잔티움 제국의 부산물이다. 러시아에서 태어나 예전 유고슬라비아에서 역사를 가르쳤던 위대한 비잔티움 제국 전문가 게오르게 오스트로고르스키George Ostrogorsky(1902-1976)는 이렇게 기록했다. "우리가 비잔티움 제국이라고 알고 있는 역사적 현상을 낳은 것은, 로마 제국이라는 틀 내부에서 일어난 헬레니즘 문화와 기독교의 통합이었다." 20세기 초반 영국의 여행 작가이자 역사가인 로버트 바이런Robert Byron(1905-1941)은 그 내용을 이렇게 간명하게 요약했다. "서구 문화, 동방 문화, 헬레니즘 문화, 이렇게 세 개의 문화는 [비잔티움이라는] 새로운 문명 안에서 제각각 안정적 요소, 초월적 요소, 문화적 요소로 발전하면서 그 문명에 귀중한 생기를 불어넣었다."

로버트 바이런은 비잔티움과 루마니아의 다공성多孔性 성향을 이해하기 위한 중요한 열쇠이다. 바이런은 38세이던 1941년 그가 타고 있던 이집트 행 선박을 독일군이 어뢰로 침몰시키는 바람에 비극적으로 세상을 떠났다. 그때 이미 그는, 그리스의 아토스 산 여행기인 『스테이션The Station』(1928), 페르시아와 아프가니스탄 여행기인 『옥시아나로 가는 길The Road to Oxiana』(1937) 등 20세기에 발표된 여행 문학서 가운데 가장 정교한 최고의 여행서 몇 권을 출간한 상태였다. 그가 크나큰 영향을 끼친 분야는 역사, 그중에서도 특히 수정주의 예술 사학이었다. 그리스의 아토스 산 반도, 화려하게 장식된 수도원에서 생활하는 동방정교회 수도사의 삶을 상세하게 묘사한 『스테이션』은 비잔티움에 대한 그의 애착을 보여준 여행기 3부작 가운데 첫 번째 책이었다. 이듬해인 1929년 출간된 『비잔티움 제국의 업적The Byzantine Achievement』은, 어쩌다가 고대 그리스의 도시국가가 아니라 중세 비잔티움 제국이 그리스 문화의 가장 고귀한 유산이 되었는가에 대한 격렬한 역사적 논쟁을 불러일으킨 책이다. 그런 관점에서 보면 기번이 『로마 제국 쇠망사』에서 비잔티움이 역사적 흐름을 퇴보시켰다고 한 주장은 완전히 틀린 것이었다. 1930년 바이런은 『서양 회화의 탄생The Birth of Western Painting』(데이비드 탈보트 라이스David Talbot Rice 공저)이란 책을 출간했다. 그 책은 비잔티움 제국의 미술과 성상 연구가인 화가 지오토*와 엘 그레코**가 서양 미술 발전에 결정적인 공헌을 했다고 주장한다. 바이런은 탈보트 라이스, 영국 역사가 스티븐 런시먼Steven

* **지오토**Giotto(1267-1337)
이탈리아의 화가. '이탈리아 회화의 아버지', '피렌체 회화파의 창시자' 등으로 불린다. 중세 고딕 미술에서 르네상스 시대로 넘어가는 과도기에 활동한 지오토는 이전 방식인 이탈리아화된 비잔티움 양식을 계승하는 동시에 자연의 관찰에 근거한 표현이라는 새로운 방식을 개척함으로써 비잔티움 양식을 더욱 발전시킨 것으로 평가된다.

** **엘 그레코**El Greco(1541-1614)
그리스에서 태어나 이탈리아에서 미술 교육을 받고 스페인에서 활동한 화가이다. 그래서 그의 그림에는 그 세 나라의 역사 문화적 성격이 반영되어 있었다. 말하자면, 그리스에서 배운 비잔티움 양식의 회화 기법, 이탈리아에서 배운 베네치아 회화파의 강렬한 색채, 스페인에서 익힌 종교화와 초상화 기법 등이 절묘하게 조화를 이룬 것이었다. '엘 그레코'는 '그리스 사람'이란 뜻이다.

Runciman(1903-2000), 그리고 그 밖의 여러 역사가들과 함께 비잔티움을 일시적이지만 영적인 승리로 재조명한 선구자였다. 그런데 공교롭게도 그 승리 속에 있던 무언가가 루마니아와 그 주변 나라들의 문화와 역사적 경험 속에 독특한 목적과 정당성을 불어넣었다.

바이런이 기록한 바에 따르면, 비잔티움은 "회화와 모자이크 분야에서 그 이전에도, 그리고 그 이후로도 그 누구도 하지 않은 방식으로 영혼의 경험을 구현해내는 묘사와 채색 기법을 발전시켰고," 그런 일을 해내는 동시에, "아시아 민족"(특히 페르시아와 바그다드의 아바스 왕조 군대)으로부터 서구를 지키는 "유일한 방어벽"으로서 열한 세기가 넘는 세월 동안 우뚝 서 있었다. 비판적인 시각에서 보자면 비잔티움은 단지 위치 때문이 아니라 그 자체로 동양적인 나라였다. 영국의 역사가 존 줄리어스 노리치John Julius Norwich(1929-)는 인간의 정신을 다루는 방식으로 볼 때 "베네치아 예술가들은 냉소적인 사람들이었던 반면, 비잔티움 예술가들은 신비주의자였다."고 말했다. 바이런은 이어서, 실제로 "건물 본체는 로마 양식, 둥근 지붕은 아시아 양식으로 지어진 건축물", 즉 콘스탄티노플에 있는 성 소피아 성당을 유독 떠올리게 만드는 그 문명에 대해 광범위하게 묘사했다. 지금 우리가 여기에서 다루고 있는 것은 분명, 그저 단순한 동양과 서양의 혼합을 넘어서는 두 문화의 특별한 융합이다. 감각적으로 단조롭게 느껴질 만큼 소박한 면이 있는가 하면, "말문이 막힐 정도로" 화려한 면도 있는 비잔티움 예술은, 그리스도의 본성과 성 십자가*의 존재에 대한 격렬한 교리 논쟁과 복잡한 전례의식을 한꺼번에 아우르는 그 문명을 단적으로 보여주었다. 바이런이 다음과 같은 문장을 남긴 것도 무리는 아니다. "비잔티움 제국의 지성이 세계에 남긴 영적 유산은 일곱 차례의 공의회를 거치면서 확립된 기독교의 의미이다. 오늘날 다양한 종파로 분화되었으나 거의 모든 기독교 신앙은 그 의미를 바탕으로 하고 있다."

바이런은 또 이렇게 기록했다. 남유럽에서는 각기 다른 그리스정교 분파를 믿는 국가들 간에 전쟁이 끊이질 않았지만 그럼에도 "비잔티움이라는 이름을 사용하고 비잔티움 문화를 빌릴 수 있는 방법은 오직 비잔티움 제국의 제도를 모방하는 것뿐이었다. 불가리아, 세르비아, 루마니아 민족이 민족성을 자각하여 발전시킬 수 있었던 것도, 그들을 노예로 만들려는 튀르크족의 위협을 견뎌낼 수 있었던 것도 모두가 그 덕분이었다." 만약 비잔티움의 유산이 없었다면 루마니아는 결코 그렇게 간단히 살아남을 수 없었을 것이다. 오스트로고르스키는 그런 점에서 볼 때 비잔티움의 문화적 힘과 매력은 그 자체로, 비잔티움 제국이 보존의 임무를 담당해 온 "[로마의] 고전적 업적에 대한 집요한 깨달음"을 토대로 하고

* 성 십자가True Cross
실제로 예수가 처형당한 십자가 유물을 말한다. 교회 역사가들에 따르면 로마 황제 콘스탄티누스의 어머니 헬레나가 성지 순례를 하던 중 발견했다고 한다. 로마 가톨릭과 동방정교회는 성 십자가의 존재를 믿고 그 조각들을 나누어 보유하고 있으나, 구교의 정통성을 부인하는 대부분의 신교들은 그 주장에 의문을 제기한다.

있다고 설명한다. 실제로 루마니아에서는 라틴 문화에 더해진 비잔티움 유산이 중세 후기와 근대 초기 보이보드들을 수없이 많은 영감으로 가득 채웠고, 그 결과 국가적 규모의, 혹은 지방 단위의 집단이 종교, 문화에 대한 의무감을 고취하게 되었다.

전쟁터에서 승리해 돌아오면서 성모 마리아의 성화는 마차에 모시고 군주(요한네스 2세 콤네누스John II Comnenus(1087-1143, 재위 1118-1143)) 자신은 그 마차 뒤를 따라 걷는 "수고로움을 감수하며" 콘스탄티노플 전역을 행진하는 모습을 국민 전체가 기억하는 것보다, 전투적으로든 종교적으로든 집단적 열정을 더 잘 고취시킬 수 있는 것이 무엇이겠는가? 황제는 초현실적이라 여겨질 만큼 강력한 존재였지만 그 역시, 아름다운 그림을 통해 심미적, 마술적 존재로 다시 태어난 성모 마리아 앞에서는 한 명의 노예에 불과했던 것이다. 그들이 몇 세기 동안 침략자들을 물리칠 힘을 낼 수 있었던 것은, 그런 승전 기념식과 그 뒤로 몇 세대가 흐르는 동안에도 국민들의 마음속에 남아 있던 그에 대한 기억 덕분이었다.

비잔티움이 루마니아에 남긴 또 다른 선물은, 유라시아 스텝지대, 이란 고원, 메소포타미아 평원, 다뉴브 강변에 근거지를 둔 여러 강력한 지정학적 세력들 틈바구니에서도 자연스럽게 살아남는 기발함이라는 전통이었다.

루마니아의 학자이자 안보 분석가인 에드워드 루트와크Edward N. Luttwak(1942-)는 이렇게 기록했다. "비잔티움 제국은 군사력 자체에 대한 의존도가 비교적 낮고 오히려 다른 형태의 설득 방법에 대한 의존도가 더 높은 편이었다. 예컨대 여러 나라와 동맹을 맺는

다든가, 적국을 설득한다든가, 잠재적 적국을 살살 얼러서 다른 적국을 공격하게 만든다든가 하는 식이었다.” 루트와크의 말에 따르면, 전쟁을 할 때 “비잔티움 제국 사람들은 적을 완전히 괴멸시키기보다는 적을 포용함으로써 힘을 아끼는 편을 더 좋아했다. 오늘의 적이 내일의 동맹이 될 수도 있다는 사실을 잘 알고 있었기 때문이다.” 나폴레옹, 클라우제비츠*를 비롯해 근대 여러 군사 전략가들과 달리 비잔티움 사람들은 “결정적 승리의 불가능성”을 인정한 것이었다. 또 루트와크에 말에 따르면 그들의 전략적 우월성은 “심리적”인 현상이었다. “비잔티움 제국의 삼중 정체성 [다시 말해서 헬레니즘, 로마, 동방정교회의 혼합]에서 비롯된 도덕적 안도감은, 근대정신으로 쉽게 상상할 수 있는 그 어떤 기독교보다도 훨씬 더 강렬한 신앙심이었다.” 루마니아가 역사 시대 내내, 주로 동쪽에서 밀려오는 훨씬 더 강력한 지정학적 적들에게서 살아남는 생존의 예술을 터득한 열정적인 기독교 국가였다는 사실은 비잔티움 유산과 떼려야 떼놓고 생각할 수 없는 사실이다. 역사가 키스 히친

* **클라우제비츠**Karl Clausewitz(1780-1831)
독일의 군인, 전쟁 이론가. 프로이센 소도시에서 태어나 열두 살에 소년병으로 입대, 전투 경험을 쌓았다. 1803년 베를린 사관학교를 수석 졸업하고 장교 생활을 시작했다. 1806년 나폴레옹 전투에서 포로로 잡혀 파리에서 1년 동안 구금생활을 했다. 귀국 후 프로이센군의 개혁, 개편 정책을 과감하게 추진했지만, 프로이센 정부가 나폴레옹에게 비굴하고 미온적인 태도를 취하자 1812년 러시아군에 입대해 프랑스군과 맞서 싸웠다. 1813년 프로이센이 전쟁에 가담하자 워털루 전투의 지휘를 맡아 연합군 승리에 결정적인 공을 세웠다. 나폴레옹 전쟁이 끝난 뒤 국내 세력 다툼에서 밀려나 한직인 베를린 사관학교 교장에 임명되었는데, 오히려 그것이 전쟁 이론가로서 연구와 집필에 몰두하는 계기가 되었다.

스Keith Hitchins는 『루마니아 1866-1947Rumania 1866-1947』(1994)라는 책을 다음과 같은 문장으로 시작한다. 루마니아가 "남동유럽의 가부장적 비잔티움-동방정교회 전통에서 벗어나 역동적이고 혁신적인 서구 전통을 지향하기 시작한 것은 18세기 후반이 되어서였다." 그로부터 백 년이 흐른 19세기 후반까지도 루마니아 정치판은 비잔티움 전통에 집착하는 보수주의자와 서구 문화에 사로잡힌 자유주의자로 나뉘어져 있었다. (그 시대 서구 세력은 인종적 정체성을 기반으로 하는 민족주의를 지지하고 있었는데도 말이다.)

심지어 20세기에조차 루마니아 특유의 리더십은 비잔티움과 분리해서 생각할 수 없는 경우가 종종 있었다. 비잔티움 전문가 오스트로고르스키는 이렇게 말했다. "그[황제]는 말 그대로 인간적, 현세적 영역을 떠나면 곧 신과 직접적인 관계를 맺는 존재가 되었고, 그 결과 정치적으로든 종교적으로든 특별한 숭배의 대상이 되었다." 그런 숭배는 인상적일 만큼 장엄한 의식으로 매일 행해졌고, 그 숭배 정신은 "주님께서 사랑하시는 황제"의 수많은 초상화를 통해 구현되었다. 그 초상화에는 비잔티움 체제로 정의되는 "황제의 절대권력" 역시 구현되어 있었지만 말이다. 어떤 이들은 마르크스-레닌주의가 그리스정교 신앙의 대체물이라고 생각할지 모르지만, 차우셰스쿠와 종복들과의 관계, 그가 보여준 공적 리더십의 유형, 그의 체제 하에서 시행된 정치체제의 성격은 모두 비잔티움 제국의 그것들과 어딘가 매우 닮아 있었다. 말하자면 루마니아 공산주의 자체는 비잔티움에서 간접적으로 파생된 것이었다. 이미 천여 년 전에, 변형된 러시아정교 신앙이 비잔티움이라는 국가의 종교적, 정치적 승리를 대변하고 있었다는 사실을 기억하라. 게다가 20세기 초반 러시아의 지식인 니콜라이 베르댜예프Nikolai Berdyaev(1874-1948)의 말에 따르면 볼셰비즘 역시 정교의 형태로 변형된 마르크시즘에 지나지 않았다. 기독교 안에서 정교가 그랬던 것과 마찬가지로 볼셰비즘 역시 '전체'만 강조할 뿐 타협을 허용하지 않았던 것이다.

비잔티움과 관련된 한 가지 중요한 사실은, 제국을 파괴되지 않는 기억으로 승화시킨 종교의 신비가, 그리고 끊임없이 닥쳐오는 운명의 공격에 맞서 영적 평화를 유지할 수 있으리라 신자들에게 약속했던 종교의 신비가 그 사회 전체를 압도하고 있었다는 것이다. 하나의 국가로서 루마니아는 침략을 당하고 또 당했을 뿐 아니라 약탈과 학대를 당하기도 했다. 내가 냉전 기간에 그곳을 처음 방문했을 때 목격했듯 말이다. 그럼에도 루마니아라는 공동체가 생존할 수 있었던 것은 모두가 어느 정도 그들의 정교 신앙을 통해 전달된 비잔티움의 유산 덕분이었다. 내가 1980년대 부쿠레슈티에서 목격했던 비참한 풍경도 언젠가는 모두 사라질 것이다. 비잔티움이 그런 것을 용납할 리가 없으므로.

그러나 단언컨대 제국의 그 마지막 몇 세기는 너무나도 견디기 힘든 세월이었으리라! 비잔티움 성군의 소인자였던 미카엘 프셀루스*의 11세기 저서 『연대기』를 보면 그는 제국이 쇠락의 길에

* 미카엘 프셀루스Michael Psellus(1019-1078)
비잔티움 제국의 철학자, 신학자, 역사가. 황제 미카엘 5세Michael V Kalaphates(1015-1042,

들어섰음을 이미 인지하고 있었다. 그 책에 이런 문장을 남겼던 것이다. "아테네도, 니코메디아도, 두 개의 로마 제국도 문학적 성취란 점에서 볼 때 더 이상 영광스러울 것이 없다. 과거의 금제 흐름도, 심지어는 그보다 훨씬 더 상스러운 은제 흐름과 훨씬 더 무가치한 철제 흐름조차도 이제는 모두 가로막히고 질식당하는 지경이다.……"

그리고 또 20세기로 들어서던 시기 이집트 알렉산드리아 출신의 그리스 시인 C. P. 카바피Constantine P. Cavafy(1869-1933)가 제국의 쇠락과 문화, 그리고 그 제국을 기억하는 방식에 대해 노래한 위대한 시 작품에도 잊을 수 없는 구절이 여러 개 있다. 카바피는 한 편의 시에, 비잔티움이 오스만튀르크에게 결국 함락되던 1453년 제국의 마지막 황제 콘스탄티누스 10세Constantine X(1405-1453, 재위 1449-1453)의 친척이자 장군인 테오필로스Theophilos에 대한 글을 남겼다. 콘스탄티노플이 함락되던 때 비잔티움 제국군의 총사령관이었던 테오필로스는 도시가 포위되자 이런 말을 남겼다고 한다. "나는 살기보다 차라리 죽는 쪽을 택하겠다." 카바피는 이렇게 노래했다.

= 재위 1041-1042)의 비서관과 후왕 콘스탄티누스 9세Constantinus IX(1000-1055, 재위 1042-1055) 시대 국무총리를 지냈다. 그 시대 창설된 콘스탄티노폴리스 대학교의 철학 교수로 연구와 집필에 몰두하면서 계속 황제의 고문 역할을 담당했다. 특히 저서 『연대기Chronographia』는 11세기 동유럽 역사 연구에서 지극히 중대한 사료이다.

얼마나 비통한 일인가, 우리 종족의 열망을 생각하면,

얼마나 피곤한 일인가, ……

그대의 비극적인 여섯 마디 말* 속에 담긴 뜻이란.

지도에 표시된 대로 부쿠레슈티에서 왈라키아와 문테니아 중심을 관통해 계속 북동쪽으로 차를 몰았다. 몇 시간 뒤 약간 솟아오른 둔덕이 나타나면서 어마어마한 평지가 끝났다. 가끔씩 폭이 넓어지기도 하면서 언덕이 굽이치는 것은, 내가 영어 사용자들이 몰다비아라고 불러온 땅, 현지인들이 스스로 몰도바라고 불러온 땅에 들어섰다는 신호였다. 나는 앞으로도 계속 실례를 무릅쓰고 루마니아 동부 지역을 몰다비아라는 이름으로 부를 것이다. 그 호칭은 예전 소비에트 연합에서 분리된 독립국가, 루마니아와 동쪽 국경선을 나란히 맞대고 있는 나라 몰도바와 그 지역을 혼동하지 않을 수 있다는 장점이 있기 때문이다.

새로 지은 주유소, 소형 마트, 근대적 경공업 공장과 수많은 건물들이 즐비하게 늘어선 도로의 상태는 좋았다. 풍력 발전소, 관개를 목적으로 한 회전 급수 시설 등이 말이 끄는 고대시대 마차, 즉 '라이터바겐'**과 함께 경쟁하듯 내 관심을 끌었다. 루마니아에서

* 비극적인 여섯 마디 말
"나는 살기보다 차라리 죽는 쪽을 택하겠다.", 원문으로 "I would rather die than live"를 가리킨다.

** 라이터바겐leiterwagen : 독일어로 '건초 마차'라는 뜻이다.

가장 가난한 그 지역까지 변화와 발전의 도상에 들어선 것이었다. 단조롭게 옥수수밭과 곡식밭만 가득하던 그곳에 이제는 양조장, 양봉장, 가축 농장 같은 것들도 생겨나 있었다. 아침 안개의 끝자락 속에서 양파처럼 생긴 러시아풍 철제 돔 지붕이 번쩍거렸다. 포플러나무가 늦가을의 야윈 황금빛 갈기를 늘어뜨리고 있었고, 실제로는 기생식물인 겨우살이가 커다란 나뭇가지에 매달려 있었다. 또 다른 곳에 줄지어 심어져 있는 아카시아나무 묘목도 보였다. 풍경이 바뀔 때마다 뭔가가 경작되고 있는 광대한 파노라마가, 면적으로만 치자면 대양 같은 강바닥에서 불쑥불쑥 솟아오르다니, 정말로 놀라움의 연속이었다.

전경과 후경 중간쯤에 아름다운 말 몇 마리가 무리지어 서 있었다. 중세 후기부터 근대 초기까지 수 세기 동안 몰다비아와 왈라키아 두 공국 영토에서 황제 행세를 했던 오스만튀르크족은 특히 몰다비아산 말을 귀하게 여겼다. 오스만 제국은 요새를 날려버리고 성당을 무너뜨리는 등 일상적으로 그 땅을 유린했다. 이제 잠깐 비잔티움에 대해 이야기했는데 나는 또 오스만튀르크를 생각하고 있다. 그만큼, 루마니아에서도 오스만튀르크의 역사는 짐작보다 훨씬 더 미묘하고 복잡한 것이었다.

비잔티움 제국은 대체로 (현재 루마니아와 불가리아의 국경선인) 다뉴브 강 하류까지가 영토였고, 비잔티움 제국을 접수한 오스만튀르크 제국 역시 다뉴브 강을 자연적 북방 경계선으로 이용하면서 고분고분한 보이보드나 (루마니아 현지인을 믿지 못하게 된 뒤로는) 그리스 출신 파나리오트(154쪽 각주 참조)에게 관리를 맡기는 방식으로 속국인 왈라키아, 몰다비아, 베사라비아, 트란실바니아를 간접적으로 통치했다. 트란실바니아의 남서쪽, 왈라키아의 서쪽, 그러니까 현재 루마니아 서부 지방 바나트Banat 평원에 위치한 티미쇼아라Timişoara(헝가리어로 테메스바르Temesvár)는, 술레이만 대제Suleiman the Magnificent(1494-1566, 재위 1520-1566)의 통치 기간인 16세기 초반부터 합스부르크 제국 군대에서 복무한 사부아 공 외젠*이 오스만 제국을 괴멸시킨 18세기 초반까지 오스만 제국의 직접 지배를 받았다. 오스만 제국은 일정 기간 지우르지우Giurgiu나 투르나Turna 같은 다뉴브 강 북쪽 강변의 하항河港 도시를 점령한 적도 있었다. 비잔티움 제국은 같은 정교를 신봉하는 동료로서 문화적으로 루마니아 민족에게 영감을 주었고 대체로 그들의 영토를 직접 통치하려는 위협을 가한 적이 없는 반면, 오스만 제국은 적대적인 세계 종교를 대변하는 존재로서 주기적으로 루마니아 영토를 침략해 유린하는가 하면 끝도 없이 조공을 요구했다. 앞서 말했듯, 그런데도 루마니아 보이보드들과 귀족들은 (명목상 사대 예의를 표하는 것에 지나지 않는 종주권 관계를 1877년까지 지속적으로

* 사부아 공 외젠Prince Eugene of Savoy(1663-1736)
프랑스의 군인. 유럽 역사에서 탁월하고 뛰어난 군사 지도자의 한 명으로 꼽히는 인물이다. 파리의 귀족 집안인 사부아 가에서 태어나 신성로마제국의 군대에서 복무했다. 1683년 오스만 군에게 포위된 빈 탈환과 1688년 베오그라드 점령에 큰 공을 세웠고, 헝가리군 사령관으로 복무하던 1697년 젠타 전투에서 오스만 군을 전멸시켰다.

맺는 등) 오스만의 비위를 맞춰가며 나라를 통치했다. 오스만튀르크는 공포를 자아내는 단색 괴물은 아니었지만 엘리아데처럼 신화를 지어내기 좋아하는 루마니아 역사가들이 시사했듯 문화적으로나 정치적으로나 제도를 개선하는 능력은 총체적으로 부족했다.

오스만 제국은 비잔티움 제국에 이어서 제2의 로마, 혹은 콘스탄티노플을 통치했다는 점에서 그리스와 로마라는 고전 전통의 계승자로 여겨졌다. (시간이 흐르면서 그 곳을 "도시로"라는 뜻의 그리스어 'I-stin poli'가 변형된 '이스탄불'이라고 부르기 시작했지만 말이다.)

튀르크족은 중앙아시아 내륙으로부터 몇 세기에 걸쳐 서쪽으로 이주해온 종족이었다. 그들이 10세기 말엽 아랍 민족과 접촉하면서 이슬람교로 개종을 한 덕분에 직접적으로든 간접적으로든 아랍 세계가 강화되었다. 12세기 중반 소아시아(아나톨리아)의 도시 코니아Konya에 셀주크튀르크가 정부를 수립했다. 이 셀주크 정부는 비교적 비잔티움 콘스탄티노플에 가까웠기 때문에 '술탄이 다스리는 로마'로, '제국의 마지막 열매'로 다른 무슬림 세력에 의해 훨씬 먼 동쪽까지 알려졌다. 그러나 셀주크 집권층은 13세기 중반 몽골의 습격으로 와해되었고, 소아시아는 여러 튀르크 부족의 각축장이 되고 말았다. 그 소용돌이 속에서 '국경지대 전사들'로 구성된 여러 개의 공국이 탄생했고, 오스만이라는 자가 이끄는 하나의 공국이 점점 세력을 규합하기 시작했다. 오스만은 1302년 마르마라Marmara 해변 이즈니크Iznik(니케아Nicaea) 근방에서 비잔티움 군대를 격파함으로써 더 큰 정당성을 확보하게 되었다. 오스만은 훗날 서양에 라틴어 'Osmanlis'의 변형인 '오토만Ottoman'이라는 이름으로 알려진 종족의 규모를 키워나갔다. 그리고 마침내 오스만 제국이라는 정권이, 비잔티움 제국의 광활한 영토에 속하는 땅, 그러니까 대략 발칸반도부터 중동과 북아프리카에 이르는 지역의 패권을 장악하게 되었다. 다뉴브에서 유프라테스까지 장악한 오스만 제국의 기세는 말 그대로 하늘을 찔렀다. 영국의 역사가 버나드 루이스Bernard Lewis(1916-)의 말을 빌리자면, 이 새로운 제국에는 "이슬람의 법률, 그리스의 철학, 페르시아의 행정체제의 반향"이 담기게 되었다고 한다.

이 말이 비잔티움 제국이 달성한 고대 그리스, 라틴, 정교 문화의 융합과 비슷하게 들린다면, 사실이 그렇다. 1453년 3월 29일 이레 동안의 포위 끝에 콘스탄티노플을 함락시켜 비잔티움 제국을 무너뜨린 '정복자' 메메트 2세는 비잔티움 제국의 기독교 전통을 금하기는커녕 오히려 관련 직업에 종사하는 그리스인, 알바니아인, 슬라브족의 도움을 받아 기독교를 개혁하고 활성화했다. 비록 그리스정교도가 아니라 무슬림이기는 했지만 비잔티움 제국의 군주와 마찬가지로 오스만 제국의 술탄 역시 "신의 임명을 받은 지배자"였다. 콘스탄티노플에 새롭게 건축된 오스만 제국의 궁전 '토프카피 세라글리오Topkapi Seraglio'는 상징적으로 옛날 비잔티움 양식으로 성채를 올려 지어졌다. 역사적 전통을 파괴하기보다는 계승했음을 표현한 것이었다. 오스만 제국은 미쳐 날뛰며 마냥 주인 행세를 하려고 드는 대신, 오히려 유별나게 세계 문명을 지향했다. 최근 작고한, 시카고 대학교의 터키 출신 역사학자 하릴 이나르치크Halil Inalcik(1916-2016)는 오스만 제국이 "모든 종교와 인종을 하나처럼 대우한 진짜 '변경 제국'"이었다고 말했다. 콘스탄티노플을 점령할 당시 나이가 겨우 20대 초반에 불과했던 메메트 2세는 훗날 터키어, 그리스어, 아랍어, 페르시아어, 히브리어, 라틴어, 이렇게 6개 국어를 구사할 수 있었다. 메메트 2세는 또 이탈리아의 르네상스 화가 젠틸레 벨리니Gentile Bellini(1429-1507)를 콘스탄티노플로 초청해 자신의 초상화를 그리게 하는 등, 의식적으로 로마와 비잔티움 황제의 문명화된 후계자로서 모범을 보이려고 애썼다. 오스만 제국의 군인과 관료들은 대개 발칸반도 서부, 폴란드, 우크라이나 출신이었고, 번호가 매겨지던 토프카피 궁전의 후궁들은 그리스, 러시아, 키르카시아Circassia 출신이었다. 처음에는 강제로 가족과 헤어져 끌려온 신분이 미천한 그들에게 오스만 체제는 사회적으로 벼락출세할 수 있는 기회를 제공했다. 역사가 아놀드 토인비는 그 사실에 대해 이렇게 말했다. "오스만 제국은 그리스정교 세계가 자신들의 힘만으로는 결코 달성할 수 없었던 세계적인 국가의 형태를 그들에게 제공함으로써 정치적으로 긍정적인 성과를 거두었다."

스코틀랜드 태생의 영국 사학자 킨로스 경, 즉 존 패트릭 밸포John Patrick Balfour(1904-1976)는 고전 시대를 다룬 저서 한 권을, 오스만 제국의 역사를 더없이 명쾌하게 요약했던 영국의 여행 작가 프레아 스타크*에게 헌정했다. 킨로스 경은, 사망한 이듬해인 1977년 출간된 저서 『오스만의 세기 : 튀르크 제국의 흥망성쇠The Ottoman Centuries : The Rise and Fall of the Turkish Empire』에서 주변부로 밀려나 거의 다 죽어가는 비잔티움이라는 쇠약한 나라를 활기찬 중심 국가로 바꾸어놓은 것, 그것이 메메트의 비잔티움 제국 정복이 거둔 결정적인 효과였다고 기록했다. 발칸반도 그리스정교도들이 서유럽의 로마 가톨릭 교회에 대해 느끼는 '증오' 속에, 그리고 세르비아인과 불가리아인과 그리스인과 루마니아인 등 그리스정교도들이 자신들끼리 서로에게 느끼는 '증오' 속에 오스만 제국이 취할 수 있는 모든 것이 담겨 있었다. 그러니까 이 말의 의미는 "각각의 민족들 모두가 이웃 나라한테, 그중에서도 특히 [가톨릭교도인] 헝가리한테 지배를 받느니 차라리 오스만 제국한테 지배를 받는 쪽을 선호하는 경향이 있었다."는 뜻이다. 따라서 (특히 엘리아데 같은) 전통적인 루마니아 역사학에서 주장하듯, 루마니아가 악의적인 무슬림에 맞서 서유럽과 기독교를 지키는 요새 노릇을 했다고 말하는 것은 지나친 단순화의 오류를 범하는 것이다. 오스만 제국은 적어

* **프레아 스타크Freya Stark(1893-1993)**
영국의 여성 탐험가. 프랑스 파리에서 태어나 이탈리아에서 유년기를 보냈고 영국에 거주했으나 평생 한 곳에 오래 머무른 적이 없다. 몸이 약해 정규 학교교육을 받을 수 없었던 스타크는 가정교사와 공부하며 늘 책을 가까이 했다. 아홉 살 생일에 선물 받은『천일야화』를 읽고 동방에 대해 관심을 갖게 되었고, 열 살 무렵에는 이미 영어, 프랑스어, 이탈리아어, 독일어를 자유롭게 구사할 줄 알았다. 1928년 시리아 여행을 시작으로 평생 동안, 유럽인들이 흔히 드나들지 않던 중동 지역을 여행하며 그 지역의 현실, 문화, 전통에 대해 알렸다.

도 어느 정도는, 루마니아와 인접한 다른 나라들 사이에서 힘의 균형을 유지할 줄 아는 나라였다. 특히 18세기에 튀르크족이 루마니아를 동양적인 아나톨리아 세계와, 그리고 발칸반도의 더 넓은 정교 세계와 통합한 조치에는 더욱 특별한 의미가 있었다. 예컨대 왈라키아와 몰다비아에서 고급문화에 사용된 언어가 튀르크어가 아니라 그리스어였다는 사실을 들 수 있다. 그것은 오스만 제국이 그리스 귀족 출신의 파나리오트를 임명하는 방식으로 여러 공국을 직접 지배했기 때문에 빚어진 현상이었다.

튀르크족은 '밀레트millet'라는 제도, 즉 제국의 중앙 귀족과 연계되어 있는 토착 유지有志나 여타의 지도자의 책임 하에 운영되는 종교적 자치 공동체 제도를 공들여 마련했다. 그래서 이스탄불 성벽 안에는 이슬람 귀족 말고도 그리스인이나 아르메니아인 유지, 유대인 지도자 랍비도 함께 살고 있었다. 킨로스 경은 이런 현상을 "팍스 오토마니카Pax Ottomanica"라고 불렀다. 그 제도가 몇 세기 동안 너무나 잘 운영된 덕분에 오스만 제국은 아주 천천히 쇠락의 길을 걸었다. 그래서였을까, 제1차 세계대전 후 마침내 오스만 제국이 멸망하자 발칸반도와 중동에서는 너무나 첨예한 인종적, 종교적, 민족적 갈등이 촉발되었다. 특히 21세기 초반인 현재까지도 중동은 멸망한 오스만 제국을 대신할 해결책을 여전히 찾지 못하고 있다.

물론 오스만족은 상상을 초월할 정도로 잔인했다. 왕조의 안정성은 '형제 살해' 칙령으로 견고하게 유지되었다. 이 칙령은 새로운 군주가 왕위에 오르면 그보다 나이 어린 왕자들을 모조리 비단

올가미로 목 졸라 죽이는 법으로, 콘스탄티노플 점령 뒤로도 약 한 세기 반 동안이나 더 유지되었다. 궁전의 환관 무리를 관리하기 위한 끔찍한 궁형제도도 당분간 존속되었는데 그것은 비잔티움 시대의 유산이었다. 가톨릭교도 헝가리에게 거둔 승리는 종종 포로 참수로 이어졌다. (어떤 경우에는 만 명에 달하는 군인이 참수되기도 했다.) 킨로스 경은 오스만 제국이 중유럽에서 퇴각할 때의 풍경을 이렇게 기록했다. "튀르크 기병대는 자신들이 머물던 진영에 불을 질렀고, 노예시장에 내다팔 수 있을 만큼 젊은 사람들만 빼고 오스트리아 지방에서 사로잡은 사람들을 모조리 산 채로 불태워 죽였다." 오스만 제국의 군사 개입은 주로 '재니세리Janissary', 즉 '새로 [illegible] 나이에 부모한테서 억지로 떼어져 노예로 팔렸다가 이슬람교로 개종한, 전쟁에서 패배한 기독교 국가 출신의 병사들이었다. 기번이 기록한 바에 따르면 재니세리들은 "우상을 숭배하는 자신의 동포들에 맞서 개종자답게 열심히 싸웠다."고 한다.

때때로 오스만 병사들의 그 잔인하고 가혹한 행위는 결국, 킨로스 경이 "본질적으로 여름 군대"라고 불렀던 그들의 특징, 즉 중유럽의 혹독한 겨울에서 살아남기 힘든 말을 타고 싸운다는 사실 때문에 중단되고는 했다. 술탄의 군대가 공격을 가하는 방식에는 튀르크족의 과거 유습, 즉 계절에 따라 이동하던 유목민의 본래 습성이 남아 있었다. 콘스탄티노플이 아무리 도시화되어도 오스만 제국은 어떤 의미에서 볼 때, 연구자 폴 콜즈Paul Coles의 말을 빌리자면 거의 항상 전쟁 중인 하나의 "드넓은 야영지"였다. 그들이

1526년 부다와 페스트를 점령해놓고도 1529년 빈까지 더 전진하지 못하고 왔던 길을 그대로 되짚어 발칸반도를 지나 콘스탄티노플까지 후퇴할 수밖에 없었던 것도 부분적으로는 이런 이유 때문이었을 것이다.

사실, 의도적인 그 잔인함보다 더 나쁜 것은 튀르크 제국 주변부의 무정부 상태였다. 오스만 정부는 지역 군 지도자, 혹은 '아얀Ayan'이라는 영주한테 권력을 이양하면서, 종종 그 지역 지도자들이 데리고 있는 사병들끼리 경쟁을 붙이고는 했다. 그 결과 왈라키아 지방 주민들은 특히 18세기 말 무렵에는 노상강도와 반란을 일으킨 재니세리들 때문에 공포에 떨게 되었다. 몇 세기가 흐르면서 오스만 제국의 세력이 점점 약해질수록 그런 통치 방식의 위험성이 점점 더 커져갔던 것이다.

오스만 제국이 루마니아를 어떤 장소로 취급했는가와 관련된 가장 중요한 사실은, 제국 경제 지배의 핵이 아나톨리아 중부나 레반트나 북아프리카가 아니라 발칸반도에 있는 루마니아였다는 점이다. 그들에게 다뉴브 강은 상업 수로요, 왈라키아와 몰다비아는 곡창지대였다. 그래서 오스만 정부는 여러 루마니아 공국과 그 땅을 지방 군 지도자를 통해 간접적으로 지배하는 동안에도 그 곳에서 시선을 떼는 일이 거의 없었다.

그럼에도 그 지역과 관련된 중추적인 사실, 역사가 키스 히친스가 말했듯 "루마니아 민족이 [종종] 술탄을 자신들의 주군으로 인정함으로써, 그리고 매년 조공을 바침으로써, 슬라브족이 거주하던 남쪽 지역 나라들이 겪었던 오스만 군대 주둔과 이슬람교로의 개종을 피할 수 있었다."는 사실은 유념해둘 필요가 있다. 그것이 바로, 루마니아인들이 다뉴브 강을 경계로 자신들의 남쪽에 놓여 있는 불가리아, 남서쪽에 놓여 있는 세르비아를 '동양'으로 보는 주된 이유니까.

나는 때때로 길에서 걸음을 멈추었다. 포크샤니Focşani는 왈라키아와 몰다비아의 경계선 근처라는 도시 위치 덕분에, 1859년부터 1861년 사이에 알렉산드루 이오안 쿠자(196쪽 각주 참조)가 두 공국을 합병해(훗날 '왕국'이란 뜻의 루마니아어 '리카트Regat'라 불린) 루마니아라는 새로운 나라를 건국했을 때 간단히 수도로 결정되었다. 그러나 수리된 역사적인 건물들, 중앙 광장 담장을 따라 꽃이 심어진 깨끗한 화단, 어디에나 넘쳐나는 자동차, 무분별하게 진행 중인 건축 공사, 새로 단 도로 표지판 등으로 가득한 현재의 포크샤니는 개발 중인 몰다비아 지방의 전형적인 소도시에 불과했다. 땅 속의 해충을 박멸하려고 농부들이 일부러 놓은 불길이 일렁이는 들판 너머, 새로 지은 다리와 쇼핑몰 덕분에 팍팍한 그 풍경이 훨씬 덜 황량하고 덜 삭막해 보이기는 했지만 말이다.

차우셰스쿠의 공산정권이 붕괴된 것은 공식적으로 1989년 마지막 주였다. 그로부터 불과 4개월 뒤인 1990년 4월 『발칸의 유령들』 집필을 위해 자료 조사를 하려고 루마니아 전국 지방을 다 돌아다니면서 나는 인적으로나 물적으로나 지난 42년간 축적된 파괴의 참상을 목격했다. 심지어 1990년대 후반까지도 루마니아 시골의 대부분 지역은 여전히 불과 몇 개의 주요도시만이 생명의 심장

박동이 뛰고 있는, 일종의 경제적 재앙 지대였다. 루마니아에서는 공산주의가 무너진 뒤 신공산주의라는 새로운 정치 형태가 잇따라 등장하는 바람에 거의 2000년이 다 될 때까지도 진짜 개혁이라는 것은 시작도 되지 않은 상태였다. 그런데 이제 차우셰스쿠가 몰락한 뒤 거의 사반세기가 지난 2013년에는, 내가 이전 루마니아 방문 때 목격했던 황량함의 대부분이 새벽안개처럼 흩어져가고 있는 중이었다.

나는 포크샤니 중앙 광장 근처에 있는 술집 겸 커피숍으로 걸어 들어갔다. 일요일이라 그런지 테이블이 만석이었다. 가게 안은 담배연기로 공기가 자욱했고 이해할 수 없는 음악이 쾅쾅 울려 퍼지고 있었다. 손님들 대부분이 스마트폰을 손에 쥐고 있었다. 폼나게 차려 입고 값비싼 머리를 한 여자들은 이국적인 과일 음료를 홀짝대고 있었고, 다들 게으름뱅이처럼 보이는 남자들은 대부분 흡연자로 커피나 알코올이 들어간 간단한 음료를 마시고 있었다. 실제로 어디에서 볼 수 있는 그런 젊은이들은 예전의 군중과 닮은 점이 전혀 없었다. 담배는 말할 것도 없고 옷차림, 헤어스타일, 스마트폰 등도 그들의 경제적 여유를 보여주고 있었다. 예컨대 여자들은 외모를 꾸미려고 지독한 경제적 희생을 감수하고 있었지만, 그것은 예전에 소련의 위성국가였던 나라들과 지중해 지역에서 이제 흔히 볼 수 있는 현상이었다. 그곳의 전체적 풍경은 저급 세계주의 문화에 불과할지 몰라도, 어쨌든 세계주의 문화의 한 형태인 것만은 틀림없었다. 차우셰스쿠는 공해를 양산하고 풍경을 망치는 구식 공장을 운영함으로써, 그리고 무리지어 춤추는 농노들이 가득한 텔레비전 국영 채널을 운영함으로써 우매하고 질 낮은 서민 문화를 장려했었다. 그런데 이제 그 촌구석 술집을 보고 있자니 세상이 완전히 뒤집어진 모양이었다. 심지어 술집 입구 근처에는 서유럽 신문까지 커다란 헤드라인을 드러낸 채 보란 듯이 전시되어 있었다. 그곳에 있는 손님 중 단 한 명도 그 신문을 읽을 수 없다고 해도, 그것이 거기에 전시되어 있다는 사실만으로도 경계를 넘어서는 삶을 향한 루마니아 사람들의 열망을 알 수 있었다.

나는 북동쪽으로 계속 이동해서 브를라드Bârlad라는 마을에 최근 우후죽순처럼 생겨난 새 비즈니스호텔 중 한 곳에서 하룻밤을 보냈다. 그곳은 내가 늘 깊은 관심을 품었던 마을이었다. 그 마을에 너무나 놀라운 것이 있었기 때문이다. 바실레 파르반 박물관Museum Vaile Pârvan이라는, 미술 작품이 더없이 섬세하고 사랑스럽게 전시된 거대한 보물창고가 있었던 것이다. 그곳에는 공예품이라 할 만한 로마 시대 생필품, 올테니아 산 러그, 비잔티움 시대 성상은 물론, 네덜란드의 도시 델프트Delft 산 자기, 19세기 비더마이어풍의 번쩍이는 책상과 수납장, 올테니아 산 실크스크린도 나란히 함께 전시되어 있었다. 그 박물관은 공산정권이 들어서 있던 지난 수십 년 동안 온갖 자금난에 시달리면서도 소수 헌신적인 직원들에 의해 하나의 미학 저항 운동으로 계속 운영이 되었고 이제 다시 번영을 맞이하고 있었다. 신고전주의 양식의 미술관 건물 너머에는 텅 빈 채 군데군데 방치되어 있는 공터도 무수히 많았지만, 화려한 화단, 작은 바로크풍 장식물이 한두 개씩 부착된 새로운 신호등, 2~3층짜리 플렉시 유리 건물로 탈바꿈 중인 마을 중심가도 있었다. 왈라키아와 몰다비아 어디를 가든, 나이 지긋한 사람들은 오스만튀르크의 분위기가 풍기는 옷차림을 하고 있었다. 그리고 포크샤니를 비롯해 어디를 가든, 젊은이들은 유행의 선두주자처럼 보였다. 그러나 내가 진짜로 유달리 관심을 갖고 있던 지역은 그 마을 중심가에서 약간 벗어난 곳이었다.

브를라드의 소규모 중심가 너머에는 지나칠 정도로 마냥 넓게만 조성된 주택가가 있었는데, 그 동네에 들어서자 몇십 년은 후퇴한 것 같은 기분이 들었다. 몇 차례 길을 물은 뒤에야 겨우 그리비체이Griviței 가와 호틴Hotin 가를 찾을 수 있었다. 그곳에 도스토예프스키와 고골리의 책에 표현된 황량한 러시아 지방 마을과, 문자 그대로 번역하면 "밤 속에 세워진"이라는 뜻의 터키어 "gecekondu"의 가짜 근대주의 사이의 중간쯤 되는 판자촌이 있었다. 그곳은 말하자면 중하류 계급으로 이동하는 사람들이 도중에 잠깐 머무는 기착지 같은 곳이었다. 최근 급증한 떠돌이 개들과 닭들이 진흙이 질척대는 큰길과 골목길을 내달리고 있었다. 녹슨 물결모양 철제 지붕, 분탄을 뭉쳐 대충 빚은 벽돌, 썩은 나무판자 등이 난장판으로 뒤얽힌 집들과 뜬금없는 페르골라(덩굴식물이 타고 올라갈 수 있게 세워놓은 아치형 구조물)와 나란히 서 있는 급하게 막 지은 변소들이 보였다. 마을 아래쪽 언덕 근처에 세워진 건물들은 더 엉망이었다. 내 눈에 보이는 그것들은 일종의 구세계 문명의 증거였다. 신고전주의로 전면이 꾸며진 작은 석조 건물 하나가 군데군데 부서지고 금이 간 채, 녹슨 철조망을 뒤집어쓰고 서 있었다.

이도 저도 아닌 그 마을 거리 어딘가가 20세기 초 몇 년 간 게오르게 게오르기우데지(47쪽 각주 참조)가 성장한 곳이었다. 게오르기우데지는 루마니아의 첫 번째 공산주의 독재자로 루마니아 사회, 그중에서도 특히 사회의 부르주아 요소를 완전히 말살한 인물이었다. 게오르기우데지의 집, 혹은 그의 과거와 관련된 집이 정확히 어디인지는 밝혀져 있지 않았다. 차우셰스쿠가 그의 권력을 이양 받은 뒤 선임자의 모든 흔적과 이 지역 지지자들을 모조리 제거해버린 까닭이었다. 그와 관련된 역사 역시 적절하게 기록되기보다는 깨끗하게 지워졌다. 그 지역에 사는 사람 그 누구도 게오르기우데지에 대해 안다고 주장하기는커녕 그런 말을 입에 담을 수도 없었다.

브를라드 중심가만 지나면 바로 나오는 반半도시적 풍경으로 보건대, 그곳 역시 한 세기가 훌쩍 넘는 세월 동안 반복적인 변화를 겪어온 것이 분명했다. 예컨대, 두 개의 공국을 합병한 첫 번째 근대적 지도자였던 이오안 쿠자(쿠자에 대해서는 뒤쪽에서 더 자세히 다룰 것이다.) 자신부터가 그곳 브를라드 출신이었다. 하지만 부유하고 개화된 귀족 가문 자식이었던 쿠자는 이아시와 파리에서 교육을 받았다. 그래서 브를라드 자체는 역사적으로 외진 벽지나 다름없었다. 나는 그 거리를 걸으면서, 게오르기우데지는 고향이 없는 사람, 진짜로 어떤 문화적 전통과도 관련이 없는 사람이었다는 생각을, 그래서 그가 남긴 유산이 한 나라 전체를 그 사람 자신처럼 아무것도 아닌 존재로 만들어 버린 것이라는 생각을 떠올렸다.

왜 그런지 설명해보겠다.

루마니아의 역사만큼이나 비극적이었던 공산주의 시대는 전례 없는 고통을 유발했다.

제2차 세계대전이 종전된 뒤에도 루마니아는 한숨 돌릴 틈이 거의, 아니 전혀 없었다. 1944년 초반 서유럽 동맹국들은 루마니아 내부에서 벌어진 전쟁과 그 전쟁의 종전에 따른 평화는 “러시아 소관”이라고 인정했다. 1944년 10월 영국 수상 윈스턴 처칠Winston Churchill(1874-1965)은 루마니아에서 발생하는 이윤의 ‘90퍼센트’를 소련 서기장 이오시프 스탈린에게 맡겼다. 1946년 초 러시아에서는 60만 명에서 90만 명에 이르는 남자로 구성된 ‘붉은 군대The Red Army’가 조직되었다. 영국의 역사가 휴 토머스Hugh Thomas(1931-)는 저서 『무장 휴전Armed Truce』에 이렇게 기록했다. “당시 그 지역 정세가 삭막했던 주된 원인은 지리 때문이었다. 두 개의 전체주의 제국, 즉 나치 독일과 소비에트 러시아 사이에 낀 나라들의 사정은 참으로 끔찍했다.” 그런 지리적 조건이 냉전 초기 단계에 초래한 결과는 인도주의적 관점에서 볼 때 너무나 참혹했다.

최근 뉴욕 대학교의 역사학자 토니 주트Tony Judt(1948-2010)는 저서 『포스트워 : 1945년 이후 유럽사Postwar : A History of Europe Since 1945』에서 이렇게 말했다. 루마니아는 동유럽 위성국가들이 탄생하는 과정에서 “역사상 가장 오래 지속된 것이 틀림없는 최악의 박해를 목격하게 되었다.”고. 그러면서 그는 도브루자 지방에서 진행된 다뉴브 강부터 흑해에 이르는 운하 건설 사업을 예로 들었다. 그 사업에 수십만 명의 죄수와 노예 노동자들이 동원되었고, “그 와중에 소련으로 국외 추방된 사람들의 수를 빼고도 수천 명에 달하는 사람이 목숨을 잃었다.” 게다가 다양한 “실험 감옥에서 신체적, 정신적 고문이” 아무렇지 않게 자행되었다.

영국의 역사학자 데니스 델리턴트Dennis Deletant(1946-)는 저서 『공산주의 체제하 루마니아Romania Under Communist Rule』에서 루마니아 공산주의와 그 공산주의를 이끈 두 명의 등불, 단언컨대 20세기 후반기 역사에서 가장 무자비했던 게오르게 게오르기우데지와 니콜라에 차우셰스쿠 이야기를 명쾌하게 기록했다. 나는 그 책을 2013년 가을 왈라키아와 몰다비아 일주를 시작하기 바로 전에 읽었다. 런던 대학교의 슬라브족과 동유럽 연구회 교수이면서 최근에는 조지타운 대학교에서 연구를 이어가고 있는 저자의 학구적이고 건조한 문체는 중심사안을 더 강력하고 으스스하게 만들었다.

간단히 말하자면, 공산주의자들은 루마니아에서 유독 더 가혹해져야만 했다. 1930년대 루마니아 지식인들의 삶을 다룬 역사에서 알 수 있듯, 루마니아는 문화적으로 늘 좌익보다는 우익의 영향력이 훨씬 더 컸던 나라였다. 그중에서도 유독 전간기 루마니아 우익 진영에는, 공산주의자들이 전통적으로 정치조작 전문가들이라는 감정, 관념이 만연해 있었다. 게다가 농업을 근간으로 하는 나라인 루마니아에는 공산주의가 토대를 형성할 수 있는 토착 노동자 계급이 절대적으로 부족했다. 따라서 잔인함은 그런 허약한 출발 조건을 극복하기 위한 하나의 수단이었다. 그런데 20세기 전반기 동안 루마니아가 헝가리, 불가리아, 러시아 영토라 여겨지는 땅을 차지하고 있었다는 사실 때문에 그 출발 조건은 더더욱 악화되었다. 그 사실이 이웃한 그 나라들의 공산정권으로 하여금, 결과적으로 자신들에게 더 심한 압력을 가한 동료인 루마니아를 두 배로 의심하게 만들었기 때문이었다.

1901년 몰다비아 브를라드에서 태어난 게오르게 게오르기우의 어린 시절 루마니아의 정세는 딱 그랬다. 열한 살에 다뉴브 강 하항인 갈라치Galati로 보내져 모래사장에서 짐꾼으로 일하던 그는 곧 목재소와 방직공작에 취직을 했고 얼마 후에는 철도 조차장에서 전기기술자로 일하다가 하사관으로 군복무를 했다. 델리턴트가 입이 떡 벌어질 정도로 상세하게 풀어낸 이야기를 보면, 등골이 휠 만큼 힘들고 더러운 직업에서 살아남으면서 젊은이가 어떤 혹독한 교훈을 얻었는지, 이해와 동정을 완벽하게 배제하는 법을 자연스럽게 습득하게 된 젊은 게오르기우가 부르주아의 직업에 얼마나 어울리지 않는 존재였는지 알 수 있다. 그는 곧 자기 사람들에게 계급적 분노와 증오의 본질이 무엇인지 알려 주었다. 그런 활동 때문에 1931년 '공산주의 선동' 혐의로 갈라치 기차역에서 쫓겨난 게오르기우는 트란실바니아의 데지Dej 기차역으로 옮겨갔고, 그 뒤로 공산주의 전통에 따라 자신의 이름 뒤에 그 지명을 접미사처럼 붙여 씀으로서 '게오르기우데지'라 불리게 되었다. 이어서 우리는 1932년 부쿠레슈티에서 열린 철도 노동자 대중 집회에 참석한 게오르기우데지를 보게 된다. 그 집회에서 그는 중앙 행동대 대원으로 선출되었다. 이듬해인 1933년 카롤 2세 정권과 철도 노동자 사이에 격렬한 충돌이 발생했고 게오르기우데지는 그 일로 투옥되어 강제노역 12년형을 선고받았다.

1936년 게오르기우데지는 다른 공산주의자들과 함께 카르파티아 산맥 능선 근처 왈라키아 북부 캄피나Câmpina에 있는 도프타나Doftana 감옥에 투옥되어 있었다. 1936년부터 1938년 사이에 게오르기우데지는 그곳에서 그 당시 채 스무 살도 되지 않은 젊은 운동가 니콜라에 차우셰스쿠와 인연을 맺었다. 도프타나 감옥은 죄수들의 "면회나 사식, 논, 읽을거리 반입을 허용하고 있었다." 더 결정적인 것은 편지를 밀반입할 수도 있다는 사실이었다. 그 덕분에 게오르기우데지는 자신이 상당히 높은 자리를 차지하고 있던 루마니아 공산당 중앙위원회의 다른 회원들과 감옥 안에서도 계속 연락을 취할 수 있었다. 델리턴트가 기록했듯, 확실히 게오르기우데지는 불과 30대 중반의 나이에 "'노인'이라 불린, 삼촌 같은 이미지를 만들 줄 아는" 지도자였다. 그리고 그는 누구나 공산당의 신화와 관련짓고 싶어 하는 전형적인 공산주의자였다. 모스크바의 코민테른 학교에서 공부한 루마니아 출신 지식인이 아니라, 저돌적인 블루칼라 노동자였던 것이다. 실제로 도프타나 교도소는, 전간기와 제2차 세계대전 기간에 루마니아 밖에서 살았던 자들, 이른바 모스크바 공산주의자들의 세력을 약화시킨 토착 민족주의적 루마니아 공산주의자들을 길러낸 성능 시험장이었던 것으로 훗날 밝혀졌다. (게오르기우데지는 제2차 세계대전 중 여러 교도소를 전전하며 살았는데 예컨대 그중 한 곳인 올테니아 타르구 지우Târgu Jiu 교도소에서는 차우셰스쿠, 키부 스토이카Chivu Stoica(1908-1975), 이온 게오르게 마우레르Ion Gheorghe Maurer(1908-2000)와 재회했다. 스토이카와 마우레르는 둘 다 훗날 게오르기우데지 정권과 차우셰스쿠 정권에서 고위관직을 지낸 인물들이다.)

게오르기우데지는 1947년 말, (카롤 2세의 아들인) 국왕 미하이를 강제 퇴위시키고 루마니아 인민 공화국 수립을 선언함으로써 루마니아의 정권을 장악했다. 제2차 세계대전이 종전된 뒤 정부 수립 전까지 3년 동안 루마니아는 난해한 정치적 이해관계에 따라 입장을 바꾸는 강대국들의 이기적인 가식을 직접 목격했다. 서유럽은 계속 루마니아의 미래를 걱정하는 척했고, 소련은 그저 인민의 뜻에 따르는 척했던 것이다. 그러면서 크렘린궁은 전체주의라는 결과를 도출해내려고 계속 말을 바꾸었다. 처칠은 루마니아 운명의 90퍼센트를 손에 쥐어주면 스탈린이 흡족해하리라 낙관했고, 스탈린은 그 모든 이익을 한 입에 꿀꺽 삼켜버렸다. 그러니 삼촌 같은 철도 노동자 게오르기우데지가 '해골 분쇄기Skull-crusher'가 될 수밖에.

공산당은, 전간기와 전후 시대 민주적이고 전통적인 가치를 표방하던 부패한 기존의 정치 정당들을 싹 몰아냄으로써 곧 유일한 대중정당이 되었다. 새로운 대중정당은 "예전 착취계급" 출신의 입당을 거부했고, 그 결과 농업, 금융업, 광산업, 운송업 등 산업 전반에 걸쳐 스탈린주의를 실행하는 하나의 수단이 되었다. 당은 곧 토지 사유 제도를 폐지했다. 델리턴트의 기록에 따르면 "그 개혁 덕분에 '쿨라크Kulak' 그러니까 자신의 재산 규모와 무관하게 농노를 고용하고 농기구를 대여해주는 부농이나 구시대 지주 계급의 적폐를 청산할 수 있었다."고 한다. 농노들은 대규모 집단 농장에 편제되었다. 그리고 언론, 도서, 예술에 대한 전면적인 검열이 시행되었다. 또, 정교에서 다시 가톨릭으로 돌아서서 서유럽이나 교황과 연결되어 있던 그리스 가톨릭이나 동방 가톨릭은 동방정교와 강제 합병되었고, 동방정교는 곧 정권과 새로 설치된 중앙정보국의 통제를 받게 되었다. 1950년대 초반 무렵에만 정치적인 이유로 강제노역 캠프에 구금되어 있던 루마니아인이 수십만 명에 달했다. 1960년대 초반에는 다뉴브 강 삼각주에 몇 개로 연결된 강제노역 캠프가 건설되었다. 그 공사에 동원된 수만 명의 죄수들은 허리 깊이의 물에 몸을 담그고 갈대를 베어내는 일을 해야 했는데 조금이라도 꾸무럭대면 근처에 있던 특수훈련을 받은 개가 그들에게 달려들고는 했다. 인간이 겪은 재앙의 구체적인 내용을 더 정확하게 보여주는 것은 통계수치가 아니라 이런 소소하고 상세한 일화이다.

그리하여 수세기 동안 형성된 역사, 민족주의적 삶, 문화적 전통이 불과 십여 년 만에 잘게 갈려 흙먼지가 되고 말았다. 게오르기우데지가 루마니아 사회에 팽배해 있던 우경화 경향을 제거하려면 그런 과정이 반드시 필요할 것이라 판단했기 때문이었다. 평범한 루마니아인이 게오르기우데지 치하의 사회에서 살아남는 유일한 방법은 속담에도 나와 있듯 그냥 입 닥치고 가만히 있는 것뿐이었다.

초기부터 게오르기우데지 정권의 핵심 요소는 독창성 없는 야만성이었다. 1940년부터 1944년까지 루마니아 공산당 서기장을 지낸 슈테판 포리슈Ştefan Foriş(1892-1946)는 헝가리 인종으로 오랜 기간 게오르기우데지와 마찰을 일으켜온 인물이었다. 그런 포리슈가 1946년 "공산당 본관에서 쇠방망이에 맞아 죽는" 사건이 발생했다. 그 다음에는 포리슈의 어머니가 살해당했다. 그녀의 시신은 바위에 묶인 채 트란실바니아 크리슈Criş 강에 던져졌다. "1918년 스탈린이 몰살한 차르 일가처럼, 1958년 (거의 반세기 동안 군부독재의 앞잡이 노릇을 해오다가) 폭동 때 살해, 시신이 훼손된 이라크의 수상 누리 사이드Nuri Said(1888-1958, 재임 1954-1958)처럼 살해된 포리슈는 말하자면 피도 눈물도 없는 시대의 개벽을 알리는 신호탄이었다.

포리슈의 죽음은 루마니아 공산당 내부에서 서열 다툼으로 일어난 이데올로기적, 당파적 숙청의 일례였다. 그 숙청바람은 게오르기우데지 정권에서 1947년부터 1952년까지 외부장관을 지낸 아나 파우케르Ana Pauker(1893-1960)가 체포되던 1953년 극에 달했다. 정교를 믿는 몰다비아 유대인 가정 출신의 파우케르는 게오르기우데지의 동료 스탈린주의자요, 제2차 대전을 모스크바에서 겪은 루마니아 공산당 모스크바 파당의 수장이었다. 게오르기우데지 자신의 민족주의 파당에도 유대인과 헝가리인이 포함되어 있다는 지적이 분명 존재했는데도, 게오르기우데지는 파우케르를 체포함으로써 짐짓 세계주의 분위기를 풍기고 있던 모스크바 파당에 완벽한 승리를 거둘 수 있었다. 그런 당파 싸움은 너무나 복잡 미묘한 것이어서 전모가 명백하게 밝혀진 적이 없었고, 더없이 개인적인 동기가 얽히는 경우도 종종 있었다. 그러나 스탈린의 죽음과 그에 따른 모스크바의 압박 때문에 결과적으로 루마니아 당내 분쟁은 눈에 띌 정도로 줄어들었고 그 덕분에 파우케르는 처형되지 않고 살아남아 부쿠레슈티에서 호젓하게 여생을 마무리할 수 있었다.

국내 안보 통제를 강화함으로써, 다시 말해서 루마니아를 철저한 비밀경찰 국가로 만듦으로써, 그리고 소련이 1956년 헝가리에서 일어난 봉기를 잔혹하게 진압하는 동안 모스크바의 가장 믿음직스러운 동맹국답게 행동함으로써, 게오르기우데지는 스탈린주의자로서 심장을 지키면서 동시에 니키타 흐루쇼프Nikita Khrushchev(1894-1971, 재임 1958-1964)의 탈스탈린화 정책 속에서 살아남을 수 있었다. 소련은 헝가리 진압 시 자신들을 지지해준 것에 대한 보답으로 1958년 루마니아에 주둔해 있던 모든 병력을 철수했다. 그러나 루마니아가 소련의 동맹국들, 그리고 소련 본국의 바로 옆에 위치하고 있다는 사실을 감안하면, 사실 크렘린궁이 무릅쓴 위험은 생각만큼 그렇게 큰 것이 아니었다. 아무튼 게오르기우데지는 그렇게 하나의 방식을 구축했고, 그의 계승자 니콜라에 차우셰스쿠는 그 방식을 야무지게 써먹었다. 말하자면 차우셰스쿠의 루마니아는 사상적으로 보자면 스탈린주의 국가요, 압제의 수준으로 보자면 전체주의 국가였으며, 국민적 감정에 호소하는 방식으로 보자면 민족주의 국가였던 것이다. (역사가 블라드 게오르게스쿠는 "이렇게 볼 때 차우셰스쿠가 겉으로는 열광적인 정통 스탈린주의 신봉자를 표방했으면서 동시에 초민족주의적인 철위단에 남몰래 사로잡혀 있었다는 사실은 아이러니할 것이 없다."고 말했다.)

게오르기우데지는 여전히 공산당 당수이자 독재자로 군림하고 있던 1965년 3월 19일 폐암으로 사망했다. 그로부터 사흘 뒤 차우셰스쿠가 루마니아 공산당의 제 1서기로 취임했다. 차우셰스쿠는 1918년 루마니아에서 가장 궁벽한 지방 중 한 곳인 올테니아의 농노 집안에서 열 명의 자녀 중 셋째로 태어났다. 게오르기우데지와 마찬가지로 차우셰스쿠 역시 육체노동을 하려고 열한 살의 나이에 집을 떠나 구두수선공이 되었다. 그러나 학자 플로린 플라톤이 최근 내게 말해준 바에 따르면 차우셰스쿠는 게오르기우데지보다 룸펜 도시 농노의 계급성을 훨씬 더 잘 대변하는 인물이었다고 한다. 차우셰스쿠는 십대 소년일 때 공산당에 입당했고 1930년대에만 네 번 투옥되었다. 그 덕분에 당내 서열이 계속 올랐고, 1940년에는 재판에 참석하지 않은 상태로 유죄를 선고받고는 정부 당국에 의해 체포되었다. 게오르기우데지의 일대기와 참으로 비슷하지 않은가. 비록 처형당하기 직전 노년의 모습은 다소 애처로워 보였지만, 그와 무관하게 차우셰스쿠 역시 자신만의 능력으로 노련한 지도자의 자리에 오른 비범한 인물이었다.

하지만 게오르기우데지가 소련의 헝가리 침공을 지지했던 것과 달리, 차우셰스쿠는 권력을 잡은 지 3년밖에 되지 않았던 1968년 소련의 체코슬로바키아 침공에 반대하고 나섰다. 얼핏 보기에는 차우셰스쿠가 루마니아도 소련의 손아귀에 떨어지는 비슷한 운명을 맞이할 수 있다는 두려움 때문에 체코슬로바키아에 대해 용감한 입장을 취한 것 같지만 이유는 그뿐만이 아니었다. 그것은 민족주의자들의 감정에 호소함으로써 사회를 통제하고자 하는 그의 필요에 따른 조치였다. 델리턴트는 크렘린궁의 행동을 맹비난한 그의 처사를 반기는 고국의 환호가 "그에게 지워지지 않는 표식을 붙여 주었고, 그로 하여금 개인숭배를 훨씬 넘어서는 것에 구미를 느끼게 만들었다."고 기록했다.

1971년 마오쩌뚱 치하의 중국과 김일성 치하의 북한을 방문한 일이 차우셰스쿠에게는 하나의 전환점이 되었다. 차우셰스쿠와 점점 세력을 키워가고 있던 그의 아내 엘레나는, 현재에는 독립된 하나의 지배 스타일로 규정되는, 마오쩌뚱과 김일성의 대중 동원과 독재자를 기리는 일사불란한 공연에 불쑥 부러움을 느꼈다. 그래서 차우셰스쿠는 그때부터 루마니아를 북한의 동유럽 버전으로 전환하기 위한 치밀한 계획에 착수했다. 그 계획의 골자는 조직화였고, 그 안에는 2000년까지 루마니아 마을의 수를 절반으로 줄이려는 괴상한 조치도 포함되어 있었는데, 그것을 실현하려면 수천 개의 마을을 파괴해야만 했다. 그 결과 마을 이름이 모두 지워져 루마니아의 지도는 텅 비게 되었고, 그 자리는 무분별하게 세워진 강제노동 수용소, 그리고 집단공장과 집단농장으로 채워졌다. 차우셰스쿠가 처형되던 1989년 즈음 그 조직화는 아직 초기 단계였는데도, 그 개념 자체는 스탈린주의라는 이데올로기의 비인간적이고 광적인 측면을 너무나 잘 보여주는 대명사가 되었다.

그런 현상은 모두 차우셰스쿠 부부의 민족주의적 파시즘과 밀접한 관련이 있었다. 그 단적인 예로 차우셰스쿠는 1984년 루마니아의 여성 국민들에게 이렇게 외쳤다. "여성 동지들이여, 아이를 낳으시오. 그것이 애국자로서 당신들이 해야 할 임무요." 모든 가임기 여성들은 정기적으로 피임약 사용 여부를 확인해야 하는 검사 대상이었고, 아이가 없는 부부는 벌금으로 세금을 더 납부해야 했다. 그 정책 때문에 위험한 불법 낙태를 시도하다가 목숨을 잃는 여성의 수는 최소 만 명이 넘는 것으로 추산된다.

그 모든 일들이 차우셰스쿠가 부쿠레슈티의 심장부에서 진정한 '스탈린주의자 겸 죽은 자들의 천년 왕국' 건설을 지휘하는 동안 일어난 일들이었다. "더 크게, 더 크게." 차우셰스쿠는 1980년대 중반 건축가들에게 자신들이 거주할 예정인 저택을 펜타곤 규모로 지으라고 계속 요구했지만, 그 부부는 결국 그 저택에서 살지 못할 운명이었다.

스코르니체슈티Scornicești는 브를라드보다도 상황이 더 나쁘다는 생각이 들었다. 그 마을에는 파괴된 과거로부터 아름다운 전통을 구원할 박물관은 물론, 새 가로등도, 새로 짓거나 복원된 건물도 없었다. 올테니아의 황량하고 굽이진 평원에 자리한 그 마을에 있는 것이라고는 비바람으로 변색된 시멘트 벽, 고철 건물, 염소와 떠돌이 개가 어슬렁대는 군대 막사 형태의 공동주택 건물뿐이었다. 말하자면 그곳은 더럽고 어수선하게 방치된, 잡초와 흙먼지와 돌개구멍의 세상이었다. 축구장조차도 폐허로 변한 고대 유적지 같았다. 그때 내가 있던 그곳이 바로 니콜라에 차우셰스쿠의 고향이었다.

나는 어떤 집 마당에 세워져 있는 차우셰스쿠의 거대한 흰색 동상을 눈여겨보았다. 꼭 교외 공원 잔디밭에서나 볼 수 있는, 공장에서 대량생산된 싸구려 조각상 같았다. 그 집은 차우셰스쿠의 조카 에밀 바르불레스쿠Emil Bărbulescu의 집이었다. 차우셰스쿠가 처형된 지 이미 거의 사반세기가 지났는데도 그는 독재자 삼촌을 기리는 사설 기념관으로 그 집을 계속 관리하고 있었다. 낡은 청바지와 파란색 싸구려 스포츠 재킷을 입은 중년의 바르불레스쿠가 절뚝이며 내게 다가와 걸걸한 목소리로 말을 걸었다. 지금은 다리를 절고 있었지만 그에게서는 젊은 시절의 민첩성과 공격성을 짐작할 수 있게 해주는 다부지고 강인한 기운이 느껴졌다. 작고 재바른 눈, 야위고 창백한 얼굴이 왠지 모르게 말년의 차우셰스쿠와 닮아 보였다.

바르불레스쿠는 사유지 내 작은 집 안으로 나를 안내했다. 그 집은 1970년대 보수 사업 당시 튼튼한 목재 지붕을 올리고 건물 전면에 회반죽을 칠한 전형적인 서민 농노의 주택으로, 대체로 주위 환경과 어울리지 않는 아름다운 집이었다. 집 안에는 전통적인 방법으로 뜬 직물과 러그가 있었고 그 옆에 양쪽 벽에 열기를 공급하는 낡은 올테니아식 난로가 놓여 있었다. 천정 전체에서 목재 지붕이 멋지게 번들거렸다. 그 장소에는 먼지가 켜켜이 쌓여 있었다. 바르불레스쿠가 은판사진을 연상시키는 고릿적 흑백사진 하나를 손으로 가리켰다. 사진 위에는 "마리아와 안드레이"라는 이름이 쓰여 있었다. 사진 속에는 전통적인 스카프를 두른 여자와 털모자를 쓴 남자가 있었다. 터키령 아나톨리아를 떠올리게 만드는 애처로운 옷차림이었다. 나이 지긋한 부부는 깜짝 놀란 표정을 짓고 있는 것이 몹시 심기가 불편해 보였다. 아주 오래전 과거였으니 사진을 찍는 행위 자체가 놀라운 일이었으리라. "작고한 대통령의 조부모십니다." 바르불레스쿠가 내게 말했다. 그는 차우셰스쿠를 주로 "작고한 대통령"이라고 불렀다. 그의 설명에 따르면 게오르기우데지는 고작 공산당 서기장이었을 뿐이고, 그 이전에는 왕의 칭호를 썼으니, 대통령이라는 호칭은 차우셰스쿠와 함께 시작되었다는 것이었다. 그가 또 다른 사진 한 장을 가리켰다. “알렉산드리나와 안드루타”. 차우셰스쿠의 부모였다. 그들은 더없이 가난한 농노처럼 보였다.

바르불레스쿠는 커다란 그림 한 장을 가리켰다. 처음 체포될 당시 열세 살이었던 차우셰스쿠의 순신한 얼굴이 그려져 있었다. 내가 들은 대로 그 미래의 독재자는 게오르기우데지 같은 사람들과 함께 감옥에서 몇 년을 보내게 될 터였다. 바르불레스쿠가 들려주는 칭송 일색의 일대기에 따르면 그것은 영웅적인 삶이었다. 사진 한 장이 유독 내 마음을 사로잡았다. 차우셰스쿠가 30대 초반이던 1950년인가 1951년에 아주 가까이에서 찍은 얼굴 사진이었다. 결국 몰락으로 이어진 몇 년의 세월 동안, 그리고 그 이후로는 더더욱, 그 독재자는 그저 세상과 단절된 불쌍한 늙은이의 모습으로 세상에 비쳐졌다. 하지만 그 당시 차우셰스쿠는 심각한 환자였다. 그 사진을 보자, 그가 어떻게 최하층 농노에서 공산주의 정권의 최고 권력자 자리까지 올랐는가 하는 미스터리가 풀렸다. 사진 속 차우셰스쿠는 특유의 잘생기고 무시무시하고 강인한 외모를 갖춘, 야생적이고 위엄 있고 카리스마까지 넘치는 지도자의 모습을 하고 있었다.

그런 다음 나는 옆문으로 나가서 마찬가지로 사유지 안에 있는 커다란 주택으로 안내되었다. 역시 서민적인 방식에 따라 섬세하게 꾸며진 집이었다. 바르불레스쿠는 내게 프레첼, 광천수, 음료수를 대접했다. 흐린 날이었는데도 그는 집 안에 불을 켜지 않았다. 우리는 반쯤 깜깜한 상태로 대화를 나누었다.

바르불레스쿠는 삼촌이 통치하던 시절 올테니아 비밀경찰의 지휘관이었기 때문에 언제든 차우셰스쿠가 이 동네에 사냥을 하러 오면 그 독재자를 만날 수 있었다. "전임 대통령께서는 언제나 정중했어요. 화를 내는 법이 없었죠. 종종 슬픔에 잠겨 있기는 했지만요. 그분은 늘 근심에 쌓여 있는 것 같았어요. 한순간도 정말로 살아 있었던 때가 없었던 셈이죠." 실제로 그 독재자는 모든 인간이 자신의 적이라는 사실을 알고 있었다. 그래서 가능한 한 주위 사람들의 요구를 만족시키려고 노력해야만 했다. 그렇지 못할 경우 끔찍한 운명에 처해질 확률이 점점 높아질 것이기 때문이었다. 차우셰스쿠는 참으로 외로운 사내였지만 바보는 아니었다. 언제나 걱정을 할 정도의 분별력이 있었던 것을 보면.

바르불레스쿠가 내게 이야기 하나를 들려주었다.

한 번은 차우셰스쿠가 장관 한 명을 불러 국고에 곡식이 몇 톤이나 있는지 물은 적이 있었다. 장관이 3천만 톤이 있다고 말하자 차우셰스쿠는 이렇게 대답했다. "나는 바보가 아닐세. 난 농노라네. 자네가 3천만 톤이 있다고 대답한다면 그건 천6백만 톤밖에 없다는 뜻이지." 바르불레스쿠는 그 일에 대해 이렇게 설명했다. "정부에서 일하고 있던 우리 아버지 말에 따르면 사실 그때 국고에 있던 곡식은 8백만 톤에 불과했대요. 아버지가 영부인 엘레나한테 그 사실을 간신히 털어놓자, 엘레나가 어찌나 화를 내던지 하마터면 아버지 얼굴에 광천수 병을 집어던질 뻔했다더군요."

독재자의 자리가 얼마나 위태로운지 알 만큼의 지혜는 있었던 차우셰스쿠는 마지막 몇 년 동안은 중대 결정을 내리지 않았다고, 그 결정을 내린 사람은 차우셰스쿠가 아니라 그의 아내 엘레나였다고 바르불레스쿠는 확인해 주었다. 그는 또 엘레나 차우셰스쿠가 "과격했고 늘 화가 나 있었으며 무식했다."는 여러 사람들의 의견 역시 사실이라고 확인해 주었다. 바르불레스쿠는 이렇게 말했던 것이다. "차우셰스크에게 진실을 말하는 것은 대개 문제가 되지 않았어요. 하지만 엘레나에게 진실을 말하려는 것은 정말 좋은 생각이 아니었죠. 그리고 마지막 몇 년 동안에는 차우셰스쿠 옆에 늘 엘레나가 찰싹 붙어 있었고요."

이어서 바르불레스쿠는 1989년 혁명 이야기를 시작했다. 그의 마음속에서는 그 사건이 혁명이 아니라 소련의 사주에 의한 쿠데타였다. "그때 이 나라에는 러시아 첩보원 3천 명이 있었어요. 고르바초프는 CIA의 첩보원이었고요." 그야말로 헛소리요, 최대한 좋게 말해줘야 과장이었다. 거의 냉전 기간 내내 소련 기성 지식인층이 표면적으로는 동지인 루마니아에 깊은 불신을 품고 있었던 것은 진실일지 모르지만, 그것은 그저 차우셰스쿠가 비교적 독립적인 외교 정책을 추진했기 때문만이 아니라, 소련령 몰도바의 바로 옆집인 루마니아에 인종적으로 잠재적인 불안정성이 내재해 있었기 때문이기도 했다. 게다가 러시아인들이 차우셰스쿠의 몰락 이후 좀 더 진보적인 공산주의자들이 권력을 잡을 수 있게 격려하는 등 중요한 도움을 제공한 것도 사실이기는 하다. 그러나 그 모든 원인에도, 그 봉기에서 가장 중요한 점은 그것이 엄청난 규모의 인구가 참여한 사건이었다는 사실이다.

바르불레스쿠는 이야기를 계속했다.

1989년 이래로 그 나라가 “매우 악화”되었다는 것이었다. “우리는 그 사건으로 우리가 갖고 있던 위엄을 잃었어요. 군인 출신이라 그런지 몰라도 저한테는 위엄과 명예가 중요하거든요. 말하자면 무릎을 꿇어야 할 만큼 몰락한 거죠. 차우셰스쿠 시대 내내 루마니아는 진짜 나라다웠어요. 중국, 미국이랑 관계도 좋았고요.” 루마니아가 바르샤바조약기구 회원국이었는데도 말이다. “강력한 러시아는 루마니아한테 좋을 것이 없어요. 러시아가 곧 또다시 다 자기 마음대로 하려고 들 테니까요. 차우셰스쿠는 불리한 지정학적 위치에서 벗어나려고 최선을 다했어요. 차우셰스쿠가 지금껏 권력을 잡고 있었다면 어떤 업적을 이뤄냈을지 누가 알겠어요! 그 분이 세워놓은 저 아파트 건물들을 좀 보세요! 물론, 지금 누리는 언론, 집회의 자유가 참 좋은 것이라는 사실은 나도 인정하지만요.”

바르불레스쿠의 설교는 자기중심적 망상에 불과했지만 그럼에도, 러시아에 대한 그의 두려움 속에 담긴 루마니아 역사의 일반적 맥락은 타당했다. 열강들을 속임으로써 크렘린궁으로부터 약간의 자유를 얻어내고자 했던 차우셰스쿠의 결단력은 실제로, 몇 세기 전부터 보이보드, 왕, 독재자들이 확립해놓은 루마니아 전통과 맞닿아 있었다.

“우리가 지금 있는 이 집, 그 분이 사냥하러 와서 머물던 이 집이 전임 대통령의 진짜 집이었어요. 부쿠레슈티에 있는 거대한 인민궁전이 아니라요. 그 분은 그곳에 사신 적이 없어요.” 어떤 의미에서 바르불레스쿠의 말은 진실이었다. 차우셰스쿠는 마지막 순간까지도 농노였던 것이다. 그리고 병을 심하게 앓고 있던 그 마지막 순간, 그의 운명은 그보다 상황 판단이 늦되 앙심으로 똘똘 뭉친 또 다른 농노의 손에 달려 있었다. 바로 그의 아내 엘레나.

며칠 뒤 나는 흑해 연안 차우셰스쿠의 여름 별장 의전실에 앉아 있었다. 그 별장의 이름은 '넵툰Neptune', 즉 '해왕성'이었다. (그 겉치레용 별장에 그런 바보 같은 이름을 붙인 것은 공산주의자들이었다.) 예전에 차우셰스쿠 정부에서 외교부 관리를 지낸 사내가 나에게 별장 내부 구조를 상세히 안내해 주었다. 그 거대한 사각형 건물을 빙 둘러 정원이 조성되어 있었는데, 예전에는 그 정원에 양어장도 있었다고 했다. 방탄 유리창을 통해 보면 건물 사면 너머로 자작나무, 떡갈나무, 소나무가 빽빽한 숲이 펼쳐져 있었다. 널찍한 복도를 따라가니 미팅과 연회가 열리는 방이 나왔다. 차우셰스쿠 시대에 제작된 카펫이 깔려 있고 후임 대통령들이 그 시설을 이용하면서 최근에 여러 개 붙박이 가구를 설치했다는데도 가까이에서 자세히 들여다보니, 가파른 각도, 질 낮은 석재 등 그 건축물이 얼마나 돈만 많이 들어가고 제값만큼 멋은 없는 건물인지 알 수 있었다. 무슨 까닭에서인지, 믿을 수 없을 만큼 거대한 책상이 놓인 차우셰스쿠의 집무실은 예전 상태 그대로 보존되어 있었다. 게다가 테이블 위에는 레닌, 마르크스, 엥겔스의 전집까지 구비되어 있었다. 바로 옆방이 차우셰스쿠가 팔레스타인 해방기구 초대 수반인 야세르 아라파트Yasser Arafat(1929-2004)와 닉슨 대통령Richard Nixon(1913-1994)을 비롯해 세계의 여러 지도자들을 만난 방이었다. 내가 평생 겪은 바에 따르면 거창한 곳에 고립되어 있는 것, 토론을 하고 명령을 받고 중대한 결정을 내리기 위해서 새 물건으로 치장된 화려한 풍경 속에 억지로 감금되어 있는 것보다 더 큰 긴장을 낳는 것은 없다. 상상만으로도 숨이 막혀 죽을 것 같은, 속담처럼 코끼리가 가슴팍에 올라앉아 있는 것 같은 기분이었다. 나는 메릴랜드 주에 있는 미국 대통령 별장 '캠프데이비드Camp David'에 가본 적이 있었다. 소박하면서도 고상한 소형 목재 오두막집으로 구성된 캠프데이비드는, 그곳에서 얼마나 긴장감 넘치는 모임이 열리든 실제로 스트레스를 줄여주는 효과가 있었다. 그에 비해 '넵튠'은 사람을 겁먹게 만드는 힘만 마음껏 뿜어내고 있었다. 차우셰스쿠가 그 은신처를 지은 것은 공산당 서기장에 오르고 나서 2년이 흐른 뒤인 1967년이었다. 문만 열고 나가면 수영장과 볼링장과 온갖 편의시설이 갖추어져 있는 게오르기우데지의 별장은 자신을 위한 것이 아니었기 때문이다. 철저한 야심가이자 교육을 제대로 받은 적 없는 일벌레 차우셰스쿠는 진지하게 사업을 진행할 장소가 필요했다. 그렇다면 실제로 그곳에 다른 전제군주의 여름 휴양지와 다른 점이 있어야 할 것 아닌가? 실은 별로 그렇지도 않았다. 하지만 그래도 부쿠레슈티에 있는 펜타곤 사이즈의 인민궁전처럼 마냥 크기만 한 것은 아니었다. 집권 말년에 세워진 그 인민궁전은 그녀가 지은 것이었던 반면, 그 은신처는 아직 그가 지은 것이었기에.

러시아의 소설가 알렉산드르 솔제니친Aleksandr Solzhenitsyn (1918-2008)은 이런 말을 남겼다. 젊은이를 숭배하는 나라는 파멸을 맞이하는 반면, 조상을 숭배하는 나라는 몇 세대에 걸쳐 번영을 누린다고. 나는 특히 루마니아의 경우 노인들이 가치 있는 존재라고 생각한다. 그들은 들려줄 진짜 이야기를 너무나 많이 알고 있는 존재들이기 때문이다. 그들은 실제로 과거를 경험한 사람들이기에 수많은 젊은이들이 그러듯 과거를 향한 거짓 향수병에 걸리는 일이 거의 없다. (바르불레스쿠 같은 예전 체제 수호자들의 가족이나 친구는 예외지만.)

그래서였을까, 나는 부쿠레슈티 근처 시골 문테니아 지방의 전통적인 가정을 찾아다녔다. (그곳에서는 기차나 자동차로 여행을 할 때면 사방에 똑같은 풍경이 빙 둘러져 있어서 종종 방향감각을 잃고는 했다.) 그런 가정의 저녁 메뉴는 추이커, 편육, 구운 돼지고기, 집에서 담근 포도주, 터키식 디저트인 바클라바Baklava였다. 흑백 가족사진이 자랑스럽게 걸려 있는 집 안에는 고전 음악과 민속 음악의 멜로디가 혼합된 루마니아 음악이 배경처럼 흘렀다. 안주인은 근심과 절망의 수십 년을 이겨낸 승리의 미소를 지어 보였지만, 주인은 강철같이 굳센 눈빛을 하고 있었는데도 힘들었던 예전 기억 이야기를 꺼내면서 안색을 흐렸다.

그는 어린 소년이었던 시절 문테니아 동부의 농노였던 할아버지 곁, 쟁기를 끄는 두 마리 말 사이에 서 있던 자신의 모습을 기억하고 있었다. 그 시절 자신이 얼마나 잘 웃었는지, 얼마나 행복한 소년이었는지 그는 영원히 잊을 수 없을 것이라고 했다. 그런데 어느 날 공산주의자들이 마을로 들어왔다. 게오르기우데지 시대의 시작이었다. 그들은 사무적인 태도로 말했다. 농노들은 모두 농기구를 집단농장에 양도해야 한다고. "놈들이 농기구를 빼앗아가자 우리 할아버지는 소리를 지르며 울었어요. 할아버지한테는 농기구가 하나의 도구요, 가장 자랑스러운 소유물이었으며, 자신을 규정하는 가장 중요한 사물, 수십 년간 모아온 수집품, 특정 원칙에 따라 살뜰하게 돌보아온 애장품이었거든요. 농노들한테는 농기구가 전 재산이었단 말입니다."

주인은 이렇게 덧붙였다. "게오르기우데지는 한 마디로 말해서 엄청난 인구의 사람들을 뭉개버린 철저한 폭군이었어요. 그 다음 차우셰스쿠는 북한 놈들이나 하는 짓거리를 우리한테 한 인간이고요." 그런 분석은 할 필요도 없었다. 한때 행복했던 소년이 굴욕을 당하는 할아버지를 지켜보는 장면은 비교적 흔한, 그리고 다소 일방적인 장면이었지만 그 장면 속에는 그들에게 일어난 일의 진짜 깊이가 담겨 있었다. 그리고 그 장면은 어마어마한 악몽으로 불쑥불쑥 생생하게 되살아나 그들에게 훨씬 더 큰 공포를 안겨 주었다.

이온 일리에스쿠(1930-)

한평생 공산주의자로 살았다. 차우셰스쿠가 처형된 뒤 권력을 이어받아 1990년대 초반 그 나라를 안정시켰지만, 동시에 꼭 필요한 개혁도 지연시켰다. 결과적으로 루마니아는 경제 발전 면에서 다른 공산주의 국가들보다 훨씬 뒤떨어지게 되었지만, 그 덕분에 루마니아가, 유고슬라비아가 겪은 인종적 내전도, 알바니아와 불가리아가 겪은 무정부 상태도 피할 수 있었다는 주장도 가능하다. 일리에스쿠는 1989년 루마니아의 혁명이, 강경노선을 지향하는 공산주의자들로부터 훨씬 진보적인 공산주의자들에게로 권력이 옮겨간, 다른 나라의 권력 이양보다도 훨씬 덜 과격한 혁명이었음을 잘 보여주는 인물이며, 1990년에 그 나라에 진짜 민주주의 정권이 들어설 수 있게 앞서 길을 닦아놓은 인물이기도 하다.

루마니아의 전임 대통령 이온 일리에스쿠가 내게 말했다. "차우셰스쿠는 한계가 매우 많은 인간이었다는 사실을 이해해야 합니다. 그 사람은 겨우 초등학교 교육밖에 받지 못했답니다." 그래서 시간이 흐르고 스스로 권력을 잡자 차우셰스쿠는 "오직 자신에게 더없이 순종적인 공산주의자들만 승진시켰다." 그와 그의 아내에게 반대할 가능성이 있는 자들은 결코 높은 자리에 오를 수가 없었다. 인구 전체가 철저하게 "저급화"된 1980년대의 무대 배경은 딱 그랬다. 1989년 12월 차우셰스쿠가 군대와 경찰에게 티미쇼아라와 부쿠레슈티의 반역자들을 향해 발포하라는 명령을 내리자, "대중은 그들을 처형하기로 결정했다." 그리고 그 결정에는 "이견이 전혀 없었다."고 결정 과정에서 모종의 역할을 직접 수행했던 일리에스쿠는 내게 말했다.

(차우셰스쿠 시대 존재했던 수정주의자 가운데 가장 진보적이었던) 수정주의 공산주의자 일리에스쿠는 1990년부터 1996년까지, 그리고 다시 2000년부터 2004년까지 루마니아 대통령으로 재직했다. 일리에스쿠가 루마니아의 포스트 냉전시대를 다룬 이 장에서 가장 중요한 위치를 차지하게 된 것은 그의 긴 재임 기간 덕분이다. 대통령으로서 첫 번째 재임 기간 동안 일리에스쿠가 나라를 후퇴시키고 제도적 개혁을 반복적으로 지연시켰다는 것이 루마니아 국내의 평이었다. 베를린 장벽이 무너진 뒤 계속된 몇 년 동안의 어수선한 분위기 속에서 바르샤바조약기구 예전 가입국이었던 중유럽의 다른 나라들이 경제적으로 치고 나가는 동안 루마니아가 계속 뒤처져 있게 내버려 두었다는 것이었다. 수십 년 동안, 특히

차우셰스쿠가 북한을 방문한 이래로 스탈린주의를 계속 표방하고 있었기 때문에 1990년대 전반기 동안 일리에스쿠 치하에 놓여 있던 루마니아는, 진보적인 고르바초프의 영향권 아래 놓여 있던 다른 공산주의 국가들만큼 자본주의화되지 못했다. 1989년 가을 고르바초프의 소련은 일리에스쿠, 작고한 실비우 브루칸 등 차우셰스쿠에게 반대하는 개혁적인 공산주의자들에게 지원을 제공한 것으로 기록되어 있고, 일리에스쿠를 향한 비판은 모두 그 사실에 기인한 것이었다. 루마니아 혁명은 차우셰스쿠의 스탈린주의가 점점 더 파렴치해지고 있었던 터라 그해 소련이 암암리에 지원을 제공한 유일한 동유럽 혁명으로 여겨진다. 비록 과장이 너무 심하기는 했지만 바르불레스쿠는 이런 사실을 지적한 것이었다.

일리에스쿠의 굉장히 느린 접근법에 대한 또 다른 해석은, 그것이 1990년대 초반 체제 안정성을 강화하려던 그의 의도에서 비롯되었다는 견해이다. 일리에스쿠는 루마니아가 이웃나라 유고슬라비아의 또 다른 버전이 되는 것을 막았다. 루마니아와 국경을 맞대고 있는 이웃나라 유고슬라비아는 그가 대통령으로서 지낸 첫 임기 6년 내내 인종적 내전을 벌이고 있었던 것이다. 통치자들은 종종 특별한 업적이 별로 없어도 더 나쁜 악재가 일어나지 않게 막으면 성공한 것으로 평가된다. 일리에스쿠는 내게 말했다. 트란실바니아 지역에서 끊임없이 일어나고 있던 헝가리와의 인종적 분쟁, 그리고 "전반적인 무정부 상태"야말로, 1989년 차우셰스쿠 처형 이후 이용 가능한 제도적 장치는 거의 없고 십여 개의 새로운 정당만이 난립한 가운데 도시와 시골 양쪽 지역 모두에서 극심한 가난을 겪고 있던 루마니아에게 확실한 기회였노라고. 원래 독재가 가혹하면 가혹할수록, 그 뒤에 더 극심한 권력 공백이 뒤따르는 법이다. 그래서 일리에스쿠는 그 나라를 하나로 통합하는 것이 자신의 주된 임무라고 생각했다. 루마니아에 필요한 인물은 민주주의자라기보다 과도기 성격을 띤 시행한 인물이었던 것이다. 영국의 보수주의 정치 철학자 에드먼드 버크Edmund Burke(1729-1797)의 말을 떠올려보라. 그의 주장에 따르면 속도 조절, 즉 설사 뭔가를 청산하는 것이 도덕적으로 옳다고 해도 갑작스럽게 청산하기보다는 사회의 근간을 유지한 채 그 사회를 점진적으로 더 낫게 변화시키는 것이 바로 개화된 보수의 본질이다.

1990년 루마니아인들은 바츨라프 하벨* 대신 일리에스쿠를 선택했다. 일리에스쿠는 린든 존슨Lyndon Johnson(1908-1973, 재임 1963-1969)의 공산주의자 버전, 그러니까 사상가나 이상주의자가 아니라 책략에 능한 정치가였다. 내가 느낀 바에 따르면 그는 말하는 것에 딱히 흥미가 없는 사람, 툭하면 얼버무리기 일쑤인 사람,

* 바츨라프 하벨Vàclav Havel(1936-2011, 재임 1990-1992, 1993-2003)
체코의 극작가, 반체제 운동가, 대통령. 프라하의 부유한 지식인 집안에서 태어났다. 1948년 체코슬로바키아가 공산화되면서 부르주아 가문 출신이라는 이유로 인문학 고등교육을 받을 기회를 박탈당했다. 하벨은 홀로 체코 민족문학을 공부하며 희곡, 시 집필에 몰두했다. 공산주의 체제 아래 인간의 가치에 주목한 작품들로 국제적인 명성을 얻으며 체코슬로바키아의 대표적 반체제 작가로서 입지를 다졌다. 1968년 '프라하의 봄'으로 알려진 민주화 운동에 바르샤바조약기구가 무력을 행사해 제동을 거는 모습을 목격하고 본격적으로 정치 활동에 뛰어들었다. 1985년 개혁적인 고르바초프가 소련 정권을 장악하자 동유럽에서 도미노처럼 민주화 운동이 일어났는데, 1989년 11월 체코슬로바키아에서도 학생들이 민주화 시위를 벌

그러면서도 권력이 무엇인지, 결정적인 순간에 어떤 단추를 눌러야 하는지 잘 아는 사람이었다. 일리에스쿠는 플라톤이 지도자의 이상형으로 제시한 철인왕哲人王과 거리가 먼 사람이었다. 1949년 모스크바에서 공부한 학문 역시 수력발전 기술에 관한 것이었다. 그의 아버지는 공산주의자. 제2차 세계대전 중 루마니아에 친나치 정권이 들어서 있었을 때 게오르기우데지, 차우셰스쿠와 함께 수감생활을 한 인물이었지만 말이다. 내가 일리에스쿠로 하여금, 제2차 세계대전 종전 후 러시아가 실질적으로 루마니아를 점령하는 바람에 루마니아의 몰락이라는 최악의 역사적 비극이 초래되었다는 분명한 사실을 인정하게 만들려고 애쓰자 그는 이렇게 대답했다. "그렇지 않았다면 상황이 더 나빠졌을 수도 있어요." 루마니아가 군부 파시즘 정권을 몰아내고 "편을 바꾸어" 연합군을 위해 싸우지 않았다면, 모스크바가 루마니아를 훨씬 더 잔인하게 대했을

= 였고 집권 당국이 이를 무력 진압하자 시민들은 '시민 포럼Civic Forum'이라는 단체를 축으로 조직적 봉기를 일으켰다. 결국 공산정권은 무너졌고 1989년 12월 29일 공산주의 연방의회는 '시민 포럼'의 핵심 인물이었던 하벨을 대통령으로 선출했다. 41년 만에 민주적 투표로 선출된 비공산주의자 대통령 하벨은 피 흘리지 않고 평화적으로 이루어낸 그 혁명을 '벨벳혁명'이라 불렀다. 1992년 체코와 슬로바키아의 분리 사태에 책임을 지고 대통령직에서 물러났다가, 1993년 분리된 체코의 초대 대통령으로 출마해 당선되었고, 다음 선거에서도 당선되어 2003년까지 체코의 대통령으로 재직했다. 1999년 체코의 북대서양조약기구 가입을 이뤄냈고 2004년 유럽연합 가입의 초석을 마련했다. 2003년 정계에서 은퇴한 뒤로는 유럽 공동체를 비롯해 전 세계 인권운동 지지활동을 적극적으로 전개했으나 2011년 지병인 폐종양 합병증으로 사망했다. 하벨의 장례는 체코 공화국 최초의 국장으로 치러졌고, 하벨의 타계 소식에 전 세계 지식인, 지도자들은 일제히 깊은 애도의 뜻을 표했다.

것이란 이야기였다. 나는 그 말이 의심스러웠다. 루마니아 군대가 스탈린그라드 전투 당시 나치 편에서 격렬하게 싸운 것은 물론, 한술 더 떠 원래 소련 영토였던 트란스드니에스트리아와 오데사 지방은 말할 것도 없고 한때 소련령이었던 베사라비아까지 점령했던 터라, 종전 후 처분을 세고해 달라는 루마니아인들의 말에 스탈린의 마음이 움직였을 리 만무하다는 주장도 가능하기 때문이다. 스탈린의 눈에는 루마니아가 여전히 적군 전투원이었다. 그리고 그것은 자명한 사실이었다. 더욱이 1940년대 후반부터 1950년대에 이르기까지 공산주의자들에 의해 자행된, 루마니아 사회를 침몰시킨 파괴를 감안하면, 정말로 그 나라의 상황을 그보다 더 확실하게 망가뜨리는 일이 어떻게 가능했겠는가?

그래도 일리에스쿠는 가끔씩 남의 말에 귀를 기울일 줄도 아는 사람이었다. 83세의 나이였는데도 태도로 보나 외모로 보나 어찌나 활기차고 우아하던지. 진짜 생명력 넘치고 실제 나이보다 훨씬 정정한 노동자 계급 출신 원로 정치가로서 새로이 정당성을 발견하는 일을 확실하게 즐길 줄 아는 그는, 1990년대에는 무정부 상태에 대항한 하나의 세력이었으며, 두 번째 대통령에 당선된 2000년대에는 개혁을 지향한 하나의 세력이었던 인물이다.

일리에스쿠는 카롤 2세가 다스리던 전간기에 어린 소년이었다. 카롤 2세가 부패한 인물, 관습적인 관점에서 보자면 비도덕적이고 뚜렷하게 권위적인 성향을 드러내 보인 인물이었다는 사실은 거의 전 세계에 다 알려져 있었는데도, 일리에스쿠는 그 군주가 일류 지식인이었다고 힘주어 말했다. 카롤 2세는 왠지 몰라도 그렇게 대중적으로 인기가 있는 왕이었다. 그의 기행과 연애 때문에 오히려 루마니아 국민들이 카롤 1세보다 그에게 더 친근감을 느낀 모양이었다. 카롤 1세는 루마니아의 국가 기틀을 마련한 위대한 통치자였음에도 국민들 눈에는 정 없는 프로이센 사람이었던 것이다. 일리에스쿠는 원칙적인 군국주의자 이온 안토네스쿠(122쪽 각주 참조)에 대해서는 그저 정치적 면역력이 너무 약해서 나치에 맞서지 못한 것이라고만 말했다. 스탈린그라드 전투 이후 생각이 바뀌기는 했지만, 안토네스쿠는 나치의 동맹으로서 히틀러와 독일, 오스트리아, 동프로이센 등지에서 십여 차례 회동을 갖는 등 스스로 원해서 그 관계를 맺었던 것이었는데도 말이다. 실제로 연합군 편으로의 전환 선언은 안토네스쿠의 다음 정권이 해야만 했다. 일리에스쿠는 안토네스쿠의 입장 변화를 심각하게 받아들이지 말라고 내게 경고했다.

안토네스쿠가 이미 처형당한 1940년대 후반, 청년이었던 일리에스쿠는 스탈린 체제 막바지라 정치적 분위기가 굉장히 전체주의적이었는데도 과학과 문화에 대한 심야 토론이 활성화되면서 잔칫집처럼 활기를 띠고 있던 모스크바에 가 있었다. 일리에스쿠는 그렇게 오랜 세월이 흘렀는데도, 이제는 존재하지도 않는 소련을 철저하게 비난만 하고 싶지 않다는 뜻을 분명히 했다.

일리에스쿠는 차우셰스쿠에게, 스탈린이 살아 있었다면 절대로 스스로 용납하지 않았을 스탈린주의자라는 딱지를 붙였다. 동유럽 위성국가들의 한심한 수준에서 보자면 차우셰스쿠가 너무나 독립적인 외교 정책을 시행했기 때문이었다. 하지만 1964년 소련 공산당 당수에 오른 레오니트 브레주네프는 "차우셰스쿠를 싫어했는데도 그를 인정했다." 차우셰스쿠의 스탈린주의가 루마니아로 하여금 바르샤바조약기구를 탈퇴할 시도를 못하게 만드는 일종의 보험 역할을 하고 있다는 사실을 알고 있었기 때문이다.

그때 일리에스쿠는 유럽연합과 북대서양조약기구의 쇠퇴, 그리고 막대한 탄화수소 자원을 보유한 블라디미르 푸틴 시대 러시아의 부상을 염려스러워 했을까? (그때가 우크라이나 사태가 발발하기 불과 몇 달 전이라 그 답이 아직 분명하게 정해져 있지 않던 때였다는 사실을 기억하라.) "아뇨. 푸틴은 스탈린이 아닙니다. 심지어 브레주네프도 못 되는 걸요. 그리고 현재의 유럽은 1930년대 유럽이 아닙니다. 아니, 1950년대 유럽에도 못 미칠 걸요. 어쩌면 이제 지리적 조건이 루마니아에게 유리하게 작용할지도 모릅니다. 거리상 중동이랑 가까워서 미국한테 효용 가치가 있을 테니까요."

루마니아의 기차는 승객을 과거로, 철과 흙먼지의 세상, 역겨운 기름 냄새가 나는 세상, 상처받은 표정으로 종이봉투를 든 사람들의 세상으로 데려간다. 그 사람들 중에는 누더기를 걸친 거지와 행상인들도 있다. 정지화면 같던 공산주의의 빈곤을 상기시키는 이전 시대에서 튀어나온 모습들이다. 저예산 항공 국내 항로가 이미 무수히 생겨난 상황인데도 기차는 여태 그 모양이다. 낡은 인프라가 새로 생긴 인프라를 따라잡을 수 있을 만큼 충분히 보수되지 못했기 때문이다.

나는 부쿠레슈티를 출발해 정동향에 있는 콘스탄차로 가는 길이다. 차창 밖에는 작은 구릉도, 그 밖에 다른 티도 없는, 곡식밭이 정확하게 구획된 수학적 평면이 펼쳐져 있다. 들판이 하늘을 향해 너무나 활짝 드러나 있어서, 천국과의 불가해한 거리마저 그것을 알고자 하는 이에게 모습을 드러내 대답하는 것 같다. 제국을 가로지르는 중심부에 이렇게 비옥한 평원이 드러나 있는 곳은 이 지역을 빼면 메소포타미아 평원이 유일하지 않을까. 매번 여행을 할 때마다 왈라키아 풍경을 보면 나는 이렇게 여지없이 가슴이 저려온다.

서쪽에서 동쪽으로 흐르는 다뉴브 강은 왈라키아 동부에서 갑자기 북쪽으로 꺾어지면서 두 개의 지류로 갈라진다. 그중 첫 번째 지류는 페테슈티Fetești에서 만난다. 절제된 물푸레나무 빛 같은 푸른색이 새로운 지역이 시작되었음을 알린다. 강둑 맞은편으로 상수리나무와 너도밤나무가 숲처럼 들어선 늪지가 펼쳐져 있다. 곧 두 번째 지류가 나타난다. 물 흐르는 속도가 놀라울 정도로 느려서 수면이 평평한 판처럼 보인다.

기차는 체르나보더Cernavodă에서 멈추었다. 1981년 떠났던 또 다른 기차 여행이 떠오른다. 그때 나는 원자력 발전소 건설 현황을 보려고 부쿠레슈티를 출발해 하루 일정으로 여행을 떠났었다. 어디에나 포장되지 않은 진흙 길만 펼쳐져 있는 풍경에 방향감각을 잃어서였을까, 나는 그 여행을 흑백으로 기억하고 있다. 바깥 기온에 맞지 않게 얇은 옷차림을 한 노동자들이 희망 없는 표정으로 칙칙한 분위기에 싸인 채, 근무 교대를 마치고 건설현장에서 내려와 쌀쌀한 겨울 날씨 속에 신선하지 않은 빵과 쥐꼬리만큼의 음식이라도 얻으려고 줄을 섰었다. 노동자들의 체취에는 매실주 향이 섞여 있었다. 나는 그곳에서 게오르기우데지와 차우셰스쿠의 굴락gulag, 즉 강제노동 수용소의 한 단면을 목격했었다. 다뉴브 강과 흑해를 잇는 엄청난 수로를 건설한 이들은 수십만 명의 죄수 노동자들이었다. 내가 이스라엘을 떠난 지 채 1주일도 되지 않았던 그날, 나는 미디어가 진짜 역사가 만들어지는 현장의 이야기를 놓치고 있다는 사실을 다시 한 번 절감했었다.

계속 동쪽으로 이동하자 체르나보더 너머로 높이는 낮지만 조각처럼 깎아놓은 언덕들이 나타났다. 쭉쭉 뻗은 사지 같은 그 언덕들은 단조로운 평원에 변화를 주고 있었다. 다양한 타타르족과 불가리아 부족의 활동무대였던 소小 스키타이 지방 도브루자는 비잔티움 제국, 오스만 제국, 러시아 군대의 침략을 차례로 겪었다. 도브루자는 예전에 다키아인과 가까운, 그리고 이란계 스키타이인과 가까운, 트라키아 사람들, 게테족의 거주지였다. 그리스정교 성당의 은색 돔과 함께 단순한 로켓 형태의 튀르크 사원 뾰족탑이 풍경을 수놓고 있었다. 그 이전에는 번갈아가며 불가리아인들과 비잔티움 제국의 직접 지배를 받던 그 지역은 1417년부터 1878년까지는 오스만튀르크의 지배를 받았다.

나는 콘스탄차에서 어렴풋하게 우울한 감수성과 자극적인 혼란스러움 두 가지를 동시에 느꼈다. 그것은 불가리아의 바르나Varna, 터키의 트라브존Trabzon, 조지아의 바투미Batumi 등 수십 년 넘게 내가 돌아다닌 흑해 연안의 다른 항구도시에서도 느낀 익숙한 감정이었다. 지저분하고 우아함이라고는 찾아볼 수 없는 그 도시들은 고압적인 러시아와 변덕스러운 근동 사이의 불안한 지질구조판 위에 떠 있는 장소들이었다. 콘스탄차에 오자 루마니아가 지리적으로 비교적 '터키-아랍-페르시아-아프간' 세계와 가깝다는 사실이 떠오르면서, 정말로 일리에스쿠가 지적했듯 그런 점에서 이 나라가 미국에게 지정학적으로 쓸모가 있을 것이란 생각이 들었다. 실제로 루마니아는 (CIA의 '비밀 기지'나 단기 유치장 노릇을 해온 것은 물론) 9·11 테러가 일어난 뒤로 10여 년간 다양한 미군 원정대의 기착지로 명성을 떨쳐 왔다. 루마니아 지도자들은 내심 북대서양조약기구를 전적으로 믿지 않았기 때문에 러시아로부터 자국을 보호하려면 미국과 특별한 안보 관계를 유지할 필요가 있었던 것이다.

콘스탄차는 루마니아의 발전에 결정적인 역할을 한 지역으로 평가된다. 2013년 가을, 콘스탄차 전역에서는 파괴, 방치, 엄청난 규모의 도시 재개발이 진행 중이었다. 그 결과, 기관총 대신 드릴과 톱이 쓰였을 뿐 전쟁영화의 배경이나 다름없는 풍경이 펼쳐져 있었다. 중심가 대로조차 통행이 불가능했고 두꺼운 먼지 막이 모든 것을 뒤덮고 있었는데, 그중에서도 특히 로마의 초대 황제 아우구스투스Augustus(BC 63-AD 14)의 명령으로 AD 8년 그곳(고대시대에 '토미스Tomis'라고 불렸던 항구도시)에서 귀양살이를 한 로마의 시인 오비디우스Ovidius(BC 43-AD 17)의 유명한 동상 주변에는 먼지가 켜켜이 쌓여 있었다. 여럿이 모여 함께 식사를 즐길 수 있는 몇 개 안 되는 중심가 식당들도 모두 판자로 막혀 있었다. 하지만 그것 역시 하나의 진보였다. 연안에 상당히 많은 양의 에너지 자원이 매장되어 있는 만큼, 그곳에서는 유럽연합이 투자한 발전기금으로 거대한 근대적 복합 항구 단지와 세계 무역센터가 건설되는 중이었다. 그 공학적 대혼란은 콘스탄차가 맥박이 뛰는 도시로 다시 태어나려면 반드시 필요한 과정이었다. 그리고 그 도시가 몇 년 안에 알아볼 수 없을 만큼 변모하리라는 사실을 나는 잘 알고 있었다.

회반죽이 여기저기 마구 발라져 있는 어마어마한 규모의 건설현장 사이사이로 터키와 타타르 사원, 그리스정교와 루마니아정교 성당의 뾰족탑과 경쾌한 은색 돔이 번득였다. 특히 스카이라인 전체를 장악한 것은, 1913년 카롤 1세가 이집트 비잔티움 양식으로 건축해 무슬림 공동체에게 헌정한 거대한 사원의 콘크리트 형체였다. 콘스탄차는 역사적으로 볼 때 그렇게 늘 소수민족들의 세계주의적 항구도시, 말하자면 알렉산드리아나 스미르나(105쪽 각주 참조)의 축소판이었다.

예컨대, 루마니아 타타르족 민주 연합 회장 게릴 에세르게프Geril Eserghep의 말에 따르면, 러시아-터키 전쟁 결과 체결된 평화협정의 일환으로 루마니아가 도브루자 북부 지방을 할양받던 1878년 당시 그 지역 인구의 55퍼센트가 튀르크족이나 타타르족이었다고 한다. 현재에는 불과 루마니아에 4만 5천 명밖에 남아 있지 않은 타타르족은 몽골 북부에서 이주해온 종족으로 '황금 군단the Golden Horde'을 통해 혈통을 이어받은 칭기즈 칸의 직계 후손들이었다. 어느 날 저녁, 내가 콘스탄차에서 만난 에세르게프는 전형적인 짙은색 둥근 얼굴과 약간 몽골인 같은 체형을 하고 있었다. 그는 19세

카롤 1세 호헨졸레른-지그마링겐
(1839-1914)

독일 태생의 왕은 슈테판 대왕의 재위기간보다 1년 더 긴 48년의 재위기간 동안 말 그대로, 루마니아를 삐거덕거리는 왈라키아와 몰다비아 연합 공국이라는 형태를 넘어선 근대적 제도를 갖춘 국가로 탈바꿈시켰다. 그래서 오늘날 루마니아의 아버지로 추앙된다. 부쿠레슈티 중앙광장에 가면 그의 동상이 우뚝 서 있다.

기 후반부터 제2차 세계대전 직전까지, 이제는 그곳에서 대부분 사라지고 없는 그리스인, 아르메니아인, 유대인, 독일인, 불가리아인, 그리고 자신 같은 기타 소수민족들이 모여 살았던 도시 이야기를 마음껏 들려줌으로써 나를 기쁘게 만들었다. 그중 불가리아인들은 1940년 루마니아가 도브루자 남부 지방을 불가리아에 반환하면서 일어난 인구 대이동에 따라 그 지방을 떠났고, 독일인들은 제2차 세계대전 이후에 그 지방을 떠났으며, 유대인 공동체에 남아 있던 사람들은 공산주의 시대를 지나면서 서서히 그 지방을 떠났다. 현재는 진행 중인 도시 재개발로 그곳이 사실상 사람이 살 수 없는 곳이지만 결국은 그것 덕분에 다양한 문화적 삶이 어우러진 풍요로운 도시로 회귀할 것이라고 에세르게프는 예언했다. 콘스탄차가 계속 한 세기 전과 똑같은 모습을 하고 있을 리가 없을 것이란 이야기, 그러니까 그 도시는 지금 그런 방향으로 회귀하는 도상에 놓여 있는 것이 틀림없다는 이야기였다.

그 지역 튀르크족 공동체의 지도자 세린 투르코글루Serin Turkoglu도 그와 아주 흡사한 이야기를 내게 들려주었다. 공산주의가 도브루자 지역 내 3만 2천 튀르크족 공동체의 삶을 어떻게 파괴했는지, 요즘에는 학교에서 주당 몇 시간씩 터키어나 이슬람교에 대해 배울 수 있는 것과 달리, 그 당시에는 어떤 방식으로 터키어를 가르치거나 공식적으로 이슬람이란 종교를 가르치는 행위가 불법으로 규정되었는지에 대해서 말이다. 그녀는 이렇게 말했다. 엄밀하게 말하자면 요즘의 위험요소는, 오히려 튀르크 문화가 너무나 공공연하게 표현되고 있는 나머지 젊은 세대가 그녀 자신이 냉전

기간 내내 겪었던 일에 대해 진지하게 기억할 줄도, 변화된 현실에 감사할 줄도 모르는 것이라고. "요즘 젊은이들은 전통보다는 모든 것을 제공하는 동시에 모든 것을 지워버리는 세계 문화에 관심이 훨씬 더 많아요."

나는 택시를 타고 남쪽 만갈리아Mangalia로 향했다. 그곳은 거의 반세기 전 공산주의 시대에 흑해 연안 불가리아와의 국경선 근처에 세워진, 건축적으로 별 특징 없고 흉물스럽게 크기만 한 도시였다. 그 도시 전체를 통틀어 사랑스러운 건물이라고는 딱 한 개, 튀르크 술탄 술레이만 대제의 손녀가 1573년 건립한 에즈마한 술탄 모스크Esmahan Sultan Mosque뿐이었다. 그 모스크는 잘 깎아 다듬은 석조 열주와 뾰족탑, 자갈이 깔린 지붕, 복잡한 가공 공정을 거친 목재, 티끌 하나 없는 다홍색 카펫 등의 장식으로 유명했다. 사원 건물 주변은 온통 통렬하게 웃자란 튀르크족 공동묘지였다. 몇 년 전 사원 전체를 싹 보수했다고 했다. 그것은 거대한 건축물도, 극적인 건축물도 아니었지만, 그 나름의 방식대로 세워진 완벽한 건축물이었다. 정오 기도시간 직전, 건물 밖에서 20여 명의 터키 남자들이 대화를 나누고 있었다.

나는 루마니아의 미래가 밝아지려면 그 미래가 그런 진짜 미학에서 비롯되어야 한다고 생각한다. 아름다움이 곧 자유이고, 흉측함이 곧 압제이기에. 나는 콘스탄차도 몇 년 안에 본래 모습을 꼭 되찾기를 기원했다.

흑해 연안에 다다른 지 얼마 지나지 않아, 이제 나는 서쪽에서 동쪽으로 흐르는 드넓은 다뉴브 강이 갑자기 격렬하게 굽이치는 지우르지우에 도착해 있었다. 강둑 맞은편은 불가리아 영토로, 그곳은 오스만 제국, 튀르크 슬라브족 국가의 심장부였다. 불가리아의 역사에 대해서 루마니아인들은 비교적 무심했다. 자기네 과거에는 그토록 집착하면서 말이다. 강 양편에서 진행되고 있는 흉측한 산업화는 근대화가 아니라, 풍요로웠던 19세기에 비교되는 현대의 빈곤을 보여주고 있었다. 19세기에는 1,100킬로미터가 넘게 뻗은 강 위로 위풍당당한 다리가 무수히 세워질 정도로 부다페스트가 부유했던 것이다. 나는 40년 전 나의 첫 중유럽과 동유럽 여행 때 루마니아에서 불가리아로 걸어 건넌 볼품없는 다리를 유심히 살펴보았다. 세월이 흘렀는데도 내가 기억하고 있던 그 모습과 너무나 똑같았기 때문이었다. 잠시 동안 나는 다시 스물한 살 청년으로 되돌아간 기분이었다.

지우르지우는 가혹하고 고통스러운 직사각형의 도시였다. 공산주의 시대 그 도시의 인구 대부분은 아무렇게나 내부구조가 설계된 콘크리트 공동 숙소에서 살았다. 그것은 유럽이 아니라 아나톨리아를 떠올리게 만드는 단층짜리 직사각형 건물이었다. 인간 정신에 상처를 주는 그런 저급한 도시화 더미 속에서, 루마니아의 반대쪽 끝 지방, 그러니까 헝가리, 우크라이나와 최북단 국경선을 맞대고 있는 마라무레슈Maramureş 지방 식으로 지붕을 가파르게 겹겹이 쌓아올린 전통적인 고딕 양식 성당을 발견하고 나는 말문이 막혔다. 소나무로 지은 그 건축물이 내 눈에는 어찌나 부드러워 보이던지. 그런 현상을 몽상이라고 해야 할까? 아니면 착시현상이라고 해야 할까?

나는 콘크리트 건물들 사이 잡초가 우거진 늪지를 지나 성당 쪽으로 다가갔다. 그 목조 보물의 계단을 오르다가 그리스정교 사제복 위에 검은색 민소매 울 조끼를 걸쳐 입은 성직자를 우연히 만났다. 세련된 스타일의 짧은 머리와 바짝 깎은 검은색 턱수염에는 서리가 약간 내려 있었고, 얼굴에는 전도와 관련된 선명성을 누그러뜨린 너그러운 표정이 어려 있었다. 나만 쓰는 전문용어로 말하자면, 어찌나 모던하고 젊어 보이던지! 그 성직자의 이름은 리비우 미하이 디누Liviu Mihai Dinu였다. 그가 내게 말해준 바에 따르면, 본인이 지역 병원과 연계된 그 성당의 사역을 계속 이끌어왔다고 했다. 튀르크족이 침략할 당시 그랬던 것처럼 늘 풍족했던 지우르지우는 부쿠레슈티 주변에서 활동 중이던 공산주의자들이 건축학적 정체성이라고는 전혀 없는 계획을 실행하기에 딱 좋은 먹잇감이었노라고 그는 설명했다. 그는 이렇게 말을 이었다. "이곳에는 정신을 고양시키기 위해 감상할 것이라고는 아무것도 없었습니다. 순수하게 루마니아적인 뭔가가 필요했는데 말이죠. 실은 서구에서 말하는 고딕 양식으로 지붕을 올린 마라무레슈풍의 건물보다는 더 전형적으로 이 나라다운 것이 필요했다 그 말입니다." 그것이 바로 루마니아가 늘 가고자 열망해온 방향이었던 것을! (몰다비아에도 비잔티움 양식에 고딕 양식 요소가 가미된 건축물이 있는데, 그것 역시 서구의 문화에서 영감을 얻은 것이라고 했다.) 실제로 그 성당이 다른 방식으로 지우르지우의 건축적 노예화를 조장한다는 비판이 있었다. 그 성당 건물은 마라무레슈 예술가들의 감독 하에 2006년부터 2008년까지 건축된 것이었다. 나는 성당 지붕을 올려다보았다. 도스토예프스키의 소설 『백치The Idiot』 속 등장인물이 떠올랐다. 고딕 양식의 대성당을 '유럽'이라는 말과 동일시하는 인물이었다. 더구나 유럽의 심장부에서 르네상스 이전까지 삭막한 몇 세기 내내 고대 학문이라는 고전, 즉 서양 정전을 보존해온 주체 역시 고딕 양식의 수도원 아니었던가.

상수리나무를 깎아 제작한 성화 부조의 정면 약간 왼쪽에 신비잔티움 양식으로 그려진 성화 하나가 걸려 있었는데 아기 예수와 성모가 추상적으로 표현된 것이 근대주의 분위기가 풍겼다. 그 그림은 1930년대에 부쿠레슈티 아테나에움의 원형 벽화를 그린 유명한 화가 코스틴 페트레스쿠의 작품이었다. 1940년대에 공산주의자들이 정권을 장악하자 병원에 걸려 있던 그 그림은 철거되어 지방 대성당으로 옮겨져 안전하게 보관되었다. 공산주의자들도 지방 대성당까지 일일이 다 압수수색하기는 힘든 노릇이었기 때문이다. 그런데 이제 병원이 그림의 소유권을 되찾게 되었고 그 덕분에 그 성당에 전시될 수 있었던 것이다. 이상은 리비우 신부의 설명이었다.

그 환상적으로 아름다운 성당 바로 너머에, 1950년대와 1960년대 공산주의자들이 도시화라는 미명 하에 인간의 정신에 가한 폭력이 이도 저도 아닌 그 이후 시대 건축물들과 뒤섞여 여전히 건재하게 남아 있었다. 그러나 그 성당이 바로 출발점이었다. 루마니아의 경우 진짜 근대화, 진짜 자유화는 성스러운 전통으로의 회귀를 요한다. 그 젊은 성직자가 현명한 까닭은 그가 도덕적으로 훨씬 덜 더럽혀진 과거로 이어진 다리를 세우는 것만이 근대화로 이어진 길을 찾을 수 있는 유일한 방법이라는 사실을 이해하고 있었기 때문이다. 딱 알맞은 예술 속에는 그것을 만든 사람들의 윤리적 개성이 드러나기 마련이다. (만갈리아에 있는 보수된 오스만 모스크처럼) 겹겹이 지붕을 쌓아 올린 그 고딕 양식 지붕은 그런 점에서 근대화를 뜻했다. 그 성직자의 두 눈 속에도 근대화를 향한 열망이 빛나고 있었다. 실제로 그 성당의 바깥세상, 일부러 과거를 지워버리려고 지어놓은 콘크리트의 바다는 원시 시대나 다름없었다.

5 장 거대한 유대인 공동묘지

흙먼지가 뒤덮인 광활한 몰다비아 고원은 머나먼 원시시대 땅 같았다. 계속 북쪽으로 향하자 서사시 같은 장엄한 풍경이 점점 줄어들면서, '거대한 숲'이란 뜻의 부코비나Bukovina라는 이름에 걸맞게 전나무, 가문비나무, 너도밤나무가 미늘처럼 돋아난 아찔한 골짜기가 나타났다. 주택과 거기에 딸린 마당들이 참으로 단정했다. 레이스처럼 물받이를 붙인 목재, 철재 지붕의 디자인에서 트란실바니아와 오스트리아 헝가리의 문명화 사업이 끼친 영향을 느낄 수 있었다. 마찬가지로 자작나무와 사이프러스가 드문 것은 폴란드와 우크라이나의 영향이었다. 그랬다. 그곳에는 제국의 과거와 그 지역이 국경지대로서 역사를 살아온 흔적이 여전히 존재하고 있었다.

나는 우크라이나와 루마니아의 국경선 근처에 있는 푸트나Putna 수도원에 도착했다. 부코비나 지방은 우크라이나의 영토인 북부와 루마니아의 영토인 남부로 나누어진다. 전간기 동안에는 부코비나 전체가 루마니아의 영토였는데, 제2차 세계대전 직전 스탈린이 히틀러와 맺은 불가침 협정으로 북부 지역이 우크라이나에 합병되면서 이동 명령이 떨어진 것이었다.

푸트나는 "루마니아 민족의 예루살렘"이라 불리는 곳이었다. 그 수도원은 슈테판 대왕(177쪽 각주 참조)이 설립한 곳으로 47년이라는 기나긴 재위 기간(1457-1504) 동안 그가 세운 것으로 알려진 30개의 성당과 수도원 가운데 가장 유명한 곳이었다. 푸트나 수도원에는 여러 특권귀족을 배출한 무샤티니Mușatinii 왕가의 묘지와 슈테판 대왕의 무덤이 있었다. 1990년 봄 내가 처음 푸트나를 방문했을 때 그곳은 숲 속에 숨겨진 쓸쓸한 보물처럼 보였고 수도사도 스무 명이 채 되지 않았다. 그런데 지금은 주변 숲도 깔끔하게 조경이 되어 있었고, 관광버스를 위해 한쪽 지역을 싹 밀어내고 닦아놓은 드넓은 주차장도 있었다. 게다가 백여 명의 수도사가 그곳에 머물고 있었다.

1990년에 내가 경험한 것은 1959년 선포된 게오르기우데지 칙령 410호의 마지막 후폭풍이었다. 그것은 수도사들이 "사회주의 사회에 통합"될 수 있게끔 전국 수도원 거주자의 4분의 3을 소개疏開한 칙령이었다. 그러나 공산주의가 몰락한 뒤로 루마니아의 수도원 생활은 점차 다시 활성화되었다. 나는 근대적으로 새롭게 단장한 수도원 박물관으로 들어갔다. 그곳에는 15세기 성상들과 자주색, 금색 실로 수놓아진 중세 후기 유물들 사이에 슈테판 대왕 시대 영토가 그려진 지도가 자랑스럽게 전시되어 있었다. 부코비나 북부 지방과 베사라비아까지 포함되어 있어 루마니아의 영토 면적이 최대치에 달했던 시대의 지도였다. 루마니아 영토의 남쪽에는 오스만 제국이, 북쪽에는 폴란드 왕국과 리투아니아 대공국이, 서쪽에는 헝가리 왕국이 자리하고 있었다. 사실 루마니아정교회는 겉으로는 신중한 태도를 취했지만 당연하게도 감정적으로는 '루마니아 마레Romania Mare', 즉 상실한 영토를 모두 회복하자는 '대大 루마니아 운동Greater Romania'의 지지자였다. 역사적으로 루마니아는 늘 세계적인 종교 국가가 아니라 민족적인 종교 국가였다. 수백 명의 루마니아정교 성직자들이 전간기와 제2차 세계대전 기간에 파시스트 철위단의 확고하고 열렬한 지지자들이었다는 사실을 잊어서는 안 된다. 또 동방정교 신앙을 통렬하게 비판한 문화 비평가이자 19세기 중반 러시아의 석학이었던 비사리온 벨린스키Vissarion Belinsky(1811-1848)는 루마니아정교회가 "늘 폭정의 하수인과 채찍을 막는 방어벽 역할을 해왔다."고 기록하기도 했다. 그 배경이 비잔티움 제국과 오스만 제국 치하 발칸반도이든 세계 다른 지역이든 간에, 현재를 알려면 반드시 과거를 알아야 한다. 그러나 지난 수십 년간 내가 배워온 바에 따르면, 미래가 언제나 과거와 현재에서 비롯되는 것은 아닌 것 같다. 제도와 문화는 때로는 점진적으로 발전하고 또 때로는 급진적으로 발전한다. 그리고 루마니아정교회는 확실히 늘 잘 변하는 경향이 있었다.

나는 푸트나 수도원의 성당으로 들어갔다. 거의 사반세기 전(프레스코화를 들여다보려면 실제로 손전등을 비추어야 했을 만큼) 유난히 어둡고 신비롭던 성당의 분위기가 떠올랐다. 그런데 이제 성당 내부는 놀라울 정도로 밝았고 사방에서 황금색 이파리가 반짝였다. 마치 비잔티움 제국이 되살아난 것 같았고 황제와 성인의 벽화들도 살아 움직일 것만 같았다. 이것이 정녕 그때 그 성당과 같은 성당이란 말인가? 혹시 내 기억이 잘못된 것은 아닐까? 수도사 중 한 명인 도소프테이Dosoftei 신부가 내가 흥미를 느끼는 것을 눈치 채고 이렇게 설명했다. "2001년부터 2010년 사이에 성당 전체의 내부 장식과 벽화를 복원하는 작업이 이루어졌습니다."

올테니아 출신의 도소프테이 신부는 30대 후반이었다. 검은색 원기둥 모양의 빳빳한 모자 밑으로 아기처럼 뽀얀 피부와 무성하게 자란 검은 턱수염이 보였다. 우리는 대화를 시작했다. 그는 근처에 있는 게스트하우스에 가서 함께 광천수 한 산에 케이크를 들지 않겠느냐고 물었다. 그 게스트하우스 역시 1989년 이후 수도원에 반환되면서 싹 보수가 되었다고 했다.

"해드릴 이야기가 아주 많습니다. 어떻게 말을 시작해야 할지……." 그는 적절한 표현을 떠올리지 못해 좌절감을 느끼는 듯 여러 차례 밭은 호흡을 내뱉었다. "공산주의자들은 풍경이란 풍경은 모조리 파괴했지만 깊은 곳에 있는 것은 아무것도 파괴하지 못했답니다. 이건 그저 전통을 얼마나 잘 회복할 수 있느냐 하는 문제예요. 전통과 근대화는 하나가 존재해야만 다른 하나도 존재할 수 있는 것이니까요. 과거가 있어야만 그것을 토대로 새로운 것도 세울 수 있는 겁니다."

그는 그 말을 서곡으로 동방정교 수도원 생활을 열렬하게 옹호하는 이야기를 길게 풀어놓기 시작했다. 그가 인정했듯 정신적으로 활동적이기보다는 사색적인 동방정교 수도원 제도의 기원은 서기 3세기 성 안토니오St. Anthony the Great(251-356)까지 거슬러 올라간다. 성 안토니오는 (상 이집트 남부의 사막) 테베Thebaid 지방에 숨어 산 현자였다. "신의 의지 속에 담긴 영원불변의 진리는 설사 사막의 은둔자라고 하더라도 사람은 절대 혼자가 아니라는 겁니다." 도소프테이 신부는 내게 말했다.

프란체스코회 같은 서구의 수도사들이 종종 공동체를 위해 선행을 베푸는 일에 열심히 매달렸던 것과 달리, 동방정교 수도사들에게는 그저 도덕성과 보편성 같은 직무상 의무가 있을 뿐이라고 그는 설명했다.

"물론 우리는 우리 자신만을 위해서가 아니라 모든 사람들을 위해서 존재하는 수도사입니다. 그리고 우리는 사람뿐 아니라 모든 영적 범주에 대해 명상함으로써 과거의 굴레로부터 세상을 해방시키고 이제 출발선에 서 있는 세대들에게 희망을 줄 수 있습니다. 두 번의 세계대전 중에, 그리고 중세시대에 죽은 우리 조상들이 현재 나의 도덕적 삶에 도움이 되는 것처럼 말이죠."

그는 마음도, 말도 몹시 급해 보였다.

"그 사실을 이해하고 있던 사람은 루소가 아니라 도스토예프스키였어요. 인간은 선천적으로 선하고 무결한 존재가 아닙니다. 그래서 자기 안에 있는 선한 면을 적극적으로, 그리고 공들여 키워야 하는 겁니다. 제가 명상을 하는 이유도 그 때문이고요. 그 모든 현상은 예수와 신과 인간의 본성이 각기 다르다는 사실에 기인합니다. 인간은 신처럼 자기 안의 선한 면을 키워야 합니다. 그래서 강자는 언제나 약자를 보호해야 하는 거죠. 그것이 바로 사랑의 본질이니까요 ……,

그런데 문제는 선과 악이 각기 다른 기다의 실오라기처럼 공존할 수도 있다는 겁니다. 그러니까 신앙과 희생은 그저 사랑을 실천하기 위한 도구라고 봐야겠죠. [게오르기우데지와 차우셰스쿠가 집권 초기에 그랬던 것처럼] 고통과 희생이 오로지 증오로만 이어진다면, 그 고통과 희생은 모든 의미를 잃고 맙니다. 고통은 반드시 용서로 이어져야 해요. 그것이 그리스도의 분명한 논리잖아요." 그의 비유를 듣는 동안 내 정신은 잠깐 알베르 카뮈Albert Camus(1913-1960)의 『반역자Rebel』에 머물러 있었다. 그 에세이 안에 다음과 같은 철학적인 구절이 나오기 때문이었다. "반역은 성스러운 전통이 폐기될 때 일어난다. 그러나 오직 그 반역자가 자신은 고통을 겪더라도 새로운 도덕적 질서, 즉, 이전 질서보다 개인에게 훨씬 더 공정한 질서를 창조하는 책임을 스스로 감당할 때에만 그 반역의 이유가 정당성을 얻게 된다."

도소프테이 신부는 말을 이었다. "나는 요즘 사람들의 정신적 본질이 무엇인지 염려됩니다. 1989년, 사람은 누구나 선량한 행동은 물론 나쁜 행동도 마음껏 할 수 있는 자유를 원한다는 사실이 밝혀졌지요. 그래요, 수천 명의 소년들이 수도사가 되고 싶어 했답니다. 하지만 수천 명의 소녀들은 창녀가 되었고 또 다른 수천 명의 사람들은 도둑이 되었습니다. 내가 수도원에서 일해야 하는 이유가 그겁니다. 자유에는 윤리적인 목적이 있어야 합니다. 수도사는 언제든 주님의 사랑을 실천하기 위해 자신을 기꺼이 희생할 준비가 되어 있어야 하고요."

그러고 나서 신부는 '아기 암양'이란 뜻의 루마니아 민속 전설, '미오리차'* 이야기를 들려주었다. 이야기 속 양치기는 죽음을

* 미오리차Miorița 이야기
우리나라의 '아리랑'처럼 루마니아 전역에서 구비 전승되는 민요, 전설이다. 옛날

인정하는 것이 죽음에 대한 두려움을 제거하는 방법임을 잘 알고 있었다. 그러나 도소프테이 신부한테는 민속적인 면이 전혀 없었다. 그는 민족적 범주를 넘어선 인물이요, 오로지 세계적인 것에만 관심이 있는 사람이었다. 그리고 그것이 그곳 푸트나 정교회가 변화할 수 있는 이유였다.

19세기에 지어진 이아시의 대주교 대성당은 굉장히 거대했는데도, 저녁 미사를 보러 온 신자들이 어찌나 꽉꽉 들어차 있는지 안으로 들어가니 밀실 공포증이 느껴질 지경이었다. 옷차림과 표정으로 보건대 신자들은 삶의 이런저런 우여곡절을 끝없이 겪어서 모두 녹초가 되어 있는 것 같았다. 하지만 모두 노인인 것은 아니었다. 젊은 사람들도 꽤 많았다. 종교가 재기하게 된 이유가 그저 몇십 년 동안 지속된 무신론 스탈린주의 시대에 대한 반감 때문만은 아니었다. 솔직히 말해서 루마니아인들이 최근에 겪고 있는 고달픈 경제적 상황 때문이기도 했고 부분적으로는 유럽연합 내부의

= 에 몰다비아, 트란실바니아, 브른체아Vrâncea 출신의 목동 세 명이 함께 모여 양을 치며 살았다. 그런데 몰다비아 목동의 양이 살도 잘 오르고 새끼도 잘 낳아서 계속 그의 재산만 불어나자 나머지 두 목동이 그를 살해하고 재산을 가로챌 음모를 꾸몄다. 마법에 걸린 암양 한 마리가 그 사실을 미리 알고 목동에게 알려주었으나, 목동은 '일어날 일은 일어나기 마련'이라고 대답하고는 담담하게 죽음을 받아들였다. 암양은 동료 양들과 목동의 어머니에게 '목동이 자연의 정령과 결혼해 떠났다.'고 소식을 알렸다. 이 민요 속에는 루마니아 민족의 삶의 터전인 땅과 숲에 대한 짙은 애정이 담겨 있다. 패트릭 리 퍼모어(93쪽 각주 참조)는 자신의 책에 이 민요를 자세히 인용했다.

위기 때문이기도 했다. 예컨대 공산주의를 경험하지 않고도 실질적으로 경제적 몰락을 맞이한 이웃나라 그리스 역시 정교의 부활이라는 극심한 갈등을 겪는 중이었다. 얼어붙은 표정을 짓고 있는 황제들의 프레스코화, 짙은 향냄새, 최면을 거는 듯한 기도문은 미사에 압도된 신자들을 백일몽 상태에 빠뜨렸다. 정교의 그런 주술성은 그 종교의 존속을 보장해주는 일종의 보증수표였다.

1859 몰다비아와 왈라키아의 연합국가 탄생 선언

'이아시'라는 지명이 오늘날 대부분의 지도에는 'Jassy'가 아니라 'Iaşi'로 표기되어 있다. 하지만 독일어식 철자가 아마도 옛날부터 역사책과 여행서적을 읽어온 독자들한테는 훨씬 더 익숙할 것이다. 이아시는 전통적으로 몰다비아의 주도였고, 또 1859년 몰다비아와 왈라키아의 합병 때 관련이 되기 시작한 이래로 전통적으로 루마니아 민족주의 운동의 중심지였다. 그리고 그곳 역시 공산주의 몰락 이후 거의 사반세기 동안 끝없는 도시 재개발로 몸살을 앓고 있었다. 이아시의 역사적인 건물들에는 멋지게 조명이 설치되어 있었지만, 비극적이게도 공산주의 시대 건설이 초래한 시각적 공해가 여전히 드넓은 스카이라인의 숨통을 조이고 있었다. 그 지역에서 활동 중인 역사가 플로린 플라톤이 중앙 광장을 여전히 흉물스럽게 만들고 있는 그 건물들에 대해 설명했다. "1950년대와 1960년대를 대변하는 건물들이에요. 이곳에는 과거에 대한 공포가 여전히 살아 있어요. 기록 보관소들은 여태 엉망이고요. 공산주의 시대 기록 보관소들은 대부분 폐쇄되었답니다. 그런 상황을 넘어서려면, 우리와 과거와의 간격이 더 좁혀져야 합니다."

그는 계속해서 말을 이었다. "하지만 이곳 대학교에서 제가 가르치고 있는 학생들은 민족주의적인 경향이 훨씬 덜합니다. 오히려 서유럽 쪽으로 더 열려 있고 훨씬 더 세계 지향적이죠." 그때 우리는, 태블릿피시와 스마트폰을 들고 카페 테이블에 앉아 있는 젊은이들을 바라보고 있었다. 그들 중 일부는 프랑스어와 이탈리아어로 대화를 나누고 있었다. "그것이 무엇이라고 정확하게 정의할 수는 없지만, 그리고 루마니아의 우파 민족주의라는 망령이 영원히 사라지지도 않겠지만, 어쩌면 지금 우리는 사람들의 태도가 급변하는 역사적 과도기를 살고 있는 것인지도 모릅니다." 그는 19세기와 20세기 루마니아인들이 익히 그랬던 것처럼, 이제는 인종적 민족주의가 다소 희석된 형태로 발현될 수밖에 없지 않겠냐는 희망을 드러내 보이고 있었던 것이다.

"러시아의 세력이 약해지길 기다려 보자고요." 그는 이렇게 요약했다. 그 말을 해석하면 이렇다. 이아시와 몰다비아는 지리적으로 러시아와 가깝기 때문에, 러시아가 루마니아에 더 큰 압력을 가하면 가할수록 민족주의라는 망령이 다시 깨어날 확률이 높아질 것이란 이야기였다. 그 대화를 주고받은 때가 2013년 가을, 그러니까 우크라이나 사태라는 사건이 그가 염려해 마지않던 러시아의 위협을 부활시키기 몇 달 전이었다는 사실을 기억하라.

이아시는 예전에는 소비에트 연방에 속해 있다가 이제는 독립한 몰도바공화국에서 발원하는 프루트Prut 강과 가까워서 러시아 쪽으로 창문이 열려 있었고, 그 덕분에 역사적으로 근대 초기부터 근대시대 내내 루마니아 전체와도 허물없는 관계를 유지할 수 있었다. 루마니아 두 개의 공국의 관점에서 볼 때, 비잔티움은 영감을 주는 세력, 오스만튀르크는 탐욕스러운 세력이었다면, 러시아는 마지막 그 순간까지 루마니아 심장부를 유럽 제국주의 정책의 희생양이자 전쟁터로 만들어 버린 자가당착적이고 복잡한 세력이었다. 그러나 그것은 그저 러시아가 전적으로, 그리고 철저하게 강압적인 태도를 취하기 시작한 20세기와 21세기 초반의 역사 속에서

만 바라본 시각일 뿐이다. 따라서 그것은 러시아가 그 이전 시대에 담당해온 역할을 상당히 왜곡한 관점이다.

비잔티움은 이제 정치적 고인이요, 이슬람교를 신봉하는 포스트모던 시대 터키는 새로 이사 온 상냥한 친구였다. 적어도 발칸반도의 눈에는 그렇다는 이야기다. 이에 비해 많은 루마니아인들의 눈에 러시아는 사실상 바로 옆집 사는 덩치요, 예전부터 사악한 짓을 일삼던 놈이었다. 그러나 언제나 꼭 그랬던 것만은 아니었다. 발칸반도 내 러시아에 대한 관점을 더욱 공정하게 정립하려면 나 자신부터 냉전의 기억으로부터 자유로워져야 한다.

과거 '대 루마니아'는 1711년 이래로 영토의 일부를 러시아한테 점령당하는 일을 열 번이나 겪었다. 무엇보다도, 루마니아가 폴란드와 함께 러시아의 서쪽 국경선, 그러니까 러시아가 아시아와 맞대고 있는 동쪽 국경지대보다 훨씬 더 오랫동안 번영을 누렸던 서쪽 국경지대 경계선의 대부분을 맞대고 있었기 때문이다. 그러나 폴란드가 역사시대 내내 러시아의 북유럽 평원 진출 경로로 여겨져서 엄청난 시달림과 압제를 당했던 것과 달리, 1900년경 루마니아는 그냥 러시아 제국의 농업 중심지인 우크라이나와 길게 국경선을 맞대고 있었을 뿐이다. 물론 러시아 입장에서 보자면 루마니아는 다뉴브 강 하류와 흑해를 거쳐 지중해와 콘스탄티노플로 나아갈 수 있는 남쪽 지름길 안에 놓여 있었다. 동시에 크렘린궁의 눈에 루마니아는 오스만튀르크를 막아주는 일종의 버팀목이었다. 그런 점에서 우크라이나 옆집인 루마니아, 그중에서도 특히 몰다비아와 현재 몰도바 영토인 베사라비아가 상당히 심하게 러시아의 구미를 자극하기는 했다.

그러나 서사적인 풍경과 광대한 영토 속에 놓여 있던 19세기 이전 러시아는 아직 그리스정교 국가들의 북극성이요, 루마니아의 여러 공국 내 정교 기독교도들의 수호자이자 생명줄이었다. 러시아의 농노들과 루마니아의 농노들이 동등하게, 정교회의 예배의식, 음악, 성상 등을 가난하고 비참한 삶을 살아가는 사람들한테 "더없이 충만하고 아름다운 경험"을 안겨 주는 것으로 느끼고 있었기 때문이다. 게다가 두 나라의 정치적 관계도 그런 영적 유대감에 영향을 끼쳤다. 런던 경제 대학교의 교수이자 학과장인 도미닉 리븐Dominic Lieven(1952-)은 그 역사적 배경을 다음과 같이 설명했다.

1453년 비잔티움이 오스만튀르크에게 함락되자, 러시아는 그것을 비잔티움 제국의 배교 행위에 대한 신의 처벌로 여겼다. 따라서 "이제는 의심할 여지없이 러시아가 진짜 신앙을 지키는 유일한 대장이었다. 그것은 러시아가 유일하게 독립을 유지하고 있는 정교 국가였기 때문이기도 했지만, 러시아정교가 그리스정교보다 훨씬 더 순수하고 오류를 범하는 비율이 낮았기 때문이기도 했다." 실제로 러시아는 그보다 훨씬 전인 1439년 플로렌스 공의회에서 그리스정교와 서구 가톨릭을 합병하자는 콘스탄티노플 총대주교의 결성을 거부한 적이 있었다. 그 결정은 무슬림 튀르크의 침략에 대항하다가 지친 비잔티움이 유럽의 도움을 필사적으로 요구했기 때문에 빚어진 결과였다. 1589년 마침내 모스크바 총대주교 관할 교구청이 설치되자 러시아 내에서는 콘스탄티노플로부터 독립해 따로 러시아정교회를 세워야 한다는 주장이 나오기 시작했다. 그것은 장시간에 걸친 교회의 분화와 비잔티움을 향한 비난이 그 시기 정점에 달했음을 보여준 사건이었다. 영국의 역사가 휴 세튼-왓슨Hugh Seton-Watson(1916-1984)이 말했듯 "러시아는 이제 국교로 정교를 신봉하는 유일한 전제군주 국가요, 차르는 정교를 믿는 유일한 전제군주였다." 러시아가 원래 로마와 비잔티움의 뒤를 이어 이제 진짜로 "세 번째 로마"가 된 것이었다. 따라서 인디애나 대학교의 역사가 바버라 젤라비치Barbara Jelavich(1923-1995)가 기록했듯, 이제 루마니아와 발칸반도 전체의 정교 기독교를 수호하는 일은 "러시아의 반도 내 영향력 행사에 정당성을 부여해주는 편리한 정책인 것은 물론 러시아의 종교적 임무"로 간주되었다. 그러니까 루마니아의 입장에서 보자면 중력의 중심이 비잔티움에서 크렘린궁으로 옮겨간 셈이었다.

하지만 속사정은 사실 그것보다 훨씬 복잡했다. 젤라비치가 설명했듯, 아직 콘스탄티노플 정교 총대주교 교구청이 발칸반도 신자들에 대한 관리권을 실질적으로 보유하고 있는 상황에서, 콘스탄티노플, 혹은 이스탄불이 오스만튀르크의 지배를 받게 된 것이었다. 따라서 그 콘스탄티노플 총대주교 교구청은 당연히 그리스 출신 파나리오트(154쪽 각주 참조), 약 한 세기 동안 다뉴브 강 유역의 루마니아 공국들을 통치했던 그 파나리오트의 지배를 받게 되었다. 그 결과 왈라키아와 몰다비아에서 영향력을 행사하기 위한 그리스인과 러시아인 사이의 경쟁적 상호작용이 끊이질 않게 되었고, 결국은 현지에 머릿수가 훨씬 더 많았던 그리스인이 우위를 점하게 되었다. 그런데 그 그리스인들은 오스만튀르크의 대변인이었다는 사실을 기억하라. 그리하여 다뉴브 강 유역의 공국들은 당시 유럽 내 어떤 나라가 짊어지고 있던 것보다 더 많은 여러 외국인 제국의 영향력을 겹겹이 짊어져야 하는 부담스러운 상황에 놓이게 되었다. 그런 상황 속에서도, 그리고 유럽 역사에서 프랑스만큼, 아니, 폴란드만큼도 중요한 역할을 해본 적이 한 번도 없었는데도, 루마니아는 중유럽과 동유럽의 권력 변동에 아주 효과적으로 대처해냈다. 나치의 진군을 지켜보려고 아테네 펠리스 호텔에 외국인 통신원들이 모여들었던 1940년 훨씬 이전부터, 부쿠레슈티는 가장 좋은 앞자리를 역사에게 내주었던 것이다.

어떻게 보면 루마니아 자체와 그다지 큰 관련도 없는 비주류 고전을 향한, 그리고 그 뒤로 수십여 년 간의 우여곡절로 이어진 개인적인 문학 여행을 내가 시작하게 된 것은, 루마니아가 정신적, 군사적, 정치적으로 강대국의 지배를 받았기 때문이었다. 로버트 바이런의 『비잔티움 제국의 업적』(1929)과 킨로스 경의 『오스만의 세기』(1977)가 단적인 그 예이다. 최근에는 바바라 젤라비치가 저술한 『러시아와 민족국가 루마니아의 형성Russia and the Formation of the Romanian National State 1821-1878』(1984)이란 책을 찾아냈다. 그 책은 어떤 면에서 보면 너무 어렵고 너무 많은 내용이 압축된 학술적 이론서이지만, 또 다른 면에서 보면 왈라키아와 몰다비아가 어떤 과정을 통해 서서히, 그리고 기적적으로 얕은 물에서 밖으로 나오듯 햇빛 아래 등장했는지, 그동안 러시아의 로마노프 왕가, 오스만튀르크, 오스트리아의 합스부르크 왕가 사이의 긴장감이 어떤 미묘한 함수관계를 형성했는지, 완충지대였던 루마니아를 향한 그들의 일반적 요구사항은 무엇이었는지 등에 대한 행간의 의미를 풍성하게 담고 있다. 제국의 상속자들은 운 좋은 나라들이었고, 그런 유산을 물려받지 못한 나라들은 운이 별로 없는 나라들로 여겨졌다. 루마니아라는 국가는 애초에 그 땅을 호시탐탐 넘보는 제국주의를 막으려는 목적에서 탄생한 나라였다. 19세기 발칸반도의 지도를 보면, 마구잡이로 세력을 확장한 러시아, 오스트리아 헝가리, 오스만 제국이라는 거대하고 시커먼 그늘 사이에 왈라키아와 몰다비아라는 눈에 띄게 훨씬 밝은 그늘이 끼어 있는 것을 알 수 있다.

러시아는 같은 정교 동료인 루마니아 땅을 오스만 정부에 대항하기 위한 야영지이자 자기네 병사들을 위한 군량미 생산지쯤으로 여겼다. 왈라키아와 몰다비아의 곡식밭이 이미 수세기 전부터 베네치아인과 튀르크족 사이에 전설로 알려져 있을 정도로 생산성이 높았기 때문이다. 젤라비치는 러시아와 오스트리아의 제국군이 튀르크와 맞서려고, 1730년대, 1760년대, 1780년대, 1790년대에 왈라키아와 몰다비아에 들어왔다고 기록했다. 그런데도 루마니아 특권계층은 러시아와 오스트리아 침략자들을 전혀 부정적으로 보지 않고, 파나리오트를 임명하는 증오스러운 튀르크족으로부터 자신들을 보호해줄 울타리로 여겼다. 러시아가 대對 튀르크족 방어벽으로서 필요한 정도 이상으로 루마니아 땅에 너무 자주 모습을 드러내기 시작한 것은, 왈라키아 대공 콘스탄틴 브른코베아누(77쪽 각주 참조), 몰다비아 지배자 디미트리에 칸테미르*가 러시아의 표트르 대제와 조약**을 맺은 1711년경부터였다. 그리고 결국 1829년 아드리아노플 조약 규정에 따라 러시아 군대는 오스만 정부로부터 왈라키아와 몰다비아에 대한 실질적 지배권을 이양 받고는 그 시대 제한 기준에 맞게 어느 정도 개화된 행정부를 구성했다.

젤라비치, 세튼-왓슨, 그리고 다른 역사가들이 시사했듯, 비판적 시각에서 볼 때 더 큰 진실은 왈라키아와 몰다비아가 수세기 동안 러시아, 튀르크, 오스트리아, 그리고 훨씬 나중에는 오스트리아 헝가리까지, 늘 그들의 노리개 노릇을 해왔다는 것이다. (예컨대 1848년 루마니아에서 혁명 봉기가 일어나자 그에 대한 반응으로 러시아와 튀르크는 연합해 몰다비아와 왈라키아를 침략했다. 그래 놓고는 그 뒤로 10년 동안 계속 그 땅을 놓고 서로 싸움질을

* 디미트리에 칸테미르Dimitrie Cantemir(1673-1723)
루마니아 태생의 러시아 작가, 정치가. 몰다비아의 보이보드 가문에서 태어나 볼모로 끌려가 오스만 제국에서 성장했다. 1710년 부왕의 사망으로 대공에 즉위한 뒤 러시아와 결탁해 오스만 제국과 맞서 싸웠으나 1711년 전투에서 참패하고 러시아로 망명했다. 표트르 대제로부터 공작 작위를 받고 계속 러시아에 살면서 루마니아 역사서를 여러 권 집필했다. 그곳에서 그의 아들 안티오크 칸테미르Antioch Cantemir(1708-1744)는 러시아 고전주의를 대표하는 시인이 되었다.

** 아드리아노플 조약Treaty of Adrianople(1829)
그리스 안에서 튀르크로부터 독립하고자 하는 움직임이 일어나자 러시아는 그 독립전쟁에 개입해 그리스를 지원했다. 그리고 상당히 고전을 하기는 했지만 결국 이스탄불 북부 아드리아노플을 점령한 뒤 그 곳에서 튀르크와 평화 조약을 체결했다. 그 조약으로 그리스는 실질적으로 독립을 인정받았고, 러시아는 튀르크가 갖고 있던 흑해 연안, 다뉴브 강 하류 지역의 소유권과 몰다비아, 왈라키아, 세르비아 영토 내 특권을 빼앗는 등 발칸반도 안에서 일시적으로 우위를 점할 수 있었다.

해댔는데, 특히 크림 전쟁(1853-56) 기간인 1853년 성탄절에 벌어진 해전은 루마니아 영토인 왈라키아 다뉴브 강변의 요새에서 벌어진 전투였다.) 크림 전쟁 발발의 도화선이 된 사건 역시, 발칸반도, 콘스탄티노플, 지중해 세계로 진출하기 위한 잠재적 교두보를 마련하려고 러시아가 몰다비아와 왈라키아를 침략한 사건이었다. 그 결과 왈라키아와 몰다비아 공국은 합스부르크 제국의 최동단 국경선, 서구 열강이 반드시 지켜내야만 한다고 느끼는 최전방이 되었다. 러시아는 크림 전쟁에서 패배했고 그 후속 절차로 두 개의 공국에서 철군하면서 합스부르크 오스트리아에 더 깊은 앙심을 품게 되었는데, 그것이 제1차 세계대전이 발발하게 된 주된 요인 중 하나였다.

우리가 맨 처음으로 근대적 루마니아 민족주의를 구체적으로 목격하게 되는 것은 19세기 중반이다. 젤라비치는 러시아의 영향력이라는 학술적 대하소설 안에 그 주제를 우아하게 구현해냈다. 그 당시 루마니아에서 '민족주의'라는 말은 그냥 '서구the West'라는 뜻이었다. 러시아한테 점령을 당한 상황에서도, 제정 러시아의 수도였던 상트페테르부르크에 가서 유학을 하고 싶어 하는 루마니아 젊은이는 거의 없었다. 공국 시대를 경험한 나이 든 세대는 튀르크나 동양 분위기가 풍기는 전통 복장을 입었던 반면, 젊은 세대는 파리의 패션을 그대로 따라했고, 그것은 "시대의 교리인 자유 민족주의적 혁명"을 향한 동경심을 드러내는 그들만의 방식이었다. 프랑스어가 그리스어를 제치고 두 번째로 많이 배우는 언어로 부상했고, 키릴 알파벳을 사용해 글을 쓰는 방식도 점차 사라졌다. (아이러니하게도 이런 현상이 일어난 원인은 다분히 러시아의 영향 때문이었다. 차르 정부의 공직자들이 프랑스어를 쓴 것이 루마니아 젊은이들로 하여금 그 모습을 따라하게 부추겼던 것이다.) 그리고 나이 든 세대는 러시아의 보호 정책을 무슬림 튀르크로부터 자신들을 지켜주는 정교 사회 관행에 의한 다소 유연한 지배라고 말했지만, 젊은 세대는 자신들 안에 남아 있던 고대 다키아나 로마 제국과 관련된 라틴 문화의 유산을 돌아보기 시작했다. 19세기 내내 유럽 전역을 휩쓴 민족주의는 낭만주의 운동과 연결되어 있었고, 루마니아인들에게 낭만주의는 고전적인 역사의 재발견을 뜻했다.

그런 최첨단 유행을 선도한 이들은 파리에 모여 있던 일단의 루마니아 지식인들이었다. 그들은 유럽 전역에 자유로운 낭만주의를 지향하는 정치적 대격변이 일어난 해, 제국주의 지배에 반대해 모두가 민족주의의 기치를 들어 올린 혁명의 해, 즉 1848년을 파리에서 경험하면서 깊은 감명을 받았다. 이온 브라티아누*, 니콜라에

* 이온 브라티아누Ion Brătianu(1821-1891)
루마니아의 정치가, 혁명가. 왈라키아 페테슈티에서 지주의 아들로 태어나 왈라키아 군대에서 군 복무를 한 뒤 파리에서 수학했다. 1848년 귀국해 왈라키아 혁명을 이끌면서 지역 치안을 담당했다. 혁명 실패로 파리로 망명했다가 1854년 돌아와 선동죄로 금고형과 3개월 징역형을 선고받고 정신병원에 수감되었다. 브라티아누는 1875년 알렉산드르 이오안 쿠자 치하에서 오늘날 유력 정당 중 하나가 된 민족자유당을 창설했다.

바르체스쿠*, 게오르게 마게루 장군** 등 그 세대 루마니아 지식인들을 내가 처음 알게 된 것은 루마니아 거리 이름을 통해서였다. 그 중에서 가장 중요한 인물은 알렉산드루 이오안 쿠자(196쪽 각주 참조)였다.

1820년 몰다비아 브를라드의 귀족가문에서 태어난 쿠자는 이아시와 파리에서 교육을 받고 돌아와 갈라치를 다스리는 일을 맡았는데, 갈라치는 다뉴브 강 삼각주 지방과 몰다비아의 심장부, 즉 우크라이나 변경인 베사라비아가 만나는 곳이었다. 가장 중요한 인물 쿠자는, 젤라비치의 표현을 빌리자면, 1848년의 경험과 의미

*** 니콜라에 바르체스쿠Nicolae Bălcescu(1819-1852)**
루마니아의 군인, 역사가, 혁명가. 부쿠레슈티의 하급 귀족 가문에서 태어나 세인트 사바 칼리지Saint Sava College에서 역사를 공부했다. 왈라키아 육군에서 군복무를 하던 중 왈라키아 대공 알렉산드루 2세Alexandru Ⅱ(1796-1862, 재위 1834-1842) 암살 음모에 가담했다가 발각되어 2년간 철창 신세를 졌는데 그때 한 고생이 건강에 치명적인 악영향을 끼쳤다. 방면 후 프랑스와 이탈리아에서 역사 공부를 계속하면서 집필 활동을 병행했다. 1848년 프랑스 혁명이 일어난 뒤 부쿠레슈티로 돌아와 6월 혁명을 주도했다가 9월 오스만 정권에 체포되어 추방당했다. 이후 유럽 전역을 전전하며 루마니아 역사 연구와 집필에 전념하다가 33세의 젊은 나이로 이탈리아에서 사망했다.

**** 게오르게 마게루 장군General Gheorghe Magheru(1802-1880)**
루마니아의 군인, 혁명가. 1821년 투도르 블라디미레스쿠(195쪽 각주 참조)가 이끄는 '판두르'에 들어가 활동했으나 봉기의 실패로 범법자의 신분이 되어 왈라키아 육군에 입대, 몇 년간 복무했다. 군인이 체질에 맞았던 데다가 봉기에 가담했던 이력이 오히려 후광으로 작용한 덕분에 빠른 속도로 진급했다. 1848년 왈라키아 혁명이 발발한 뒤 진보주의자들이 수립한 임시정부 소속으로 군대를 이끌다가 오스만 군대가 부쿠레슈티로 진군하자 파리로 망명했다. 오랜 세월 해외에서 루마니아 내 진보세력을 지원하다가 1850년대 후반 루마니아로 돌아와 몰다비아와 왈라키아 통합 운동에 힘썼다.

로 무장한 "중늙은이" 젊은이였다. 하지만 프랑스에서 발칸반도에 이르기까지 부르주아 지식인과 급진적 노동자 계급이 연합해 보수적인 지배층에 맞선 1848년 봉기는 점점 성공적이지 못한 방향으로 나아가고 있었다. 우선 보수적인 지배층이 제도적으로 유리한 고지를 점하고 있었고, 간접적이지만 결정적으로 봉기 세력의 인종적이고 민족적인 관심이, 이미 약화의 길을 걷고 있던 메테르니히* 체제의 세계주의적 열망을 폐기처분해버리는 바람에 적어도 부분적으로는 지배층이 도덕적으로도 더 유리한 위치에 놓여 있었기 때문이다. 그래서 대체로 잊힌 한 가지 사실은, 루마니아 독립이 (러시아, 오스트리아, 튀르크, 영국, 프랑스 등 여러 열강의) 제국주의적 간섭과 책략에 루마니아 민족이 느끼던 지독한 콤플렉스의 결과물이었을 뿐 아니라, '자유 민족주의적 1848년 정신'의 결과물이기도 했다는 사실이다. 물론 쿠자는 1859년이 되어서야 실제로 왕위에 올랐지만 말이다. 1859년 왈라키아와 몰다비아는 각각 쿠자를 대공으로 선출했고, 그 결과 쿠자는 1862년부터 1864년 사이에 세계에 그 존재가 알려진 몰다비아 공국과 왈라키아 공국의 연

* 메테르니히Klemens von Metternich(1773-1859)
오스트리아의 정치가, 재상, 나폴레옹에 반대해 1813년 러시아, 프로이센과 함께 반 프랑스 동맹을 결성했다. 이듬해 빈 회의를 주재해, 유럽을 프랑스 혁명 이전으로 되돌리자는 주장을 개진했다. 유럽 각국 지배층의 지지를 얻어서 오스트리아의 재상 자리에까지 올랐다. 절대 군주제, 국가 간 공조를 강조한 그의 사상은 전후 혼란스러운 사회를 안정시키는 데는 일정 정도 기여했지만, 지나친 자유주의, 민족주의 탄압은 역으로 1848년 혁명의 기폭제가 되었다. 1848년 3월 빈에서 일어난 혁명으로 실각한 뒤 3년간 영국에서 망명 생활을 했다.

합국, 즉 현재 루마니아의 형태를 한 최초 국가의 건국자가 되었다.

젤라비치의 이야기 속 쿠자는 점점 심해지는 빈곤, 전염성 강한 질병, 도로와 학교의 부재, (실질적 효력은 없었지만) 여전히 법률적 형태로 지속되고 있던 오스만 제국의 종주권, 주변에서 늘 얼씬대는 러시아와 오스트리아 등 어려운 여건에 맞서서 재위 기간 내내 몹시 힘겹게 일했다. 당시 다뉴브 강 하류는 폴란드, 헝가리, 세르비아, 불가리아의 영토가 교차하는 민감한 지역이었다. 쿠자는 두 공국의 군사력을 각기 강화하는 한편, 우편, 통신, 관습 등을 발전시킴으로써 실제로 두 공국을 통합하려고 애썼다. 나폴레옹과 프랑스의 전통적 행정 체제의 영향을 지대하게 받은 쿠자의 개혁은 루마니아 농노의 삶을 상당히 많이 개선해주었다. 1866년 급진적인 자유주의자들이 이끄는 신속하고 일사불란한 쿠데타에 의해 그 너그러운 정권이 전복되기 전에, 부쿠레슈티가 근본적으로 국가의 수도로서 기능할 수 있게 만든 사람 역시 쿠자였다. (부쿠레슈티가 수도로 선정될 수 있게 큰 도움을 준 요소는, 그 도시가 합스부르크 오스트리아와 오스만튀르크 사이의 주요 무역 통로에 위치한 상업적 요충지였다는 사실이다. 반면, 이아시는 베사라비아를 이미 상실한 뒤라 러시아와의 국경선으로부터 불과 몇 마일밖에 떨어져 있지 않아서 노출된 도시 위치 때문에 탈락했다.)

쿠자가 실각하자 루마니아는 다시 무정부 상태에 가까운 혼란 속에, 그리고 오스만, 오스트리아, 러시아라는 세 이웃 제국의 손아귀에 떨어졌다. 그러나 그 세 개의 제국 중에는 실질적인 점령을 시도할 만큼 루마니아에 엄청나게 관심이 있는 나라도, 그 만한 여유자금이 있는 나라도 없었다. 형편이 그렇다 보니 기카Gicha, 비베스쿠Bibescu, 칸타쿠지노Cantacuzino, 마브로코르다트Mavrocordat 등 여러 특권귀족 간의 알력 다툼과 음모가 끊이지 않는 풍경이 전개되었고, 그것은 사회 안정에 크나큰 위협이 되었다. 루마니아 입장에서 보자면 독일인 외국 용병에 지나지 않는 카롤 1세는, 그런 상황에서 정권을 잡고 향후 10여 년 동안 국가 제도와 통치 조직을 완비한 뛰어난 국왕이었다. 카롤의 프로이센식 통치체제 하에서 루마니아 지식인들은 오로지 서구와 연결되어 있는 듯한 기분에만 마음껏 취해 있었다. 그들이 다뉴브 강 이남 지역을 그냥 불가리아로 보지 않고, 야만적인 동양 세계가 시작되는 곳으로 본 것도 그 때문이었다.

슈테판 대왕의 재위기간보다 딱 1년 더 긴 47년이라는 카롤 1세의 재위기간은 사실 후대의 시각에서 볼 때나 성공한 세월이었다. 대공 자신의 입장에서 볼 때는 즉위 후 처음 10여 년 동안이 참으로 지지부진하기 짝이 없는 업무의 연속이었을 테니까. 카롤 1세 체제의 안정성을 약화시킨 것은, 그가 불가피하게 최악의 선택을 했는데 그것이 하필 지도 상 루마니아의 위치를 결정짓는 요소가 되고 말았다는 사실이었다. 거의 1870년대 내내 카롤 1세와 유난히 자유주의적 성향이 강했던 총리 이온 브라티아누는 친러시아 노선을 취했다. 냉전 때문에 러시아를 지나치게 악마처럼 여기다 보니, 현대 루마니아인들은 몇 세기 전, 즉 아직 이슬람 세력의 위협이 존재하던 시절 자기네 이웃에 사는 덩치 큰 정교 동료를 대할 때 자신들이 얼마나 훨씬 더 교묘한 태도를 취했었는지 잘 기억하지 못하는 것 같다. 그때 카롤은 늘 러시아가 발칸반도에 군사적으로 개입할 가능성에 직면해 있었다. 크림 전쟁 결과 크렘린궁이 상실한 영토를 되찾고, 불가리아와 세르비아에 불기 시작한 민족주의 바람을 이용해 오스만 제국을 더 약화시키기 위한 목적에서였다. 러시아의 적은 루마니아가 아니라 오스만튀르크였지만, 카롤은 불가리아나 튀르크 방향으로 진군하려면 러시아 군대의 이동 경로가 반드시 몰다비아와 왈라키아 땅을 통과할 수밖에 없으리란 사실을 잘 알고 있었다. 만약 루마니아가 러시아에 협조하길 거부한다면, 러시아 군대는 그냥 침략해 그 땅을 마음껏 유린하며 지나갈 터였다. 그리고 만약 러시아에 협조한다면, 루마니아는 튀르크와 적대적 관계에 놓이게 되고 동시에 어떤 식으로든 러시아에게 영토의 일부를 잃게 될 터였다. 루마니아에게 지리가 다시 한 번 악몽으로 떠오른 것이었다.

카롤은 두 악마 중 그나마 좀 덜한 놈을 선택했다. 러시아의 차르 알렉산드르 2세Alexander II(1818-1881, 재위 1855-1881)에게 군대를 몰고 베사라비아에서 프루트 강을 건너 몰다비아를 지나갈 수 있는 권리를 주었던 것이다. 튀르크는 다뉴브 강변의 루마니아 민족 거주지를 공격함으로써 앙갚음을 했고, 카롤은 그럴 열의도 별로 없으면서 튀르크를 향해 전쟁을 선포했다. 얼마 안 가 루마니아인들은 불가리아 북부 지역에서 동맹군 러시아와 나란히 서서 전투를 치르며 죽어가고 있었다. 1877년부터 다음해까지 계속된 러시아-튀르크 전쟁은 러시아의 승리로 끝났다. 그 결과 러시아는 일시적이기는 했지만 '대 불가리아'를 러시아의 위성국가로 삼게 되었다. 루마니아는 카롤이 걱정했던 대로 베사라비아 남부 지역을 러시아에게 강제 이양하게 되었지만, 보상금으로 다뉴브 강 삼각주와 도브루자 북부 지방을 할양받았다. 여러 상황을 고려하면 마흔 살의 외국인 대공은 자신의 능력껏 최대한 잘 대처한 것이었다. 1880년 체결된 평화 협상에서 루마니아는 열강들로부터 독립을 공식적으로 인정받았다. 1년 뒤 루마니아의 입법자들은 대공 카롤의 호칭을 국왕 카롤로 바꾸어 명명했다. 그리고 그는 제1차 세계대전이 발발하고 두 달 뒤 죽음을 맞이할 때까지 국왕으로서 루마니아를 다스렸다.

내가 플라톤 교수와 함께 앉아 있던 이아시 중앙광장의 카페 맞은편에 트라이안Traian 호텔이 있었다. 『발칸의 유령들』에서 나는 그 호텔에 대해 이렇게 기록했다.

> 호텔 로비와 근처 레스토랑에 펼쳐져 있는 풍경은 그 자체로 부식된 웅장함이다. 붉은색과 갈색 카펫에 남아 있는 시커멓고 커다란 얼룩들, 가래침과 담뱃재가 수북한 철제 샴페인 바구니, 담배 얼룩이 남은 손가락과 번들거리는 얼굴로 외투를 걸친 채 모여 앉은 남녀들, 테이블 사이를 오가며 구걸을 하는 집시 소년 ……. 비누도, 휴지도 없는 호텔 방. 어떤 경우에는 수도꼭지에서 물도 나오지 않았다. 나는 호텔 프런트에 전화를 걸었다. 휴지를 곧바로 올려 보내겠다는 대답을 들었다. 하지만 비누는 공급량이 부족하단다. 나는 룸서비스를 주문했다. 레스토랑의 레드와인, 맥주, 광천수가 바닥났다는 대답을

들었다. 오로지 화이트와인만 주문할 수 있단다. 그것도, 얼음이 없는 관계로 뜨뜻미지근한 와인만.

그때는 차우셰스쿠가 몰락하고 난 뒤 겨우 4개월이 흘렀을 때였다. 2014년의 트라이안 호텔은 이제 리모델링한 화장실, 유럽식 유사 세계주의 스타일로 새롭게 싹 단장한 로비 등 최신식 내부 장식과 편의시설을 자랑하고 있었다. 그리고 세계적인 체인 호텔이 아니었는데도, 국제적인 수준의 서비스를 제공하고 있었다. 1990년대에는 그곳에 우울하고 데카당스한 분위기가 만연해 있었는데, 이제는 그냥 살균제 냄새만 풍겼다. 트라이안 호텔 바로 옆 건물, 즉 예전에 내가 "진정한 싸구려 여인숙"이라고 기록했던 유니레아 Unirea 호텔은 이제 도발적인 형광색 염료로 새롭게 도색을 싹 했고, 꼭대기 층에는 레스토랑도 차려져 있었다. 하지만 솔직히 이아시는 최신식 유행으로 단장한, 사람들이 즐겨 찾는 여행 목적지가 되려면 아직도 갈 길이 한참 멀었다. 푸틴주의, 그리고 루마니아와 러시아 사이의 긴장 때문에 기반이 약화된 나라 몰도바와의 국경선 근처, 루마니아의 북동쪽 끝에 자리하고 있는 까닭이다. 그곳에는 아직 하얏트, 힐튼, 쉐라톤 같은 세계적인 체인 호텔이 없다. 그래도 쿠자의 도시에서는 여전히 어떤 사업이 진행 중이었고, 그것은 루마니아가 또다시 지리적 한계에 도전하고 있다는 뜻이었다. 이아시가 진짜로 제 역량을 제대로 발휘해, 그곳에서부터 불과 16킬로미터밖에 떨어져 있지 않은 푸트나 강을 따라 루마니아와 동쪽 국경선 대부분을 맞대고 있는 몰도바의 위협을, 그리고 과거의 망령을 더욱 확실하게 떨쳐내는 것, 그것만이 이아시가 정상화될 수 있는 유일한 방법이었다. 그리고 그것은, 러시아가 반자유주의 국가로 계속 남아 있는 한, 이루어질 가능성이 별로 없는 꿈이었다.

이아시에 거대한 유대교 회당이 한창 맹렬하게 개축되고 있는 건설 현장이 있었다. 머릿수를 세어 보니 스무 명 남짓의 일꾼들이 안전모를 쓴 채 공사장에서 각자 망치질을 하거나 송곳질을 하거나 종종걸음을 치고 있었다. 보통 공사장 일꾼들이 그러듯 우두커니 서 있거나 수다를 떨거나 커피를 마시고 있는 사람은 아무도 없었다. 원래 그 회당 본관 건물이 세워진 것은 1580년이었다. 1977년 발생한 지진으로 가장 최근에 지어진 건물의 기반이 손상되었다고 했다. 낡은 건물 전체가 판자로 덮여 있기는 했지만, 틈바구니로 들여다보니, 벽돌로 쌓아올린 거대한 벽 일부는 물론, 다층으로 지은 돔 지붕과 거기에 박힌 '다윗의 별Star of David'까지도 보였다. 그 개축 사업은 유럽연합의 지원을 받은 문화부의 예산으로 추진되고 있는 것이었다. 회당 건물 바로 옆에는 최근에 제작된 짧은 대리석 오벨리스크가 서 있었는데, 거기에는 촛불이 켜진 유대교 의식용 촛대가 새겨져 있고 루마니아어, 영어, 히브리어로 이런 문장도 새겨져 있었다. "1941년 6월 28일~30일 이온 안토네스쿠 치하에서 자행된 이아시 집단학살의 무고한 희생자 유대인 1만 3천여 명을 기리며. 절대 잊지 않겠습니다!" 지나다니는 자동차들 소리로 사방이 윙윙거려서 그런가, 사람 말소리조차 들리지 않았다. 나는 내가 얼마나 외딴 곳에 홀로 서 있는지 깨달았다.

이아시 유대인 공동묘지는 도시에서 가장 높은 자리를 차지하고 있었다. 그것은, 제각각 다른 방향으로 무덤이 수백 미터나 직선으로 이어진, 정말 말 그대로 방대한 공동묘지였다. 살짝 정신이 나간 것처럼 보이는 나이 지긋한 여인이 더러운 야구모자를 쓴 채 개 한 무리의 도움을 받아 공동묘지를 관리하고 있었다. 중심부만 제외하고, 묘지 전체에 잡초가 너무 웃자라 있었다. 그래서 방치된 장소에 서 있는 것 같은 으스스한 기분이 들었다. 그중에 비석들이 군인처럼 사열해 있는 구역이 있었다. 여러 줄로 길게 나열된 비석들만 봐도, 그 구역이 제1차 세계대전 당시 루마니아 군인으로 참전해 전사한 그 지역 유대인 전쟁 영웅들이 매장된 구역이라는 사실을 알 수 있었다. 그 근처에 거대한 시멘트벽이 네 줄로 길게 서 있었는데 거기에 '다윗의 별'이 새겨져 있었다. 그곳이 이아시 집단학살 희생자들의 묘지 구역이라는 상징적인 표시였다. 명판 하나에 이런 글귀가 적혀 있었다. "희생자들은 '죽음의 기차' 안에서 아사, 질식사하거나 다른 곳에서 '도살'되었다. 광적인 철위단 단원, 혹은 다른 자들에 의해……. '그때가 되면 달은 창백해지고 해는 부끄러워하리라. (이사야서 24장 23절)'" 그 근처에 세월과 풍파에 얼룩덜룩 변색은 되었지만 몇 세기 전 그 지역 유대인 풍습을 고스란히 보존하고 있는 무덤들이 있었고, 그 가운데에 훨씬 최근에 제작된 기념비 하나가 서 있었다. "남자 15명, 여자 9명, 어린이 12명, 1941년 집단학살 기간에 부르투리Vulturi 숲 근처에서 살해된 36명의 유대인 여기 잠들다."

프라하 묘지처럼 도시 내에 있는 유대인 공동묘지는 세계에서 모여든 여행객들의 관광 코스에 끼어 있는 덕분에 추모객의 발길이 끊이지 않지만, 크라크푸 카지미에즈Kazimierz 지역에 있는 유대교 회당 내 공동묘지 같은 곳은 이제야 집중적인 복원 작업에 들어가서, 적어도 내가 그곳을 방문했을 때에는 우뚝 솟은 채 폐허가 되어 있던 그 영생을 잃은 사람의 도시 역시 그저 형체만 알아볼 수 있는 지경이었다. 이아시의 거대한 유대교 명소도 그 도시에 살아남아 있는 유대인 생존자가 별로 없어서 그런지 침묵에 잠겨 있었다. 유대교 회당에서 그랬던 것처럼 묘지에서도 나는 여전히 혼자였다.

이어서 나는 유대인 공동체 센터로 들어갔다. 현대식으로 꾸며진 깔끔하고 아담한 방 몇 개와 소규모 부속 박물관이 있었는데, 박물관에는 기본적인 역사적 사실을 기록한 목록이 붙어 있었다. 1921년 그 도시에 거주하고 있던 유대인은 43,500명이었으나, 2013년 현재에는 350명에 불과했다. 제2차 세계대전 전까지 이아시에는 137개의 유대교 회당이 있었으나, 지금은 두 개뿐이었다. 그러나 이아시 유대인 공동체를 정말로 그렇게 끝장낸 것은 제2차 세계 대전이 아니라 공산주의 체제였다. 공산주의 정권이 이스라엘이든 어디든 다른 곳으로 가고 싶어 하는 유대인들을 경화硬貨로 매수하는 일은 서구에게 떠맡겼던 것이다. 그리고 물론 그들은 가고 싶은 곳으로 떠났다. 그 누가 게오르기우데시와 차우셰스쿠의 루마니아를 떠나고 싶지 않았겠는가?

"안토네스쿠는 게오르기우데지만큼 나쁜 놈은 아니었어요." 박물관을 운영하는 나이 지긋한 유대인 여인이 단호하고 퉁명스러운 어조로 내게 말했다. 제2차 세계대전 당시 친나치 독재정권의 수장으로서 안토네스쿠가 수십만 명의 유대인을 학살한 사실을 고려하면, 표면적으로 그것은 정말 괴상한 의견이었다. 그러나 어떤 의미에서는 충분히 일리가 있는 의견이기도 했다. 앞으로 자세히 살펴보겠지만 안토네스쿠는 핵심 요인만 따져보아도 홀로코스트의 양면성을 가장 잘 보여주는 인물이다. 그리고 안토네스쿠는 게오르기우데지와 차우셰스쿠가 그랬던 것만큼 오랫동안, 그리고 최근까지 정권을 잡고 루마니아 사회를 박살낸 것도 아니었다. 그러니까 그는 그 두 사람만큼 루마니아 사회 전반에 지대한 영향을 끼친 인물이 아니었던 것이다.

나는 『발칸의 유령들』에 안토네스쿠가 홀로코스트에서 했던 역할에 대해 기록한 적이 있다. 하지만 그때는 아직 그 여파가 남아 있던 냉전 직후, 학자들이 루마니아와 소련의 공산주의 몰락에 적용할 수 있는 주제에 관련된 기록문서들을 붙잡고 씨름하기 전이었다. 그런 기록문서들이 점차 공개되고 발굴됨에 따라, 예전에 내가 때때로 범했던 실수들을 바로 잡은 것은 물론, 이야기의 내용도 더 상세해졌고 정확성과 균형감, 근거 문서도 더 많이 확보할 수 있었다. 그렇게 세상에 나온 책들 가운데 특별한 책 몇 권만 뽑아보면 다음과 같다. 2006년 팔그레이브 맥밀리언 출판사에서 출간한 데니스 델리턴트의 학술서 『히틀러의 잊힌 동맹국 : 이온 안토네스쿠와 그의 체제하 루마니아Hitler's Forgotten Ally : Ion Antonescu and His Regime, Romania 1940-1944』, 2000년 이반 알 디 출판사에서 출간한 라두 이오아니드Radu Ioanid의 『루마니아의 홀로코스트 : 안토네스쿠 체제하 유대인과 집시 말살The Destruction of Jews and Gypsies Under the Antonescu Regime, 1840-1944』, 2010년 우드로 윌슨 센터 출판부에서 출간한 블라디미르 솔로나리Vladimir Solonari의 『국가 정화 : 나치 동맹국 루마니아의 인구 교환과 인종 세척Purifying the Nation : Population Exchange and Ethnic Cleansing in Nazi-Allied Romania』 등. 이 책들은 모두 비교적 규모가 작은 출판사에서 출간된 탓에 부당하게 사장된 책들이다. 예컨대 델리턴트의 책은 구하기가 힘들어서 내가 이 글을 쓰고 있는 2013년 말 소매가 90달러에 거래되고 있었다. 부디 내가 델리턴트, 이오아니드, 그리고 그 주제와 관련된 다른 책들을 읽고 요약한 글이, 그 글의 원래 출처인 학술서에 대한 관심을 불러 일으켜서 지금보다 훨씬 더 넓은 독자층이 그 책들을 읽고 즐기게 되었으면 하는 바람이다. 안토네스쿠가 홀로코스트에 가담했는데도 계속 입에 담을 가치도 없다는 듯 불분명한 존재로 남아 있는 것은, 아마도 그가 과감하기는 했어도 상당히 모순된 태도를 취해서 그에 대해 철저하게 명쾌하고 도덕적인 판단을 내리기가 어렵기 때문일 것이다. 그럼에도 나는 그에 대해 어떤 판단을 내리는 것 자체는 가능하리라 믿는다. 델리턴트와 이오아니드와 솔로나리 역시 확실하게 믿었던 것처럼.

이온 안토네스쿠 원수의 루마니아는, 아돌프 히틀러에게 베니토 무솔리니Benito Mussolini(1883-1945)의 이탈리아에 이어 두 번째로 중요한 추축 동맹국이었다. 히틀러의 관점에서는 무솔리니보다 오히려 안토네스쿠가 훨씬 더 존재감 있고 유용한 동지였다는 사실은 쉽게 짐작할 수 있다. 나치가 소련을 침공한 1941년 6월부터 10월까지 안토네스쿠는 58만 5천 명이나 되는 루마니아 병사를 원군으로 파병했다. 루마니아 군대는 1942년 말부터 1943년 초까지 스탈린그라드에서 독일 편에 서서 소련과 맞서 싸우면서 남다른 용맹으로 이름을 떨쳤다. 천연자원이 풍부하고 '바르바로사 작전'* 의 남쪽 침략 경로 안에 놓여 있던 루마니아는 다른 군수물자도 물론 많이 공급해 주었지만, 결정적으로 히틀러의 전차부대에 플로이에슈티Ploiești 평야에서 채굴되는 엄청난 양의 석유를 연료로 제공해 주었다. 안토네스쿠는 1940년 가을부터 1944년 여름 사이에, 주로 오스트리아와 동프로이센에서 히틀러를 자그마치 열 번도 더 만났다. 그것은 그 독재자가 권력을 잡은 직후부터 (젊은 왕 미하이가 지휘한 쿠데타로) 그 정권이 전복되기 불과 몇 주 전까지의 기간이다. "히틀러한테 위협이나 당하는 존재가 결코 아니었던" 안토네스쿠는 걸핏하면 히틀러의 면전에서 그의 말을 거부했는데 아마도 그는 그런 행동이 용납되는 유일한 인간이었을 것이다. 그러고는 몇 시간씩이나 계속해서 루마니아의 영토를 늘리고 싶은

*** 바르바로사 작전**Operation Barbarossa
제2차 세계대전 중 나치 독일이 세웠던 소련 침공 작전명이다. 1941년 6월부터 같은 해 12월까지 진행된 이 작전에 나치는 신성로마제국의 명장 프리드리히 1세의 별명인 '붉은 수염'이란 뜻의 '바르바로사'를 붙였다. 그 작전의 목표는 그해 안에 키예프, 모스크바, 스탈린그라드 세 곳을 점령하는 것이었으나 결과는 실패였다. 그 작전 결과 두 나라는 서로 다른 운명의 길을 걷게 되었다. 독일에게 작전 실패는 나치 패망의 시발점이 되었으나, 소련에게 작전 저지는 냉전시대 한 축으로 급부상할 수 있는 계기가 되었던 것이다.

자신의 속마음을 털어놓고는 했다. 그래서 히틀러는 두 사람이 친분을 맺기 시작한 아주 초기부터 안토네스쿠를 존중했다.

안토네스쿠는 부코비나 북부, 베사라비아, 트란스드니에스트리아 지역에서 자행되어 총계 유대인 30만 명의 죽음을 초래한 '무자비한 집단학살 작전'과 일부러 굶겨 죽이기 작전을 직접 지휘한 인물이다. 현재 루마니아의 동쪽과 북쪽 지역에 해당되는 그 지역(특히 부코비나와 베사라비아)에는 루마니아 인종이 넓게 분포해 있었던 터라, 루마니아 군대는 1941년 나치가 주도한 소련 침략이 시작된 지 딱 한 주 만에 그 지역을 소련 군대로부터 되찾았다. 안토네스쿠는 그동안 몰다비아, 왈라키아, 트란실바니아 남부 등 루마니아 본토에 거주하고 있던 37만 5천 명에 이르는 유대인을 그 지역에서 학살하지 않고 모두 폴란드 죽음의 수용소로 보냈는데, 그것은 만약 파시스트 철위단이 부쿠레슈티에서 여전히 세력을 유지하고 있었더라면 절대로 실현될 수 없었던 조치였다. 안토네스쿠는 집권 초기에는 자신의 행정부 안에서 철위단이 활개를 쳐도 그냥 내버려 두었지만, 5개월이 지난 뒤로 철위단 세력을 숙청하고 파시스트 군단을 사냥했던 것이다. 소속된 곳 없이 홀로 연구를 진행하는 루마니아 전문가 래리 왓츠Larry L. Watts는 출간은 아직 되지 않았지만 최근 발표한 한 논문에서, 안토네스쿠가 직접 군과 민간과 정부를 통제하는 동안 루마니아라는 합법적 경계 안에서 유대인이 생존할 확률은 "핀란드를 제외한, 그 어떤 추축국, 그리고 그 추축국의 동맹국, 보호국, 점령국의 유대인 생존율보다도 훨씬 더 높았다."고 기록했다. 그러니까 실제로 유럽 내 추축국이 점령하고 있던 그 어떤 나라보다도 안토네스쿠가 다스리던 루마니아 본토 내 유대인들의 생존율이 훨씬 더 높았다는 이야기다. 하지만 반면에 또, 안토네스쿠의 군대가 소련으로부터 되찾은 영토보다 유대인이 살아날 확률이 낮은 곳은 그 시기 유럽 전역에 거의 없었다.

안토네스쿠가 저지른 반인륜 범죄는 차마 말로 표현할 수 없는 것이었다. 델리턴트는 최근에 찾은 증거를 근거로 관련 수치를 제시했다. 1941년 7월과 8월 부코비나 북부에서 루마니아와 독일 군인들의 총에 맞아 사망한 유대인 1만 2천~2만 명, 1941년 10월 오데사에서 루마니아 군인들한테 같은 방식으로 살해된 유대인 1만 5천~2만 명, 1941년부터 1943년 사이에 루마니아 군대의 지시에 따라 부코비나와 베사라비아에서 트란스드니에스트리아로 이송되는 과정에 티푸스에 걸리거나 굶어서 사망한 유대인 최소 9만 명, 같은 기간 동안 루마니아 점령 하 트란스드니에스트리아 내부에서 사망한 그 지역 우크라이나계 유대인 17만 명 등. (그 밖에도 루마니아의 합법적 경계선 내에서 집단처형 사건이 여러 차례 발생해 수천 명의 유대인이 사망했는데, 1941년 6월 말 자행된 이아시 집단학살도 그중 하나였다.) 델리턴트는 이렇게 말했다. "이 수치들은 안토네스쿠 체제가 얼마나 남다르게 사악한 체제였는지 잘 보여준다. 히틀러의 독일 다음으로 가장 많은 유대인 사망자 수에 책임이 있는 정권이 바로 안토네스쿠 정권이었다." (1944년 3월 이후로도 50만 명에 달하는 유대인이 헝가리에서부터 폴란드 영토 트란실바니아 북부 죽음의 수용소로 이송되었다는 사실을 기억하라. 그 지역은 당시 독일의 점령지였지만, 루마니아는 독일의 동맹국이었을 뿐 나치 독일한테 본토를 점령당한 적이 한 번도 없었다.)

'대 루마니아' 동부의 황량하고 얼음장처럼 추운 스텝이나 '대 루마니아'의 그늘 베사라비아와 트란스드니에스트리아에서 발생한 티푸스 병사, 아사餓死, 총살. - 사실만 기록한 이런 문장으로는 안토네스쿠 시하 루마니아 군대의 손아귀에 떨어진 유대인이 실제로 어떤 일을 겪었는지 담아낼 수가 없다. 희생자의 귀중품은 몰수되어 대부분 루마니아 국립 은행으로 보내졌다. 희생자들은 강제 행군을 했고, 시궁쥐와 생쥐 떼가 들끓는 참호나 게토에 감금되는 야만적인 괴롭힘을 당했으며, 무자비하게 매질을 당했다. 상처를 입어도 죽을 때까지 그냥 방치되었고, 가솔린에 흠뻑 젖은 채 타 죽기도 했다. 노인과 아이들도 부지기수로 더없이 잔인한 가혹 행위를 당했고, 젊은 여자들은 으레 강간을 당했다. 루마니아 군인들은 "배냇저고리에 싸인 갓난쟁이부터 수염이 허옇게 센 노인에 이르기까지" 어마어마하게 많은 수의 유대인을 살해했다. 한 번은 이런 일도 있었다. 1941년 6월 베사라비아의 주도 키시나우Chişinău에서 군인들이 유대인 551명을 체포한 뒤, "먼저 여자와 아이들을 쏴 죽인 다음, 그 시신을 배수로에 던져 넣는 일을 남자들에게 억지로 시켰다." 이스라엘 작가 아론 아펠펠트Aharon Appelfeld(1932-)는 1998년 출간한 회고록에서, '대 루마니아'와 그 너머 부코비나부터 트란스드니에스트리아에 이르는 지역을 "거대한 유대인 공동묘지"라고 부르고는 이렇게 말했다. "1941년 그 지역은 아직 대량학살의 산업화가 되지 않은 곳이어서 사람만 죽일 수 있다면 어떤 방법이든 허용되는 곳이었다."

단언컨대, 홀로코스트의 지리적 측면을 다룬 루마니아계 미국인 학자 라두 이오아니드의 저서는 그저 한 권의 책이라고 말할 수 없는, 지옥에서 온 문서라 할 만한 책이다. 그 책은 사실에 근거한 욕지기나는 이야기를 너무나 무미건조한 어조로 서술한다. 모든 도시와 마을에서 차례로 행해진 더없이 짐승 같고 성적인 그 가혹행위의 대상은 주로 노인과 아주 어린 아이들이었다. 가해자는 루마니아 군인과 민간인들이었는데, 안토네스쿠의 지문이 찍힌 요식 서류만 있으면 어디에서나 그런 짓이 자행된 것으로 보인다. 루마니아 본토 안에서도 그런 가혹행위가 산발적으로 자행되고 있던 1941년, 베사라비아와 트란스드니에스트리아 침공 작전 개시 전날인 8월 15일 원수 안토네스쿠는 각료회의를 열고 이런 은밀한 지시를 내렸다고 한다. "군중에게 그들[유대인]을 도륙할 수 있는 전권을 부여하는 바이다. 나는 요새에 철수해 있다가 도륙이 끝나면 질서를 바로잡겠다."

루마니아 반유대주의의 뿌리는 19세기에 동쪽에서 그 나라로 이주해온 아슈케나지 유대인*들과 닿아 있으며, 농노가 인구 대

* 아슈케나지 유대인Ashkenazi Jews
바빌론 유수를 시작으로 여러 역사적 사건들을 겪으면서 팔레스타인을 떠나 전 세계에 흩어져 살게 된 유대인을 통칭해 '디아스포라Diaspora'라고 부른다. 유럽 지역 디아스포라는 이베리아반도에 거주하던 세파르디Sephardi, 중동 지역에 거주하던 미즈라히Mizrach, 중유럽과 동유럽에 거주하던 아슈케나지 이렇게 크게 세 종류로 분류된다. 10세기 이후 신성로마제국에 터전을 잡은 뒤 유럽 전체로 퍼져나간 아슈케나지는 히브리어와 독일어가 합성된 형태의 이디시어를 사용하며 유대교 예배의식을 비교적 철저하게 지킨다. 유럽의 번영 속에서 주로 상업에 종사

다수를 차지하는 현실에서 비롯된 결과인, '피와 흙'(119쪽 각주 참조)을 중시하는 루마니아인들의 농업 근간 세계관과 불가분의 관계가 있다. 그런 세계관은 근대 초기 이래로 루마니아의 지방 정치와 지식인 계급이 일정 특성을 띠게 된 데에도 기여해왔다. 간단히 말해서 유대인들은 그 세계관과 맞지 않는 사람들이었는데도 늘 한결같았다. 19세기 루마니아에서 유대인들은 그저 존재감 있는 소수민족에 불과했다. 특히 상업과 무역 중개업에 주로 종사했던 그들은 말 그대로 농촌 전통에 뿌리 박혀 있던 루마니아의 인종적 민족주의에 반감이 심했다. 1940년 반유대주의 역사가 파나이테스쿠 P. Panaitescu는 이렇게 불평했다. "루마니아에는 역사상 어느 시점에도 민족적 부르주아가 존재한 적이 한 번도 없었다. 우리나라에 존재한 부르주아는 언제나 외국인이었다. ……" 19세기 후반 러시아와 오스트리아 헝가리에서 루마니아 땅으로 이주해오는 유대인의 수가 갑자기 기하급수적으로 증가했고, 그 결과 유대인이 루마니아 전체 도시 거주자의 14.6퍼센트를 차지하기에 이르렀다. 몰다비아는 유대인이 거의 인구의 3분의 1에 달했고, 이아시는 40퍼센트가 넘었다. 역사가 휴 세튼-왓슨의 말을 빌리자면 그런 현상 역시 "돈 버는 일에만 바쁜" 소수민족을 향한 문맹 대중의 반유대주의, 즉 "계급적 증오라는 말로 뭉뚱그릴 수 있는 악감정"에 기름을 부었다. 세튼-왓슨은 어떤 루마니아 정치가의 다음과 같은 말을 인용

= 하며 큰돈을 번 이들은 나치의 유대인 학살로 직격탄을 맞았으나, 홀로코스트를 피해 대거 아메리카 대륙으로 이주해 미국까지 활동 영역을 넓혔다.

한 적도 있다. “일하라. 그리고 스스로를 개화하라. 그러면 우리들 세상에서 유대인을 없앨 수 있을 것이다.” 프루트 강과 드니에스테르 강 사이 도시 인구의 절반이 거의 유대인이었다는 사실 때문에 베사라비아 지방에 거주하던 루마니아인들은 유난히 더 반유대주의 성향이 강했다. 1941년 이아시 집단학살 뒤에는 그런 인구통계학적, 경제적, 역사적 잡음이 깔려 있었다.

지방 엘리트 사회는 대부분, 중개업에 종사하는 소수민족 유대인을 적의감에 찬 볼셰비키 혁명 지지자 패거리로 보았다. 그들의 눈에 유대인은 자본주의의 망령인 동시에 공산주의의 망령이었다. 그리고 그때는 루마니아가 역사적으로 자기네 영토였던 부코비나 북부와 베사라비아 지역을 소련에게 상실하게 된 사건이 진행 중이었다. 전통적으로 늘 적수였던 강대국에 맞서 국경선 하나 지키지 못하는 정부의 그런 무능함이 부분적인 원인이 되어, 1930년대 후반 루마니아의 정치적 상황은 점차 유사 무정부 상태로 빠져들고 있었다. 그렇게 혼란스러운 와중에 유대인을 비난하는 행태가 점점 퍼져나갔는데 그것은 사실 일종의 정서 결핍 장애였다. 작가 조지 폰 레조리(89쪽 각주 참조)는 전간기를 다룬 회고록에서 이렇게 말했다. “무엇보다도 반유대주의는, 인구의 대다수를 차지하고 있던 루마니아 인종이 너무나 쉽게 내면화한 일종의 틱 장애였는데, 그 내면화 과정은 반유대주의를 깜짝 놀랄 만큼 일반적인 현상으로 만들어 버리고 말았다.” 안토네스쿠는 물론, (피의 절반을 유대인에게 물려받은 여자를 평생 사랑한) 카롤 2세, 옥타비안 고

가*, 니콜라에 이오르가**, 나에 이오네스쿠***, 알렉산드루 C. 쿠자****

* 옥타비안 고가Octavian Goga(1881-1938)
루마니아의 작가, 정치가. 헝가리령 트란실바니아에서 태어나 부다페스트 대학교에서 수학했다. 루마니아 독립운동에 가담했다가 트란실바니아에서 추방된 뒤, 부쿠레슈티에서 민족적 억압에 시달리는 농민의 모습을 노래한 시 작품들을 발표하며 정치가로 활동했다. 제1차 세계대전 이후 점차 우경화되기 시작해 1930년대에는 적극적인 파시스트가 되었다. 1937년부터 이듬해까지 카롤 2세 정부의 총리를 역임하며 독재 왕권 강화에 기여했다.

** 니콜라에 이오르가Nicolae Iorga(1871-1940)
루마니아의 역사가, 정치가, 작가. 어려서부터 천재 소리를 듣고 자란 이오르가는 이아시 대학교를 1년 3개월 만에 졸업하고 파리와 라이프치히 대학교에서 역사학 박사학위를 취득했다. 비잔티움 제국의 역사를 주로 연구하면서 문학사 연구도 병행했다. 농노 중심의 농업사회라는 루마니아 현실을 토대로 농촌문학의 중요성을 역설했다. 정치적으로는 민족주의, 극우 보수주의, 반유대주의 성향이 강했다. 파시스트 테러범에게 암살당했다.

*** 나에 이오네스쿠Nae Ionescu(1890-1940)
루마니아의 철학자, 수학자, 언론인. 부쿠레슈티 대학교에서 문학을 전공했고 뮌헨 대학교에서 철학 박사학위를 받았다. 귀국 후 부쿠레슈티 대학교에서 논리학을 가르쳤는데 콘스탄틴 노이카(163쪽 각주 참조), 미르체아 엘리아데(160쪽 각주 참조), 에밀 시오랑(163쪽 각주 참조) 등이 그의 학생이었다. 유명한 반유대주의자요, 극우 정치 이론가로서 루마니아 지식인 사회에서 엄청난 영향력을 행사했으나, 카롤 2세가 철위단을 강제해산한 뒤 관련자들을 처벌하는 과정에서 실형을 살았다. 이 일로 건강이 상해서 얼마 안 가 사망했는데, 너무 과격한 보수주의자라서 독살을 당했다는 설도 있다.

**** 알렉산드루 C. 쿠자 Alexandru C. Cuza(1857-1947)
루마니아의 우파 정치가. 이아시에서 태어나 드레스덴에서 정규교육을 받고 파리, 베를린 등지의 대학교에서 정치학, 경제학, 법학을 공부했다. 루마니아로 돌아와 처음에는 사회주의자 모임에서 활동을 시작했으나 점차 보수화되면서 반유대주의 성향을 강하게 드러냈다. 1901년 이아시 대학교의 교수가 된 뒤로 잠시 이오르가와 함께 활동하기도 했다. 1920년대 초반 무렵부터 나치의 표식인 '만자무늬'를 자신의 표식으로 사용하면서, 자신이 나치보다 먼저 사용한 그 만자무늬가 루마니아 태양 숭배 의식의 상징이라고 주장했다. 1922년 대표적인 반유대주의 단체인 등의 유명한 정치가와 지식인들 모두가 반유대주의 범죄를 공공연하게 저지른 자들이었다. (루마니아와 유럽 전역이 반유대주의로 폭주하고 있던 그 당시 루마니아 지식인 중에 유대인을 옹호한 사람들도 있었다는 사실은 꼭 기록해야겠다. 미하이 랄레아*, 루치안 블라가** 두 사람이 가장 먼저 떠오른다. 특히 블라가는 소수민족에게 우호적인 '교회일치운동' 지지자였다.)

이아시 집단학살은 '영토 상실 - 전쟁과 영토 재탈환 - 민족주의자들의 광분 - 반유대주의'라는 연쇄적 흐름을 잘 보여준 상

= '전국 기독교 방어 동맹National Christian Defence League'을 결성했다. 이 단체 설립을 곁에서 도운 사람이 철위단의 지도자 코드레아누였다. 반유대주의 실현을 위해 코드레아누는 폭력적인 방법까지 동원해야 한다고 주장했지만 쿠자는 합법적으로 유대인들을 국외로 이주시켜야 한다며 폭력 사용을 거부했고, 이에 코드레아누는 단체에서 탈퇴해 따로 철위단을 창설했다. 철위단을 경계했던 카롤 2세는 1937년 쿠자를 국무장관에 임명했다.

* 미하이 랄레아Mihai Ralea(1896-1964)
루마니아의 사회학자, 작가, 정치가. 루마니아 바슬루이Vaslui에서 태어나 부쿠레슈티 대학교와 이아시 대학교에서 수학했다. 진보적인 농민운동에 참여하면서 정치에 입문했다. 전통보다는 근대화를 기반으로 한 안전하고 민주적인 '농노 국가'를 이상향으로 제시했고, 철위단의 공격을 받으면서 유명해지기 시작했다. 카롤 2세 시대 여러 공직에서 일하다가 안토네스쿠가 집권하면서 밀려났다. 이때부터 세계 각지를 여행하기 시작했는데, 그것이 계기가 되어 공산주의 시대 여러 나라에서 외교관으로 활동했다. 1964년 공무로 동독을 방문했다가 그곳에서 사망했다.

** 루치안 블라가Lucian Blaga(1895-1961)
루마니아의 작가, 철학자. 트란실바니아에서 태어나 시비우 대학교에서 신학을, 빈 대학교에서 철학을 전공했다. 루마니아로 돌아와 잡지사 편집장으로 일하던 중 1926년 공사로 임명되어 여러 도시에서 외교관으로 일했다. 신학과 철학에 정통했던 블라가는 구교, 신교, 종파와 무관하게 기독교 전체를 다시 통합하고자 하는 '교회일치운동Ecumenical Movement'의 지지자였다.

징적인 사건이었다. 델리턴트는 이렇게 말했다. 집단학살이 시작된 지 불과 며칠 만에 "적어도 4천 명이 살해되었다. 하지만 혼란과 순전히 혈통 폭력 때문에 그 전에 이미 목숨을 잃은 사람의 수치만 1만 2천 명에 달했다." 만약 일부러 그들을 한 자리에 모아놓고 총을 쏘아 집단 사살하지 않았다면, 죽음의 열차에 갇힌 채 사망한 이아시 유대인의 수가 수천 명은 더 늘어났을 것이다. 죽음의 열차는 한여름 무더위 속에 물도, 음식도, 공기도 없이 사람들을 꽉꽉 채운 채 생명 유지 기간이 만료될 때까지 몰다비아 교외를 계속 달리는 열차였다. 이번에도 역시 희생자 중에는 여자와 아이들이 많았다. 게다가 이오아니드가 공들여 (희생자들 모두의 이름까지 완벽하게 기록해가며) 묘사한 바에 따르면 그 당시 몰다비아 지역에서는 그 밖에도 더 작은 규모의 다른 집단학살도 여러 번 일어났다. 그런 공격의 발단은 안토네스쿠였다. 안토네스쿠 자신은 공개적으로 그런 사건들을 군중 폭동으로 규정하고 개탄해 마지않았지만, 그의 정부는 반유대주의를 노골적으로 부추기는 진술을 해놓고도 그것을 전혀 부끄러워하지 않았다. 그 당시 이아시에 주둔하고 있던 독일 군대 역시 집단학살에 결정적인 역할을 수행했다.

그렇다면 안토네스쿠는 실제로 어떤 인물이었을까?

1922년 마흔 살의 안토네스쿠가 육군 무관이 되어 파리에 파견되자 한 프랑스 언론은 이런 평가를 내놓았다. "산전수전 다 겪은 지식인, 잔인하고 이중적이고 매우 거만하며 성공에 대해 맹렬한 집착을 보임. …… 극단적인 외국인 혐오증. [이런 것들이] 그 새로운 인물의 충격적인 성격이다." 델리턴트, 히친스, 그리고 다른 역사가들의 글을 읽다 보면, 안토네스쿠가 현실주의자, 군국주의자, 민족주의자, 그리고 의회민주주의를 아무짝에도 쓸모없는 것이라 여기는 독재자였다는 사실을 알 수 있다. 그러나 그가 완고한 파시스트였던 것은 아니다. 그는 일찍이 집권 초기에 자신의 정부에서 파시스트들을 숙청했고, 일사불란한 공연이나 퍼레이드를 경멸했다. 그는 자유의 전제조건으로서의 질서가 아니라, 오로지 목적으로서의 질서 그 자체를 신봉했다. 사실 그는 카롤 2세에게서 물려받은 재앙에 가까운 루마니아의 국제적 지위, 그리고 나치 제국과 스탈린 제국의 사이에 끼어 있는 지도 위 루마니아의 비극적 위치 때문에 어쩔 수 없이 히틀러를 지지하기로 결정한 것이었다. 안토네스쿠는 냉정한 계산을 통해 독일과의 동맹이 그저 소련에게 빼앗긴 루마니아의 옛 영토를 되찾기 위한 최선의 선택일 뿐이라는 결론을 내렸다. 진주만 공습 며칠 뒤 안토네스쿠가 언론인들에게 이렇게 되풀이했듯이 말이다. "나는 반反 러시아 제국의 동맹입니다. 영국과 독일 사이에서는 중립이고요. 그리고 일본과 싸우는 미국을 지지합니다." 하지만 같은 시기에 안토네스쿠는 이런 말도 했다. "유럽은 한 번 더 해방되어야 한다. 프리메이슨과 유대인이 장악하고 있는 모든 것으로부터."

'파이널 솔루션'*의 지지자가 아니었다면, 안토네스쿠는 20

* **파이널 솔루션**Final Solution
'최종적 해결책'이란 뜻으로, 나치가 유럽 전역에 퍼져서 살고 있던 유대인들을 폴란드 강제 수용소로 집결시켜 한꺼번에 몰살하는 임무를 부르는 데 사용한 명칭이다.

세기 최악의 인종 청소부였다. 그는 계속 루마니아 민족을 "정화", "동질화"해야 하며, 그러려면 그 안에서 "유대인, 슬라브족, 집시"를 제거할 필요가 있다고 말했다. (안토네스쿠는 집시들을 트란스드니에스트리아로 이송했고 그곳에서 2만여 명의 사람들이 질병, 기아, 추위로 사망했다. 그런데 그것은 독일의 압력 때문이 아니라 안토네스쿠 자신의 의지에 따른 조치였다.) 안토네스쿠의 내각에서 장관을 지낸 한 인사는, 독일의 군사적 행동이 성공을 거둔 덕분에 루마니아가 "인종의 굴레에서 완전히 벗어나는" 독특한 기회를 누릴 수 있었다고 말했다. 델리턴트의 말을 빌리자면 안토네스쿠 자신은 유대인을 "루마니아라는 몸뚱이에서 씻어내야 할 질병, 혹은 기생충"으로 보았다고 한다. 그런 관점에서 볼 때 루마니아의 의사擬似 역사적 영토 부코비나와 베사라비아에서 역사적으로 루마니아의 영토였던 적이 별로 없는 트란스드니에스트리아로 유대인을 이송한 조치는 당연한 처사였다.

그러나 일부 통계학적 수치에 따르면 안토네스쿠가 '파이널 솔루션'을 피해 추축국 점령지를 탈출한 유대인들을 가장 많이 보호하고 있었다는 것 역시 잊을 수 없는 사실이다. 그가 그런 행동을 그렇게 티 나게 한 이유는, 소련과 서구 연합군이 히틀러의 군수산업에 제제를 가하기 시작하자 다시 발동한 그 특유의 '기회주의'와 자신의 운명에 대한 극단적인 불안감 때문이었다. 유대인 이송 열차 운행과 트란스드니에스트리아에서 자행되던 집단학살을 중단한 것, 그리고 국내에 살고 있던 루마니아 유대인들을 폴란드 죽음의 수용소로 보내지 않기로 결정한 것, 그 모든 조치는 나치가 스탈린그라드 전투에서 패배한 뒤, 히틀러가 결국 전쟁에서 이길 수 없을지도 모른다는 사실을 안토네스쿠가 깨닫기 시작하면서 시행된 것이었다. 라두 이오아니드는 이것을 "기회주의적 자비"라고 불렀다. 안토네스쿠는 광적인 파시스트라기보다는 오히려 현실주의자였기 때문에 지정학적 바람의 변화에 언제나 민감했다. 그것은 안토네스쿠 스스로 매우 자랑스러워한 일면이요, 독재자에게 꼭 필요한 덕목이기도 했다. 안토네스쿠에게 그의 유대인을 포기하라고 히틀러가 해외에서 내리는 명령은 받아들여지지 않았다. 그 당시 안토네스쿠를 곁에서 직접 지켜본 어떤 이는 이렇게 말했다. "원수는 명령 받는 것을 좋아하지 않았어요. 명령 내리는 것을 좋아했죠." 그 즈음 루마니아 지식인, 왕대비 헬렌, 민족농민당 당수 이울리우 마니우(134쪽 각주 참조) 등이 루마니아 유대인을 살려달라고 안토네스쿠에게 가하는 압력 또한 만만치 않았다. 물론 그 모든 일 역시 소련군과 미국군이 전쟁터에서 승승장구하고 있던 맥락에서 바라보아야 하지만 말이다.

안토네스쿠는 '붉은 군대'가 이미 루마니아에 진입해 승리의 행진을 하고 있던 1944년 8월 23일 친위쿠데타로 실각했다. 그는 루마니아에 새로 들어선 친소련 정권에 호소도 해보았지만 예상대로 유죄 선고를 받고 1946년 부쿠레슈티 근처 질라바Jilava 교도소에서 총살로 처형되었다. 엄밀하게 말해서 안토네스쿠는 파시스트는 아니었지만 집단 학살자였다. 그가 놀라울 정도로 많은 수의 유대인을 죽음으로부터 구해냈다고 해서 그 사실이, 그가 역시 놀라울 정도로 많은 수의 유대인을 죽이거나 차마 말로 표현할 수 없는 고통에 빠뜨렸다는 사실을 지울 수 있는 것은 아니다. 그것은 도덕적 모호함이 존재하지 않는 분명한 사실이다.

이 분야 전문가이자 조지타운 대학교 교수인 찰스 킹Charles King(1967-)은 이렇게 말했다. "안토네스쿠에 대해 해줄 수 있는 가장 좋은 말은, 아돌프 아이히만*이나 알프레드 로젠버그**와 달리 그가 천년왕국의 일원이 아니라 그저 보수적인 반유대주의자였을 뿐이라는 말이다."

안토네스쿠의 권력 몰락을 기점으로 루마니아는 전쟁에서 편을 바꾸었다. 남은 전쟁을 위해서 루마니아는 53만 8천 명의 병력을 연합군에 보탰다. 소련, 영국, 미국을 제외하고 루마니아보다 더 많은 병력을 참전시킨 나라는 없었다. 1944년부터 1945년 사이에 나치

* 아돌프 아이히만Adolf Eichmann(1906-1962)
나치 독일의 군인, 친위대 장교, 홀로코스트의 실무 최고 책임자. 1932년 나치당에 입당한 뒤로 유대인 문제를 취급하는 분야에서 계속 일했다. 유럽 각지의 유대인들을 열차를 이용해 폴란드 죽음의 수용소로 이송하는 일을 관리하는 최고 책임자였다. 종전 후 미군에 체포되었지만 포로수용소에서 탈출해, 이탈리아를 경유, 아르헨티나에서 가명으로 도피생활을 하다가 1960년 이스라엘 정보기관에 의해 다시 체포되었다. 예루살렘에서 공개 재판을 받고 1962년 6월 1일 처형되었다. 한나 아렌트(149쪽 각주 참조)는 아이히만의 재판과정을 지켜보고 기록한 저서 『예루살렘의 아이히만Eichmann in Jerusalem』에서 '악의 평범성'이라는 개념을 제시했다.

** 알프레트 로젠버그Alfred Rosenberg(1893-1946)
나치 독일의 정치이론가. 에스토니아에서 태어나 1918년 나치당에 입당한 뒤 기관지 편집장으로 일하며 초기 나치 운동을 주도했다. 1933년 이후 나치의 최고 외교, 선전 담당자로 일했다. 주로 독일민족의 우수성을 근거로 그들의 세계 정복을 정당화하는 논리를 전개했다. 제2차 세계대전 종전 후 1946년 열린 뉘른베르크 국제 군사재판에서 전범으로 교수형을 언도받고 처형되었다.

와 싸우다가 전사한 루마니아 사상자 수는 같은 시기 이탈리아 사상자 수의 스물다섯 배에 달했다. 처음 추축국 편에서 싸웠던 나라들 중에도, 나중에 추축국과 맞서 싸운 나라들 중에도 루마니아보다 사상자 수가 많은 나라는 없었다. 물론 루마니아의 변심은, 나치한테 점령당한 헝가리로부터 트란실바니아 영토 전체를 되찾고자 하는 욕망에서 비롯된 결과였다. 가만 생각해보면 언제 어디서나 외교 정책을 좌우하는 것은 주로 사리사욕이다. 그러나 제2차 세계대전 기간 내내 루마니아가 순전히 기회주의 수준에서 처신했다고, 민족적 사리사욕을 노골적으로 추구했다고 말하기는 힘들다. 오히려 전쟁 기간에, 특히 영국의 체임벌린 수상이 중유럽을 독일한테 넘겨버린 뮌헨 협정(32쪽 각주 참조) 이후, 루마니아가 내보인 파렴치한 태도는 부분적으로 지리적 위치 때문에 그 나라의 기능이 마비되면서 나타난 반작용이었다는 사실을 되새겨볼 필요가 있다.

그는 난청 때문에 큰 목소리를 장착한 살아 있는 해골이었다. 정장과 조끼 밑에 세로줄무늬 셔츠를 받쳐 입은 그는 가슴에 빨간 행커치프를 꽂고 지팡이까지 준비를 마친 상태였다. 그의 서재에는 책이 넘쳐흘렀다. 벽에 붙은 책장은 물론, 책상, 의자, 소파 등 평평한 면 위에는 어디에나 책이 놓여 있었다. 루마니아의 특권귀족 보야르의 후손인 그는 실제로 자기가 블라드 체페슈 드라큘라의 혈통이라고 주장했다. 드라큘라 형의 12대손이라는 것이었다. 책 더미 위에 놓인 반쯤 타다 만 초 몇 개 위로 창문을 통해 햇살이 쏟아져 내렸다. 내가 2013년 그를 방문했을 때, 루마니아의 역사가이자 철학자인 네아구 주바라Neagu Djuvara(1916-)는 아흔일곱 살이었다.

"우리 부모님은 11월 혁명이 일어나기 바로 전 날 나를 데리고 상트페테르부르크를 탈출했어요. 그때 나는 한 살이었지요." 그는 내게 왼쪽 위 팔뚝에 있는 흉터를 내보이며 말을 이었다. "이 부상이 내 목숨을 살렸어요. 나는 1941년 오데사 전방에서 이 부상을 당하는 바람에 후방 병원으로 이송되었는데, 내가 이송된 직후 우리 부대가 전투에서 전멸했거든요." 그것은 나치를 도와 러시아와 맞서 싸운 전투였다. "그 당시 나는 오데사의 유대인들한테 어떤 일이 벌어지고 있었는지 전혀 몰랐습니다." 그 다음에 이어질 질문이나 추궁을 예상한 듯 그는 얼른 이렇게 덧붙이고는 계속 말을 이었다. "나는 안토네스쿠 정권이 무너지던 1944년 8월 당일에 외교관으로 임명되어 스톡홀름으로 파견되었어요. 그 덕분에 러시아와, 그 뒤 이어진 공산주의 체제로부터 또다시 탈출할 수 있었죠."

주바라는 학생들을 가르치고 정부의 고문 노릇을 하면서 망명 상태로 프랑스와 니제르에서 반세기에 가까운 세월을 보냈다. 그러다가 그가 "천하의 백치, 그런데도 드골과 닉슨을 속여 넘긴 눈치 빠른 얼간이"라고 부르는 차우셰스쿠 정권이 붕괴된 뒤에야 루마니아로 돌아왔다.

주바라는 상념에 잠겼다. 그러더니 19세기 왕족 사이의 내분과 요즘 루마니아 정치가들 사이의 내분에 대해 이야기했다. 한 가지 주제에 집중시키기가 힘들었다. 걸핏하면 이야기가 옆길로 샜다. 이를테면 이런 식이었다.

"안토네스쿠는 자만심이 너무 강했고, 자신의 의견에 대한 확신도 너무 강했습니다. 그것이 그가 몰락한 한 가지 이유예요. 그의 할머니는 알바니아인으로 술탄 왕족이었어요. 그 양반, 19세기 중반에 태어난 것이 확실해요. 그때는 이 나라에 알바니아인이 꽤 있었으니까요. 루마니아인은 그런 이름을 안 써요. 안토네스쿠는 빨간 머리였어요. 게다가 뻣뻣하고 고집스럽고 호전적인 성격이었죠. 꼭 알바니아인처럼요. 그럴 수가! 한 사람 안에 먼 친척의 흔적이 얼마나 많이 남아 있을 수 있는지. 안토네스쿠한테는 분명, 루마니아인들한테 흔히 있는 나약함, 뛰어난 적응력, 염치, 용의주도함이 없었어요. 그래서 그 자가 재앙이 된 거예요. 그 고집스러움과 자만심이 그로 하여금 필요 이상으로 오래 독일과 유착 관계를 유지하게 만든 한 가지 요소거든요.

코드레아누와 그의 군단 대원들은 엄밀히 말하면 파시스트가 아니었어요. 나치는 그렇지 않았는데, 그들은 종교적으로 아주 총천연색을 띠고 있었거든요. 내가 그들을 지지했던 건 그 이유 때문이에요. 그들이 어찌나 순수하고 정직하게 느껴지던지. 아, 그 시절이 그립군요." 주바라는 자신을 철위단으로 이끈 극우성향에 젊은 시절 한때 경도되었던 것에 대해 용서를 구하기라도 하는 것처럼 한숨을 내쉬었다. 철위단의 전신인 '대천사 미카엘 군단'은, 1923년 알렉산드루 C. 쿠자(320쪽 각주 참조)가 창설한 '전국 기독교 방어동맹'이라는 정당 소속의 일부 당원들이 1927년 탈퇴해 결성한 단체였다. 기도, 신비주의, 권위주의 등의 요소가 극도로 순수한 윤리의식에 대한 열망과 교묘하게 결합되어 탄생한 그 단체는 나치당보다는 오히려 알카에다에 가까웠다. 말하자면 동방정교 버전의 알카에다였던 셈이다. 그리고 알카에다에 과격하고 편협한 이슬람 왕족이 포함되어 있는 것과 마찬가지로 그 단체에도 루마니아 정부의 전복을 목표로 삼는 동방정교 버전의 과격분자들이 포함되어 있었다. 그러니까 주바라의 분석은 어느 정도 타당성이 있었다.

그는 이야기를 계속했다. "카롤 2세는 사기꾼이면서 동시에 비도덕적인 사람이었어요. 카롤은 영국과 프랑스가 히틀러에게 저항할 수 있을 만큼 강하길 바랐지만, 그럴 것이라고 예상하지는 않았죠. 자, 보세요. 그 당시에는 누구나 독일이랑 거래를 했단 말입니다." 그는 또다시 용서를 구하는 듯 징징대는 어조로 말했다. "나도, 카롤도, 안토네스쿠도, 우리 중 그 누구도 1940년의 모습을 상상할 수 없었던 거예요. 미국이 전쟁에 참전해 실제로 그랬듯이 계속 승승장구하리라는 걸 말이죠. 미국이 독일, 일본 두 나라랑 한꺼번에 싸워서 두 나라를 한꺼번에 이겨버릴 줄 누가 상상이나 했겠어요. 토크빌(112쪽 각주 참조)이 살아 있었다면 미국의 잠재적 능력을 상상할 수 있었을지도 모르지요. 하지만 1930년대와 1940년대 중유럽과 동유럽에는 그런 사람이 아무도 없었어요." 그 말은 사실처럼 들렸다. 나는 최근 작고한 공산주의자 실비우 브루칸이 죽기 전 나한테 했던 말을 다시 떠올렸다. 서구가 1939년 뮌헨에서 중유럽과 동유럽을 팽개쳐버렸을 때 미국은 어디에도 없었다던, 정말로 디데이 전까지는 유럽의 심장부에서 미국 군인을 한 명도 볼 수 없었다던 그 말을.

"나는 미르체아 엘리아데랑 아는 사이였어요. 그는 심지어 국제적이고 세계적인 문명이 무엇인지 아주 잘 알고 있던 순간까지도 편협한 민족주의자였죠. 그래서 난 그 친구를 별로 안 좋아했어요. 아주 젊었을 때부터 자신의 천재성을 너무 확신하더라고요. 지금은 에밀 시오랑(163쪽 각주 참조)이 미르체아 엘리아데보다 훨씬 더 천재 대접을 받는데 말이죠. 나는 시오랑이랑도 아는 사이였는데, 내가 그 친구를 아주 많이 좋아했답니다." 그 말을 듣자 문득 그런 생각이 떠올랐다. 엄밀하게 말해서 시오랑은 엘리아데만큼 자신에 대한 확신이 없어서 젊은 시절 철위단을 지지했을 수도 있겠다, 그리고 그 행동에 대한 깊은 후회 때문에 평생 죄책감, 우울증에 시달렸을 수도 있겠다 싶은 생각이.

21세기까지 그 여파를 끼친 루마니아의 불안정한 20세기 역사로부터 도망쳤다는 점에서, 에밀 시오랑은 어쩌면 세상에서 가장 전형적인 개인주의자일지도 모른다. 루마니아 태생의 편집자, 시인이자 클루즈 소재 바베스-볼라야 대학교의 철학자인 마르타 페트레우Marta Petreu(1955-)는 에밀 시오랑에 대한 이지적인 일대기를 쓴 적이 있다. 내가 앞서 이야기한 다른 책들과 마찬가지로 『악명 높은 과거 : 에밀 시오랑과 루마니아 파시즘의 부상An Infamous Past : E. M. Cioran and the Rise of Fascism in Romania』(2005)이라는 그 책 역시 절박한 내용만큼 많이 알려져 있지는 않다. 1911년 태어난 시오랑은 미숙하고 일반적인 상식이 부족했던 만큼, 눈부시게 명석한 사람이기도 했다. 페트레우의 말을 빌리자면, 시오랑은 1936년 『루마니아의 변신The Transfiguration of Romania』이라는 책을 출간함으로써, 극우파 사상에 경도된 1927세대[대천사 미카엘 군단의 설립에 관여한 세대]의 첫 번째 대표주자가 되었다고 한다. 시오랑은 뒤이어 나치 독일을 방문했을 때 직접 이렇게 썼다. "히틀러주의에 내 마음에 든 일면이 있다면, 그것은 비판 정신이나 규제나 통제라고는 찾아볼 수 없는, 비이성적인 것에 대한 숭배, 순수한 활력에 대한 열광, 힘을 남성적으로 표현하는 방식 등이다."

독일은 이미 일류 국가인 데 반해, 자신의 고국 루마니아는 일류 국가로 만들려면 역동적인 독재정권 같은 것이 필요한 '이류 국가'일 뿐이라는 사실에 시오랑은 절망했다. 시오랑은 죽음을 있는 그대로 수용하는 민족전설 '미오리차'(287쪽 각주 참조)를, 루마니아인들의 민족성 저변에 깔려 있는 운명순응주의와 비관론이 모두 어우러져 발현된 이야기라고 보았다. '미오리차'는 그 자체로 루마니아 목동과 농노, 시오랑의 표현에 따르면 "전원 속 삶을 살아가는" 루마니아인의 향토 문화를 떠올리게 만드는 이야기이다. 1930년대 열렬한 파시스트였던 청년 시오랑은, 루마니아가 그 나라를 위대한 나라로 만들기 위해서 비관적인 농경사회라는 이상향을 고도로 산업화된 사회로 갈아치우기를 원했다. 그는 자본주의가 종식되고 루마니아에 집산주의와 우파 민족주의가 결합된 체제가 들어서길 열망했다. 시오랑이 제시한 비전이 차우셰스쿠에 의해 광범위하게 실현되었다는 페트레우의 지적은 분명 옳았다. 차우셰스쿠는 무모한 산업화, 스탈린식 집산주의, 1970년대부터 1980년대까지 이른바 독립적 외교정책이란 미명 하에 루마니아가 마음껏 휘두른 민족주의 파시즘의 변종, 그렇게 해서 얻은 대단한 국제적 명망 등 그 모든 것을 결합해 시오랑이 그토록 꿈꿔 마지않던 나라를 세웠으니까.

차우셰스쿠는 또 수많은 유대인과 독일계 소수민족을 이스라엘과 서구로 추방함으로써 시오랑이 속해 있던 1930년대 파시스트들의 열망이었던 인종적 순수성을 루마니아 내에 어느 정도 실현해냈다. 그래도 페트레우의 표현에 따르면 시오랑이 철위단 지도자 코르넬리우스 젤레아 코드레아누나 다른 단원들이 젖어 있던 "강박적" 반유대주의에 공감하지는 않았다는 말은 꼭 하고 넘어가야겠다. 시오랑은 유대인이 루마니아 불행의 원인이 아니라 그저 "지엽적인 문제"일 뿐이라고 말했다. 실제로 그는 자신의 글 속에서도 유대인을 칭찬하는가 하면 곧바로 비난하기도 하는 극과 극을 오가는 태도를 보였다. 시오랑이 코드레아누나 안토네스쿠처럼 유대인을 질병으로 본 것은 아니었지만, 그래도 유대인은 그의 눈에도 역시 배신자였다. 시오랑은 이렇게 말했다. "자신의 정체성을 잘 인식하고 있는 유대인들은 강대국 루마니아에서 살기를 바라지 않는다." 그리고 또 시오랑은 『루마니아의 변신』에 이런 유명한 선언을 남기기도 했다. "내가 만약 유대인이라면, 나는 당장 스스로 내 목숨을 끊겠다."

그러나 페트레우가 공들여 기록했듯, 시오랑은 미르체아 엘리아데나 나에 이오네스쿠(320쪽 각주 참조)처럼 철위단에 마냥 열광만 하던 다른 지식인들보다는 훨씬 더 복잡하고 흥미로운 사람이었다. 시오랑은 훗날, 자유주의 서구의 영향으로 19세기와 20세기 초반에 진행된 근대화에 1930년대 자신의 고국 루마니아가 많은 빚을 졌다는 사실을 인정했다. 더 근대화된 나라, 그리하여 더 산업화된 나라를 향한 그의 열망은 점차 정교에 대한 상대적 무관심으로 이어졌고, 그로 하여금 엘리아데와 철위단의 '피와 흙' 토착 문화로부터 떨어져 나오게 만들었다. 1950년대에 망명해서 파리에서 살고 있던 시오랑은 전쟁 결과와 세상에 폭로된 홀로코스트의 참상에 완전히 당황한 나머지 이렇게 선언했다. "형이상학적으로 말하자면, 나는 유대인이다." 그러면서 상처받은 영혼인 자신에게 계속 살아가라는 영감을 불어넣어주는 것으로, 기나긴 역사를 통해 유대인이 보여준 회복력과 참을성을 꼽았다. 망명자 시오랑이 평생 짊어지고 산 깊은 죄책감, 고통, 내적 동요는 그를 엘리아데보다 도덕적으로 훨씬 더 높은 자리에 올려놓았다. 엘리아데는 유명한 철학자, 다작의 작가로서 경력을 쌓기 전 자신이 저질렀던 잘못을 그저 으쓱 어깻짓 한 번으로 털어 버린 것으로 보이기 때문이다.

시오랑은 나중에 간접적인 방식으로, 그리고 또 전혀 간접적이지 않은 분명한 방식으로, 과거 자신의 죄를 인정하는 글을 무수히 썼다. 한때 히틀러의 숭배자요, 코드레아누가 이끄는 철위단의 숭배자였던 그는 자신이 망명 생활을 하던 전후戰後 파리에서 세상을 배웠던 것이다. "편협함, 배타적 이데올로기, 전향 등에 따른 행동은 열정 속에 숨겨져 있는 온갖 짐승 같은 이면을 겉으로 드러낸다. …… 선각자라는 이름의 굴레에서 자유로울 수 있는 사람은 아무도 없다." 한때 "민족주의가 세상을 구원할 것"이라 굳게 믿었던 에밀 시오랑, 그리고 타협적인 자유주의자 이울리우 마니우(134쪽 각주 참조)를 "유명하고 정중한 약골"이라고 불렀던 앙팡테리블 에밀 시오랑. 내가 그의 글 중에 가장 통찰력 깊은 깨달음이 담겨 있다고 생각하는 문장을 이제 여기에 옮겨본다. "사람은 누구나 가진 것을 다 잃어봐야만 자유주의자가 될 수 있으며, 합리적으로 사고해야만 민주주의자가 될 수 있다."

다시 말해서, 그 모든 한계에도, 혈통과 영토를 기반으로 한 온갖 유토피아 사상과 과격한 계획이 세상에 모습을 드러냈다가 현실에 의해 박살이 난 뒤에도 남는 것은 자유주의와 민주주의뿐이란 이야기다. 히틀러는 죽었다. 코드레아누도 죽었다. 안토네스쿠도 죽었다. 반면 이울리우 마니우는 웅장한 동상이 되어 부쿠레슈티의 심장부 피에타 레볼루치에이를 여전히 다스리고 있고 그래야 마땅하다. 마니우는 대규모 군사작전이나 인종국가 같은 원대하고 뜬구름 잡는 계획을 옹호한 것이 아니라, 카프카Franz Kafka(1883-1924)의 소설 『성Das Schloss』(1926)의 주인공처럼 개인의 존엄성과 자유권과 생존권을 대변한 인물이었다. 그것이 그토록 중요한 인물이었는데도 끔찍했던 루마니아의 수십 년 동안 마니우가 구닥다리 취급을 받은 이유이며, 또한, 온갖 결점과 가벼운 편견이 있었는데도 그의 존재가 영원할 수밖에 없는 이유이기도 하다. 당대에는 우유부단한 타협주의자로 통했던 사내, 이울리우 마니우는 카리스마는 없어도 자신이 상대해야 하는 괴물들까지 점잖게 대할 수 있는 용감한 사람이었다. 푸트나 수도원에서 도소프테이 신부가 내게 이렇게 말했듯이. "강자는 언제나 약자를 보호해야 합니다. 그것이 사랑의 본질입니다."

Nd. OUEST.
TERRES D'ALLEMAGNE
TERRES DE LA
Haute Hongrie
ROY. DE HONGRIE
Transilvanie
Croatie
Esclavonie
Bosnie
Servie
Dalmatie
Bulgarie
Valaquie
Romanie
Macedoine
Albanie
Livadie
Moree
ARCHIPEL
GOLPHE DE VENISE
TERRES DE L'ITALIE
Presbourg
Bude
Belgrade
Raguse
Durazzo
Andrinople
Salonichi
Athene
Lepante
Patras
Napoli
Candie
Sophie
Nissa
Temeswar
Hermanstad
Bukareste
Danube R.
I. de Corfou
I. de Céphalonie
I. de Zante
I. de Sapienza
G. de Coron
C. Matapan
I. de Cerigo
I. de Cerigotto
I. de Milo
I. de Scio
I. de Samos
la Canée
Candie
C. St. Jean
C. de la Fosquée
les Gozes de Candie
Echelle
Milles de Turquie
Lieues comm. de Hongrie
Lieues comm. de France
S. OUEST.

6장 흑해의 틈

MER NOIRE
Crimée
MER ZABACHE ou
TARTARIE
Precop
Tartares PETI Oczakow
L. du Serpent
I. Tendra
Bouches du Danube
Tuzla
Bukia
Korlu
Kerasbazan
Caffa
Bakczirai
Belbec
DE L'ANATOLIE
ment de l'Asie mineure
Nd. EST.
Sd. EST.
CARTE GÉNÉRALE
DE LA
TURQUIE D'EUROPE,
ET DE LA
HONGRIE,
pour les premières études;
dirigée par Mr. Philippe
Censeur Royal,
et Professeur d'histoire;
de l'Académie Royale des Sciences
et belles-lettres d'Angers.
1767.

내가 루마니아를 방문했던 2013년 가을부터 2014년 봄 사이에 중유럽과 동유럽은 지리적 격변을 겪었다. 2013년만 해도 루마니아는 1980년대에 내가 그곳을 방문했을 때와 별반 다르지 않아서 여전히 저널리즘의 벽지로 여겨졌고, 사실상 '몰다비아'나 '트란스드니에스트리아' 같은 단어는 뉴스에서 찾아볼 수도 없었다. 내가 '대 루마니아'에 대한 책을 쓰려고 자료 조사 중이라고 말하면 사람들은 모두 어리둥절해하는 표정을 지었다. 왜냐하면 신문 헤드라인의 포커스가 분명히 온통 아시아나 중동의 다른 곳에 맞추어져 있었기 때문이다. "왜요?" 사람들은 내게 물었다. 그 질문에는 유럽 언론이 현재 진행 중인 유럽연합의 재정 위기와 관련된 경제 이야기에 껌벅 죽는다는 사회적 통념이 담겨 있었다. 지난 몇 년 동안 나는, 유럽이 재정적 어려움에 빠진 틈을 타 러시아가 다른 사회간접자본은 물론 은행, 전기 시설, 정유회사, 천연가스 운송업체 등을 사들이려는 시도를 하고 있으며, 예전 소련 위성국가의 영토를 넘어서는 지역까지 에너지 파이프라인을 확장하고 있다고 열심히 이야기해왔다. 반면에 재정적으로 약화된 유럽은, 사회적, 경제적 개혁을 지원해주는 대가로 루마니아, 몰도바, 세르비아, 불가리아, 우크라이나 같은 나라들을 자기네 편으로 끌어들일 수 있는 정치적 자본이 부족했다. 나는 2012년과 2013년에 그 주제와 결과를 특별히 따로 다룬 논문을 발표했다. 하지만 2014년 초에 우크라이나가 돌연, 1989년 베를린 장벽이 무너진 이래로 유지되어온 체제를 전복시킴으로써 유럽에 새로운 패러다임을 제공해 주리라고는 예상하지 못했다.

그것은 너무나 갑작스럽게 일어난 사건이었다.

우크라이나의 수도 키예프에서 선거로 선출된 빅토르 야누코비치 친러시아 정권(126쪽 각주 참조)이 2014년 초 대중 시위로 퇴진하자, 러시아 대통령 블라디미르 푸틴은 그에 대한 반응으로, 2014년 3월 특수부대를 파견해 이미 러시아 흑해함대가 내 집처럼 사용하고 있던 우크라이나 남부 흑해 연안의 크림반도를 공식적으로 합병했다. 동시에 푸틴은 무장한 친러시아 세력이 우크라이나 동부의 공공건물들을 장악할 수 있게 은밀히 손을 쓰는 한편, 우크라이나와 러시아의 국경선 근처에 수만 명의 병력을 배치했다. 키예프의 친러시아 정권을 잃은 푸틴은 그곳에 새로 들어선 친서구 정권을 흔들어대면서 우크라이나 동부 일부를 분리시킬 작정이었다. 그 결과 우크라이나는 저강도 분쟁에 빠져들었다. 푸틴은 러시아가 속해 있는 포스트 냉전시대 유럽의 전체적인 권력구조를 그렇게 뒤흔들었다.

무엇보다도 역사적인 러시아 제국은 그동안, 북대서양조약기구와 유럽연합에 가입한 예전 바르샤바조약기구 회원국들과 함께, 예전에 소련에 속해 있을 때와 별반 다를 것이 없는 에스토니아, 라트비아, 리투아니아, 즉 발트 해 공화국과 함께, 명목상 독립국인 벨로루시와 함께, 그리고 (예전 러시아 영토인 베사라비아 지역에 위치해) 러시아와 서구 사이에서 완충재 노릇을 하고 있던 우크라이나, 몰도바와 함께, 이미 동쪽으로 한참 물러나 있는 상태였다. 그리고 서구의 눈에는 그런 러시아가 거세된 것처럼 보였다. 그러나 푸틴의 그런 속사포 공격은 분명 다른 목표가 있다는 뜻이었다. 그리고 루마니아와 몰도바(베사라비아)는 난데없이 '신 냉전New Cold War'인가 뭔가 하는 것의 최전방 국가가 되어 있었다.

이른바 이 '신 냉전'이라는 것은 '구 냉전'만큼이나 제법 이데올로기다운 것이었다. 신 냉전이 밖으로 분출된 것은 2014년이지만, 1991년 프라하에서 폴란드의 석학이자 역사가인 아담 미치니크Adam Michnik(1946-)와 체코 대통령이자 극작가였던 바츨라프 하벨(264쪽 각주 참조) 사이에 오간 대화만큼 그것을 잘 설명해주는 것은 없다. 때는 소련이 붕괴되기 직전이요, 유고슬라비아 내전이 이미 시작된 때였다. 미치니크는 하벨에게 이렇게 말했다.

> 공산주의는 세계의 복잡성을 유달리 단순한 방식으로 천하의 바보한테도 설명할 수 있는 이데올로기였습니다. 공산주의 안에서는 단 몇 가지 공식만 알면 플라톤, 하이데거, 데카르트보다도 더 똑똑한 사람이 될 수 있었으니까요. 그런데 이곳에서 공산주의가 몰락하면서, 세계를 설명하는 그 단순한 방식도 함께 몰락해버렸어요. 그러니 진공상태가 될 수밖에요. 지금 미개하고 투박한 민족주의 속으로 빠져들고 있는 이 갭을 달리 표현할 말이 있습니까? 공산주의의 범주를 사용해 스스로에게 세계를 설명하던 사람들이 이제 민족주의의 범주를 사용하는 이 현상을 뭐라고 불러야 합니까?

실제로 푸틴이 우크라이나에서 자신이 저지른 행위를 정당화하기 위해 루마니아 대중의 분노를 자극하려고 이용한 민족주의는, 예컨대 1848년 유럽 혁명의 동기가 되었던 '해방', '인간의 존엄성', '자부심' 같은 것과 관련된 그런 종류의 민족주의가 아니었다. 그런 관점에서 보면, 자유를 사랑하고 보편성을 지향하는 서구 왕조를 갈망하는 2014년의 우크라이나 민족주의 역시 그런 민족주의가 아니긴 마찬가지였다. 그것은 마르크스주의 공산주의자의 직계 후손에게 딱 어울리는 천박하고 배타적인 민족주의였다.

그리고 그것이 내가 최근 루마니아를 방문한 배경이었다.

"그나마 북대서양 조약 제 5조*가 푸틴 러시아의 폭주를 막는 유일한 보호막입니다." 내가 부쿠레슈티에 도착한 첫날 아침, 루마니아 대통령의 국가 안전보장 담당 보좌관 이울리안 포타Iulian Fota가 내게 말했다. 희끗희끗한 수염과 머리를 짧게 깎고 애수에 찬

* 북대서양 조약 제 5조

1949년 소련의 세력 확장을 견제하고 국제 안보 질서의 틀을 마련하기 위해 서구 여러 나라와 미국이 체결한 조약으로 이 조약의 준수를 위해 결성된 기구가 북대서양조약기구, 즉 NATO이다. 전체 14조로 구성되어 있으며, 제 5조의 내용은 이것이다. "체결국은, 유럽이든 북아메리카든 한 체결국이 무력 공격을 받으면 그것을 전체 체결국에 대한 공격으로 간주한다. 그 경우 UN 헌장 제 51조에 의거 개별적 또는 집단적으로 자력 구제에 들어간 그 나라를 다른 체결국 모두가 지원하며, 필요하다고 판단되면 무력을 사용해서라도 북대서양 전체의 평화를 회복하기 위해 노력한다. 단, 그렇게 무력을 사용할 경우 그 사실은 즉시 UN 안전보장이사회에 보고되어야 하며, UN 안전보장이사회가 분쟁을 해결할 대책을 마련하면 무력 사용은 곧바로 중단되어야 한다."

표정을 짓고 있는 포타 주위에서는 왠지 수도원 분위기가 풍겼다. "조약 제 5조가 침공으로부터 루마니아, 폴란드를 비롯해 여러 나라를 보호해주기는 하죠. 하지만 그 조항이 그 나라들을 사회 전복 활동으로부터 지켜주지는 못합니다." 그러니까, 그 조항이 지식인 사회의 움직임, 러시아 천연가스에 대한 큰 의존도, 범죄 동심망의 활성화, 금융업체의 매입, 전략적인 주장, 여론을 악화시키는 언론기관 등의 모든 문제를 해결해주지는 못한다는 이야기였다. 그리고 그 조항이 북대서양조약기구와 유럽연합에 반대하는 우파 정당들의 자금조달이나 의회 내 뇌물수수까지 단속할 수 있는 것도 아니었다. 포타는 이야기를 계속했다. "푸틴은 당 기관원 출신이 아닙니다. 전직 정보장교였거든요. 그래서 푸틴은 러시아가 지금껏 그랬던 것처럼 관습적으로 예전 소련 위성 국가 내 영토를 얻으려고 싸우지 않을 겁니다. 관습적이지 않은 방식으로 그들의 몸과 마음을 얻으려고 싸우겠죠. 소련이 실패한 이유가 소련의 권력이 너무 유연하지 못했기 때문이라는 사실을 잘 알고 있으니까요. 푸틴은 또 그 전투에서는 러시아 군대보다 러시아의 국영 천연가스 기업인 가스프롬Gazprom이 더 유용하리란 사실 역시 잘 알고 있어요. 우리는 워싱턴에 있는 우리 친구들한테 벌써 몇 년 전부터 이런 이야기를 해왔답니다. 펜타곤은 알겠다고 했지만, 당신네 국무부는 관심이 거의 없었어요. 우리 루마니아인들이 약간 피해망상에 젖어 있다고 생각하더군요."

포타와 나는 차를 몰고 부쿠레슈티 너머 어떤 숲에 와 있었다. 그 숲 끝자락에 공터가 하나 있고 그곳에 신고전주의 양식으로 세워진 신식 빌라가 서 있었다. 그 빌라는 1930년대 한때 국왕 카롤 2세의 정부情婦 엘레나 루페스쿠Elena Lupescu(1896-1977)의 집이었다. 이제 그곳은 공산주의 시대 두려움과 증오를 한 몸에 받았던 비밀경찰의 후신 국내 정보국의 본관으로 쓰이고 있었다. 그곳 운영을 맡고 있던 게오르게 크리스티안 마요르George Cristian Maior가 자신의 집무실에서 나와 포타를 맞이했다. 차우셰스쿠의 몰락 이후에 조지 워싱턴 대학교에서 법학을 공부한 마요르는 워싱턴 두뇌 집단 출신의 전문가답게 차분하고 부드러운 어조로 내게 말했다. 루마니아가 시대를 거슬러 올라가 오스만 제국 시대 역사 속에서 행했던 것과 똑같은 자리, “동양에 맞서는 서양의 최전방 국가”라는 자리를 다시 맡게 되었다고. 그는 포타가 좀 전에 이야기했던 저비용 전복 활동의 예를 한두 가지 언급하면서, 러시아인들이 전통적 관점에서 볼 때 실효성이 있는 정책들을 추진 중이라고 설명했다. 그것은 대포와 전차부대를 활용하던 19세기와 20세기 식의 관습적인 전투 방식을 무용지물로 만들어 버리는, 고전적 수법과 현대적 수법을 아우르는 새로운 양상의 전쟁이었다. 그 전쟁의 대부분은 나라 안에서부터 치고 올라와 권력을 장악하는 것이었다. 미국 국무장관 존 케리John Kerry(1943-)나 유럽연합 외교정책 대표 캐서린 애슈턴Catherine Ashton(1956-)과 비교해보면 카리스마라고는 전혀 없는, 그러니까 정중하기 짝이 없는 러시아 외교장관 세르게이 라브로프Sergey Lavrov(1950-)가 매주 한 번씩 자신이나 자기편 사람들이 벌여놓은 문제에 대해 불평하면서 얼핏 보기에 앞뒤가 맞지 않는 헛소리를 해대는 것도, 그런 종류의 전쟁에서는 혼란의 씨앗을 뿌리는 것도 정교한 공격 도구가 될 수 있기 때문이었다.

보리스 옐친Boris Yeltsin(1931-2007, 재임 1991-1999) 체제의 혼란을 겪은 뒤로도 러시아인들은 또다시 그저 (스탈린이 완벽하게 행했던 것과 같은) 차르 제국의 전통을 보여주었을 뿐이다. "그들은 이제 언제 어디서나 핀란드를 원했어요." 마요르가 말했다. 핀란드는 자본주의 국가요, 민주주의 국가이기는 했지만, 냉전시대 내내 소련에 비굴한 외교정책과 방어정책을 취했다. 그것은 국경선을 맞대고 있는 지리적 상황에 근거한 굴복이었다. 핀란드와 그런 관계를 유지하기 위해 크렘린궁이 막대한 비용을 지출한 것도 아니었다. 그런데 크렘린궁은 바르샤바조약기구에 속해 있는 위성국가들을 고분고분하게 관리할 필요가 있었다. 모든 위성국가를 핀란드처럼 굴복시킬 수만 있다면 제국의 지배는 성공으로 평가되었겠지만, 결과적으로 말해서 바르샤바조약기구 안에서는 그 방법이 전혀 통하지 않았다.

마요르는 말을 이었다. "우리는 지역 언론사와 지방 정치인들을 돈으로 매수해 영향력을 확보하려고 애쓰는 러시아인들을 종종 봅니다. 포스트 공산주의 시대 민영화 과정을 이용해 상업적 발판을 마련하려는 것이겠지요." 예컨대 세르비아는 유럽연합에 가입하려고 안간힘을 쓰고 있었는데, 내가 듣기로, 세르비아의 은행, 인프라, 판사, 정치가 등은 모두 러시아인들한테 매각되거나 매수되어 있다고 했다. 그 러시아인들은 세르비아 이웃나라 몬테네그로에도 과감한 투자를 아끼지 않았던 모스크바와 상트페테르부르크의 신흥재벌 '올리가르히oligarchy'들이었다. 그렇게까지 극단적인 것은 아니었지만 이웃나라 불가리아의 상황도 비슷했다. 나는 20세기 중반 프랑스계 미국인 역사학자이자 베트남 통신원이었던 베르나르 폴Bernard Fall(1926-1967)의 글을 떠올렸다. "한 나라를 전복시키는 것은 그 나라를 이기는 것이 아니라, 그 나라를 밖에서 관리하는 것이다. 전복은 말 그대로 앞에 마이너스부호를 하나 달고 나라를 관리하는 것이다." 러시아는 유럽의 그 변경 국가들을 풍경 뒤에서 조종하는 법을 잘 알고 있었다. 그런 모든 사실에도 마요르는 이렇게 강조했다. "우리는 지금 전간기와 똑같은 삶을 살고 있는 것이 아닙니다. 1930년대와 달리 이제 미국이 이곳에 우리와 함께 있으니까요. 그리고 푸틴은 스탈린이 아니고요."

포타와 나는 다시 차를 몰고 코트로체니 궁전Cotroceni Palace에 있는 그의 사무실로 돌아왔다. 그 궁전은 그리스 문화를 상기시키는 신브른코베아누 스타일로 카롤 1세 시대에 지어진 건물이었다. 그런데 그 궁전에는 그보다 더 오래전 17세기 후반에 지어진 부분이 있었다. 좁고 동굴 같은 그 아치형 복도를 보니까 수십 년 전 방문했던, 경이로울 만큼 복잡하던 아토스 산 수도원이 떠올랐다. 궁전 정원에는 새 성당이 세워져 있었다. 그 성당은 차우셰스쿠의 명령에 따라 원래 (중세 그리스 파나리오트(154쪽 각주 참조) 가문 중 하나인) 칸타쿠지노 가문이 17세기에 세운 성당을 철거하고 그 자리에 새로 지은 건물이었다.

포타의 사무실 한쪽 벽이 흑해와 '거대한 중동'* 지도로 덮여 있었다. 포타는 그 지도가 자신이 지난 십 년 동안 품고 있던 걱정거리를 잘 보여주는 결과물이라고 설명했다. 그 십 년 동안 루마니아는 중동 내 미군의 기지로 루마니아의 흑해 해안을 제공하면서 아프가니스탄과 이라크에 파병까지 했다. "이제 나는 지도 한 장이 더 필요해요. 마찬가지로 흑해 지도이긴 한데 우크라이나랑 중유럽과 동유럽 나머지 지역이 나와 있는 지도 말이에요. 그리고 미국을 도와서 몇 년째 아프가니스탄, 이라크랑 싸워온 만큼 이제 루마니아는 미국의 육해공 방어 원조가 필요하고요."

칸타쿠지노 가문 출신 왈라키아 지배자들의 다양한 모습을 담은 스테인드글라스로 장식된 작은 기념관 홀에서, 루마니아의 대통령 트라이안 바세스쿠Traian Băsescu(1951-, 재임 2004-2014)는 나와 함께 자신이 챙겨온 지도 세 장을 유심히 들여다보며 한 시간을 보냈다. 그것은 중유럽과 동유럽 지도, 우크라이나 지도, 그리고 몰도바와 트란스드니에스트리아 지도였다. 말할 때 민머리를 갸웃하는 버릇이 있는 바세스쿠는 그때 대통령으로서 마지막 해인 10년째 임기를 채우고 있었는데 완전히 좌절감에 빠진 듯, "내가 이미 그렇게 말했잖소."를 입에 달고 살았다. 그는 전체적으로 왜소하고 몸도 약했지만, 그의 주먹에는 힘이 있었다. "가스프롬 제국

*** 거대한 중동Greater Middle East**
중동을 중심으로 이란, 아프가니스탄, 파키스탄, 북아프리카 등 이슬람교 국가들이 모여 있는 지역 전체를 아울러 통칭한다.

에 둘러싸인 우리는 에너지 바다 위에 떠 있는 섬이나 마찬가지랍니다." 바세스쿠는, 불가리아나 헝가리 같은 루마니아 주변 국가들이 러시아의 천연 가스에 얼마나 전적으로 의존하고 있는지, 손가락으로 지도의 선을 따라 그리며 내게 말했다. 루마니아는 자국 내에 매장되어 있는 탄화수소 덕분에 아직 유의미할 정도의 에너지 독립성은 유지하고 있었다. "21세기에는 가스프롬이 러시아 군대보다 더 위험천만한 존재가 될 겁니다." 가스프롬은 관습에서 벗어난 전복 전쟁에서 또 하나의 무기가 될 것이 분명했다. 러시아의 뇌물과 사보타지 등 여러 '경제적 이익'이 얽히고설키는 바람에, 그리고 서구가 '나부코' 계획의 진가를 알아보지 못하는 바람에, 그러니까 그것이 단순한 하나의 경제 현상이 아닌 지리적 여건상 반드시 필요한 설비라는 사실을 인식하지 못하는 바람에, '나부코Nabucco', 즉 아나톨리아를 관통해 발칸반도와 중유럽까지 아제르바이잔 산 천연가스를 수송해줄 파이프라인 망을 건설하려던 계획이 어떻게 폐기되었는지 이야기하면서, 바세스쿠의 좌절감은 절정에 달했다. 적어도 당분간은 '나부코' 대신 러시아의 천연 가스를 발칸반도까지 수송해줄 '사우스 스트림'* 계획이 계속 추진될 예정이었다.

* 사우스 스트림South Stream
러시아는 원래 중유럽으로 천연가스를 수송하기 위해 우크라이나를 경유하는 '브라더후드Brotherhood' 파이프라인을 주로 사용했는데, 우크라이나와의 잦은 충돌로 가스 수송에 문제가 자주 발생하자 2012년 새로운 계획을 세웠다. 러시아 본토에서 흑해, 불가리아, 세르비아, 헝가리, 슬로베니아를 차례로 경유해 오스트리아까지 이어지는, '사우스 스트림'이라는 이름의 새로운 파이프라인을 건설하려는

그런 다음 바세스쿠는 손가락으로 지도 위에 우크라이나의 도시 오데사부터 서쪽으로 흑해를 따라 루마니아의 다뉴브 강 삼각주까지 선을 그려서, 러시아가 향후 십여 년 간 손에 넣을 계획인 영토를 표시했다. 나는 세계주의와 우크라이나 민족주의가 널리 퍼져 있는 오데사는 만만한 도시가 아니라고 반론을 제기했다. 그러나 바세스쿠도, 그날 내가 만난 다른 모든 사람들도, 러시아에게 필요한 것은 지방자치단체 정치가들의 발언권과 여론을 약화시키는 데 써먹을 오데사의 언론사와 다른 자산을 사들일 시간뿐이라고 입을 모았다. 오데사에서 서쪽으로 루마니아 흑해 연안에 이르는 지역, 그러니까 예전에 터키 땅이었던 몰도바 남부 부자크Budjak에는 러시아 인종이 많았다. 듣자하니 오데사가 모든 위기의 구심점이었다. 루마니아인의 시각에서 보면 키예프에서 탁상공론이나 일삼는 우크라이나의 정치가들한테는 일반적인 수준의 통치 철학도 없었다. 루마니아와 달리 우크라이나에는 정책에 일관성을 부

= 것이었다. 그러나 2014년 3월 우크라이나 사태 중 푸틴이 크림 공화국을 합병하자 서구는 여러 가지 대 러시아 제재를 가했고, 그 결과 '사우스 스트림' 공사는 2014년 12월 중단, 폐기되었다. 이에 러시아는 계속 유럽으로 천연가스를 수출할 수 있는 안정적인 활로를 찾아 헤맸고, 마침내 터키와 손을 잡았다. 2017년 5월 7일 두 나라는 함께 '튀르크 스트림Turk Stream'의 첫 삽을 떴다. '튀르크 스트림'은 분쟁이 잦은 내륙이 아닌 흑해 해저를 지나 터키 입살라까지 이어지는 파이프라인으로 2019년 완공될 예정이다. 가스프롬 측은 1단계 공사가 완료되면, 터키에서 그리스와 불가리아 등 인접국으로 파이프라인을 확장하는 2단계 공사에 들어갈 계획이다. 한편 터키와 러시아 사이에는 '블루 스트림Blue Stream'이라는 파이프라인이 이미 가동 중이다. 러시아 흑해연안과 터키 앙카라를 곧바로 잇는 이 해저 파이프라인은 1997년 설계에 들어가 2003년 가스 수송을 시작했다.

여한 일리에스쿠 같은 정치가가 한 명도 없었던 것이다. 어떤 루마니아 공직자는 무시의 뜻으로 한 손을 내저으며 우크라이나에는 온통 올리가르히와 파산한 작자들뿐이라고 말하기도 했다.

포타, 마요르, 바세스쿠, 폰타 등 내가 만난 그 정치가들은 부쿠레슈티의 최고 권력층에 속하는 사람들로, 평균적인 루마니아 국민이라면 절대로 용납할 수 없을 러시아와의 국경선 분쟁에 대해 너무나 잘 알면서도 열심히 일하고 있었다. 설사 우크라이나가 완전히 전복된다 해도 그것 역시 루마니아의 팔자였다. 우크라이나보다 상황이 덜 심각하기는 했지만, 루마니아도 위기 상황에 빠져 있다고 자꾸 강조하는 것은, 허약한 통치 제도 때문에 루마니아가 더없이 취약한 상태라는 사실을 그들 스스로가 너무나 잘 알고 있었기 때문이다. 그리고 통치 제도가 허약할 수밖에 없는 까닭은, 최근 여론조사에 따르면 그 나라에서 가장 신뢰받는 조직이 그리스정교, 군대, 차우셰스쿠 시대 정보기관이었기 때문이다.

루마니아 대통령이 사용하는 공간은 으리으리한 코트로체니 궁전이었지만, 총리 빅토르 폰타의 집무실은 공산주의 시대에 콘크리트를 꽉꽉 눌러 지은 삭막한 건물 안에 있었다. 대기실 한쪽 벽면에 폰타의 전임자들, 그러니까 19세기 후반부터 총리를 지낸 인물들의 사진이 걸려 있었다. 나는 이울리우 마니우(134쪽 각주 참조), 옥타비안 고가(320쪽 각주 참조), 니콜라에 이오르가(320쪽 각주 참조), 이온 안토네스쿠 원수(122쪽 각주 참조)의 사진을 물끄러미 바라보았다. 인도주의적인 영웅 한 명, 반유대주의자 두 명, 집단학살자 한 명이었다. 바세스쿠보다 한 세대쯤 젊은 폰타는 멋진 청바지를 입고 넥타이를 매지 않은 차림이었다. 그의 집무실은 스포츠 관련 수집품으로 가득했다. 공산주의 시대에 전직 상선 선원이었던 바세스쿠는 내적 긴장감으로 완전히 굳어 있었던 반면, 전직 학생 간부였던 폰타는 겉모습에서 산들바람 같은 매력이 흘러넘쳤다. 그 두 사내가 서로를 경멸한다는 것은 모두가 다 아는 사실이었다. 물론 내게 전달된 메시지 자체는 폰타나 바세스쿠나 비슷했지만 말이다. 두 사람 모두 러시아의 전복 활동에 대해서만 이야기했던 것이다.

폰타는 앞으로 다가올 분쟁에서 지역 동맹을 맺을 가능성이 가장 큰 나라는 (아이러니하게도 예전에는 오스만 적국이었던) 터키와 폴란드가 될 수밖에 없을 것이라고 말했다. 루마니아 엘리트 사회의 구성원들은 폴란드를, 통치 체제가 더 잘 정비되어 있고 세력도 좀 더 강한, 자신들의 업그레이드 버전이라고 생각했다. 폴란드인들은 어떤 의미에서 그와 상당히 다르게 느끼고 있었지만 말이다. 그런 루마니아 사람들은 한 번 말고 두 번 이상, 구불구불한 카르파티아 산맥을 넘어서 부쿠레슈티에서 바르샤바까지 가보아야 한다. 아무튼 폴란드 외무장관 라도스와프 시코르스키Radosław Sikorski(1963-)와 스웨덴 외무장관 칼 빌트Carl Bildt(1949-) 두 사람은 동시에, 우크라이나 방어에 더 강경한 입장을 취하라고 계속 유럽연합을 밀어붙이고 있었다. 그러는 동안 터키는 그 자리에 가만히 있기만 했다. 터키는 흑해를 가로지르는 블루 스트림 파이프라인을 통해 수송되는 러시아산 천연가스에 의존도가 몹시 컸지만, 그 나라 역시 흑해 남쪽 연안을 거의 다 차지하고 있는 지리적 특성상 잠재적으로, 그리고 필수적으로 반 러시아 동맹에 참여할 수밖에 없는 상황이었는데도 그랬다.

간단히 말해서 루마니아는 역사적으로 늘 지리의 희생양이었기 때문에 그 나라 사람 중에 지정학을 무시하는 사람은 아무도 없었다. 그리고 1920년대에 폴란드의 정치가 유제프 피우수트스키(204쪽 각주 참조)가 정립한 '인터마리엄Intermarium(바다 사이)'이란 개념의 변종인 그 지정학은 이제 서쪽으로 세력을 확장하려는 러시아를 견제하기 위해 발트 해와 흑해 연안 독립 국가들을 하나로 묶는 새로운 공동체의 창조를 요구하고 있었다. 이번 부쿠레슈티 방문에서는 지도와 파이프라인 경로가 그렇게 끝없이 나를 찔러댔다.

며칠 뒤 나는 부쿠레슈티를 떠나 이아시를 향해 출발했다. 예전 가을에 지났던 길을 똑같이 밟아 이아시에서 동쪽으로 프루트 강을 건너 몰도바의 역사적인 땅 베사라비아로 갈 예정이었다. 이아시에서 나는 주 의회 의장 크리스티안 미하이 아돔니체이Cristian Mihai Adomniţei를 만났다. 그는 대화를 시작하자마자, 1917년 11월 비교적 작은 단체였던 볼셰비키 가담자들이 어떻게 모스크바와 상트페테르부르크라는 거대한 도시를 접수할 수 있었는지 상기시켰다. 그러고는 이렇게 말을 이었다. "푸틴은 그 전통의 상속인입니다. 뼛속 깊이 볼셰비키라 이겁니다. 그래서 많은 병력을 동원하지 않고도 거대한 영토를 정복할 수 있다는 사실을 잘 압니다. 아마 우크라이나의 오데사가 함락되고 나면, 그 다음엔 옆집 사는 몰도바인들이 두려움에 떨게 될 겁니다." 아돔니체이는 나를 데리고 이아시 국립극장 안으로 들어갔다. 부쿠레슈티 아테나에움에 들어

가면 (제1차 세계대전 직전 '벨 에포크'라는) 시대의 목소리가 활기차게 말을 걸어오는 것과 달리, 1840년에 건축되고 1890년대 중반 보수된 이아시 국립극장은 로코코 양식과 바로크 양식을 추앙하듯 황금 잎사귀를 늘어뜨리고 있는 것이 친근하고 소중하고 자그마한 보석 같았다. 바로 며칠 전 그곳에서 주세페 베르디Giuseppe Verdi(1813-1901)의 오페라 〈라 트라비아타La traviata〉(1853)가 상연되었다고 했다. 텅 빈 극장 안에 나와 단 둘이 앉아 있던 아돔니체이는 이렇게 선언했다. "이곳은 유럽입니다. 이 나라의 역사와 문화와 예술적 가치가 모두 유럽에 속해 있지요. 정치적 가치 역시 곧 유럽에 속하게 될 겁니다. 이곳은 합스부르크 제국의 국경지대입니다. 그리고 이 땅을 지키려면 당신네 미국의 도움이 필요합니다."

개울보다 조금 넓고 나른한 프루트 강은 우거진 식물 때문에 질식사하기 일보 직전이었다. 나는 루마니아에서 동쪽 몰도바로 강을 건너면서 아카시아나무와 호두나무를 눈여겨보았다. 강을 건너자마자 도로 상태가 눈에 띄게 나빠지더니 곧이어 훨씬 더 가난에 찌든 집들이 나타났다. 간혹 새로 설치한 신호등과 주유소가 보이기는 했지만, 비죽비죽 나온 철근, 무너진 콘크리트, 그 위로 흙먼지가 덮인 집들의 모습은 약 30년 전에 내가 보았던 루마니아의 풍경과 너무나 똑같았다. 도로 옆으로 늘어선 그 집들이 모두 시베리아 서부에서부터 이어진 천연가스 파이프라인 망에 연결되어 있다는 사실을 나는 알고 있었다. 그러니까 그 지역 사람들의 삶의 질 역시 러시아에 달려 있는 셈이었다. 말이 끄는 '라이터바겐(건초마차)' 안에 먼지 묻은 모자를 쓰고 목수건을 두른 남녀 여러 명이 타고 있었다. 내가 차를 몰고 통과한 첫 번째 마을 운게니Ungheni는 공원과 보도가 온통 잡초에 뒤덮여 있었다. 광장에는 민트 색과 흰색이 뒤섞인 러시아 신고전주의 양식 건축물이 버티고 서 있었다. 다각형 열주가 서 있고 대문자로 과장스럽게 치장된 건물이었다. 거대한 몰도바 국기*가 건물에 매달려 펄럭이고 있었다. 루마니아 국기에서 가운데 들어간 국장國章의 형태만 조금 변형된 국기였다. 몰도바 국기에는 아직 라틴문화의 상징인 독수리가 남아 있었다.

아직 개발이 안 되었다는 것은, 자그마한 마을들과 도로변 사이에 아무렇게나 뻗어나간 드넓은 평야, 그리고 옥수수밭과 밀밭이 넘실대는 어마어마한 언덕 같은 아직 때 타지 않은 풍경이 펼쳐져 있다는 뜻이었다. 도로변에는 가로수가 무성하게 우거져 있었는데, 심어져 있는 나무 종류는 밤나무, 포플러, 상수리나무, 그

* 몰도바 국기와 루마니아 국기

다음 그림의 앞쪽 세 개는 루마니아의 국기이며, 마지막 국기는 몰도바의 국기이다. '자유, 애국심, 풍요'를 상징하는 이 삼색기는 1848년 혁명 때부터 사용되었다. 루마니아의 경우, 시대에 따라 색의 순서나 가로와 세로의 비율이 조금씩 달라지다가, 1881년 카롤 1세의 국왕 즉위식부터 현대와 같은 형태의 국기를 사용하기 시작했다. 첫 번째 국기는 차우셰스쿠의 집권 기간인 1965년부터 1989년까지 사용된 루마니아 사회주의 공화국 국기이며, 두 번째 국기는 1989년 혁명 당시 시민들이 저항의 의미로 사회주의 국장을 도려내고 사용한 국기이다. 세 번째 국기는 현재 공식적으로 사용되는 루마니아의 국기이다.

리고 러시아인들이 마치 자기네 제국을 상징하는 표식인 양 사랑해 마지않는 너도밤나무 등이었다. 나는 기찻길을 유심히 살펴보았다. 러시아 제국의 몰도바 지배를 가장 효과적으로 보여주는 것은 철도 궤간이었다. 루마니아 전역에는 두 레일 사이의 간격이 약 147.6센티미터인 유럽 규격의 철로가 깔려 있었는데, 몰도바 신익에는 그보다 간격이 넓은 152.4센티미터짜리 러시아 규격의 철로가 깔려 있었던 것이다. 그 폭의 차이가 러시아가 서구의 몰도바 침략을 막아내는 데 도움을 주고 있었다.

나는 피튜니아 화분이 줄지어 놓여 있고 솔잎과 포플러 잎사귀가 수면을 얇게 덮은 호숫가에 잠시 멈추어서 버드나무 그늘에서 커피를 마셨다. 고독을 보상해주기라도 하듯 정겨운 풍경이 펼쳐져 있었다.

생각에 잠겨야 할 시간이었다.

나는 이제 역사적인 땅 베사라비아에 와 있었다. 그 땅의 이름은 왈라키아의 보이보드 가문 '바사라브'를 흉내 내 지은 것이었다. 바사라브 가문이 흑해 무역에서 유리한 위치를 점하려고 다뉴브 강 삼각주로부터 북동쪽으로 세력을 확장했기 때문이었다. 그 바사라브 가문의 일파가 (터키계) 쿠만족의 선조였던 것으로 추정된다. 그리고 역사가 한 명의 추측이기는 하지만, 그들이 그 지방의 다른 타타르족을 지원했을 수도 있다고 한다. 아무튼 베사라비아는 몇 차례 소소한 영토 조정을 거치면서 최근 몇십 년 동안 몰도바의 또 다른 이름으로 통했다. 베사라비아는 루마니아 동부를 형성하는 몰다비아의 일부 지역이 아니라, 예전에 소련 영토에 속했던 몰다비아의 일부 지역을 통칭하는 이름이다.

20세기 후반 내내 몰도바는 소련 제국 남서쪽 귀퉁이에 자리한 자그마한 소련령 공화국이었다. 몰도바의 영토는 얼추 프루트 강과 드니에스테르 강 사이에 끼어 있는 형국이었다. 서쪽 프루트 강 건너편은 루마니아 땅이었고, 드니에스테르 강을 건너 동쪽으로 조금만 더 가면 우크라이나 땅이었다. 우크라이나가 언제나 소련령에 속해 있었던 것과 달리 몰도바는 1918년부터 1940년까지 루마니아령에 속해 있었다. 1989년 베를린 장벽이 무너질 당시, 몰도바 인구는 70퍼센트 이상이 루마니아 인종이었고, 그 나머지에 러시아 인종과 우크라이나 인종이 포함되어 있었다. 그러나 몰도바의 그 루마니아 인종은, 루마니아의 근대 민족주의적 자각이 형성되던, 그리고 키릴 문자가 라틴 문자로 대체되던 19세기 내내 루마니아에 속해 있지 않았기 때문에 자기들만의 독특한 정체성을 갖고 있었다. 그런데 1980년대 후반 미하일 고르바초프가 주도한 소련의 정치적 민주화가 몰도바 내 루마니아 민족주의를 부추겼고, 1980년대가 끝나갈 무렵 몰도바는 루마니아어를 공용어로 채택하고 라틴 문자를 도입한 것은 물론, 루마니아 국기를 약간 변형해 자신들의 국기로 삼았으며 1994년까지 루마니아 국가를 불렀다. 그런 정책은 몰도바 내 소수민족인 러시아인과 우크라이나인들 사이에 격렬한 반감을 일으켰다. 그들의 인구학적 근거지는 (안토네스쿠의 유대인 홀로코스트 현장인 "드니에스테르 강 너머", 즉) 트란스드니에스트리아에서 산업화가 가장 많이 진행된 드니에스테르 강 동쪽의 몰도바 영토(그리고 남 부크Southern Bug 강의 서쪽 영토)였다.

몰도바 전체가 거의 농업사회인 것과 달리, 트란스드니에스트리아는 철강, 화학물질, 에너지 유도체 등을 생산하는 공업 중심지이다. 베사라비아의 주인이 루마니아에서 러시아로, 그리고 다시 러시아에서 루마니아로 몇 차례 바뀌던 지난 2백 년 동안, 트란스드니에스트리아는 계속 러시아의 영향권 아래 놓여 있었다. 유럽 최대 규모인 소련의 군수품 저장소가 있는 곳이 바로 그 트란스드니에스트리아 북부 콜바사Colbasa였다. 소련이 그곳을 발칸반도와 그리스 침공을 위한 일종의 기착지로 삼았기 때문이었다.

(이 글을 쓰고 있는 시점의 그 지역 인구통계학적 수치는 믿을 만한 것이 못 되기는 하지만), 몰도바 인구의 경우 루마니아 인종이 다수를 점하고 있는 것에 반해, 트란스드니에스트리아 인구의 경우는 루마니아 인종의 후손이 40만 명으로 전체 인구의 3분의 1에 불과하다. 1990년대 초반 몰도바가 소련으로부터의 독립을 선언하자, 크렘린궁의 지원을 받은 트란스드니에스트리아는, 1천 명의 사망자와 12만 명의 국내 추방자를 남긴 한 번의 내전을 포함하여 온갖 정치적이고 극적인 방법을 동원해 몰도바로부터 분리 독립했다. 조지타운 대학교 교수 찰스 킹이 기록했듯, 두 지역 사이의 갈등은 고대로부터 내려오는 증오에서 비롯된 것은 아니었지만 "역사가 중요한 역할을 담당했던 것"만은 틀림없다.

요컨대, 트란스드니에스트리아는 역사적으로 '대 루마니아'의 영토에 포함된 지역이 아니었다. 트란스드니에스트리아를 몰도바의 일부로 만든 것은 스탈린의 독단적인 결정이었을 뿐이다. 스탈린은 공화국을 새로 만들 때, 그들이 유혈사태를 겪지 않으면 절대로 모스크바로부터 떨어져나갈 수 없도록, 일부러 경쟁관계인 두 인종을 하나로 묶는 습관이 있었다 (스탈린과 그의 크렘린궁 후임자들은 노상 이민족간의 동료애 운운하는 미사여구를 주워섬겼지만, 중요한 보안 업무를 수행하는 몰도바에서 그들이 믿는 인종은 러시아 인종뿐이었다.) "트란스드니에스트리아는 하나의 국가는커녕 하나의 자치령이라고 부르기도 힘든 곳입니다. 그곳은 러시아의 남진정책을 위해 스탈린이 치밀한 계획과 정보를 토대로 고안해낸 기지에 불과합니다." 예전에 루마니아 외무장관을 지낸, 차우셰스쿠와 게오르기우데지의 분석가 세르지우 체라크 Sergiu Celac(1939-)는 이렇게 설명했다. 그 시기 러시아의 사주에 따라 움직이는 곳이 트란스드니에스트리아 한 지역뿐인 것은 아니었지만, 그곳이 몰도바 본토 안에 속해 있다는 것이 문제였다. 예컨대 몰도바 본토 드니에스테르 강 서쪽 강변에 있는, (터키어로 벤데르 Bender라고 부르는) 티크히나Tighina는 이미 친러시아 분리주의자들의 수중에 떨어진 상태였다.

트란스드니에스트리아와 티그히나가 잇따라 분리 독립을 했는데도, 여전히 몰도바는 러시아 인종과 우크라이나 인종 외 다른 소수민족까지 끓어오르고 있는 일종의 인종 냄비였다. 예를 들면 몰도바 남부에는 가가우즈Gagauz라는, 불가리아와 도브루자에서 이주해와 그리스정교로 개종한 터키 인종 16만 명이 살고 있었다. 그들, 즉 기독교를 신봉하는 튀르크족의 존재는 예전에 오스만 제국이 그 머나먼 북쪽까지 영향력을 행사했음을 보여주는 증거이며, 복잡한 문화적 정체성이 한 민족의 정형성을 약화시킬 수도 있다는 사실을 보여주는 증거였다. 사실 그 지역 문화적 정체성이라는 것이 어찌나 복잡한지, 그 분야 최고 전문가인 킹 교수조차 그 지역 민족 문제를 "결정적으로 언제든 협상 가능성이 열려 있는 문제"라고 부를 정도였다.

몰도바(혹은 지리적인 명칭으로 베사라비아)는 현재 지정학의 세계에서 가장 뜨거운 이슈이다. 좁은 영토와 3백5십6만 명이라는 적은 인구를 고려하면 사실 지나친 상황이다. 그런데 근대사 속에서 몰도바가 그런 위치에 놓인 것이 이번이 처음은 아니었다. 러시아의 차르 알렉산드르 2세가 크림 전쟁 패배라는 '굴욕'에서 살아남기 위한 마지막 방안으로 베사라비아 남부 주민의 루마니아 이주를 추진했던 것이다. 베사라비아 지역이 튀르크족의 영향권 안에 들어가지 않게 하려고, 러시아가 19세기 중반 이래로 전개한 베사라비아 탈환 분투가 바로 이른바 그 시대 '동방문제Eastern Question', 즉 "오스만 제국 세력의 느린 쇠퇴에 열강들은 어떻게 대처해야 하는가?"하는 문제의 핵심 골자였다.

러시아의 안보에서 우크라이나의 안보가 중요한 위치를 차지하는 것만큼, 우크라이나 안보에서는 흑해와 카르파티아 산맥 사이에 있는 몰도바의 안보가 중요한 위치를 차지한다. 만약 몰도바가 적들의 수중에 떨어지면 우크라이나는 곧바로 위협을 느끼게 될 것이다. 몰도바가, 내가 '흑해의 틈Pontic Breach'이라고 부르기 좋아하는 곳, 즉 발칸반도와 지중해로 나아가는(혹은 그곳에서 시작되는)

침공 루트를 제공해주는 흑해의 내륙 지방 트란스드니에스트리아와 직결되어 있기 때문이다. 폴란드, 벨로루시, 그리고 그 밖의 발트 해 연안 국가들 위에 펼쳐져 있는 북유럽 평원에 유럽과 러시아 사이의 북쪽 침공 루트가 놓여 있는 것과 마찬가지로, '흑해의 틈'에는 남쪽 침공 루트가 놓여 있는 것이다.

우크라이나는 그 자체로 러시아를 변모시키는 데 중추적인 역할을 해온 나라이다. 우크라이나는 19세기 키예프 대공국의 중심지였고, 따라서 역사적으로든 정서적으로든 러시아 정체성의 핵이었다. 그런 우크라이나가 지리적으로, 그리고 인구통계학적으로 러시아로부터 독립하는 바람에 러시아는 유의미할 정도로 유럽에서 밀려나게 되었다. 그래서 우크라이나가 자치권을 주장하고 있는데도 러시아는 우크라이나에 대한 전략적 통제권을 유지하려고 안간힘을 쓸 수밖에 없는 것이다. 그것이 러시아가 트란스드니에스트리아에 수천 명의 병력과 군대 시설을 배치하고 있는 이유이다. 그리고 푸틴이 그 문제에 대한 러시아 국내 여론을 자신에게 유리하게 조작할 수 있는 것은 다 그 조치 덕분이다.

지난 장에서 우리는 안토네스쿠가 1941년 베사라비아와 트란스드니에스트리아를 침략하고 점령한 행위 때문에 루마니아가 어떤 인도주의적 대가를 치렀는지 이미 살펴보았다. 이제 그 행위의 전략적 측면에 대해 살펴보려고 한다. 적어도 이론적 관점에서 보자면, 안토네스쿠의 무력행사는 그저 거대한 우크라이나 소비에트 공화국의 수도 키예프를 위협하는 것 이상의 또 다른 효과도 있었다. 안토네스쿠의 군대는 항구도시 오데사까지 점령했는데, (오데사는 트란스드니에스트리아에 주둔 중이던 안토네스쿠의 군대가 점령한 지역 가운데 루마니아 본토에서 가장 먼 곳이었다.) 그 덕분에 바르바로사 작전(313쪽 각주 참조) 기간 중에 나치의 동맹국 루마니아가 흑해와 지중해로 진출하려는 스탈린의 주요 경로를 차단할 수 있었던 것이다. 그러니 1944년 기회가 생겼을 때 스탈린이 단호하게 군대를 몰고 루마니아로 진군한 것도 무리는 아니다. 스탈린이 공개재판을 통해 안토네스쿠를 처형하자고 고집을 부린 것도, 그 뒤 1940년대 후반부터 1950년대 초반까지 루마니아 국민에게 망치질을 가해 그들을 비참하게 굴복시킨 것도 무리는 아니다. 바르샤바조약기구의 창설은 스탈린의 사악한 의도에서 비롯된 결과이기도 했지만 크렘린궁이 전략적 악몽을 경험한 직후였기 때문에 소련의 전략적 필요에서 비롯된 결과이기도 했다. 그리고 그 뒤로 거의 4분의 3세기가 지난 지금 러시아가 두려워하는 것은, 북대서양조약기구 군대가 안토네스쿠의 친나치 정권 자리를 대신 차지함으로써 똑같은 악몽이 재현되는 것이다. 도덕적 지향점, 혹은 사상적 지향점이 아무리 엄청나게 다르다 하더라도, 반 러시아 세력은 러시아에게 모두 다 똑같았다. 미국의 사설 전략분석업체 스트랫포Stratfor의 창립자 조지 프리드먼George Friedman(1949-)이 이렇게 기록했듯이 말이다. "몰도바는 가치 있는 부동산이다. 그 곳은 북대서양조약기구 수중에 있는 땅 중에 …… 러시아 세력을 견제할 지렛대를 제공해줄 수 있는 땅, 러시아에 저항하고자 하는 우크라이나의 열망을 강화해줄 수 있는 땅이다. 러시아가 의존하고 있는 우크라이나의 항구 도시 오데사 가까이 북대서양조약기구가 병력을 배치하면 러시아로서도 조심할 수밖에 없을 것이다." 병력 배치는 시늉만으로도 충분하다. 특히 2014년 초 이래로 그 지역에서 계속되고 있는 동서 위기를 고려하면, 북대서양조약기구의 병력이 오데사 가까이 있기만 해도, 그 자체가 러시아에게는 전략적 패배의 신호가 될 테니까. 그러면 몰도바(역사적으로는 베사라비아)가 북대서양조약기구 회원국인 루마니아와 재결합하려는 움직임을 살짝 보이기만 해도, 그것으로 크렘린궁의 강한 반발을 이끌어낼 수 있을 테니까.

적어도 모스크바의 관점에서는, 몰도바가 친러시아 국가가 될 수 없다면 반드시 근본적으로 루마니아나 북대서양조약기구와 분리된 상태를 유지해야만 한다. 따라서 실제로는 공론화된 적조차 없는 루마니아와의 합병이라는 구미 당기는 명분을 빌미로 좀 더 친밀한 관계를 구축하고자 몰도바가 유럽연합을 향해 끝없이 보내는 구애의 몸짓에, 러시아는 어쩔 수 없이 계속해서 몰도바를 트란스드니에스트리아라는 횃대에서 밀어내려는 시도를 할 수밖에 없는 것이다.

이아시를 떠난 지 세 시간 만에 몰도바의 수도 키시나우Chişinău(러시아어로는 키시네프Kishinev)에 도착했다. 사회주의 시대 주택 건물이 누런 치아처럼 늘어서 있었다. 폴란드 여행가 안제이 스타시욱Andrzej Stasiuk(1960-)은 그 건물들을 "거대한 비석 …… 흰개미 탑"이라고 불렀다. 나는 1980년대와 1990년대 소피아, 트빌리시Tiflis, 츠힌발리Tskhinvali, 타슈켄트Tashkent 외곽의 우울한 풍경을 기억하고 있었다. 그래서 러시아 신고전주의 건물에 독일 자본 기업 플렉시 글라스의 유리가 새로 끼워져 있는 것을 단박에 알아봤다. 화려한 쇼핑몰도 하나 있었다. 보리수나무가 우거진 거리에서는 국경선이 없던 구세계 분위기가 느껴졌다. 마음속에 알렉산드르 푸시킨Aleksandr Pushkin(1799-1837)이 떠올랐다. 러시아의 위대한 시인 푸시킨은 1820년대에 키시나우로 국내 추방되어 그곳에서 불행한 삶을 살았다. 개혁적인 그의 시각에는 차르 체제에 의해 더럽혀진 자신의 마음속이 유배지였다. 여자들은 모두 한껏 멋을 낸 우아한 차림새였으나 남자들은 모두 게으름뱅이 같아 보였다. 인구 67만의 도시 키시나우는 사실 웅장한 대도시와는 거리가 먼, 큰 읍보다 규모가 살짝 더 큰 소도시였다. 몰도바는 유럽연합 회원국이 아니었는데도 최근에 벨로루시에서 수입한 버스 안에는 유럽연합 스티커가 덕지덕지 붙어 있었다. 그것은 부인할 수 없는 그 나라의 열망이었다. 공터에 성당 건물이 한 채 서 있었다. 마라무레슈풍으로 지어진 성당은 고딕 첨탑은 물론 서구를 상징하는 강렬한 장식도 여러 가지 갖추고 있었다. 그리고 주변에 서 있는 때 묻은 사회주의 시대 주택 건물을 나무라기라도 하듯 세기말 분위기를 풍기는 이탈리아 고딕 양식의 시청 건물도 있었다. 탑 형태의 그 시청 건물을 바라보고 있으려니까 이탈리아의 도시 플로렌스Florence가 떠올랐다

몰도바는 유럽에서 가장 가난한 나라로 심지어 알바니아보다도 경제적으로 뒤쳐져 있었다. 이아시부터 운전을 하고 오면서 나는 영국 여행가 헨리 바얼레인Henry Baerlein(1875-1960)의 말을 떠올렸다. 맨체스터의 유명한 유대인 가문 출신인 바얼레인은 1935년

『베사라비아와 그 너머Bessarabia and Beyond』라는 책을 출간했는데 그 책에 이런 문장이 쓰여 있었다. "언제든 길 위로 나서기만 하면 시커멓고 질척한 진흙 속으로 발이 푹푹 빠졌다. 우리는 끈끈이 테이프 위에서 걸음을 옮기려고 안간힘을 쓰는 불쌍한 파리 신세나 마찬가지였다." 그러나 그 책의 초판본에 실린 흑백사진을 보면 알 수 있듯, 개발이 아직 안 되었다는 말은 황량하면서도 눈이 시리도록 아름다운 풍경이 펼쳐져 있다는 뜻이었다. 베사라비아와 트란스드니에스트리아에서 홀로코스트가 자행되기 불과 몇 년 전까지만 해도, 자갈돌이 깔린 티그히나 유대인 거주 구역에 유대교 회당이 열여덟 개나 있고 키시나우 역시 65개나 되는 유대교 예배당을 자랑하던 시절이 있었던 것이다. 바얼레인의 1935년 원고 저변에는 혐오스러운 '집단 대 집단' 형태의 갈등이 일어나리라는 예감이 깔려 있었다. 어떤 사람이 저자에게 한 말을 글 속에 인용한 것을 보면. "유대인 한 명을 끓는 물에 처넣어. …… 그러면 그리스인 두 명을 얻을 수 있을 테니까. 아르메니아인 한 명을 끓는 물에 처넣어. 그러면 유대인 세 명을 얻을 수 있을 거야."

'이곳의 역겨운 과거는 그저 표현할 수 있는 적당한 말이 없을 뿐이야. 바얼레인의 경험도 그저 하찮은 예감일 뿐이고. 그런 과거가 현재나 미래를 결정하는 것은 아니잖아.' 나는 나 자신에게 그렇게 말해야만 했다. 다음 날 아침 내가 첫 번째로 만난 사람은 2009년부터 2014년까지 몰도바 국방장관을 지낸 비탈리에 마리누차Vitalie Marinuța(1970-)였다. 그는 그 지역 세계와 서구, 미국과의 활발한 교류 관계를 위해 일생을 바쳐온 사람이었다. 소련이 붕괴되던 시기에 소련 육군사관학교를 졸업한 마리누차는 샌안토니오 래크랜드 공군 기지, 포트 리븐워스 육군 교육대, 미국 몬터레이 해양대학원에서 공부를 계속했고, 마침내 탬파에 있는 미국 중부 사령부에 배치되었다. "캔자스 리븐워스에 살 때 그 동네 사람들이랑 가족처럼 지냈어요. 그것이 민주주의 문화와 가치를 내게 일깨워준 첫 경험이었죠." 마리누차가 내게 말했다.

잿빛 머리를 짧게 깎은 40대 초반의 마리누차는, 정치권의 불안정한 지원 속에서 서구의 제도를 모델로 "군대 조직을 뿌리까지 개혁하느라" 자신의 임기를 다 보냈다고 말했다. "나는 새 군복, 새로운 형식의 사열을 갖추고 싶었어요. 그런 건 중요한 문제가 아니라고 생각할지 모르지만, 군대에서는 상징이 중요합니다. 그런 것들이 군인의 정신자세를 바꿀 수 있거든요. 군대가 얼마나 프로화될 수 있느냐 하는 문제는 그런 상징을 얼마나 잘 갖추느냐에 달려 있어요."

그러나 몰도바에는 군인이라고 해봐야 겨우 병사 5천명과 국경수비대, 내무부 산하 부대가 있을 뿐이었다. 헬리콥터 몇 대를 제외하면, 공군은 서류상으로만 존재했다. 옆집 트란스드니에스트리아에 주둔 중인 러시아 병력이 그보다 훨씬 더 우세한 것이 분명했다. "하지만 러시아는 우크라이나 동부에서 그랬던 것처럼 이곳에서도 뒤에서 내란을 책동할 가능성이 훨씬 큽니다. 가가우즈나 러시아 인종 같은 이 지역 사람들을 대역으로 내세우겠지요." 마리누차가 설명했다. 건물의 배후를 지키고 소규모 근접전을 벌일 (각각

150명의 거친 사내들로 구성된) 사병 부대를 어떻게 훈련시키느냐가 관건이 될 터였다. "우리에게는 1992년 몰도바 안에서 트란스드니에스트리아와 전투를 치러본 2만 8천 명의 참전용사가 있습니다." 그러니까 현역 군인들만 전투하는 법을 아는 것이 아니란 이야기였다.

그런 다음 그는 군비물자에 대해 이야기했다. "국립은행은 러시아가 인수했어요. 공항 운영권도 러시아에 있고요. 가스는 가스프롬에서 공급받습니다. 몰도바는 전체 에너지의 97퍼센트를 러시아로부터 공급받는답니다. 트란스드니에스트리아가 공식적으로 러시아와 합병되면, 몰도바는 루마니아랑 합병을 해야 할 겁니다. 어쩌면 러시아의 힘이 약하던 1990년대에 미리 합병을 해야 했는지도 모릅니다. 이제는 러시아의 힘이 너무 강해져서, 몰도바 전체 인구 중 겨우 16퍼센트만이 루마니아와의 합병에 찬성하거든요."

긍정적인 정보로 시작된 이야기는 급격하게 부정적인 방향으로 흘러갔다. 마리누차는 러시아가 "자유주의 국가가 될 리가 만무하다."고 내게 장담했다. 사실 내가 키시나우에서 만난 사람들은 대부분, 나를 설득하려는 의도는 전혀 없었지만 모두들 똑같이 말했다. 나는 도스트예스프스키의 『백치』에 나오는 등장인물이 "자유주의는 러시아 자체에 대한 공격이다."라고 했던 말을 떠올렸다. 자유주의는 러시아의 문화와 가치에 대한 공격이기도 했다. 그럼에도 러시아가 자유주의 없이는 절대로 그 방대한 영토를 적절하게, 혹은 생산적으로 분권화할 수 없으리라는 사실을 나는 알고 있었다.

러시아의 반反자유주의는, 거의 역사시대 내내, 그중에서도 특히 20세기 후반 내내 러시아의 지배를 받은 땅 몰도바 안에 더없이 단조롭고 모호한 방식으로 존재하고 있었다. 예를 들어보겠다. 내가 키시나우를 떠나 드니에스테르(루마니아어로는 니스트루Nistru) 강변, 몰도바와 트란스드니에스트리아의 국경선 부근에 있는 사하르나Saharna 수도원과 티포바Tipova 수도원을 향해 북쪽으로 이동 중일 때였다. 일행을 한 명 태우고 이아시를 떠나던 그 전날처럼, 운전사가 누군가의 제지로 속도를 줄였다. 지역 경찰이 자동차에 붙은 루마니아 번호판을 알아보고 검문을 하기로 한 것이었다. 아마도 그 경찰의 손에는 뇌물이 쥐어졌을 것이다. 루마니아에서는 더 이상 교통경찰과 협상을 하거나 뇌물을 건넬 수 없었다. 유럽연합 가입국이 되면서 그 나라에 법치주의가 도입됨에 따라 그런 변화가 일어난 것이었다. 그런데 몰도바에서는 경찰이 임금도 박봉이고 존중도 받지 못하는 직업이라 그들은 늘 뇌물을 요구했다. 그런 일만 봐도 예전 소련에 속해 있던 지역 전체에서 얼마나 많은 일들이 그런 식으로 돌아가는지 딱 알 수 있었다.

드니에스테르 강 바로 건너편에 있는 라브니차Râbniţa 금속공단으로 차량이 드나들 수 있게 닦여진 그 도로는 이아시에서 몰도바로 오는 도로보다 상태가 훨씬 나았다. 그러나 트란스드니에스트리아와 교류가 단절되고 몰도바가 러시아 위성국가의 적대 국가로 규정된 뒤로는 그 도로가 텅 비어 있었는데, 우크라이나 사태 이후로는 유난히 더 그랬다. 그런데도 금속공단에서 생산되는 제품의 일부는 강을 건너는 트럭들을 통해 여전히 그럭저럭 몰도바로 밀수입되는 모양이었다.

금속공단에서 매연이 피어올랐다. 나는 멀찍이서 드니에스테르 강 건너편 진흙 둔덕을 자세히 살펴보았다. 그곳이 트란스드니에스트리아였다. 잠시 후 나는 잔잔하고 수심이 얕은 강변을 따라 달리고 있었다. 강폭은 프루트 강보다 훨씬 넓었다. 산들바람이 불어오는 드니에스테르 강은 어떤 면에서 정말 하나의 경계선 같이 느껴졌지만 프루트 강은 그렇지 않았다. 마침내 라틴문화가 끝나는 동쪽 끝 도로에 와 있구나, 나는 그렇게 생각했다. 강 맞은편에 소련이 안토네스쿠의 약탈과 살인마 루마니아 군대로부터 트란스드니에스트리아를 해방시킨 것을 기리는 기념비가 서 있었다.

사하르나 수도원은 19세기 후반 러시아풍으로 개축되면서 양파 모양 돔과 밝은 파랑색 차양을 갖추게 되었다. 역사가 키스 히친스는 이렇게 기록했다. "베사라비아의 성당들이 [상트페테르부르크 발] 러시아화 정책과 끈질긴 중앙집권화 정책의 대상이 된 시기를 추정해보면 거의 한 세기 전인 제1차 세계대전으로 거슬러 올라간다." 그 정책은 주로 정교 조직을 통해 시행되었다. 특히나 정교 조직은 성당을 통해 차르 체제라는 법률적 틀을 정착시킴으로써 러시아 제국주의의 지배를 실현하는 조직이었기 때문에 그것이 가능했다. 러시아정교는 늘 방대한 유라시아 전역에 영토가 뻗어 있던 중세 비잔티움에서 그리스정교가 담당했던 중추적인 역할을 모방하려고 애써왔다. 무슬림 튀르크의 지배를 받는 동안 루마니아 정교가 역사적으로 인종적 정체성을 보존하는 대리인 역할을 해온 것과 달리, 러시아정교는 그것 자체가 하나의 완전한 제국이었다.

루마니아정교와 러시아정교는 둘 다 국교였지만, 두 종교가 처해 있는 정치적 상황은 완전히 달랐다. 비교적 최근인 2013년 러시아정교의 키릴Patriarch Kirill(1946-, 재임 2009-) 대주교는 제국주의 크렘린궁의 압박에 못 이겨 몰도바가 전통적으로 러시아의 일부였다고 공식적으로 발언했다. 몰도바정교는 찬송가와 예배의식은 루마니아정교 양식을 채택했으면서도, 전간기를 제외하고는 늘 모스크바에 순종적인 태도를 취해왔다. 러시아정교의 종교적 지배는 종종 현실을 기반으로 하고 있었는데, 루마니아정교가 몰도바정교에도 교회법상 똑같은 권리가 있다고 주장하는 바람에 세 교회의 관계가 복잡해진 것이었다. 키시나우의 비잔티움 역사학자 비르길 파스라리우크Virgil Pâslariuc는 오늘날까지도 몰도바정교는 반反 유럽 성향을 띠고 있다고 내게 말했었다.

사하르나 수도원의 성상과 성화벽들이 러시아 제국주의가 차르 체제보다 얼마나 더 잔인했는지 내게 이야기해주고 있었다. 스탈린이 안토네스쿠에게서 베사라비아를 되찾은 1944년 이후, 소련은 그곳의 예술품들을 모두 불태우고 흔적을 지워버린 뒤 사하르나 수도원을 주교청 산하 병원으로 만들어 버렸던 것이다. 다행히 그 지역의 루마니아 인종 마을 사람들이 성상의 일부를 구해낸 덕분에, 그 성상들은 훗날 1990년부터 1991년 사이에 소련이 붕괴되는 와중에 몰다비아가 독립하면서 수도원으로 돌아올 수 있었다. 그러나 현재 그 수도원에 있는 예술품들은 전체적으로 서둘러 배치해놓은 별 특징 없는 새 물건들이었고, 그래서 한층 더 마음이 짠했다. 아담한 예배당과 마주보고 있는 거대한 새 성화벽이라니,

또다시 러시아풍의 예술품이었다. 그러니까 특별하게 제작된, 바꾸어 말하자면 친숙한 스타일로 제작된 물건들이었다. 세월이 흐르면서 완전히 명맥이 끊겼던 수도사들이 기나긴 소련의 점령에서 벗어나면서 간신히 모습을 드러냈고 마침내 다시 그 세를 과시하고 있었다. 달리 말하자면 흉포함이 흉포함을 낳은 셈이었다. 처음에는 안토네스쿠가 트란스드니에스트리아에서, 그 다음에는 소련이 베사라비아에서. 마치 전쟁이 끊이지 않는 국경지대로 존재했던 베사라비아의 지난 몇 세기가 제2차 세계대전과 냉전 기간 동안 그곳에서 자행된 더없이 비인간적인 처사들로 대단원의 막을 내린 것과 같은 형국이었다. 키시나우의 또 다른 역사가 이고르 카슈Igor Caşu는 내게 이렇게 말했었다. 몰다비아와 트란스드니에스트리아의 친러시아 세력들은 오늘날까지도 안토네스쿠가 유대인과 다른 민족에게 저질렀던 전쟁 범죄를 루마니아, 나아가 서구의 사악함을 증명해주는 증거로 써먹는다고.

수도원 근처 대성당에는 파괴 직전에 구조된 성상들이 더 많이 전시되어 있었다. 그 주위에 무수히 많은 향로가 놓여 있고 부코비나에서 옮겨온 성화벽 하나가 서 있었는데, 높이가 대략 4.5미터 정도 되는 그 성화벽은 10층 건물이라도 되는 것처럼 웅장한 풍채로 나를 압도했다. 나는 향내 가득한 어둠 속에 울려 퍼지는 루마니아 찬송가에 귀를 기울였다. 그 노래 속에는 초기 기독교에 존재했던 숭배의 원형이 살아 있었다. 그리고 그것은 지상에서 발견할 수 있는, 천국과 가장 유사한 형태의 지락至樂을 재현해내고 있었다.

나는 구릉이 굽이치는 몰도바 북동부, 끝없이 펼쳐진 때 묻지 않은 곡창지대를 한 시간 정도 지나서 티포바 수도원에 도착했다. 사하르나 수도원보다 규모가 더 작은 티포바 수도원은 드니에스테르 강이 내려다보이는 높은 언덕 위에 앉아 있었다. 강변에서는 남녀 몇 명이 각자 손에 연장을 들고 풀을 베어 가지런히 쌓고 있었고, 들판에는 말과 염소들이 뛰놀고 있었다. 한 세기 전에서 튀어나온 것 같은 풍경이었다. 자그마한 성당은 텅 비어 있었다. 성당 밖에서 지저귀는 참새 소리 때문에 성당 안의 침묵이 더 강렬하게 느껴졌다. 나는 끝없이 이어져 있을 것만 같은 가파른 오솔길을 걸어 내려갔다. 오솔길은 강둑까지 이어져 있었고 강둑에는 동굴 몇 개가 있었다. 소련의 점령이 끝난 뒤 수도사 스물두 명의 유골을 다시 수습해 묻은 곳이었다. 전설에 따르면, '대 루마니아' 안에서는 예수 그리스도의 삶만큼이나 신비롭고 영웅적인 일생을 산 것으로 전해지는 슈테판 대왕이 그 동굴 중 한 곳에서 1472년 마리아 딘 만고프Maria din Mangop라는 여자랑 결혼을 했다고 한다. 아니, 1478년에 마리아 보이키차Maria Voichiţa랑 결혼한 곳이 이곳이던가? 나는 확실한 대답을 떠올릴 수 없었지만, 그 뒤로도 그에 적절한 답을 제공해주는 역사적 자료는 찾아내지 못했다.

굽이쳐 흐르는 드니에스테르 강의 얕은 강물이 햇빛을 받아 회색과 황토색으로 아른거렸다. 녹조가 된 몸에 민지끼기 뒤집어쓴 나는 기분이 별로 안 좋았다. 그래서 내 가이드를 맡고 있던 세월에 찌든 듯한 외모의 그 지방 여자한테 잠시 무례하게 굴면서 마음 상하는 말도 몇 마디 건넸다. 그래놓고는 그 일 때문에 며칠 동안 마음이 언짢았다. 나는 외국인이기 때문에 행동거지를 계속 주시당할 수밖에 없으리란 사실을 잘 알고 있었기 때문이다. 전쟁을 많이 겪은 힘없는 나라의 국민일수록 외국인이 어떤 생각을 하는지에 더 민감하게 반응하기 마련이니까. 나는 드니에스테르 강의 맞은편 강둑을 물끄러미 바라보았다. 강의 아름다운 풍경을 바라보고 있으려니까 후회스러운 마음이 더 커져만 갔다. 별안간 트란스드니에스트리아에서 1941년과 1942년에 일어났던 일이 떠오르면서 감정이 북받쳐 숨 쉬기가 힘들었다. 그 어떤 말도, 아니 그 어떤 생각도, 아무 소용없을 것만 같았다.

트란스드니에스트리아에서 마지막으로 내 머릿속에 떠오른 것은 내 생각이 아니라 어떤 시인의 생각이었다. 시인 파울 첼란*은 1920년 부코비나 북부 유대인 가정에서 태어났다. 제2차 세계대전 중에 그의 부모는 트란스드니에스트리아로 끌려왔다. 그곳에서 아버지는 티푸스에 걸려 사망했고 어머니는 목에 총을 맞고 죽었다. 첼란은 1970년 파리에서 자살했다. 중유럽의 서정적인 역사가이자 전기 작가인 클라우디오 마그리스Claudio Magris(1939-)는 첼란을 "오르페우스를 계승한 마지막 시인"이라고 칭하면서 그의 작품을

* **파울 첼란**Paul Celan(1920-1970)
루마니아의 시인. 합스부르크 제국의 영토였던 부코비나 지방에서 태어났다. 21세가 되던 해에 독일군이 도시를 점령하면서 수용소로 끌려가 강제 노역을 해야만 했다. 먼저 잡혀 간 부모는 그곳에서 비참하게 세상을 떠났고, 부모의 죽음을 전해 듣고 절망에 빠져 있던 첼란 역시 가스실 문 앞까지 끌려갔다가 가까스로 살아남았다. 종전 후 부쿠레슈티에서 번역, 출판 일을 했으나 계속 홀로코스트의 악몽에 시달리다가 오스트리아를 거쳐 프랑스로 건너갔다. 파리에 정착해 독일어로 시를 창작하다가 1970년 센 강에 투신자살했다. 뷔히너 상과 브레멘 문학상을 수상했다.

"텅 빈 침묵을 위에서 들여다보는가 하면, 눈부시게 아름다운 태곳적 순수를 향한 갈망을 주문을 외움으로써 드러낸 시"라고 평했다. 1952년 첼란이 자신의 어머니를 회상하며 쓴 시를 여기에 옮긴다.

백양나무여, 그대의 잎사귀가 어둠 속 흰색을 바라보는구나.
우리 어머니의 머리는 하얗게 세지 못했거늘.

민들레여, 우크라이나는 이토록 푸르구나.
머리가 노란 우리 어머니는 집으로 돌아오지 못했거늘.

비구름이여, 왜 우물 위에서 서성대는가?
말 없는 우리 어머니는 모두를 위해 눈물을 흘리고 있건만.

동그란 별이여, 그대는 황금 고리를 두르고 있구나.
우리 어머니의 심장은 총탄의 납에 찢겼건만.

상수리나무 문이여, 누가 그대를 들어 올려 경첩에서 떼어냈는가?
다정한 우리 어머니는 이제 돌아올 수 없건만.

국가와 왕국이 탄생하기 전부터 그곳에는 수도원이 있었다. 나는 다시 키시나우 북쪽 올드 오르헤이Old Orhei에 와 있었다. 또 다른 한 무리의 동굴들이 수도원 땅과 그 아래쪽 농경지를 구분해주는 어마어마한 골짜기를 내려다보고 있었다. 동굴 하나에 깊게 움

푹 들어간 공간이 있고 인공 벽이 둘러 서 있었다. 슈테판 대왕이 살아 있던 15세기에 수도사들이 각자 들어가 살 수 있게 만든 독방들이었다. 햇빛이 쏟아져 들어오는데도 그늘이 서늘한 것을 보니 감탄이 절로 나왔다. 짧은 통로를 지나니 조금 더 넓은 동굴이 나왔다. 성상들과 불이 켜진 초들이 꽉 들어찬 그곳에는 성화벽도 하나 서 있었다. 1944년 스탈린이 베사라비아를 재정복하기 전까지 오랜 세월 정교 예배의식이 거행되던 장소였다. "주님은 절대로 게으른 분이 아니십니다. 이렇게 이곳을 다시 세우신 것을 보면요." 수도사 한 명이 내게 말했다.

그 동굴 안에는 러시아정교도, 루마니아정교도 존재하지 않았다. 다만 동방정교가, 이교의 암흑 속에서 나타난 본래 비잔티움 양식의 기독교가 존재했을 뿐. 그래서일까, 사람들이 자신들이 어떤 민족이며 자기네 나라가 어떤 나라인지 이해하기 위해 무리를 지어 그 동굴을 찾아오는 것 같았다. 실재하는 개인으로서의 자신들을 훨씬 뛰어넘는 민족과 국가가 어떻게 정의되었는지 알아내려고 말이다. 몰도바의 부패하고 불완전한 민주주의는 개인으로 살아가라고 사람들을 부추기고 있었다. 그러나 교회는 공동체 속의 삶을 장려한다고, 부쿠레슈티에서 만났던 루마니아 대주교청의 상담원 게오르게 그리고리차George Grigoriță가 내게 설명했다. "교회는 현대 사회의 고독에 맞서기 위해 내려져 있는 닻이니까요."

당시 몰도바의 총리였던 이울리에 레안커Iurie Leancă(1963-, 재임 2013-2015)가 자신의 집무실에서 나를 맞이했다. 부쿠레슈티에 있는 빅토르 폰타 총리의 집무실보다 훨씬 고상하게 꾸며진 방이었다. 쉰 살의 레안커는 친유럽 당의 대표주자로 돌아오는 가을 선거를 앞두고 있었다. 그는 재킷을 벗고 넥타이를 푼 다음 자리에 앉으며, 너무나 긴 하루였다고 말했다. 야윈 얼굴과 숱이 풍성한 흰머리 때문에 실제보다 훨씬 키가 더 커 보였다. 그에게서는 뭔가의 축소판 같은 느낌과 굉장히 이지적인 분위기가 동시에 풍겼다. 긴장감이 계속 뿜어져 나오는 것을 보면 뭔가에 한창 정신이 팔려 있는 것이 분명했다. 의회제도 안에서는 모든 영광을 군주나 대통령이 다 차지하고 총리는 열심히 일만 하기 마련이었다. 게다가 몰도바는 동서 전투 지대였기 때문에 정치적 상황이 유난히 더 형편없었다. 그는 부패 위에 연립정부를 세우고 여러 경제 분야를 각 당의 실력자들에게 나누어 맡긴 인물이었다. 적어도 그 당시 상황으로서는 몰도바에 꾸려질 수 있는 최상의 정부를 구성한 것이었다. 공산주의가 붕괴하고 사반세기가 흘렀는데도 그곳에는 소련의 유산이 아직 살아 있었기 때문이다.

우리는 대략 한 시간 정도 대화를 나누었다.

그는 우크라이나 사태가 시작된 2014년 1월 이후 그 나라를 둘러싸고 있는 정치적 분위기를 묘사하면서 계속 "긴장," "불확실성" 같은 단어들을 사용했다. 피로와 고민 때문에 반쯤 감긴 눈으로 그는 이렇게 말했다. "1989년 이래로 존재하던 유럽의 보안구조가 바로 우리 눈앞에서 사라져 버렸습니다." 그것은 존스홉킨스 대학교의 정치학 교수 즈비그뉴 브레진스키Zbigniew Brzezinski(1928-)가 했던 말, "우크라이나 없는 러시아는 제국이 될 수 없다. 러시아를 지역 권력에서 세계 권력으로 바꾸고자 하는 것, 그것이 푸틴의 욕망이다."라는 문장의 다른 표현이었다. 루마니아 대통령 바세스쿠가 그랬던 것처럼 레안커는 지도 위 오데사 너머 흑해의 서쪽 해안선을 따라 손가락으로 선을 그렸다. 러시아가 제국이라는 목표를 달성하기 위해 차지하려는 영토를 표시하는 그의 손가락은 예전에 베사라비아의 영토였던 부자크 지방을 지나 다뉴브 강 삼각주까지 이어졌다. "몰도바는 만만한 상대입니다. 우리가 뭘 할 수 있겠습니까? 고작 몇 시간 정도나 버틸 수 있을까요?" 레안커의 어조는 씁쓸했다. 예전에 어떤 외국인 외교관도 나에게 이런 말을 한 적이 있었다. "우크라이나에 대면 몰도바야 러시아한테는 만만한 껌이죠."

단지 군사력만 문제인 것이 아니었다. 그 나라에는 강대국 러시아, 우크라이나, 터키 요소가 혼재되어 있고, 냉전이 끝날 때까지 읽고 쓰는 데 키릴 알파벳을 사용해온 루마니아 인종이 인구의 다수를 차지하고 있어서, 몰도바의 정체성 자체가 "여전히 유동적인 것이 문제"라고 레안커는 설명했다. 게다가 정치가의 이름을 감히 입에 담아서는 안 될 정도로 고압적이고 부패한 정치권이, 실제로는 그럴 만한 가치가 별로 없는데도 민족성이라는 문제에 공공연하게 중요성을 너무 많이 부여한다고 했다.

역사상 실제 독립국이었던 적이 한 번도 없는 몰도바가 동양과 서양의 심리학적 전쟁터가 되어 있다는 사실은 총리가 굳이 입 아프게 말할 필요도 없었다. 몰도바는 자국의 독립을 쟁취하기 위해 싸운 적이 없는 나라였다. 그저 예전에 소련에 속해 있던 중앙아시아의 다른 공화국들과 마찬가지로 얼떨결에 독립을 떠안게 된 나라였다. 그리고 러시아가 계속해서 그 나라에서 엄청난 영향력을 행사하고 있는 것도, 1991년 이후 몰도바가 혹시나 유럽연합에 가입할 수 있을지도 모른다는 실낱같은 희망으로 중립 노선을 취했기 때문이었다. 몰도바 국민들은 러시아로 여행을 갈 수 있을 정도의 경제적 여유는 있었지만 유럽으로 여행을 갈 수 있는 형편은 안 되었던 것이다. 러시아가 언론과 금융 기업을 통해 그 나라에서 행사하고 있는 영향력은 "엄청나게 부정적인 것"이라고 레안커는 말을 이었다. 나는 내가 묵고 있던 레오그란드Leogrand 호텔을 떠올렸다. 그곳에는 러시아어로 말하는 덩치들이 득시글댔다. 언제든 내가 2층 로비에서 인터뷰라도 할라 치면, 그 작자들은 구식 녹음기가 들어가고도 남을 만큼 큰 가방을 손에 든 채 고작 몇 걸음 거리를 두고 내 주변을 어슬렁댔다. 마치 자기네가 이 나라 주인이라도 되는 양, 뻔뻔하기 짝이 없는 자들이었다. 내가 몰도바 정부의 고위 관리랑 인터뷰를 하면서 우리 사이의 대화를 비공개로 할 수도 있다고 말하자 그는 이렇게 대답했다. "아무래도 상관없습니다. 어차피 이 호텔 안에는 비밀이 없는걸요."

총리와의 미팅이 끝났다. 그곳에서 이루어진 다른 여러 미팅들과 마찬가지로 그 토론 역시 천연가스 파이프라인 설치 경로가 종착역이었다. 레안커는 이렇게 말했다. 가까운 장래에 루마니아에서 연결된 파이프라인이 활성화되면 러시아에 대한 몰도바의 의존도를 낮출 수 있을 것이라고. 작별인사를 나눌 때 그의 목소리와 전체적인 태도는 희망에 가득 차 있었다. 루마니아의 잠재적인 가스 개발 능력에 대해, 그리고 흑해 해안에 집착하지 않게 될 미래에 대해 이야기하던 중이었기 때문이리라.

이제 나는 북서쪽을 향해 가고 있었다. 검은색 말뚝이 박힌 경작지가 감각적으로 넘실대는 그곳 풍경은 19세기 초반 이래로 계속 그 땅을 침략해온 러시아 병사들에게 틀림없이 큰 보상이 되었을 것이다. 평평하고 광대하기 짝이 없는 러시아와 우크라이나의 유럽 평원을 가로지른 뒤 이 풍경을 발견했을 테니 말이다. 나는 포도밭을 눈여겨보았다. 몰도바에서 저녁 식탁에 나온 포도주 맛을 보고는 포도주 양조장까지 여러 군데 찾아다니며 생산지를 미리 알아두었던 것이다. 몰도바 포도주는 세계에 아직 알려지지 않은 포도주 가운데 그 맛이 단연 최고였다. 그 포도주를 이용해 만든 디저트는 프랑스의 최고가最高價 포도주 소테른 와인French Sauternes으로 만든 디저트에 전혀 뒤지지 않을 정도였다. (그러나 몰도바 전체가 포도주만 즐기는 것은 아니었다. 그곳 사람들은, 루마니아가 아니라 우크라이나나 러시아에서 즐겨 마시는 '크바스kvass'라는 호밀 발효 음료도 즐겨 마셨다.) 몰도바 제2의 도시 벌치Bălți의 첫인상은 마구잡이로 세워진 소련 시대 주택 건물과 들쭉날쭉 들어선 새 상점들 때문에 꼭 환자 같았다. 도시가 어찌나 흉측하던지 내 머릿속에 떠오르는 것이라고는 썩은 치아뿐이었다. 그러나 곧이어 나타난 위풍당당한 나무들의 행렬이 그나마 풍경을 조금 나아보이게 만들어주었다. 저 나뭇잎이 다 떨어지는 겨울이 오면 이 도시는 얼마나 끔찍해 보일까, 나는 그런 생각에 잠겼다. 슈테판 대왕의 동상이 광장을 장악하고 있었다. 원래 그 자리는 소련이 붕괴된 뒤 덩

달아 쓰러진 레닌 동상이 서 있던 자리였다. 엄청난 크기의 엄숙한 성상과 나란히 서 있는 대성당 내부의 프레스코화는 벌치라는 황량한 사막 속에 존재하는 아름다운 오아시스나 마찬가지였다.

그날은 성 니콜라이St. Nokolai 축일이어서 큰 거리는 온통 굽이 뭉툭한 하이힐을 신은 여자들이며 싸구려나마 정장을 갖추어 입고 향수까지 짙게 뿌린 남자들까지 가장 좋은 옷을 갖추어 입은 사람들로 가득했다. 물론 젊은이들이야 어느 곳에서나 그러듯 티셔츠를 입고 있었지만 말이다. 사방팔방에서 풍선과 아이들이 튀어나왔다. 하지만 그곳에서도 동유럽 어디든 유대인이 살다가 학살당한, 혹은 유대인이 살다가 떠나간 마을이나 도시에서 흔히 느낄 수 있는 할로윈 분위기가 느껴졌다. 1944년 안토네스쿠의 군대가 철수함으로써 해방된 것을 기념하는 소련군 탱크가 받침돌 위에 서 있었다. 공산주의 시대 후반인 1980년대 부다페스트나 포스트 공산주의 시대 초반인 1990년대 부쿠레슈티, 소피아에서나 보던 광경이었다. 카페에서 만난 어떤 사람에게 내가 그 이야기를 하자 그는 이렇게 대답했다. "그럼 이제 트란스드니에스트리아의 수도 티라스폴Tiraspol에 가보셔야 합니다. 거기는 여기보다도 훨씬 더 뒤쳐져 있어서 꼭 구소련 같거든요."

그런 대중들을 보면 나는, 역사 속에서 국가나 민족이 차지하는 비중이 줄어들고 그 안에 속한 개인이 차지하는 비중이 늘어날 때 진보가 일어난다는 사실을 깨닫는다. 그리하여 하나의 장엄한 대서사는 그 구성원의 수만큼 수백만 갈래의 완전한 이야기로 갈라지게 된다. 공산주의가 정치적 압제와 경제적 압제 두 가지 수단을 다 동원해 개인의 삶을 억압해왔기 때문에, 그 수백만 갈래의 이야기는 지금껏 정의된 적이 별로 없다. 군중 한 사람의 표정만 봐도 그 사실을 알 수 있다. 벌치 주민의 표정과 이미 7년 전에 유럽연합에 가입한 루마니아 지방 도시 주민의 표정이 얼마나 어마어마하게 다르던지. 루마니아 주민들이 이미 총천연색 사진 속에 살고 있는 데 반해 벌치 주민들은 아직도 획일적인 흑백사진 속에 살고 있었다.

벌치에 있는 텅텅 빈 빌딩의 우울한 그늘 속에서 나는 체칠리아 그라우르Cecilia Graur를 만났다. 체격이 건장한 그라우르는 적갈색 머리에 안색이 창백한 여인이었다. 얼굴에 떠올라 있는 무신경한 표정 때문에 그녀는 전형적인 러시아 공산주의 관료처럼 보였다. 그러나 사실 그녀는 친유럽 정당의 그 지역 부대표였고, 소련에서 성장한 유년시절에 대해서는 나쁜 기억만 갖고 있었다. '콜호스kolkhoz'라 불리는 집단농장 근처에 사는 교사였던 부모가 몹시 업신여김을 당했던 것이다.

그녀는 이야기를 시작했다. "모두들 두려워하고 있어요. 우크라이나 동부의 상황이 이곳에서도 펼쳐질지 모르니까요. 우리 자신이 정치적으로, 인종적으로, 언어적으로 분열되어 있어서 그런 일이 생길 수도 있다는 사실을 우리 모두 알고 있어요. 그래서 사람들이 온종일 그 이야기만 한답니다." (더 분명하게 말해서, 어떤 서구 외교관이 나한테 경고했던 말을 빌리자면 친러시아 성향 때문에 벌치가 몰도바의 도네츠크*가 될 수도 있다는 이야기였다.) 나는 휴일 군중을 보고 받은 느낌을 이야기했다. 젊은 부모들은 자식들에게 더 좋은 세상을 물려주는 것에만 관심이 있었고, 그래서 자신의 부모들은 할 수 없었던 방식으로 개인주의자가 되어 가고 있는 것 같았다. 내 말에 그라우르는 이렇게 외쳤다. "맞아요. 딱 그거예요. 하지만 그것 말고 우리가 달리 무엇을 할 수 있겠어요?"

그녀는 말을 이었다. "이 지역 위기 때문에 안정적이던 구소련을 향한 향수가 점점 더 커져가고 있어요. 그때는 이곳에 수천 명의 사람들을 고용해 월급을 주는 군수물자 공장이 있었거든요." 벌치에 거주하는 러시아 인종은 20퍼센트에 불과했는데도, 심지어 그곳에 거주하는 루마니아 인종 사람들까지도 이 문제에 러시아가 개입해야 한다는 의견을 체념적으로 수긍하고 있다고 했다. "푸틴의 호소가 넓은 지역에서 먹히는 것은 그의 민족주의 선전 방식이 구소련의 공산주의 선전 방식과 똑같기 때문이다." 불쑥 폴란드 역사가 아담 미치니크의 통찰이 담긴 말이 내 머릿속에서 재생되었다.

* 도네츠크Donetsk
우크라이나 남동부의 주로, 주도 역시 같은 이름을 사용한다. 러시아와의 재합병을 주장하는 반군의 근거지이다. 2014년 우크라이나 사태 직후 친러시아 반군이 주를 장악했고 5월 11일 주 내 투표를 실시해 인민공화국 수립을 선포했다. 도네츠크와 함께 반군이 세력을 장악하고 인민공화국 수립을 선포한 주는 루간스크 Lugansk 한 곳이 더 있다. 도네츠크와 루간스크 두 주의 친러시아 세력은 힘을 규합해 '신(新)러시아'라는 뜻의 노보로시아Novorossiya 공화국의 출범을 선포했지만, 러시아를 제외한 세계 여론은 그들의 주장을 인정하지 않고 그들을 우크라이나의 반군으로 규정하고 있다. 슬라뱐스크Slavyansk는 도네츠크 주의 도시로 친러시아 반군과 우크라이나 정부군이 두 달 동안 격전을 벌인 곳이다.

알렉산데르 네스테로프스키Alexander Nesterovskii는 그 지역 친러시아 단체의 부회장이었다. 폴리에스테르 재질의 싸구려 옷을 입은 그는 이야기를 하는 내내 미소를 띠고 있었다. 체칠리아 그라우르가 루마니아어를 사용했던 것과 달리 그는 러시아어를 사용했다. 하지만 그의 메시지 역시 그라우르의 메시지와 똑같았다. "우리는 이제 이 난국을 타개해 나가야 합니다. 그러려면 양극화가 더 이상 진행되지 않게 막아야겠죠. 아무도 도네츠크나 슬라뱐스크가 빠졌던 곤경에 우리가 빠지길 바라지 않으니까요. 하지만 대화를 시작하면 우크라이나가 첫 번째 안건이 될 겁니다." 네스테로프스키는 벌치 인구의 60~70퍼센트가 푸틴을 지지한다고 말했다. 그렇다면 30~40퍼센트는 그를 지지하지 않는다는 뜻이었다. "오데사가 핵이에요. 만약 푸틴이 영원히 오데사를 지배할 수 있게 된다면 러시아의 영향력은 가가우지아와 몰도바 전역으로 순식간에 퍼져나갈 겁니다." 그는 푸틴에 대한 그 지역 지지율이 주민들의 합리적 선택을 보여준다고 말했다. 러시아가 천연가스 공급량을 줄이거나 그 지역 농산물 수입을 중단한다면 그 지역 주민들은 먹고 살 길이 막막했기 때문이다. 반면 유럽연합의 원조는 근 몇 년 사이에 이미 상대적으로 대폭 축소되어 버려서, 이제 서구가 그 지역에 입힐 수 있는 피해는 거의 없었다. 이런저런 프로젝트로 그곳에 와 있는 유럽인들도 있기는 했지만, 딱 보기에도 풀뿌리처럼 온갖 분야에 박혀 있는 러시아인들만큼은 아니었다. 그 지역 주민들에게 공산주의는 더 이상 공산주의 자체가 아니라 러시아와의 경제적 관계를 통해 얻을 수 있는 이득을 의미했다. 무슨 이야기 끝에 그는 이런 말을 꺼냈다. "우리 어머니는 몰도바인입니다. 인종적으로는 루마니아인이고요. 우리 아버지는 우크라이나인이지요. 그리고 나는 나 자신이 러시아인이라고 생각합니다." 경제적으로, 그리고 정치적으로 좀 더 나은 상황이었다면 그렇게 다양한 혈통이 결합된 정체성이 활기찬 세계주의의 표상이 될 수도 있었을 텐데, 지금 그곳에서는 논란과 혼란만 가중시키고 있었다.

다시 남쪽으로 향하자, 사방에서 짙은 초록색 그림자가 위아래로 물결치는 부드러운 담요 같은 풍경이 나타났다. 키시나우를 떠난 지 9분 만에 몰도바 국기 옆에서 나란히 펄럭이는 가가우지아* 국기가 나타났다. 파란색, 흰색, 빨간색 줄무늬에 별 세 개가 그려진 국기였다. 가가우지아는 법적으로는 몰도바의 일부였지만 주민 대다수는 키시나우 정부 안에서 자신들이 소외되어 있다고 느끼고 있었다.

나는 가가우지아의 수도인 콤라트Comrat로 들어갔다. 무성한 잡초, 무너진 콘크리트, 물결무늬 합판으로 가득한 거리에는 온통

* 가가우지아Gagauzia
몰도바 남부 부자크 주 루마니아와의 국경지대에 위치하는 자치구로 정식 명칭은 '가가우지아 자치 영토 단위Autonomous Territorial Unit of Gagauzia'이다. 주로 가가우즈 인종이 거주하는 이 지역에서는 1980년대 이후 민족주의 운동이 일어났다. 1990년 3월 몰도바로부터의 분리 독립을 묻는 국민투표를 실시했고 러시아의 지원을 등에 업고 그해 8월 19일 독립을 선언했다. 그림은 가가우지아의 국기이다.

키릴 문자가 써진 표지판뿐이었다. 아름다운 경관을 자랑하는 전원지대와 비참한 모습의 도시 교외는 어디에서나 볼 수 있는 흔한 풍경이었다.

콤라트에 있는 최고급 호텔의 식당은 흉측하게 생긴 관 모양 플라스틱과 싸구려 금속, 비좁은 욕실에나 어울릴 법한 흰색과 검은색 깃털 무늬 벽지 등으로 실내가 꾸며져 있었다. 내가 보기에 그 호텔은 구소련의 흉물스러움을 모조리 보존하고 있는 것 같았다. 캅카스Caucasus와 중앙아시아의 보잘 것 없는 호텔에 묵었던 기억이 불쑥 떠올랐다. 그 지역 정치가 비탈리 큐르크추Vitaliy Kyurkchu의 명함에는 '가가우지아 경제 발전, 무역과 용역 촉진청장'이라는 직함이 적혀 있었다. 다부진 체구에 캐주얼한 양복 차림을 한 큐르크추는 꼭 그 도시의 과묵한 우두머리처럼 행동했다. 그는 19세기 초반 러시아의 차르 알렉산드르 1세가 어떤 식으로 불가리아 북동부와 도브루자 지방에 살고 있던 가가우즈족을 부추겨, 흑해에 가까운 부자크 지방과 베사라비아 남부로 이주하게 만들었는지 이야기해주었다. 이주민에게 세금을 낮추어주거나 군역을 면제해주는 등 특혜를 베풀었던 것이다. 정교 기독교를 신봉하는 그 튀르크족은 현재 대략 16만 명으로 몰도바 전체 인구의 5퍼센트 정도였으나 5퍼센트가 훨씬 넘는 영토를 차지한 채 살아가고 있었다. "우리는 터키나 러시아 세계와는 깊이 연관되어 있지만 루마니아나 몰도바한테는 아무런 정서적 유대감을 느끼지 못합니다. 우리한테 러시아는 상품을 내다 파는 시장 이상의 가치가 있답니다. 루마니아의 지배하에 놓여 있던 1918년부터 1940년까지, 그리고 특히 안토네스쿠 체제의 1941년부터 1944년까지의 경험은 우리에게 너무나 부정적인 영향을 끼쳤어요. 그리고 그런 나쁜 기억은 쭉 지속되기 마련이잖아요."

그는 이야기를 계속했다. "우리는 [비록 짧은 기간이었지만] 가가우지아 공화국이 독립을 선언했던 1990년 8월 19일을 지금까지도 기념합니다. 그때는 소련이 와해되는 중이었죠. 1994년에 몰도바는 우리한테 특별 자치구 자격을 주었어요. 하지만 사실 키시나우는 우리의 자치권을 아직도 인정하지 않고 있답니다. 우리 가가우즈족이 정말 열심히 일을 하거든요. 우리가 생산하는 제품만 해도 포도주, 화장품, 섬유 …… 등등. 그 대가로 우리가 키시나우에서 받는 예산과 사회보장 혜택은 보잘 것 없지만요."

점심으로 포도덩굴 잎사귀를 채워 구운 양고기, 염소젖 치즈, 그리고 튀르크 제국 조리법으로 만든 요리 몇 가지가 나왔다. "국경선 반대편 우크라이나 오데사에 발이 묶여 있는 가가우즈족이 4만 명입니다. 스탈린이 트란스드니에스트리아에서 그랬던 것과 똑같이 이곳에서도 우리를 갈라놓은 겁니다." 그는 우크라이나와 몰도바가 러시아에 합병되어 영원히 사라진다고 해도 가가우즈족은 아마 준비가 되어 있을 것이라고 말했다. "우리는 계속 '대大 가가우지아'의 건국에 대해서 '부엌 토론kitchen discussion', 그러니까 주로 우리끼리 하는 토론을 진행하고 있습니다." 몰도바와 우크라이나의 국경지대에 사는 기독교도 튀르크족을 합쳐 독립된 하나의 국가를 세우겠다는 이야기였다. "우리는 가가우즈족 사람들이 역사시대 내내 어떻게 이주해왔는지 표시한 지도 마흔일곱 장을 이미 작성했답니다."

나는 거리를 걸어 내려가 국회 건물로 들어갔다. 마르크스의 『자본론』으로 추정되는 책을 팔 밑에 끼고 걸음을 성큼 내딛고 있는 거대한 레닌 동상이 그곳이 국회 건물임을 알려주고 있었다. 그 건물 안에서 나는 슈테판 부르가르Stepan Bulgar, 슈베틀라나 로마노바Svetlana Romanova, 세르게이 자카리야Sergei Zachariya라는 그 지역 역사가 세 명을 만났다. 그들은 내게 산더미처럼 많은 책과 지도를 보여주었다. "우리의 인종적, 민족적 자각의식은 매우 강렬합니다. 문서화된 적이 거의 없어서 대부분 가설로만 남아 있을 뿐이지만요." 부르가르가 말했다. 그러고는 가가우즈족이 원래 카스피 해 근처 도브루자 지역에서 이주해온 민족인지, 아니면 중앙아시아에서 이주해온 민족인지 자기들끼리 도란도란 토론을 나누었다. 가가우즈족 안에 튀르크족 혈통만 포함시켜야 하는지, 아니면 불가리아인과 그리스인의 선조도 포함시켜야 하는지에 대해서도 대화를 나누었다. "결론이 어떻든 우리는 가가우즈족 안에 우리만의 인종적 정체성이 존재한다고 믿습니다." 세 역사가 중 한 명이 말했다.

그런 내용에 대해서는 의문을 제기할 필요가 없었다. 그들은 그저 지도를 동원해가며 자신들의 감정을 쏟아낸 것뿐이었으니까. 그 대화가 나를 1980년대 유고슬라비아를 여행했던 경험으로 잠시 되돌려놓은 것은 어느 정도 맞는 사실이다. 그러나 그곳은 그런 대화에서 경쟁상대인 인종 집단을 향한 쓸데없고 천박한 공격이 사라진 지 이미 오래인 2014년 봄이었다. 심지어 루마니아 민족에 관한 이야기를 하고 있을 때에도 입 밖으로 증오가 표현되는 경우는 거의 없었고, 기나긴 대화는 대개 '타협'이라는 단어로 끝이 나고는 했다. 그러나 러시아인들이 인종적 적대감을 조장하고 나아가 국가로서 몰도바의 입지를 약화시키려는 의도로 가가우지아 지역 유지들을 매수하고 있다는 사실은 이미 기사화된 적이 있었다.

그런데도 가가우지아 사람들 눈에는 러시아가 아직도 '전략적 동반관계'를 맺을 필요가 있는 나라요, 자신들의 궁극적인 보호자로 보이는 모양이었다. 러시아가 "'대大 우크라이나' 전체와 가가우지아에게는 현실입니다. 우리가 우리의 지리적 조건을 바꿀 수는 없는 노릇이잖아요." 세 역사가는 이구동성으로 말했다. 그러고는 그동안 가가우지아에서는 유럽을 대개 루마니아의 영향이라는 프리즘을 통해서밖에 볼 수 없었다고 덧붙였다. 가가우지아에서는 루마니아의 영향이란 말이 부정적인 의미로 통하는 것이 분명했다.

"러시아는 우리한테 가스를 공급해줍니다. 그래서 사람들이 유학이나 이민을 가는 곳도 러시아고요. 러시아는 정교를 믿는 사람들과 발칸반도 사람들한테 언제나 친절했어요. 우리가 쓰는 언어도 러시아어이고요." 세 역사가 중 한 명이 무덤덤한 어조로 말했다. 이어서 자카리야가 이렇게 말했다. "서구에 법치주의가 있다는 사실은 나도 압니다. 러시아에는 법치주의가 존재하지 않지요. 하지만 우리한테 유럽은 '거의 알려지지 않은 어떤 것'일 뿐입니다. 우리는 유럽이 어떤 곳인지 몰라요."

나는 콤라트 너머 남동쪽 우크라이나 방향으로 16킬로미터 정도를 더 이동했다. 조금 더 멀리까지 이동했다면 친러시아 성향의 우크라이나인들이 모여 살고 있는 몰도바 마을이나 친러시아 성향의 불가리아인들이 모여 살고 있는 몰도바 마을을 만나게 되었을 것이다. 그러나 우리는 가가우지아 영토 안에 있는 마을 페라폰티에프카Ferapontievca에서 걸음을 멈추었다. 큐르크추는 그곳에서 벽돌담이 둘러쳐진 장소를 내게 보여주었다. 잔디가 깎끔하게 손질된 그곳에는 화강암 비석 50개가 서 있었고, 각각의 비석에는 가가우즈족 인명 목록이 키릴 문자로 새겨져 있었다. 20세기 내내 분쟁이 있을 때마다 그 지역에서 사망한 사람들의 명단이라고 했다. 그 가가우즈족 대부분은 러시아나 소련 편에서 싸운 사람들이었다. 거리 쪽에서 내 반응을 살피려는 사람들이 삼삼오오 모여들었다. 모두가 나를 물끄러미 바라보았다. 몰도바는 아주 작은 나라였는데도 가가우지아 안에서는 그 나라가 거대한 나라처럼 느껴졌다. 참으로 불가해한 모순이었다. 자치 도시인 티그히나처럼, 벌치의 러시아 인종 공동체처럼, 그리고 바로 그 도로 끝에 있는 몰도바 내 우크라이나 인종과 불가리아 인종 공동체처럼 가가우지아는 국경지대 안의 국경지대였다.

그 다음 기정 사실 : 몰도바의 정치적 환경은 몹시 삭막한 것으로 평가된다. 여러 인종 간의 관계, 정치제도의 안정성, 경제적 취약성, 정치권의 심각한 부패, 어디에서나 뚜렷하게 느낄 수 있는 러시아의 갈등 조장 때문이든, 아니면 그 나라가 정체성이 혼란스러운 국경지대에 위치해 있다는 사실 때문이든, 몰도바에는 명백히 비관적인 분위기가 만연해 있었다. 몰도바의 최고위직 공무원 한 명이 내게 말했다. “1812년 이래로 러시아는 언제나 결국 이 나라의 위치를 마음대로 조정할 수 있었습니다. 차르와 소련이 그 이전 시대에 존재했던 이 나라의 지식인층을 완전히 파괴했어요. [서구에 뿌리를 둔] 지식인들은 모두 유럽으로 떠나고 있고요."

러시아인들이 취약하고 어두컴컴한 체제를 사랑한다는 생각이 불쑥 들었다. 그게 독재국가든 민주국가든 그런 건 중요하지 않았다. 어차피 그래봐야 별 차이도 없었으니까. 그런 사회일수록 국회의원에게 뇌물을 먹이는 것이 쉬웠고, 한 줌의 올리가르히로도 정당과 군주라는 명령을 내리는 두 주체한테 양다리를 걸친 채 늘 경제를 장악할 수 있었다. 간단히 말해서 러시아인들이 혐오하는 것은 강한 정부였고, 경우에 따라서는 권위주의적인 정부도 거기에 속했다. 결국 전 세계의 티토*들은 소련의 영향권 밖에서 지위를 유지하는 데 별 어려움이 없었다. (그리고 차우셰스쿠 역시 적어도 어떤 점에서는 티토와 같은 혜택을 누렸다.) 그러나 몰도바처럼 법

*** 티토**

유고슬라비아의 대통령 요시프 브로즈 티토Josip Broz Tito(1892-1980, 재임 1953-1980)를 말한다. 가난한 농민의 아들로 태어나 15세부터 대장장이 도제로 일하다가 철강 노동자가 되었다. 군 복무 중 제1차 세계대전이 발발했고 러시아의 포로로 붙잡혔으나 탈출해 러시아 전역을 떠돌았다. 종전 후 고향으로 돌아와 본격적으로 공산당에 입당, 정치활동을 시작했다. 이후 파란만장한 정치인의 삶을 살다가 1944년 총리직에 오른 뒤로 유고슬라비아 내 권력을 완전히 장악했고 1953년부터 1963년까지 10년 동안은 총리와 대통령으로 겸직했다. 다민족국가인 유고슬라비아의 내적 통합을 강조하면서 반소, 비동맹 공산주의를 표방했던 티토는 스탈린과 끝없이 불화를 겪었고 1948년 6월 부쿠레슈티에서 개최된 대회에서 결국 코민포름에서 제명되었다. 소련과 동유럽 국가들 사이에서 고립된 티토는 서구와 경제적으로 교류하는 새로운 사회주의 독자노선을 걷게 되었다.

치주의가 존재하지 않는 취약하고 혼란스러운 민주주의 국가는 러시아인들의 독무대나 마찬가지였다. 그리고 그들은 합법적이고 정치적인 사회든 그렇지 않은 사회든 간에 암울한 사회를 좋아했기 때문에, 법적으로 혼란스러운 상황에 놓여있던 트란스드니에스트리아를 몰도바보다 더 좋아했다. 만약 푸틴이 트란스드니에스트리아를 공식적으로 합병한다면 몰도바는 아마 국내에 거주 중인 수십만 명의 러시아 인종을 제거할 것이다. 그러고는 언젠가 루마니아와 재합병할지도 모른다. 밀수꾼들의 천국인 트란스드니에스트리아는 스탈린의 완벽한 작품으로, 인종 간의 화해가 아니라 인종 간의 분열 위에 세워진 나라였다.

따라서 푸틴이 바라는 것은 우크라이나 본토를 관습적인 방식으로 침공하는 것이 아니라 그 나라 동부에 작은 트란스드니에스트리아를 마련하는 것이었고, 그것이 우크라이나 정부를 약화시킬 수 있는 훨씬 더 효과적인 방법이었다. 푸틴이 크림 공화국을 합병한 이유는 그저, 친모스크바 키예프 정부를 잃고 난 뒤 악화된 본국 러시아의 여론을 만족시키려면 그럴 수밖에 없었기 때문이다. 크림 공화국 합병은 깔끔했다. 러시아 제국이 놀라울 만큼 비선형非線形 내란을 닮은 사회 전복을 주도하는 시대가 되었다는 것 말고는 새로울 것이 하나도 없었다.

내가 제공하는 기초 수준의 분석은 필연적으로 감정을 배제한, 따라서 냉정한 분석이지만, 그 분석에 따라 도출되는 정책은 적어도 도덕적인 영감을 불어넣을 것임에 틀림없다. 비록 현재는 비참해 보일지 몰라도 미래는 온갖 종류의 가능성을 향해 열려 있기 때문이다. 내가 차우셰스쿠의 루마니아와 몰도바에 대해 보도하던 1980년대에는 그 두 나라가 미하일 고르바초프의 페레스트로이카 정책 하에 부활을 향해 첫걸음을 내딛기 직전이었고, 따라서 그 뒤로 형편이 비교적 나아질 수밖에 없는 상황이었다. 그러니 이제 서구에서 공식화된 용감한 정책이 제대로 시행된다면 그 두 나라에서도 혹 모든 상황이 십 년 대계를 내다보며 굴러가게 될지 누가 알겠는가?

사실 나는 예전에도 그 도로를 지난 적이 있었다. 그러면서 발칸반도, 그중에서도 특히 유고슬라비아의 암울한 사람들 풍경을 묘사했었다. 물론 그 글은 그 나라가 격렬하게 와해된 1990년대가 오기 훨씬 전인 1980년대에 작성된 것이었다. 보아하니 나의 그 글이 1993년부터 1995년까지 아무런 조치도 취하지 않기로 한 백악관의 정책 결정에 영향을 끼친 모양이었다. 그러나 나는 더없이 암울한 인간과 정치 풍경이 펼쳐져 있는 곳이야말로 적극적 개입이 가장 필요한 곳이라는 말을 이 자리에서 반복하고자 한다. 그 나라에 이익이 되는 정책 실행을 이끌어내고자 한다면, 저널리스트는 풍경 자체를 낭만적으로 그려서도 안 되고, 어떤 방식으로든 지나치게 어둡게 분석을 내려서도 안 된다. 그리고 눈앞에 놓여 있는 그 최악의 장소가 세상에서 가장 과감하고 인간적인 정책을 낳을 수도 있는 장소라는 사실 역시 알아야 한다. 나는 이 책에서 러시아와 얼굴을 맞대고 있는 다른 중유럽이나 동유럽 국가들, 혹은 몰도바에게 특정 정책을 추천하지 않으려 한다. 그것은 다른 사람들의 몫이다. 그러나 아무런 조치도 취하지 않는 서구의 행태에는 셈으로 따질 수 없을 만큼 어마어마한, 인간이라는 대가가 따른다는 말만큼은 꼭 하고 넘어가야겠다. 그리고 다른 사람들이 이야기하듯, 아무것도 하지 않는 행위와 장화를 신고 그 땅에 발을 내딛는 행위 사이에는 엄청난 규모의 기회가 존재한다는 말도. 나는 몰도바가 염려스럽다. 내가 지금 이 순간 쓰고 있는 이 글이 곧 여러 사건들 때문에 회자되리라는 사실을 잘 알고 있기 때문이다. 몰도바가 장래에 신문 헤드라인을 장식하게 될까 걱정스러운 것이다.

7장 카르파티아 산맥을 넘어서

2014년 봄 몰도바에서 루마니아로 돌아왔을 때 나는 땅에 입이라도 맞추고 싶은 심정이었다. 예전에 소련의 영토에 속해 있었고 유럽연합에 가입한 적이 없는 몰도바의 관점에서는 루마니아가 서구를 뜻하는 것이 분명했다. 그들이 보기에는, 유럽연합의 영향 덕분에 이미 천천히 투명한 제도를 갖추어가고 있던 루마니아가 북대서양조약기구 가입으로 완벽한 서구가 되어 있었던 것이다. 서유럽, 아니 심지어 폴란드의 관점에서만 봐도 동양화된 벽지에 불과할지도 모르지만, 루마니아는 최근에 여행한 다른 장소와 꼼꼼히 비교하며 여행을 다녀보면 그 나름 재미가 쏠쏠할 수도 있는 나라이다. 한 마디로 말해서 루마니아와 몰도바의 차이는 '개념으로서의 유럽'이, 이 경계선에서도, 그리고 저 경계선에서도 끝나지 않을 수 있다는 사실을 보여준다. 물론 지역에 따라 그곳이 주류에 속하냐, 비주류에 속하냐 하는 일련의 단계적 차이가 존재하기는 한다. 개념으로서의 유럽은 동쪽으로 여행을 할수록 점점 그 색이 옅어지다가 마침내 카스피 해에 도달하면 끝난다. 적어도 나의 개인적인 경험으로는 그랬다는 이야기다.

2013년 봄 내가 루마니아를 방문한 뒤로 2014년 초여름까지 그 지역에서는 수많은 일들이 일어났다. 우선 러시아 대통령 블라디미르 푸틴이 우크라이나 동부에서 친러시아 분리주의자들과 함께 수렁에 빠지고 만 사실을 들 수 있다. 푸틴은 놀라울 정도로 효율적이고 조직적인 우크라이나 군대에 막히는 바람에, 극적으로 그 땅에 발을 내딛는 첫 단계 작전조차 실행하지 못했다. 푸틴과 함께 일을 추진 중이던 위장한 분리주의자들 역시 대중 봉기에 불을 붙이는 데 명백하게 실패했다. 분명히 말해서, 2014년 봄 잠시 동안은 러시아에 의해 금방이라도 해체될 것처럼 보였던 우크라이나의 흑해 연안 항구도시 오데사는 동요의 기미가 전혀 없었고 그 결과 언론 보도에서도 완전히 모습을 감추었다. 하지만 나의 안심은 그다지 오래가지 않았다. 2014년 8월 우크라이나 동부에 주둔 중이던 러시아 군대의 움직임이 갑자기 극도로 심각해졌다. 러시아 영토와 크림반도를 연결하는 육로를 뚫기 위한 움직임이었다. 그 사건을 목격하자 러시아를 상대로 하는 유럽의 투쟁이 비단 발트해에만 국한된 것이 아닐지도 모른다는 깨달음이, 흑해 전역과 루마니아까지도 거기에 포함될지 모른다는 깨달음이 나를 엄습했다. 몇 달 전 루마니아 국제 안보 전문가가 내게 경고했듯, 러시아가 우크라이나 동부를 국내 다른 지역으로부터 고립시키려는 행위를, 그리고 온갖 다양한 형태의 사회 전복 활동을 통해 키예프의 우크라이나 정권을 약화시키려는 행위를 멈출 리가 없었다.

간단히 말해서, 경제적으로 침체되고 러시아 에너지에 중독된 유럽의 여러 정부들 안에 구심점이 없는 것 같다는 비관적인 느낌 때문에 나의 두려움이 점점 더 커져만 갔다는 이야기다. 그리고 구심점이 없는 것으로 말하자면 워싱턴 정부 역시 마찬가지였다.

에너지 전문가인 루마니아 친구 한 명은 내게 이렇게 말했다. "만약 사우스 스트림(347쪽 각주 참조)이 건설되었다면 우크라이나는 이미 끝장났을 겁니다." 그는 러시아가 건설하기를 한때 바랐었던 가스 파이프라인 망에 대해 이야기하고 있었다. 그것은 흑해를 경유해 발칸반도를 지나 중유럽까지 이어짐으로써 우크라이나를 피해 우회하는 수송망이었다. 중유럽으로 천연가스를 수송하는 데 우크라이나가 쓸모가 없어지면 러시아는 언제든 마음대로 우크라이나에 공급하던 가스를 차단할 수 있게 될 터였다. 그리고 동시에 사우스 스트림과 관련된 다른 나라들 역시 러시아에 협조적으로 나올 수밖에 없을 터였다. 불가리아는 북대서양조약기구와 유럽연합 회원국이기는 했지만 제도적 장치가 부족했다. 세르비아는 범죄와 정치 양쪽의 협공으로 진짜 러시아의 위성국가가 되어 가는 중이었다. 헝가리는 신독재주의 정권이 들어서 있었고 오스트리아는 원래 이중계약으로 명성이 자자했다. 그런데 몇 달 전 일어난 에너지 가격 폭락의 영향으로 사우스 스트림 프로젝트가 일시적으로 중단되는 바람에 유럽이 잠시나마 한숨 돌릴 여유를 얻게 된 것이었다. 그러나 그동안에도 푸틴의 은밀한 우크라이나 동부 합병 작전과 전쟁은 계속되고 있었다.

나는 루마니아가 그 소용돌이 안으로 쓸려 들어가지 않기를 바라는 마음으로 근심스럽게 추이를 지켜보았다. 내가 루마니아가 뉴스거리에 회자되지 않고 계속 그 상태로 남아 있기를 바란 것은 순전히 이기적인 이유에서였다. 수많은 여행객들이나 적지 않은 수의 관광객들처럼 나 역시 나만의 장소를 갖고 싶었다. 무엇보다도 루마니아는 내게 여러 문제들 중에서 러시아 문제를 고민하기에 딱 좋은 조용한 실험실이었다. 1991년 소련이 해체되기는 했지만, 분쇄된 레닌주의와 스탈린주의의 결과는 오늘날까지도 러시아에게 심한 상처로 남아 있었다. 푸틴이 권위주의적인 중앙위원회를 통제하는 스타일만 봐도 그 사실을 알 수 있다. 러시아가 유럽에 속하지 못하는 것은 결정적이고 부인할 수 없는 지리의 힘 때문이라기보다는 오히려 그 나라 안에 지금껏 남아 있는 볼셰비키 혁명의 여파 때문이다. 그 혁명은 역동적이고 굳이 늘 진상이 밝혀질 필요가 없었던 만일의 사태로 가득한 사건이었다. 러시아는 보복을 잊지 않는 나라였지만 나는 스스로에게 이렇게 말했다. 여러 문제가 있기는 하지만 루마니아는 지금 그 나라의 역사를 고려할 때 비교적 순탄한 시기를 지나고 있는 중이라고. 유럽이 경제 위기를 겪는 동안 성장했던 것보다는 속도가 다소 둔화되어 있기는 했지만, 루마니아는 여전히 경제 성장 중이라고. 처음부터 나를 루마니아로 이끈 것은 어렴풋한 재앙의 조짐이 아니었다. 오히려 나는 그저 그 나라의 문화와 역사가 너무나 독특했기 때문에, 그리고 그 나라가 중유럽과 동유럽의 특징을 너무나 풍성하게 드러내 보여주는 곳이었기 때문에 루마니아에 매력을 느꼈던 것이다.

2014년 10월 부쿠레슈티를 떠나 북쪽으로 향하고 있던 나는 막 문테니아 평원을 벗어나는 중이었다. 아이러니하게도 '문테니아Muntenia'는 '산의 땅'이라는 뜻이다. 어쩌면 그 '산'이라는 단어 때문에 바사라브 왕가의 선조가 그 땅을 차지하려고 그곳에 왔는지도

모를 일이다. 차를 운전한 지 한두 시간쯤 지났을까, 바로 플로이에슈티 유전지대 너머 지평선 위로 카르파티아 산맥 줄기가 휘장처럼 드리워졌다. 그곳이 히틀러라는 침략군에게 연료를 공급해준 바로 그 유전이었다. 나는 곧 언덕들에 둘러싸였다. 언덕들이 오두막집과 옥수수밭으로 이루어진 평평한 문테니아 풍경을 다스리던 예전 지배자처럼, 도로 위에 쳐진, '티 모바일'*의 루마니아 상륙을 알리는 요란한 분홍색 현수막들 사이로 우뚝우뚝 솟아 있었다.

비탈진 지형을 내다보고 있자니, 1933년 출간된 도널드 홀Donald Hall(1903-)의 시집 『루마니아의 고랑Romanian Furrow』을 떠올리지 않을 수가 없었다. 패트릭 리 퍼모어(93쪽 각주 참조)가 그 지역을 여행하기 직전, 고향 영국을 떠난 홀은 그곳을 지나 발칸반도 동부와 터키를 여행할 작정이었다. 하지만 기억할 만한 여행들이 대개 그렇듯 그 계획도 곧 어그러지고 말았다. 루마니아 시골 풍경, 카르파티아 산맥의 남쪽 능선에 홀딱 반한 홀은 그 근처 들판에서 농노들과 함께 몇 주를 보내게 되었던 것이다. 그 시절의 축복받은 노동을 다룬 이야기 『루마니아의 고랑』은 궁극적인 여행서요, 문화와 민족성을 담은 책이라기보다는 흙에 대한 노래이다. 그는 거친 농노 여인을 이렇게 노래했다. "여인들은 선명한 파란색, 빨간색, 노

* 티 모바일
정식 명칭은 '티 모바일 인터내셔널T-Mobile International AG'로 유럽과 북아메리카에 이동통신 서비스를 제공하는 독일의 무선통신 기업이다. 1990년 설립된 이 회사의 가입자 수는 현재 1억 1백만 명 이상이다.

란색 …… 실로 정교하게 수가 놓인 블라우스를 입고 있었다. 세계가 잠이 드는 정오가 되면 그들은 블라우스 목덜미 부분에 매어놓은 줄을 풀고, 일하는 동안 그늘에 눕혀 놓았던 아기에게 젖을 물리고는 했다." 그들의 머릿수건에서 그들의 "탁월하고 고귀한" 분위기가 흘러넘쳤다고 그는 기록했다. "로마 황제 트라야누스의 원주Trajan's Column에 조각되어 있는 그런 여인들이었다." 1930년대 루마니아의 우파 지식인들은 유대인들을 도시와 결부시키려는 의도에서 농노들의 삶을 동방정교와 융합된 삶이라 평했지만 홀의 평가는 그와 좀 달랐다. "정교 성당은 화려한 총천연색 장식품, 성상과 기막히게 멋진 예식으로 가득했다. 정교에서 내가 가장 먼저 받은 인상은, 정교가 그들 [농노들]이 이해할 수 있는 범주 밖에 놓여 있는 종교처럼 느껴진다는 것이었다. 사실 농노들은 흙과 밀접하게 결부되어 있는 자신들의 삶을 관통하는 종교로 정교를 받아들이기에는 너무 단순했다. 그들이 보기에는 불 켜진 초보다 햇빛 속에 더 큰 영광이 있었고, 앞뒤로 흔들리는 향로가 뿜어내는 향보다 비 내린 뒤의 흙냄새 속에 더 큰 미덕이 있었다." 그렇다고 해서 루마니아 농노들이 반종교적인 사람들인 것은 아니었다. 오히려 그들은 틈만 나면 곡식의 계절 순환에 뿌리를 둔 이교도 신앙을 들먹일 정도로 종교적인 사람들이었다. 다만 그들에게는 그 어떤 공식화된 기독교 의식보다도 농작물에 관한 이야기가 더 본질적이고 더 강력할 뿐이라고 홀은 설명했다. 홀의 책은 잘 알려져 있지는 않지만 유익한 정보가 가득한 보석 같은 책이요, 루마니아에 대한 연구 자료가 넘쳐나는 선물 같은 책이다. 내가 마지막으로 확인했을 때까지도 그 책은 판매량 2백만 권 미만의 아마존 도서 목록에 끼어 있었다. 허먼 멜빌Herman Melville(1819-1891)이 인용한 알베르 카뮈의 말에 따르면, 자신의 이름을 영원히 남길 수 있는 방법은 바위 위에 그 이름을 새긴 뒤 그 바위를 바다 밑바닥에 가라앉히는 것이다. "깊은 것이 높은 것보다 훨씬 더 오래가기 마련이니까." 내가 지금 홀의 책과 관련지어 이야기하고 있는 세상에서 가장 순수하고 완벽한 불멸성은 바로 그런 것이었다.

곧 풍경이 바뀌면서 짙은 색 상수리나무, 전나무, 자작나무, 너도밤나무 숲이 점점 더 빽빽해졌고 드문드문 과수원이 보였다. 그 어떤 공식적인 국가분계선보다도 더 현실적인 변경이 가까이에서 나를 손짓해 부르고 있는 듯한 기분이 들었다. 시멘트가 벗겨진 문테니아 집들과 경쟁하듯 고상한 목조 주택들이 등장하기 시작했다. 마침내 허공을 가르는 번쩍이는 검처럼 수직으로 뻗은 나무들의 선 위로 카르파티아 산맥이 우뚝 솟아올랐다. 20세기가 시작될 무렵 카롤 1세가 지은, 산간 마을 시나이아Sinaia의 펠레슈 성Peleş Castle은 사방에서 햇살이 부서져 쏟아지는 빽빽한 숲속에 서 있어서 꼭 요정 이야기의 배경처럼 보였다. 신르네상스 양식 건축물이었는데도 목재 골조와 발코니 때문인지 어둡고 신비로운 독일 분위기가 느껴지는 것이 마치 성 전체에 카롤 1세가 존재하는 것 같은 생각이 들었다. 성의 규모 자체와 의욕적인 건축 설계 속에, 그 나라를 위해 자신을 바치고자 하는 새 군주의 욕망이 담겨 있었다. 성 발코니에서 시원한 산 공기를 들이마시며 숲을 내려다보고 있으니 기분이 아주 상쾌했다. 여행은 몇 단계의 풍경을 차례로 통과

하는 행위이며, 인생이라는 그 개인의 여정을 비추어주는 거울이다. 더 많은 풍경을 더 많이 경험해볼수록 삶 역시 더 깊고 더 풍부해지는 것 같다.

이리저리 굽이치는 도로를 따라가다 보니 어느새 나는 카르파티아 산맥 북쪽 능선 너머 트란실바니아 지방 입구에 와 있었다. 점점이 눈이 뿌려져 있거나 푸른색 운무가 피어오르는, 가파르게 우뚝 솟은 화강암 절벽의 선이 평원의 선과 함께 춤을 추는 것 같았다. 이론적으로 말하자면 나는 이미 중유럽에 들어와 있었다. 하지만 내 눈에 가장 먼저 들어온 것은 루마니아 집시들의 마을이었다. 접시 모양의 위성 안테나가 장착된 차들은 마치 그 나라에 중류층이라는 계급이 존재한다는 사실을 보여주는 증거 같았다. 그 뒤로 몇 주 동안 나는 여러 환경에서 살고 있는 가난한, 혹은 별로 가난하지 않은 집시들을 목격했다. 그중에서 특히 헝가리 집시들은 챙 넓은 검은색 모자를 쓰고 요란한 옷차림을 하고 있었다. 집시는 유럽에서 가장 규모가 큰 소수민족으로 그 수가 천백만 명에 달한다. 그들은 고대 후기, 혹은 중세 초기에 인도를 떠나 다양한 종교와 언어에 적응해온 사람들이었다. 루마니아어 안에도 다양한 방언이 존재하기는 했지만 말이다. 현재 유럽연합은, 몇 세기 동안이나 지속되다가 히틀러가 집시들을 전멸시키려고 했던 제2차 세계대전 당시 절정에 달했던 집시에 대한 차별 문제를 해결하려고 애쓰고 있다. 유럽연합 기본권 기구에 따르면 ≪월스트리트 저널≫에 보도된 대로, "집시 인구의 3분의 1이 실업 상태이고, 20퍼센트가 건강보험 혜택을 받지 못하고 있으며, 80퍼센트가 빈곤선貧困線 이하의 생활을 하고 있다."고 한다. 최근 들어 다시 기승을 부리기 시작한 유럽의 극우 정당들은 1930년대 언어폭력으로 유대인들을 공격했던 것과 같은 방식으로 집시들을 공격하라고 계속 지역의 편파 언론을 부추기고 있다. 루마니아의 집시는 전체 인구의 8퍼센트를 차지하고 있다. 그들 역시 루마니아의 풍경을 형성하는 기본 요소인 것이다.

브란 성은 삐죽삐죽한 벼랑 꼭대기 위에 서 있었는데도 작은 탑과 총안이 뚫린 성벽까지 갖추고 있었다. 헝가리 왕 루이스 대제Louis the Great(1326-1382, 재위 1342-1382)가 지은 브란 성의 그림 같은 풍경에서 영감을 얻은 아일랜드 작가 브램 스토커Bram Stoker(1847-1912)는 그 성을 드라큘라 흡혈귀 전설의 공간적 배경으로 삼았다. 지금으로부터 33년 전인 1981년 브란 성을 방문했던 기억이 떠올랐다. 나는 오르내리는 길도 삐걱거리는 계단 하나뿐이고 야생 상태의 자연에 둘러싸여 있는 그 성을 어둡고 으스스한 장소로 기억하고 있었다. 그런데 이제 다시 와보니 성은 섬세하게 조경 공사가 되어 있었고, 온갖 레스토랑과 조잡한 관광 기념품점에 포위당해 있었다. 실내로 들어가자 새로 화분에 심은 화초들이 놓여 있었고 방마다 왈츠 음악이 흘러나오고 있었다. 조명이 환하게 밝혀진 전시물 앞에서 여러 무리의 관광객들이 셀프카메라를 찍고 있었다. 그러나 나는 예전 기억에 흠뻑 취해 있었다. 수많은 사람들의 삶을 비참하게 만든, 공산주의에서 비롯된 미개발이 한 젊은 서구 여행객의 경험을 더 또렷하게 만들어주었던 것이다. 1981년 11월 나는 성 근처에서 그 마을에 단 하나뿐인 여관 겸 식당을 찾아냈었다. 얼음장처럼 추운 가을 밤 나는 그곳에서 적포도주 한 병을 곁들인 따뜻한 식사 한 끼를 스스로에게 대접하고는 부쿠레슈티행 버스에 올랐다. 어느 날 문득 나는 내가 너무 잘 먹고 다닌다는 사실을 깨달았다. 그 당시 루마니아의 물가가 내가 살고 있던 이스라엘에 대면 비교적 쌌기 때문이었다. 내가 예전에 했던 여행과 관련지어 그날의 경험을 돌이켜보고 공책에 그 내용을 기록하면서 혼자 정찬을 즐기는 법을 처음으로 터득한 것이 바로 그 1980년대였다.

이제 브란 성에는 드라큘라 백작보다 마리아 왕비와 관련된 전시물이 더 많았다. 카롤 1세의 조카로 그의 왕위를 계승한 페르디난트 왕의 왕비였던 마리아는 제1차 세계대전이라는 암울한 역경 속에서 루마니아 국민들의 사기를 진작시킨, 영혼이 자유로운 영국 여인으로 유명했다. 정권을 갓 장악한 자신의 아들 카롤 2세의 명으로 유배를 떠난 마리아 왕비는 브란 성을 집으로 삼았고 1930년대 내내 그곳에서 살았다. 앞이마에 구슬이 드리워지는 지나치게 큰 왕관을 쓰고 브란 성에서 찍은 흑백사진 속 마리아 왕비는 연극에 등장하는 보헤미아 사람 같았다. 1981년 브란 성은 나에게 차우셰스쿠 공산주의의 으스스한 또 다른 벽지에 불과했었다. 그리고 차우셰스쿠가 몰락한 직후 과거의 기억을 되살리려고 트란실바니아를 일주했던 1990년에는 내 여행의 초점이 공산주의 시대 이전 루마니아 왕가에 맞추어져 있었다. 가장 최근인 2014년 여행을 할 때 나는 더 큰 문제, 그러니까 루마니아와 유럽 역사 속에서 운명론과 결정론이 어떤 의미가 있는가 하는 관념적인 의문에

국왕 페르디난트 1세(1865-1927)와 왕비 마리아(1875-1938)

영국 태생의 왕비 마리아는 카롤 1세의 조카인 남편 페르디난트 1세를 설득해, 제1차 세계대전 당시 독일과 싸우고 있던 영국, 프랑스, 러시아의 편을 들게 했다. 그때 루마니아는 독일의 점령지였는데 독일의 잇따른 패배로 영토를 확장할 수 있었다. 트란실비니아는 그때 루마니아에 복속되었다. 왕비 마리아는 직접 자신의 군대를 통솔하는 용감함, 호들갑스러운 성격으로 유명하다.

사로잡혀 있었다. 나는 제각각 다른 정치적 상황에서 세 개의 루마니아를 세 번 방문한 셈이었고, 그 경험에 따라 나의 개인적이고 지적인 삶 역시 3단계로 성장했다. 말하자면 나는 제각각 다른 사람의 시선으로 제각각 다른 나라를 보았던 것이다.

다음 날 아침 나는 브라쇼브 중심가에 있었다. 불현듯 중유럽 분위기가 가을 낙엽의 축복처럼 엄습했다. 13세기 초반 헝가리 왕의 초청을 받은 튜턴족 기사들이 그곳에 정착하자마자 브라쇼브는 곧 잘 설계된 도시의 대명사가 되었다. 거기에 대면 훨씬 야만적인 부쿠레슈티는 17세기가 되어서야 튀르크 제국의 국경지대에 등장한 도시에 불과했다. 브라쇼브에는 고딕, 바로크, 신고전주의 양식의 외관을 한 건물들이 파스텔 색 그림자를 드리우고 있었다. 곳곳이 깨지고 낡고 어울리지 않는 건물들이 군데군데 서 있었지만 건물 밖에 매달려 창문을 화려하게 장식하고 있는 꽃이 활짝 핀 제라늄 화분들만큼은 한결같이 너무나 우아했다. 거리에는 서점이 즐비했고 커피 향과 페이스트리 굽는 냄새가 가득했다. 비가 내리려는지 엷은 안개가 끼어 있어서 향기가 더 강렬하게 느껴졌다. 페이스트리 냄새를 맡자, 그곳 트란실바니아 주민들이 숭배에 가까울 정도로 디저트를 중시한다는 사실이 떠올랐다. 그것은 오스트리아와 독일 인종 선조들로부터 물려받은 성향이었다. 게다가 서점이라니! 2014년 루마니아에는 온라인보다는 오프라인 서점을 중심으로 하는 서점 문화가 활성화되어 있었다. 그런 문화는 지식 생활에 친밀감과 아늑함을 부여해주기도 했지만, 단지 책이 아름답다는 이유로 책을 중독처럼 구매하는 현상을 부채질하기도 했다.

14세기에 건축된 브라쇼브 '검은 교회Black Church'(성 마리아 성당)의 웅장하고 가파른 지붕과 하늘을 찌를 듯한 첨탑이 도시 경관을 장악하고 있었다. 교회에서는 굉장한 붉은 어둠이 뿜어져 나왔다. 그것은 11월의 낙엽이었다. 그 성당에 '검은 교회'란 이름이 붙은 것은 예전에 (로마네스크풍 벽돌로 쌓아올린) 교회 건물에 불이 난 적이 있어서 고딕 양식의 건물 전면에 화재의 시커먼 자국이 아직도 남아 있었기 때문이다. 몇 세기 동안 계속된 교회 안팎의 눅눅함이 돌출된 돌 위마다 갈색과 회색 그늘을 드리우고 있었다. '검은 교회'는 고딕 양식 건축물의 본질적 의미를 보여주는 건물이었다. 그것은 그 자체로 불, 지진, 그리고 침략이라는 루마니아만의 경험에 이르기까지 어마어마한 비인간적인 힘에 대항하는 인간의 투지와 투쟁을 형상화한 하나의 조각품이었다. 오래전 화마가 할퀴고 간 흔적이 남아 있는 성인들의 모습을 죽 훑어보고 있으려니까 심장이 오그라드는 것 같았다. '검은 교회'는 원래 로마 가톨릭 성당이었지만, 16세기 초반 그 지역 학자이자 자유로운 인도주의자였던 요하네스

혼테루스*의 영향으로 브라쇼브 종교개혁의 중심지가 되었다.

* **요하네스 혼테루스**Johannes Honterus(1498-1549)
루마니아의 종교개혁가, 인문주의자, 지도제작자, 교육자이다. 트란실바니아의 브라쇼브에서 태어나 빈 대학교에서 수학했다. 신성로마제국에서 젊은 시절을 보내며 루터 신학을 접했고, 그 시절부터 중유럽과 동유럽 지도 제작에 매진했다. 1533년 브라쇼브로 돌아와 루터 신학을 설파하는 한편 학교를 세우고 지도 제작과 관

그때부터 독일식 예배를 드리는 루터파 신교 교회가 되어 오늘날에 이르게 된 것이었다. 전기 작가 클라우디오 마그리스는 "다양한 인종이 녹아든 용광로에서 단일한 문명을 창조해냄으로써 게르만족을 중유럽의 로마인으로 만든 것은 예리함과 견연함이라는 미덕이었다."고 말한다.

거대한 파이프오르간을 바라보고 있자니, 진정 아름다운 표현이라고밖에 말할 수 없는 바흐의 음악을 듣기에 그곳보다 더 좋은 곳이 있을까, 그런 생각이 들었다. 바흐는, 적어도 음악적인 면에서는, 궁극적으로 루터 신학의 신봉자였다. 지휘자 존 엘리엇 가디너John Eliot Gardiner(1943-)의 말을 빌리자면, 비상하는 고딕 선율을 완벽하게 구현해낸 바흐의 음악은 "보편적인 희망의 메시지를 담고 있는" 음악이었다. 바흐는 동쪽으로 드레스덴Dresden, 남동쪽으로 칼스바트Carlsbad 너머를 여행한 적이 단 한 번도 없었지만, 나는 트란실바니아의 루터파 근거지인 그곳에서 음악을 연주하는 그의 모습을 상상할 수 있었다. 상인들과 순례자들이 선물한, 자홍색이 풍성하게 들어간 터키 융단이 벽에 걸려 있는 덕분에 엄격한 독일식 내부 장식이 다소나마 산뜻해 보였다.

현재 장난감 가게로 쓰이는 한 건물이, 브라쇼브라는 그 도시의 원래 이름이 작센-게르만어로 크론스타트Kronstadt라는 사실을

= 련된 책을 여러 권 출간했다. 그 학교는 오늘날까지도 '요하네스 혼테루스 학교'라는 이름으로 불린다. 그가 제작한 현전 최고(最古)의 그 지역 지도는 현재 헝가리 국립도서관에 소장되어 있다.

보여주고 있었다. 루마니아어로 시비우Sibiu와 시기쇼아라Sighişoara라 불리는 도시가 각각 독일어로 헤르만스타트Hermannstadt, 스카스부르크Schassburg라 불리는 것과 같은 이치였다. 루마니아어로 클루지-나포카Cluj-Napoca, 혹은 콜로즈바르Kolozsvár, 그리고 타르구 무레슈Târgu Mureş, 혹은 마로스바사르헬리Marosvásárhely라는 이름의 마을들 역시, 과거에는 각각 클라우센부르크Clausenburg, 노이마르크트 암 미에레슈Neumarkt am Mieresch라는 독일어 명칭으로 불리기도 했는데, 그 도시들이 대개 헝가리 영토에 속해 있었기 때문이다. 그런 독일어 명칭들은 모두 주로 헝가리인 귀족, 북서부 독일 출신의 루터파 독일인 부르주아, 루마니아인 농노로 구성된 사회에서 통하던 이름들이었다. 합스부르크 제국의 영토였다가 헝가리의 지배를 받게 된 지역에 거주하는 루마니아인의 85퍼센트는 시골 거주자들이었다. 그 시기 트란실바니아의 도시 인구 가운데 루마니아 인종은 4분의 1에도 채 미치지 못했다. 루마니아 인종의 도시 중산층이 거의 존재하지 않았기 때문에, 루마니아 민족 사이에서는 동족을 대상으로 하는 계급주의적 적대감이 형성될 수가 없었다. 따라서 루마니아인들의 분노는 자신들보다 훨씬 부유하고 도시적인 유대인과 게르만 인종, 그리고 역시 자신들보다 훨씬 부유한 헝가리인들을 그 대상으로 했다.

게르만 인종은 트란실바니아에만 살고 있는 것이 아니었다. 예컨대 루마니아 남서부 바나트 지방에도 수십만 명의 게르만족이 살고 있었다. 그들은 18세기에 합스부르크 왕가 황제들의 장려로 오스트리아 제국의 점령지로 이주해 정착한 사람들이었다. 그들이 독일 남부에 있는 슈바벤Swabia 공국의 다뉴브 강변 도시 울름Ulm을 떠나 바나트를 향해 여행길에 올랐기 때문에, 바나트에 정착한 게르만족이 '슈바비안Swabian'이라 불리는 모양이었다. 극단적인 민족주의와 공산주의가 결합된 차우셰스쿠 체제는 그 슈바비안 게르만족을 다른 소수민족들과 마찬가지로 가혹하게 억압했고, 결국 냉전의 그 마지막 단계 기간에 엄청나게 많은 슈바비안들이 루마니아를 버리고 떠났다. 차우셰스쿠는 루마니아를 떠나도 좋다는 허가가 떨어진 망명자들을 일일이 세서 그들의 몸값으로 서독 정부에 보상금을 요구했다. (몸값을 미국과 이스라엘 정부가 치른.) 루마니아를 떠나는 유대인은 물론, 그 나라를 떠나는 게르만 인종에게도 똑같은 조건을 제시했던 것이다.

내가 지금 슈바비안을 떠올리고 있는 것은 헤르타 뮐러*의 글이 내게 강력한 영향을 끼쳤기 때문이다. 2009년 뮐러는 차우셰스쿠 체제하 바나트에서 성장한 슈바비안 소녀의 삶을 그린 소설과 자신의 회고록으로 노벨문학상을 수상했다. 그녀는 압제에 대해

* **헤르타 뮐러Herta Müller(1953-)**
루마니아의 소설가. 바나트 독일계 가정에서 태어났다. 나치의 무장친위대에 강제 징집된 아버지와 그 대가로 우크라이나에서 강제노동을 할 수밖에 없었던 어머니를 지켜보면서 강압적인 시골 마을에서 성장한 뮐러는 나치즘과 파시즘에 큰 공포를 느꼈다. 티미쇼아라 대학교에서 루마니아 문학과 독일 문학을 전공했고 1982년 『저지대Niederungen』라는 작품으로 등단했다. 그러나 차우셰스쿠 정권의 검열로 작품이 많이 훼손되자, 뮐러는 1984년 베를린에서 온전한 상태의 작품을 재출간했다. 차우셰스쿠 정권은 『저지대』를 금서로 지정하고 뮐러에 대한 감시 강도를 높였다. 결국 뮐러는 1987년 독일로 망명했다. 2005년 베를린문학상을, 2009년 노벨문학상을 수상했다.

직접 서술하는 일이 없었는데도 그녀의 작품 속 세상은 어디나 압제의 세계였다. 그 책을 읽는 독자는 직접적인 서술 대신 침묵, 잔인함, 공허함의 냉혹한 이미지에 관통상을 입을 수밖에 없었다. 뮐러의 작품 속에 존재하는 물리적인 세계는, 전원적이고 전통적이지만 아름다움이나 인간에게 기쁨을 주는 미학이 전무한 곳이었다. 최근 작고한 북아일랜드의 소설가 셰이머스 히니Seamus Heaney(1939-2013)의 작품 속에서는 진흙과 농기구, 그리고 흙과 관련된 사물들이 감각적인 즐거움이 될 수 있지만, 뮐러의 작품 속에서는 똑같은 이미지가 그저 짧은 쉼표가 되어줄 뿐이다. "떠돌이 개들 위로 눈발이 떨어진다. …… 추위가 주택의 박공지붕에 소금을 뿌려 그것을 야금야금 먹어 치운다. 책 속의 장소는 대부분 허물어져 사라졌다. …… 좀 먹은 모자를 쓰고 머플러를 둘러 맨 사내들이 술집을 나와 속없이 자신을 받아들이며 걸어간다. 이곳의 물은 누런 센물이다. 그 물에 빨래를 하면 거품은 나지 않고 모래가 버석거린다. 그래서 옷이 점점 더 회색으로, 그리고 점점 더 거칠게 변해간다. …… 아버지는 매일 술에 취해 집으로 돌아온다. …… 어머니는 타일을 바른 벽난로에 온몸을 기댄 채 숨죽여 흐느낀다. …… 이 마을에는 땅거미도, 여명도 없다. 황혼은 사람들의 얼굴 속에만 있다."

압제는 감옥이나 총살 처형장에만 존재하는 것이 아니다. 그것은 훨씬 더 일상적이고 지루한 처벌 속에도 존재할 수 있다. 뮐러는 그럴 때 어떤 기분이 드는지를 너무나 충실하게 재현해낸 작가였다.

게르만족은 트란실바니아 미학의 본질적인 일부였다. 예컨대 그들이 고딕 양식의 초기 형태인 부르고뉴풍을 들여왔기 때문에 브라쇼브 근처에 있는 프레지메르Prejmer 요새 교회 같은 건축물이 태어날 수 있었다. 높게 쌓아올려 흰색 회반죽을 펴 바른 돌 벽, 찰흙 기와를 인 아찔한 지붕, 목재로 마감한 미로 같은 복도, 꽃무늬가 새겨진 육중하고 낡은 가구, 검게 변한 청동 단지와 촘촘한 직물 수집품 등을 갖춘 그 교회는 중세시대라는 잃어버린 세계의 분위기를 현재에도 완벽하게 뿜어내고 있었다. (원래는 로마 가톨릭 성당이었지만) 현재의 그 교회는 그리스 아토스 산 정교 수도원에 맞먹을 만큼 엄격한 루터파 신교 교회였다. 그리고 또 비스크리Viscri 교회도 있다. 작센풍의 무너져 내릴 듯한 그 요새 교회의 기원은 12세기로 거슬러 올라간다. 그 교회의 탑에는 가파른 피라미드 모양의 전통적인 옥개석이 덮여 있다. 그 옥개석은 목재 기단 위에서 갑자기 경사가 완만해진다. 트란실바니아 지방에서 흔히 쓰이는 건축양식이다. 그 교회의 진흙 기와는 어찌나 변색이 심한지 고대시대 동전처럼 보일 지경이다. 레이스처럼 주름 잡힌 포플러나무와 과실수 사이로, 자주색 크로커스 꽃이 점점이 뿌려져 있는 조각 같은 풍경이 물결친다. 유화처럼 깊이가 다른 여러 층의 풍경이 여기저기에 펼쳐져 있다.

브라쇼브 독일 민주주의 포럼의 회장인 볼프강 비트스톡Wolfgang Wittstock은, 트란실바니아 게르만 인종 인구의 감소 추세가 멈추기는 했지만 그것은 주로 도시 지역에 국한된 이야기라고 내게 말했다. 내가 경탄을 금치 못했던 건축물들을 세운 작센 시골 문명은 이미 모조리 소멸된 상태라고 했다. 그나마 그런 기념비적인 건축물들이 보존되고 있는 것은, 영국의 찰스 황태자 같은 후원자들의 역사에 대한 믿음 덕분이었다. 트란실바니아에 땅을 소유하고 있는 찰스 황태자는 그 지역의 열광적인 팬이었다.

차우셰스쿠가 정권을 잡을 당시 루마니아에 거주하고 있던 게르만 인종의 수는 대략 40만 명 정도였다. 그중 차우셰스쿠가 처형당한 뒤까지 루마니아에 남아 있던 인구는 그 수의 3분의 1 정도였는데, 그들 역시 1990년과 1991년에 마침내 국경선이 개방되자 대부분 그 나라를 떠났다. 그 뒤로도 인구가 계속 줄어들어 이제는 4만 5천 명 정도밖에 남아 있지 않고, 그 나마도 대부분 노인들이다. 비트스톡은, 독일 경기가 침체되면서 작센족 젊은이들이 신생 기업을 차리려고 루마니아로 돌아온 것이 가장 최근의 인구 이동 현상이었다고 설명했다. 게르만 인종이 포스트 공산주의 루마니아에서 새롭게 환영을 받았다는 사실은 클라우스 요하니스Klaus Iohannis(1959-) 같은 인물만 봐도 알 수 있다. 게르만 인종 출신으로 시비우 시장을 지내면서 덕망을 얻은 요하니스는, 2014년 루마니아 대통령 선거에 출마해 제도 개혁, 부패 추방, 반 푸틴 친서구 외교정책을 공약으로 국민투표에서 놀라운 만큼 압도적인 승리를 거두었다.

아직 루마니아 한복판에 있었는데도, 내가 예전 중유럽 합스부르크 제국의 영토에 들어와 있는 것 같다는 생각이, 동시에 그 지역을 제외한 그 나라의 다른 부분은 틀림없이 근동으로 분류될 것이라는 생각이 좀 색다른 방향으로 내 사고를 발전시켰다. 비잔티움 제국, 러시아, 튀르크 제국의 영토였던 왈라키아와 몰다비아 지방에 와 있다는 사실이 나로 하여금 그 지역의 지리적 특징, 그리고 여러 제국의 전통 따위를 생각하게 만들었던 것과 마찬가지로, 내가 트란실바니아에 와 있다는 생각이 나로 하여금 다른 지리적, 제국주의적, 전략적, 철학적 측면을 생각하게 만들었던 것이다.

이제 그 이야기를 시작해보려 한다.

오스트리아 합스부르크 제국이 1867년 '대타협Ausgleich' 혹은 협정으로 오스트리아-헝가리 이중제국이 된 뒤 그 나라의 특징을 가장 잘 정의한 사람은 아마도, 1960년대 후반부터 1970년대까지 여러 논란을 불러일으킨 정치가로서의 헨리 키신저*가 아니라, 1950년대 하버드를 갓 졸업한 젊은 학생으로서의 헨리 키신저일 것이다. 헨리 키신저는 그의 첫 번째 저서 『회복된 세계 : 메테르니히, 캐슬레이와 1812-1822년 사이의 평화 문제A World Restored:

* 헨리 키신저Henry Kissinger(1923-)
미국의 정치학자, 정치가. 독일에서 태어난 유대인으로 나치의 박해를 피해 미국으로 이주했다. 제2차 세계대전 종전 후 재독 미군 정부에서 일했고, 1954년 하버드 대학교에서 정치학 박사학위를 취득한 뒤 1962년부터 하버드에 교수로 재직했다. 1968년 닉슨 대통령의 임명으로 국가안보 보좌관이 되어 정치활동을 시작했다. 닉슨, 포드 정부에서 주로 외교정책을 수립하는 일을 담당했다. 1969년 전략무기 제한 협정을 비롯해 세력 간 균형을 통해 국제 질서를 유지할 수 있는 여러 방안을 모색했다. 1971년 미중 정상회담을 이끌어내고 베트남 휴전협정을 성사시킨 공을 인정받아 1973년 노벨평화상을 수상했다. 그러나 일각에서는 키신저가 아시아와 남미의 내전이나 쿠데타에 개입해 여러 나라의 체제 전복과 혼란에 일조했다는 비판이 일기도 했다.

Metternich, Castlereagh and the Problems of Peace, 1812-1822(1957)에서 특히, 독일어, 마자르어, 루테니아어Ruthenians, 체코어, 슬로바키아어, 슬로베니아어, 이탈리아어, 루마니아어 등 수많은 언어를 사용하는 18세기와 19세기의 합스부르크 오스트리아를 "유럽의 지진계"라고 정의했다. 젊은 키신저는 그런 다음 자신의 이론을 다음과 같이 전개했다.

합스부르크 오스트리아는 격변하는 국제관계의 첫 번째 희생양이었던 것이 틀림없다. 공동 왕위로 연합체라는 유대감을 유지하고 있는 국가의 경우에는 전쟁이 원심력만을 증대시켰기 때문이다. 사회 안정에 대한 오스트리아의 요구가 너무나 간절했기 때문에, 그리고 당시 정세를 표현할 수 있는 수단이 법뿐이었기 때문에, 오스트리아는 꼭 필요한 법률과 성스러운 협정을 얻어내기 위해, 제약을 당한다는 느낌을 받으면서도 균형감각의 중요성을 지지할 수밖에 없었다.

그러나 그보다 더 중요한 점은 합스부르크 오스트리아가 근대 초기, 아니 근대시대까지 살아남은 마지막 봉건주의의 잔재였다는 사실이다. 실제로 합스부르크 제국에 관한 한 최고 권위자인 역사가 로버트 칸Robert A. Kann의 말에 따르면 오스트리아 제국은 "인종, 언어, 역사적 전통이란 측면에서 볼 때 근대시대에 존재했던 그 어떤 제국보다도 훨씬 분화가 더 심한 제국이었다." 그리고 웨일스의 역사가이자 여행가인 잔 모리스Jan Morris(1926-)는 오스트리아 제국이 "19세기 다른 제국보다는 21세기 유럽 공동체와 닮은 구석이 더 많은 나라"였다고 기록했다. 또 옥스퍼드 대학교의 석학 매카트니C. A. Macartney는 오스트리아 제국이 영토를 확장해 "중유럽 전체를 싹쓸이 했는데" 서쪽으로는 알프스 산맥의 포르알베르크Vorarlberg 주와 콘스탄스 호수Lake Constance로부터 동쪽으로는 몰다비아의 서쪽 경계선에 이르기까지, 북쪽으로는 카르파티아 산맥 폴란드로부터 남쪽으로는 아드리아 해에 이르기까지, 그 지역에 거주하는 게르만족, 슬라브족, 라틴족을 모두 하나로 통합했다면서 이렇게 말을 이었다. "그러니까 그 지역에는 정치적 국경선과 인종적 국경선이 일치하는 곳이 단 한 군데도 없었다." 게르만족은 제국의 내부에도, 그리고 제국의 외부에도 거주했다. 그리고 폴란드인, 우크라이나인, 크로아티아인, 루마니아인과 그 밖의 다른 민족들 역시 마찬가지였다. 키신저가 언급했듯이 합스부르크 제국은 "민족주의를 통해 정당성을 얻는 구조의 일부가 결코 될 수 없는 나라였다." 유럽의 민족주의는 인종과 종교를 토대로 하고 있었기 때문에, 그런 기준을 적용했다면 다국어를 사용하는 그 제국은 갈가리 찢기고 말았을 것이다. 한편 합스부르크 제국을 두 배로 더 불안정하게 만들고, 그리하여 제국으로 하여금 당시 정세에 더 의존하게 만든 것은, 영국이나 러시아에 대면, 아니 심지어 프랑스에만 대보아도 너무나 쉽게 침략할 수 있고 정복할 수 있는 제국의 지리적 조건이었다.

13세기 후반부터 20세기 초반까지 역사를 이어온 합스부르크 오스트리아는 단지 필요에 의해서 보수적인 사회 질서를 최고 수준의 도덕적 원칙에 도달할 정도로 끌어올렸다. 자유주의에는 늘 깊은 의심의 눈초리가 따라붙었다. 자유란 단지 개인의 자유뿐 아니라 인종 집단의 자유를 뜻하기도 했고, 그런 자유는 인종 간의 갈등을 일으킬 수 있었기 때문이다. 그래서 그곳에서는 늘 자유보다 관용이 더 장려되었다. 그리고 그 당시 유럽이 특히나 (나폴레옹 전쟁 직후) 빈 체제라는 신성불가침 정세 속에 놓여 있었기 때문에 힘의 균형 역시 장려되었다.

수십 년, 아니 거의 한 세기 동안 오스트리아의 방대한 영토는 유럽의 지정학으로 정의되었다. 오스트리아는 16세기에 중유럽으로 전진해오던 튀르크족 군대와 끝없이 범슬라브주의 책동을 조장하는 러시아를 막아내기에는 턱없이 부족한 해결책이었다. 그럼에도 오스트리아는 그런 세력들이 날리는 주먹질을 온몸으로 받아내는 한편, 반종교개혁*을 통해 독실한 가톨릭 국가 합스부르크 제국의 영토를 하나로 규합했다. 오스트리아의 역할은, 한편으로는 경찰국가 러시아와 방대한 범슬라브주의에 대한 두려움으로, 그리고 다른 한편으로는 프랑스를 비롯한 서구의 자유, 민주, 혁명적 전

* **반종교개혁Counter-Reformation**
가톨릭 개혁이라고도 부른다. 종교개혁으로 신교에게 잃은 교세를 회복하고자 16세기부터 17세기에 걸쳐 구교 내에서 일어난 개혁 운동이다. 성직자의 부패를 근절하는 한편, 교황권을 강화하고 신학교육과 해외전도 활동을 활성화하고자 했다. 종교적으로는 성찰을 통한 내부 정화가 목적이었고 또 어느 정도 성과를 거둔 것은 사실이지만, 정치적으로는 군주의 신앙을 그 나라의 국교로 삼는 교파 속지주의屬地主義를 활용해 중세의 영광을 되찾고자 하는 움직임이었다.

통에 대한 두려움으로 스스로를 더욱 강화해, 지정학적으로 그 두 세력 사이의 균형을 유지하는 것이었다. 실제로 열강으로서의 오스트리아의 지위는 동쪽의 러시아 제국주의로부터 위협을 받았고, 칸이 서술했듯 "오스트리아 국내 구조의 안정성은 마찬가지로 서쪽의 자유주의로부터 위협을 받았다." 프랑스의 정치가 탈레랑Charles Maurice de Talleyrand(1754-1838)은 오스트리아를, 러시아 세력이 독일과 중유럽 지역으로 진출하지 못하도록 막아주는 완충재 노릇을 하는 최고의 '상대적 권력'으로 꼽았다. 그러나 케임브리지 대학교의 역사 교수 브렌든 심스Brendan Simms(1967-)는 오스트리아가 "천성적으로 넓은 영토에 집착하는 군주제, 그리고 그에 수반되는 유난히 거추장스러운 행정 체제와 의사결정 과정" 등 내재적 문제 때문에 세력이 약화되는 경우가 너무 잦았다고 기록했다. 그런 합스부르크 오스트리아의 남동쪽 끝자락, 그리고 제국주의적 야망으로 가득한 러시아의 남서쪽 끝자락, 또 오스만튀르크의 북서쪽 끝자락에 놓여 있는 위치 때문에, 여러 제국의 틈바구니 안에 갇힐 수밖에 없는 것이 루마니아의 지리적, 역사적 운명이었다.

또 다른 해석에 따르면, 오스트리아는 스스로를 굉장히 자애로운 서구의 영향권 안에서 개화된 부르주아 세력으로 여겼다고 한다. 합스부르크 문화는, 적어도 훨씬 더 암울한 동쪽의 군주제가 제공할 수밖에 없는 문화와 비교해보면 더 안정적이고 부르주아적이고 호화로운 것이었기 때문에, 일부 학자들이 고딕 예술과 바로크 예술이라는 기적에서 영감을 받은 오스트리아와 그 나라의 가톨릭교회를 그렇게 정의하기도 했던 것이다. 그러나 루마니아가 합스부르크 오스트리아로부터 시도 때도 없이 제공받은 것은 영감을 주는 미학이 아니라 그저 간담을 서늘하게 만드는 전쟁이란 역경뿐이었다. 따라서 트란실바니아 북부의 고딕 양식은 여러 제국의 충돌로 그 땅이 시산혈해屍山血海가 되어 가는 와중에 남겨진 호세 지향적 호기심에 불과했다.

대규모 유혈 사태를 낳은 이데올로기, 즉 그 당시 유럽에 너무나 만연해 있던 요란하고 으스스한 유토피아 철학이나 인종적 민족주의라는 무절제하고 방만한 경향에 실제적으로 맞선 유럽 근대사 속 인물이, 오스트리아 합스부르크라는 가치의 화신이자 극단적인 보수주의 정치가였던 클레멘스 폰 메테르니히 경(302쪽 각주 참조) 말고 또 있을까? 그러나 메테르니히는 인간이 운명에 어떻게 굴복할 수 있는지를 보여준 전형적인 사례였다. 아이러니하게도, 지혜와 냉소로 나폴레옹 전쟁 직후 평화를 조성하는 데 결정적으로 기여한 메테르니히는 세계대전이라는 대규모 전쟁을 표현하는 용어를 아직 보유하고 있지 않던 유럽인들을 더 순진하게 만들어 버렸고, 그들은 결국 그 세기 안에 열강들 사이의 격렬한 갈등이 발생하리라는 전망을 세우지 못했다. 나는 북쪽으로 카르파티아 산맥을 넘어 중유럽으로 들어가면서, 내가 카르파티아 산맥 남쪽과 동쪽에서 마주했던 역사적인 괴물에 상응하는, 인간 형태의, 그리고 궁극적으로 우선적이고 실제적이고 철학적인 대안을 너무나 떠올리고 싶었다. 그래서 떠올린 것이 합스부르크 제국의 정치인 메테르니히였다. 메테르니히는 불완전한 당시 정세에 대해, 그리고 그것을 전복시키고자 하는 과격하고 혁명적인 족장들로부터 지켜낼 수 있는 방안에 대해 잘 알고 있었고, 그 방안 안에 취약한 소수민족을 보호할 수 있는 궁극적인 해결책이 담겨 있었기 때문이다.

역풍까지도 내다볼 만큼 선견지명이 있었던 메테르니히는, 고질적으로 전진에 집착하던 호전주의자 나폴레옹에 대면 진정한 평화주의자였다. 메테르니히가 믿었던 것은 인종국가가 아니라 법치국가였다. 그에게 법치국가는 법의 통제로 운영되는 관료주의 체제 안에서 굴러가는 나라인 반면, 인종국가는 '피와 흙'(119쪽 각주 참조)이란 열정의 지배를 받는 나라요, 근대화와 분석의 적이었다. 메테르니히는 처칠처럼 실제보다 과장된 영웅이 아니었다. 그는 훨씬 더 평범하면서도 당시로서는 훨씬 더 필요한 인물이었고, 현재 유럽연합을 유지하려고 안간힘을 쓰고 있는 관료들이 닮아야 할 고위직 관료요, 절충적이고 범汎대륙적인 기성 질서의 지칠 줄 모르는 수호자였다. 극우 민족주의 정당들이 유럽연합의 허술한 문짝을 꽝꽝 두들겨대는 유럽의 현재 상황을 고려하면, 당시 정세를 보호하고자 했던 메테르니히의 노고는 참으로 의미심장하다.

낭만파 시인 조지 고든 바이런 경Lord George Gordon Byron(1788-1824)은 1823년 「청동시대The Age of Bronze」라는 시에서 메테르니히를 "최악의 권력 기생충"이라고 폄하했다. 후대 역사가들 관점에서는 엄밀하게 말해서 자신이 쥐고 있던 권력을 잘 활용함으로써 메테르니히가 당시 여기저기에서 설쳐대던 무장한 사내들로부터 유럽을 비교적 잘 지켜냈다는 점에서 향후 백 년 동안 유럽에 등장한 그 어떤 정치가보다도 더 많은 일을 해낸 것으로 보이리라는 사실을 바이런은 몰랐던 것이다. 러트거즈 대학교와 빈 대학교에서 강의를 하는 칸 교수는, 메테르니히의 작전이 1809년 패전국이란 상황에서 시작되었다는 사실을 고려하면 그의 성공이 더욱 놀랍고 두 배로 더 인상적이라고 말했다. 또 젊은 시절의 키신저는 이렇게 기록했다. "계몽주의 시대가 깊이 중용한 그 인물은, 어떤 사람의 행동을 그의 성공이 아닌 그의 '진심'으로 판단한 19세기 마지막 영웅이요, 유물론 철학의 시대에도 도덕은 알려줄 수 있고 미덕은 가르칠 수 있다는 자신의 신념을 굽힌 적이 없는 이성의 옹호자였다."

메테르니히는 훗날 영국의 지리학자이자 전략가인 해퍼트 매킨더Halford Mackinder(1861-1947)가 정교하게 발전시킨, 권력의 적절한 균형으로 정의된 세계가 평화가 유지될 가능성이 가장 높은 세계라는 원리를 간명하게 보여주었다. 그리고 권력의 균형을 조성하는 과정에서 메테르니히는 외교가 최대 무기가 될 수 있다는 비밀을 알게 되었다. 그는 비극의 방지와 평화라는 결과를 이끌어낼 어려운 협상에 임하려면 정치가가 공공의 관심이나 비웃음에 굴하는 법 없이 가장 솔직한 태도로 대화에 임해야 한다는 사실을 이해하게 되었다. 그 결과 그는 세간의 시선을 끌기 좋아하는 언론매체의 힘이 미치지 않는 곳에서 "은밀하게 이루어지는 정상회담"의 지지자가 되었다. 오늘날에는 그럴 경우 정보 공개를 요구하는 이기적인 언론매체의 불평소리가 터져 나오겠지만, 엄밀하게 말해서 그런 정보 공개는 외교관들이 일할 수 있는 여지를 더 축소시키기만 할 뿐이다.

메테르니히는 질서가 감상보다 더 우위에 있다고 믿는 사람이었다. 그는 또 감정은 분석의 적이 될 수 있다고 믿는 사람이었다. 감상은 혼란으로 이어질 수 있는 반면, 질서는 예측 가능성으로 이어질 수 있다. (키신저가 히틀러를 "감상적인 허무주의자"라고 정의한 적이 있다는 사실을 기억하라.) 예측 가능성이란, 평범한 사람들이 평화 속에서 계속 일상생활을 지속하기 위해 요구하는 것이다. 오늘날 질서는 파시즘이나 공산주의와의 관련성, 그리고 역사적 관점에서 여전히 비교적 최근에 발생한 것으로 규정되는 그 이념들의 충격적인 결과 때문에 공연히 비난을 받고 있다. 그러나 정상적인 형태의 질서, 즉 민주주의 체제와 유연한 권위주의 체제에 공통적으로 나타나는 질서는 오히려 위험요소, 즉 포퓰리스트들의 실험보다 훨씬 지지도가 높다는 사실을 반드시 유념해야 한다. 메테르니히는 학생 시절 프랑스 혁명의 공포를 가까이에서 직접 지켜본 사람이었다. 루마니아도 정상적인 국가, 번영을 누리는 나라가 되려면 메테르니히가 제시했던 대륙 질서 같은 것을 채택할 필요가 있다.

메테르니히는 결국 유럽인이요, 책략가였다. 그는 나폴레옹에 대항해 오스트리아를 유럽의 다른 국가들과 연합시킬 채비를 해나가고 있었을 뿐, 전기 작가 앨런 파머Alan Palmer(1926-)의 말을 빌리자면, 러시아나 프로이센의 정책적 "도구"가 될 생각은 추호도 없었다. 책략은 언론 발표를 통해 친절하게 행할 수 있는 것이 아니다. 그리고 '악'에 대항해 '선'을 지지하는 것도 아니며, 가시적인 승리를 달성하는 것도 아니다. 오히려 그것은 자기 나라의 지리적, 경제적, 인구통계학적 한계를 인식하고 그 한계를 우회할 수 있는 최선의 결론을 찾아내는 것이다. 따라서 그 나라의 지정학적 조건이 미묘하면 전략도 미묘해질 수밖에 없다. 지도를 정확히 읽어내는 능력은 흑백논리 판단을 잘한다고 해서 얻을 수 있는 능력이 아니다. 대부분의 나라들의 경우에는 지리적 조건에 유리한 점과 불리한 점 두 가지가 모두 담겨 있기 때문이다. 진정한 책략은 지배를 넘어 균형을 강화한다.

메테르니히 시대 오스트리아의 지리적 위치는 미묘한 지정학적 사고를 부추겼다. 오스트리아는 당시에는 죽은 듯이 숨을 죽이고 있었지만 언제든 급변할 가능성이 있는 유럽의 중앙이요, 중유럽과 발칸반도, 그리고 중유럽과 서유럽을 연결하는 경첩이었다. 그러니까 그 당시 다뉴브 강과 연결되어 있던 오스트리아 합스부르크 제국은 말 그대로 대륙의 교차로인 셈이었지만, 그 나라의 군사력 자체는 몹시 취약했다. 그래서 오스트리아는 자신들에게 유리하게 대륙의 평화를 유지하는 범유럽 체제라는 판을 짰다. 나폴레옹 전쟁을 마무리하는 자리, 빈 회의라는 열강들의 경연장에서 메테르니히가 힘을 보태 짠 그 체제는 오스트리아에 안정성을 제공해주었다. 메테르니히는 보수적인 군주제에 의존한 반자유주의 그 자체인 빈 체제가 영원히 지속되지 않으리라는 사실을 잘 알고 있었다. 그런데도 그는 "그 가망 없는 자신의 사명을 즐겁게 행할 때가 많았다."고 영국의 역사가 테일러A. J. P. Taylor(1906-1990)는 기록했다. 테일러는 메테르니히가 그 뒤에 등장한 인물들에 대면 "신사"였다고 말했다.

드레스덴, 프레스부르크Pressburg(브라티슬라바Bratislava), 빈, 이런 도시들이 메테르니히의 외교적 조우가 이루어지는 날짜변경선이었다. 그곳 트란실바니아의 브라쇼브(크론스타트), 시비우(헤르만스타트), 클루즈(클라우센부르크)는 나로 하여금 다른 도시들과 그 도시들의 역사적 관련성을 떠올리게 만들었다. 내가 있던 카르파티아 산맥 그쪽 능선은 딱 한 가지 경우에만 '미텔유로파'*가 될 수 있는 곳이었기에.

중유럽과 중유럽의 지정학에 대한 내 생각은 급작스럽게 폴란드의 변화무쌍한 혁명가, 정치가, 군 지휘자인 유제프 피우수트스키(204쪽 각주 참조)와 '인터마리엄Intermarium'이라는 그의 정치 개념 쪽으로 흘러갔다. '인터마리엄'은 '바다와 바다 사이'라는 뜻의 라틴어로, 폴란드어로는 '미엥지모제Miedzymorze'라고 한다. 현재 곤경에 빠져 있는 루마니아에 가장 필요한 인물은 피우수트스키 같은 인물이다.

피우수트스키는 제1차 세계대전 중 폴란드의 정권을 장악했고 1935년 사망할 때까지 그 권력을 유지했다. 그는 '충실하게 폴란드화한', 그리고 '파문당한 귀족 가문' 출신이었는데, 현재 리투

* 미텔유로파Mitteleuropa
중유럽Central Europe의 독일어식 표현이다. 비스마르크가 외교정책의 핵으로 삼았던 개념으로 독일의 영향권 밑에 놓여 있던 유럽 지역을 말한다. 제1차 세계대전 직전 독일, 오스트리아, 이탈리아가 체결했던 삼국동맹 역시 이 개념을 근거로 한 것이었다.

아니아 영토인 그 가문 소유의 땅은 원래 16세기와 17세기에는 유럽 열강 중 하나로 꼽히던 폴란드-리투아니아 연방에 속해 있었다. 동쪽과 서쪽 양쪽에서 밀려오는 침략자들의 손에 그 어마어마한 지정학적 세력이 파멸에 이르는 과정을 지켜보면서 피우수트스키는, 한편으로는 독일을, 그리고 다른 한편으로는 러시아를 계속 감시하기 위해, 발트 해와 흑해 사이의 작은 나라들을 하나로 묶는 벨트라는 비전을 떠올리게 되었다.

피우수트스키의 비전은 가족사의 산물이었던 것은 물론, 그가 직접 피를 흘리며 얻어낸 경험의 산물이기도 했다. 1920년 산발적으로 일어나던 국경 분쟁의 와중에, 소련 군대의 침공으로부터 폴란드를 구해낸 것이 바로 그였다. 그리고 이어서 1926년 그는 폴란드 제2 공화국 초대 수석의 자리에 올랐다. 리투아니아 쪽으로 기울어져 있던 그의 배경까지 아우를 수 있는 폴란드의 다문화적 성향에 대한 피우수트스키의 믿음은 반러시아 국가 벨트를 형성해야겠다는 원대한 비전으로 발전했다. '인터마리엄'이라는 그 개념은 결국, 중세 후기와 근대 초기 폴란드 왕국과 리투아니아 대공국의 영토로 여겨졌던 땅, 그러니까 전성기에 발트 해 연안의 쌀쌀한 유럽 북동부 평원으로부터 오스만 제국과의 국경선에 이르렀던 광대한 지역을 정신적으로, 그리고 실제 영토상으로 계승하려는 개념이었다.

북쪽의 발트 해 국가들과 남쪽의 우크라이나 양쪽 모두가 독립하는 것이 폴란드 자국 안보의 핵심이라는 피우수트스키의 깨달음은 오늘날 폴란드의 포스트 냉전 외교 정책 속에도 살아 있다. 21

세기 초 10년 동안 유럽연합이 북대서양조약기구와 철저하게 연계해 폴란드, 발트 해 삼국, 체코 공화국, 슬로바키아, 슬로베니아, 헝가리, 루마니아, 불가리아를 받아들일 정도로 세력을 확장한 사실을 보면, 피우수트스키의 아이디어가 어느 정도는 제도화되었다는 점을 분명하게 알 수 있다. 물론 우크라이나, 몰도바, 그리고 트랜스코카서스 지역의 나라들은 유럽연합의 동부 파트너십이라는 지정학적 경계 안에 놓여 있지도 않았고, 러시아의 계략에 대항해 유럽연합이 그 나라들에 제공하는 보호 역시 불충분했지만 말이다. 그러나 그 내부에서도 동쪽에는 위험이 도사리고 있는 반면 서쪽은 걱정거리가 훨씬 적었다. 예컨대 최근 작고한 우드로 윌슨 센터의 연구자 알렉산드로스 페터슨Alexandros Petersen(1984-2014)의 말을 빌리자면, 독일의 경우 "유럽 경제를 결정적으로 쥐락펴락할 수 있는 온화한 거인으로서 …… 이미 전성기에 들어서 있고, 어느 정도 안정된 동유럽 이웃 국가들과의 국경선은 물론, 다른 나라들과의 국경선에도 대체로 만족하고 있다."고 했다.

따라서 1989년 이후 유럽의 안보 환경은 그다지 명쾌한 것이 아니었고 특히 푸틴의 보복주의 정책을 고려하면 더더욱 그랬지만, 그래도 메테르니히와 그의 외교적 동맹들이 물려준 비교적 따분했던 19세기 몇십 년 동안보다는 현재에 더 많은 가능성이 잠재해 있는 것이 분명했다. 물론 그 몇십 년은 유럽인들을 안심하게 만들었고 비극이 어떤 것이었는지 이미 그 감각을 잃은 사람들은 그런 상황을 당연하게 받아들였다. 그러나 비극을 피하려면 비극이 어떤 것이었는지 그 감각이 무뎌지지 않게 잘 벼려야 한다.

비극의 감각을 버리기 위해 아무런 가르침이 필요하지 않은 두 나라를 꼽으라면 그것은 폴란드와 루마니아이다. 그 두 나라는 오랜 세월 강대국과 열강들 사이에 낀 국경지대였다. 현재의 지도상에서 보면 그 두 나라는, 폴란드는 유럽의 북동부에, 루마니아는 유럽의 남동부에 명확하게 구분되어 있는 것처럼 보이지만 (그래서 그 두 나라가 자신들의 영토 전체가, 혹은 일부가 미텔유로파의 속한다고 주장할 수도 있는 것이겠지만), 사실 역사시대 내내 루마니아에는 폴란드의 그림자가 틈만 나면 슬그머니 드리워졌다. 예컨대 나는 몰다비아의 마을 타르구 네암츠Târgu Neamţ에서 1691년 폴란드의 왕 얀 3세 소비에스키Jan Ⅲ Sobieski(1629-1696, 재위 1674-1696)가 지휘하는 군대의 공격을 받은 성채를 목을 길게 뽑고 살펴본 적이 있었다. 밀턴John Milton(1608-1674)의 칭송과 클라우제비츠(222쪽 각주 참조)의 찬사를 받은 소비에스키는 자신의 고국 폴란드와 우크라이나에서 멀리 떨어진 곳에서 무슬림 튀르크와 전쟁을 벌였다. 그것은 합스부르크와 기독교 서유럽을 구해내는 데 힘을 보탠 대서사시 같은 원정이었다. 소비에스키는 1687년부터 1691년까지 끈질기게 몰다비아 원정길에 올랐다. 흑해 연안의 그늘진 땅을 향해 소비에스키가 떠난 그 장거리 습격은 분명 피우수트스키의 머릿속 지도가 형성되는 데 일조했을 것이다. 그리고 그 지도는 현재까지도 유럽의 미래를 쥐고 있는 생명줄처럼 여겨진다. 북동쪽의 폴란드와 남동쪽의 루마니아가 러시아의 공격성에 맞서 균형을 유지하려고 안간힘을 쓰면서 겨우 닻을 내리게 된 독립국가, 민주주의국가가 벨트처럼 그려져 있는 지도이기에.

33년 전 내가 처음으로 브랴쇼브에서 북서쪽에 있는 시기쇼아라행 기차를 탔을 때 내 수첩에는 시골 풍경이 "전나무 사이로 굴러다니는 박무 덩어리 때문인지 가을의 우수에 흠뻑 젖어 있었다."라고 기록되어 있다. 그리고 "거미줄처럼 덩굴이 타고 올라간 주택들과 눅눅해져 가는 낙엽의 두툼한 양탄자"라는 표현도 있다. 시기쇼아라는 소름 끼칠 정도로 잔인한 튀르크 사냥꾼 블라드 체페슈 '말뚝 처형자'가 태어난 곳이다. 1897년 출간된 브램 스토커의 고딕 흡혈귀 소설 『드라큘라Dracula』에서 드라큘라 백작은 블라드의 후손으로 설정되어 있다. 소설 3장에서 백작은 이런 자랑을 늘어놓는다. "우리 가문 출신 외에, 다뉴브 강을 건너가 놈들 땅에서 튀르크족을 쳐부순 보이보드가 누가 있단 말이냐? 그것이 우리 드라큘라 가문의 참모습이란 말이다!" 스토커는 루마니아를 방문한 적이 없었다. 사실 트란실바니아는 그 지역 안의 건축물들로 보나, 다른 정신적 아름다움으로 보나, 그의 이야기에 등장하는 울부짖는 늑대 소리, 천둥을 동반하는 심야의 폭풍우, 악마처럼 생긴 농노들보다는 르네상스, 바로크 양식, 고딕 양식, 계몽주의 등을 떠올리게 해주는 고장이었다. 그럼에도 고딕풍의 그 루마니아 등장인물 속에는 차우셰스쿠 시대를 떠올리게 하는 울림이 담겨 있었다. 그 시대가, 인구 대부분이 농노 신분으로 전락해버린 경제적, 정치적 황량함의 시대였기 때문이리라. 그 풍경 위에는 말 그대로 언제나 어둠이 덮여 있었다. 차우셰스쿠가 그 나라를 너무나 비천하게 만든 나머지, 그 나라는 실제로 고딕풍 괴기 소설에, 그리고 판타지 소설에 어울리는 배경이 되고 말았던 것이다.

스토커의 『드라큘라』와 차우셰스쿠의 루마니아 사이의 관계는 너무나 엉성하고 무성의한 것이었음에도 나를 비롯한 우리 시대 수많은 작가들에게는 도저히 거역할 수 없는 것이 되어 버렸다. 맨해튼 출판계에 상당히 이름이 나 있는 내 친구 한 명도, 루마니아에는 『드라큘라』를 넘어서는, 부인할 수 없는 어떤 고딕풍 요소가 존재한다고 말한 적이 있다. 무엇보다도 루마니아는 가난한 나라였다. 그리고 유럽 다른 나라들에 대면 비교적 주변적이고 궁벽하고 잘 알려지지 않은 나라였다. 게다가 홀로코스트와 관련된 유난히 으스스한 역사를 살아온 나라이기도 있다. 그러나 사실 루마니아는 지난 사반세기 동안, 더디고 균등하지는 않지만 그 채석장 같은 현실에서 벗어나는 중이었다. 루마니아와 관련하여 쓸 경우 대문자로 시작되는 '고딕Gothic'이란 단어는, 프랑스에서 유래되어 중유럽으로 전파된, 그리고 서구화를 향한 루마니아의 강력한 욕망을 보여주는 증거인 중세 건축물에 적용해야 마땅하다.

1981년 11월 초 어느 토요일의 시기쇼아라는 버려진 예술품 같았다. 나는 시내 아래쪽에 있던 근방의 텅 빈 호텔에 배낭을 남겨두고 시내 위쪽으로 탐험을 떠났다. 걸어서 자갈돌이 깔린 거리를 지나면서 보니 상점 앞 진열장은 모두 텅 비어 있었고 편의시설도 전혀 없었다. 심시이는 화장실도 전혀 없고 손을 씻을 장소도 전혀 없었던 것으로 기억한다. 간신히 식사를 할 수 있는 식당을 한 군데 찾았는데, 몹시 지저분한 의자가 마구 놓인 그 식당에서는 기름이 뚝뚝 떨어지는 그릴에 구운 고기와 물을 많이 탄 맥주를 팔았다. 내 옆 테이블에 앉아 있던 사내에게서 심한 악취가 났던 것이 기억난다. 미개발 형태로 발현된 공산주의는 사람들이 가장 기본적인 수준의 체면을 유지하는 것조차 허락하지 않았던 것이다. 그래도 그곳에는 19세기에 세워진 꿈처럼 환상적인 모습의 거대한 시계탑이 있었다. 무궁무진한 퍼즐처럼 (금색, 녹색, 오렌지색 등) 총천연색 에나멜이 칠해진 가파른 기단 위에 세워진 그 시계탑은 양파 모양 돔과 여러 개의 첨탑을 갖추고 있었다. 당시에 막 보수와 청소를 마친 터라 그 시계탑은 한층 더 놀라워 보였다. 2014년 가을 그 거리에 다시 와보니 관광객들이 무리지어 돌아다니고 있었고 카페, 관광 기념품점, 만국기 장식 등이 군데군데 보였다. 그동안 새로 칠한 건물 전면은, 트란실바니아 어느 지역이나 그렇듯, 제라늄 화분으로 장식되어 있었다. 이제 그 도시에는 세련된 숙박업소와 골동품 상점, 덩굴식물이 무성하게 타고 올라간 장식물을 갖춘 정원도 있었다. 거리에서는 어떤 밴드가 음악을 연주하고 있었다. 저녁이 내리자 가로등이 켜졌고, 창문들 안쪽, 고급 가구를 갖춘 화려한 내부 장식이나 시커먼 그늘이 갑자기 내 눈에 들어왔다. 부드러운 노란색 불빛만큼 돈과 우아함을 절실하게 요구하는 것은 없으리란 생각이 들었다.

혁명이 끝나고 4개월이 지난 1990년 봄, 그곳에는 아무것도 없었다. 심지어 1998년에조차 포스트 공산주의 돌풍은 여전히 대도시에만 불고 있었다. 그러나 2014년에 1981년 첫 시기쇼아라 방문을 되돌아보는 행위는, 텅 빈 외딴 집을, 온갖 재산에다 더불어 사랑까지 갖춘 화목한 가족의 목소리가 도란도란 들려오는 집과 비교하는 행위나 마찬가지였다.

시비우(헤르만스타트)는 1990년에도 효율성과 깔끔함이 느껴지는 도시였다. 드넓지만 친숙한 구시가지 광장에는 뾰족한 양파 모양의 아담한 시의회 탑과 바로크 양식, 신 르네상스 양식, 아르누보 양식의 건축물들이 서 있었다. 각각의 건물들은 총안이 뚫린 중세시대 굴뚝, 비스듬한 지붕창, 타원형 지붕창 등으로 정교하게 장식되어 있었는데, 그 지붕창들은 꼭 눈꺼풀이 축 처져 반쯤 감긴 눈처럼 보였다. 광장 근처에 고딕 양식의 복음주의 교회가 서 있었다. 교회의 날카로운 삼각형 지붕과 첨탑이 하늘을 찌를 것만 같았다. 그 특별한 중세 교회 건물에는 숨을 멈추게 만드는 위풍당당함이 있었다. 1998년 시비우는 새로 페인트칠을 한 수많은 건물의 전면으로 이글거리고 있었다. 그래서 그곳이 마치 가슴 뛰는 무대 배경처럼 느껴졌었다. 그런데 언제나 루마니아의 다른 도시나 마을보다 훨씬 더 세련된 도시 분위기가 느껴졌던 시비우는 이제 실망스럽게도 너무나 도시화되어 있어서 방문객한테 바가지나 씌우는 관광명소 같은 느낌이 들었다. 광장에는 별 특징 없는 고급 카페들이 즐비했는데, 그중에는 국제적인 표지판이나 스포츠 관련 용품으로 내부가 장식된 카페도 있었고, 벽걸이 모니터에서 바보 같은 미국 영화 화면이 번쩍대는 카페도 있었다. 내가 그곳에 머물고 있던 어느 날에는 시끄러운 유원지용 놀이기구가 광장을 접수했다. 그 덕분에 지역 주민들, 그중에서도 특히 어린아이들은 의심할 여지없이 훨씬 더 행복해졌겠지만, 나는 그 바람에 24년 전 그 도시의 기억을 더 소중하게 간직하게 되었다.

그런데 그때 커피 한 잔을 들고 광장을 나서다가, 최근에 보수한 임파라툴 로마닐러 호텔Hotel Împăratul Romanilor의 크림색 건물과 그 앞에 서 있는 괴물석상에 시선이 끌렸다. 1990년에도 바로 그 호텔에서 묵었던 기억이 떠올랐다. 시비우는 언제나 다른 도시보다 한 발 앞서 나가는 도시였는데, 그 주된 이유는 그곳이 트란실바니아에서 가장 부르주아적인 도시였기 때문이다. 그 도시 주민들이 느림과 휴식에는 반감을 느끼는 반면 상대적인 성공에는 집착하는 적극적인 야심가들처럼 보인 것도 실은 그 때문이었다. 그래도 내 눈에는 여기저기 남아 있는, 좋은 옷을 차려 입고 일요일 산책을 나서는 전통적인 모습이 아직 보였다.

그중에서도 연보라색 셔츠에 고동색 실크 넥타이를 맞추어 매고 그 위에 가벼운 가죽 스포츠 코트를 입은 파울 필리피Paul Philippi 교수는 유난히 더 멋져 보였다. 흠 잡을 데 없이 완벽한 영어를 구사하는 필리피 교수에게서는 어딘가 지적이고 섬세한 분위기가, 거만함과는 거리가 먼 문화인다운 분위기가 풍겼다. 벽에 흰색 페인트가 칠해져 있고 심플한 고급 원목가구로 꾸며져 있는 교수의 말끔한 연구실 안에서는 시내 광장이 내려다보였다. 그야말로 명당 자리였다. 아흔한 살의 교수는 1940년대 중반에 독일군 전쟁 포로 신분으로 미군들한테 영어를 배웠다고 했다. 제2차 세계대전 초반기에 나치가 루마니아에 거주하는 작센 인종 남자들을 강제로 히틀러의 친위대에 입대시켰기 때문에 필리피 교수 역시 본의 아니게 군복을 입고 중유럽과 동유럽 전장을 누비며 싸우게 되었던 것이다. 전쟁이 끝날 무렵 헝가리에 머물고 있던 그의 소대는 러시아군으로부터 벗어나려고 미군이 있는 서쪽으로 도주했다. 그는 1947년 말까지 독일에 주둔하고 있던 미군 부대에 감금되어 있었다. 그리고 자기네 작센 인종이 어울려 살던 트란실바니아가 소련과 공산주의 루마니아의 지배하에 놓이게 된 것을 보고 독일에서 계속 살았다. 전후 베를린에서 작센 출신 복음주의 교회 성직자를 한 명 만났고 그의 영향으로 신학과 역사학을 공부하게 되었다. 필리피 교수가 전쟁 기간 동안 나치가 저지른 범죄의 전모를 알게 된 것이 그 즈음이었다. 그것은 그동안 의심은 해보았지만, 그 정도일 것이라고는 상상조차 할 수 없을 만큼 심각한 범죄였다. 그는 그렇게 불가능한 상황에서 지식인으로 성장했다. 루마니아 땅이 된 고향에 살고 있던 그의 부모님 세대는 러시아로 끌려가 강제노역을 해야 했고 게오르기우데지의 민족주의적 공산주의 정권 하에서 정치적 권리를 박탈당했으며 토지를 몰수당했다. 그 무렵, 전쟁 중에 루마니아에서 달아나 독일에 거주 중이던 작센 인종 사이에도 긴장감이 흘렀다. 그중에는 히틀러에게 이념적으로 공감을 느끼는 이들도 있었고, 필리피 교수처럼 나치한테 이용당했다고 느끼는 이들도 있었기 때문이다.

필리피 교수는 독일 최고最古의 하이델베르크 대학교에서 학자로서의 경력을 계속 성공적으로 쌓아갔고 케임브리지 대학교의 초빙교수로 일했으며 은퇴 후에는 명예교수 직위를 지내기도 했다. 1989년이 지나고 루마니아로 돌아온 그는 곧, 자신이 "헤르만스타트"라고 불렀던 도시, 즉 시비우 대학교의 교수가 되었다. 교수는 열변을 토하며 루마니아 공산주의에 대한 증오심을 드러냈다. 루마니아 공산주의는 "인간의 본성에 반하는 경제 이데올로기를 내세웠고 그 결과 온 나라를 정치적, 심리적으로 비참한 지경에 빠뜨렸지만," 그런 점은 차치하더라도, 원래부터가 혈통 근간의 민족주의라는 죄악 위에 세워진 부당한 정권이었다고 그는 설명했다. 루마니아 인구에는 언제나 상당수의 소수민족이 포함되어 있었다는 지적이었다. "우리는 작센 인종이니까, 우리를 게르만족이라고 부르는 것은 옳지 않아요. 우리가 처음 이주해온 12세기에는 이 땅에 '게르만족'이란 말 따위는 존재하지도 않았거든요. 우리는 스위스처럼 오스트리아한테 영토를 빼앗긴 적이 있는 소수 문화민족입니다." 그가 내게 인정했듯이 그의 견해를 더 넓혀보면, 그리고 실제 그의 인생이라는 교훈에 비추어보면, 19세기와 20세기의 민족주의는 너무나 원시적이고 유동적인 정체성이라는 이야기였다. 그리고 그것이 그가 루마니아를 걱정하는 이유였다. 루마니아는 눈부시게 세계화되고 있었지만 학교 교과서에는 여전히 바뀌지 않은 민족주의적 내용이 실려 있었고, 그 나라에서는 기독교적 가치보다는 미신이 종교로 통하는 일이 훨씬 잦았다. 루마니아는 경제적, 정치적 위기가 계속되면 언제든 옛날의 망령들이 깨어날 수 있는 나라라고 그는 내게 경고했다.

나는 구舊 시가지를 벗어나 1.5킬로미터 정도 떨어져 있는 베드로와 바오로 성당Church of Peter and Paul으로 걸어갔다. 마당에 우거져 있는 전나무, 가문비나무, 소나무 때문에 '상록수 사이의 성당Church between the Evergreens'이라고도 알려져 있는 그 성당은, 18세기 후반에 건축된, 시비우에서 가장 오래된 유니에이트 성당이었다.

그 성당의 땅은 18세기에 합스부르크 제국의 여제 마리아 테레지아가 기증한 것이었다. 성당 내부는 유향이 가득하고 성상과 무시무시한 성화벽이 즐비하게 늘어서 있는 것으로 보아 정교 성당의 내부와 비슷했지만, 성당 외부는 가톨릭풍의 바로크 양식으로 꾸며져 있었고, 십자가 역시 가톨릭 양식의 십자가와 정교 양식의 십자가가 나란히 서 있었다. 그러니까 두 종파가 어떻게 다른지 성당 자체가 보여주고 있는 셈이었다.

유니에이트Uniate, 즉 동방전례 가톨릭교회는 그리스 가톨릭(134쪽 각주 참조), 그러니까 원래 그리스정교, 혹은 동방정교의 일파였다가 1699년 로마 가톨릭 교황과의 통합을 인정한 교파에 속한다. 루마니아의 모든 기독교도는 원래 동방정교도였다. 그런데 16세기와 17세기에 헝가리 대공이 트란실바니아를 지배하게 되자, 그리고 튀르크족이 카르파티아 산맥 반대쪽을 차지하자, 패트릭 리 퍼모어(93쪽 각주 참조)의 표현을 빌리자면, "토착어 사용을 마다하지 않는 신교도들의 열정"에 밀려난 구교도 헝가리인들은 산맥 북쪽의 루마니아인들을 같은 종교를 신봉하는 산맥 남쪽의 동족들로부터 분리하고 싶어졌다. 그래서 그들은 슬라브어로 봉헌하던 트란실바니아 내 성당 미사를 동시대 루마니아어로 번역해서 봉헌하기 시작했다. 뒤이어 트란실바니아가 가톨릭을 신봉하는 합스부르크 제국의 직접 지배를 받게 되고 튀르크의 세력이 약화되자, 토착어를 사용하는 그 정교는 한 단계 더 나아가 로마 가톨릭과 통합해야 한다는 압박을 받게 되었다. 그러나 공식적으로 가톨릭을 표방하게 되었음에도 신자들은 계속 루마니아어로 미사를 드렸고,

수염을 기르는 것과 결혼이 허용되는 성직자 수칙, 성상 등 모든 것이 정교 교회와 똑같은 상태로 남아 있었다. 그러나 동방전례 가톨릭교회는 헝가리인들과 합스부르크 오스트리아인들이 의도했던 대로 루마니아 민족주의를 약화시켰다기보다는 오히려 반대로 루마니아어에 대한 더 큰 관심을 촉발시키는 계기가 되었다. 퍼모어가 특유의 맛깔스러운 문장으로 풀어낸 바에 따르면, "[로마 교황과] 통합된 이후에 트란실바니아 동방전례 가톨릭교회 성직자의 아들들 중에 재능이 있는 아이들은 로마로 유학을 떠났다. 그들은 로마 병사들이 현대 루마니아 등산가와 비슷한 옷차림을 한 다키아 전사들과 전투하는 장면이 나선형으로 조각된 트라야누스의 원주를 보고 자신들이 로마인, 그리고 다키아인의 후손과 다시 연결되었다는 강렬한 믿음에 휩싸였다. 그 경험을 통해, 그들은 그보다 훨씬 오래전부터 분위기로만 존재했던 전통을 훨씬 더 모호한 형태로 체화하게 되었다."

한 마디로 말해서, 동방전례 가톨릭교회는 로마 가톨릭과의 연계성 덕분에 서구를 대변하게 된 것이었다. 그것이 공산주의와 동방정교회, 양쪽 모두가 그 교회를 못견뎌 한 이유였다. 결국 1948년 게오르기우데지는 동방전례 가톨릭교회를 폐지했지만, 교회는 공산주의가 몰락한 직후 다시 살아났다. 내가 그곳을 방문했을 때 베드로와 바오로 성당은 신자들로 가득했다. 그들은 수염을 기른 성직자가 주위에 아이들을 앉혀놓고 진행하는 주일학교 수업에 귀를 기울이고 있었다. 그리고 내가 그 성당을 떠날 때에는 더 많은 신자들이 성당 안으로 밀려들고 있었다.

시기쇼아라에서 나는 바람이 잘 통하는 다락방에 묵었다. 우아하고 고풍스러운 가구로 꾸며진 그 방에서는 멋진 시계탑이 내려다보였고, 고맙게도 주위에는 가벼운 침묵이 가득했다. 그 전날 시비우의 숙소는 곰팡내가 나는 방이었고 자정이 지나도록 유원지용 놀이기구에서 터져 나오는 비명에 가까운 소음 때문에 도저히 잠을 이룰 수가 없었다. 여행은 훨씬 더 생생하게 압축된 인생의 또 다른 버전이다. 그래서 오르막길과 내리막길이 순식간에 엇갈린다. 하루, 아니 불과 몇 시간 안에도 모든 것이 변할 수 있는 것이 여행이다. 물론 세세한 기억이 완벽하게 남아 있기는 하지만, 겨우 며칠 전에 방문했던 도시가 머나먼 추억처럼 느껴질 수도 있다. 여행이 끝나갈 무렵 그 여행 전체는 대서사시처럼 우리의 기억 속에 풍성하게 아로새겨지는 반면, 집에서 보낸 몇 년이라는 일상생활은 점점 흐릿해진다. 우리가 여행을 하는 이유는 망각을 물리치기 위해서이다.

나는 다음 목적지인 트란실바니아의 북부를 향해 떠났다. 작센-게르만족의 땅을 떠나 헝가리 인종의 땅으로, 그러니까 시비우(헤르만스타트)를 떠나서 '무레슈 강변의 시장'이란 뜻의 타르구 무레슈(마로스바사르헬리)로 가는 것이었다. 1990년 봄 내가 마지막으로 타르구 무레슈를 방문했을 때는 차우셰스쿠가 몰락하고 4개월 뒤, 그곳에서 루마니아 인종과 헝가리 인종 사이에 격렬한 충돌이 일어나고 겨우 2개월만이라서 그 도시에 기괴한 긴장감이 흐르고 있었다. 그때는 장래에 닥쳐올 자본주의가 아직 그곳에 도래하기 전이라서 도시는 아름답게 텅 비어 있었고 그 덕분에 나는 근사한 바로크 양식 건축물에 더 집중할 수가 있었다. 이제 그 도시는 광장을 장악하고 도보까지 이중 주차된 최신형 자동차들로 너무나 부산스럽고 시끄러웠다. 새로 지어진 흉측한 건물들이 도시 풍경을 망가뜨리고 있었다. 그 건물들이 도시를 활기차지만 별 특징 없는 곳으로 만들고 있었던 것이다. 내 호텔 방에는 요란한 체리 색 카펫, 얼룩말 무늬 의자, 남자의 얼굴을 향해 담배 연기를 뿜어내는 여자의 사진이 있었다. 로비에는 붉은색 둥근 조명등이 달려 있었고 블루스 음악이 울려 퍼지고 있었다. 그리고 호텔 밖 보행자는 물론 호텔 로비에 있는 사람들까지 모두 스마트폰에 점령당해 있었다. 나는 그 소란스러운 곳을 빠져나와 루마니아인과 헝가리인으로 구성된 그 지역 대학교의 교수 한 무리와 함께 야외 식당에서 풍부한 와인을 곁들여 길고 한가로운 점심을 즐겼다. 그 점심식사는 무려 다섯 시가 거의 다 되어서야 끝이 났다.

대화가 처음부터 루마니아인과 헝가리인 사이의 인종적 분열로 시작된 것은 아니었다. 처음에는 구성주의와 사실주의, 근대 초기 역사와 근대 역사의 다른 점, 21세기 자본주의 사회 내 실존의 허구성과 평범성 등에 대한 대화가 오갔다. "새 기기와 새 자동차를 갖추게 되었는데도 시골 마을에 사는 사람들은 여전히 편협하고 원초적입니다." 동료 중 한 명이 말했다. 다르게 표현하면 지방 주민들은 여전히 조종하기가 쉽다는 뜻이었다. 그리고 대화는 러시아의 체제전복 활동 때문에 다시 부상하고 있는 인종적 민족주의에 대한 잠재적 두려움으로 이어졌다. 푸틴이 점점 맹목적 애국주의 신독재정권이 되어 가고 있는 이웃나라 헝가리의 빅토르 오르반* 체제를 지지함으로써, 트란실바니아 내 헝가리인들의 인종적 민주주의를 부추겨 루마니아를 약화시킬 잠재적 가능성이 있었기 때문이다. 그러나 동석한 학자들은 그런 정책이 성공할 것이라 예측할 수 있는 근거가 이제는 별로 존재하지 않는다는 데에 모두 동의했다. 현재 루마니아의 인종적 관계에는 포스트 차우셰스쿠 시대였던 1990년대까지만 해도 존재했던 긴장감이 안전히 결여되어 있었기 때문이다. 앞서 언급했듯 편협한 마음가짐이 아직 남아 있기는 했지만, 경제 발전과 통신 혁명이 이미 초기 형태의 세계주의적 정체성을 형성하고 있었다. 루마니아가 이미 많이 벗어나 있는 심각하고 지속적인 경제 침체 현상이 나타나야만 푸틴이 가능성을 확보하게 될 터였다. 그럼에도, 그 지역 헝가리인들은 여전히

*** 빅토르 오르반Viktor Orbán(1963-)**
2017년 현재 헝가리의 총리이다. 헝가리는 1989년 공산주의 일당 체제를 폐지하고 자유선거에 의한 다당제 의회 제도를 채택했다. 헝가리 대통령은 의회의 간접 투표로 선출되는 명예직으로, 정치적 실권은 모두 총리가 쥐고 있다. 피데스Fidesz(청년민주동맹) 당 소속의 오르반 정부는 2010년 출범했다. 오르반 정부는 헝가리 자본주의의 체질을 개선하기 위해 여러 개혁 정책을 추진했으나, 사회적 합의 없는 밀어붙이식 행정으로 여러 잡음을 빚고 있다. 2012년 발효된 개정헌법은 총리의 견제기관인 검찰과 헌법재판소의 힘을 분산시키는 데 초점이 맞춰져 있어 서구의 비난을 샀다. 헝가리는 제1차 세계대전 패전국으로 1920년 트리아농 조약Treaty of Trianon으로 영토의 70퍼센트, 인구의 60퍼센트를 상실했는데, 그 결과 주변 여러 나라에 헝가리 소수민족 공동체가 생겨났다. 1999년 북대서양조약기구에, 2004년 유럽연합에 가입한 뒤, 헝가리는 중유럽과 동유럽에 퍼져 있는 헝가리 민족의 권익을 보호하기 위해 애쓰고 있다. 헝가리 내 극우정당인 요빅Jobbik 당은 2003년 창당된 당으로 '우파연합'이라는 호칭으로 불리기도 한다.

자녀를 헝가리어로 수업하는 학교에 보내고 루마니아 어린이들은 루마니아어로 공부를 하고 있다는 사실은 잊어서는 안 되는 문제였다. 언어는 정체성을 형성하는 가장 중요한 요소이며, 결국 그 때문에 루마니아 국민들은 진정으로 통합되지 못한 채 각자 살아가고 있었으니까. 요약하자면, 그 시점의 루마니아는 극단적인 모호함으로 정의되는 상태에 놓여 있었다.

물론 루마니아 내 저급한 형태의 민족주의는 모호함을 배척했다. 헝가리계 영국인 역사학자 라즐로 피터László Péter(1929-2008)는 저급한 민족주의가 "획일성을 갈망한다."고 기록했다. 그러나 그런 점에서 볼 때 헝가리의 역사는 전혀 획일적이지 못했다. 한 가지 예를 들면, 16세기에 북쪽의 합스부르크제국과 남쪽의 오스만제국에게 둘러싸여 '대 헝가리'가 분열되는 와중에도, 트란실바니아와 파르티엄Partium(트란실바니아의 북부와 서부 지역)은 오스만 제국의 종주권 밑에서 자치권을 누렸다. 그러다가 16세기 후반부터 17세기 초반 무렵이 되자, 헝가리는 어떤 경우에는 튀르크에 맞서 루마니아 편을 드는가 하면, 또 다른 경우에는 합스부르크 제국에 맞서 튀르크 편을 들기도 했다.

타르구 무레슈 소재 페트루 마요르Petru Maior 대학교에서 유럽사를 가르치는 코르넬 지그미레안Cornel Sigmirean 교수가 말했다. "오늘날 루마니아 내 헝가리 인종은 정치적으로 완전히 분리되어 있는 상태입니다." 나는 시내에서부터 얇은 벽돌로 쌓아올린 기념비적인 중세 성벽을 지나고 언덕을 걸어올라 나무가 우거진 캠퍼스라는 구세계 속에 들어와 있었다. 그곳은 고요에 잠긴 또 하나의 피난처였다. 나는 그곳에서 지그미레안 교수와 커피를 마셨다. 교수는 세케이Székely(루마니아에 거주하는 헝가리계 소수민족)라는 그 지역 공동체에 대해 우려를 표했다. 그들이 공격적인 민족주의 성향을 띨 뿐 아니라, 헝가리의 극우 정당, 즉 공공연하게 친기독교, 친헝가리 인종, 반유대주의, 반 유럽통합을 표방하고 있던 요빅당에 깊이 동조하고 있었기 때문이다. 그러나 그는 트란실바니아에 거주하는 헝가리인들의 대부분은 정치에 훨씬 더 무관심하다고 설명했다. "사람들은 더 세계화된 세상과 마주보고 있을수록 자신의 인종적 뿌리를 알아내야할 필요를 느낍니다. 그래서 역사가 계속 굴러가는 거지요. 하지만 거기에서 비롯된 긴장이 앞으로는 계속 민주주의를 통해 해결될 겁니다. 러시아는 앞으로도 계속 유럽 이 지역에서 공동체들을 분열시키고 약화시킬 기회를 찾아내려고 할 테고요." 지그미레안 교수는 루마니아가 아직도 제1차 세계대전으로 등장한 열강들에게서 벗어나는 과정에 놓여 있다고 결론지었다. 볼셰비키 정권과 훗날 나치 정권이 된 바이마르 공화국은 둘 다 원래 내가 그곳을 방문하기 약 백 년 전인 1914년 8월 발발한 제1차 세계대전이란 소용돌이 속에서 태어난 정권이었고, 그의 관점에서는 그 이후로 계속 루마니아의 역사 속에서 이야깃거리를 제공해 온 주역들이었다.

나는 동이 트기 전 아직 세상이 어둠 속에 잠겨 있을 때 비를 맞으며 타르구 무레슈를 떠났다. 간이 매표소를 찾느라 기찻길 옆 공터를 헤매 다녀야만 했다. 역사驛舍 건물이 보수 중이어서 온통

어지러운 공사판이 되어 있었던 것이다. 거칠어 보이는 집시 아이 한 명이 나를 발견하고 돈을 요구하기 시작했다. 나는 속수무책으로 계속 녀석의 공격을 받아낼 수밖에 없었다. 그러다가 가방을 메고 단호한 태도로 걸어가는 사람 한 명을 발견했다. 겨우 그 사람을 뒤따라가 매표소를 찾아낼 수 있었다. 서쪽으로 세 시간 정도 거리인 클루즈-나포카 행 기차를 타고 있으려니까 과거의 기억이 떠올랐다. 예전에는 철도변에 쓰러져 가는 마을들이 늘어서 있었고, 그 마을에 사는 거칠고 기름때에 전 사내들은 기차 소리에 밤새 잠을 뒤척였다. 기차는 루마니아 하층민의 삶을 떠올리게 해주는 또 하나의 매개체였다. 이제 여명이 밝아오자 훨씬 더 깊고 아름다운 신비에 잠긴 풍경이 운무 사이로 모습을 드러냈다. 윤기 흐르는 초록색 어둠과 암적색 그림자에 폭 싸여 있는 풍경이었다. 그곳에는 이미 가을이 성큼 다가와 있었다. 아직 한 꺼풀 남은 안개 밑, 두껍게 먼지가 덮인 거울 같은 땅 위로 강이 잔잔하고 고요하게 흐르고 있었다. 지저분한 택시는 나무만 무성한 낙후된 클루즈 거리를 지나 호텔까지 나를 데려다주었다. 바로크 양식으로 지어진 그 호텔에서 나는 늦은 아침을 먹고 기운을 차렸다.

내가 처음 클루즈를 방문한 것은 1973년 여름 동유럽 배낭여행을 할 때였다. 그 시절 나는 얼마나 무지한 존재였는지! 헝가리를 출발해 도착한 루마니아는 헝가리에 대면 너무나 어수선한 불모의 땅 같았다. 그때 나는 중심 광장 근처의 식당으로 걸어 들어가면서, 광장에서 음악을 연주하고 있는 한 무리의 집시들과 술에 취해 비틀거리는 취객들을 바라보면서 어리석게도 혼자 이런 생각을 했었다. '아, 내가 드디어 동유럽에 도착했구나.' 그 시절 나는 헝가리어로 콜로즈바르, 작센-게르만어로 클라우센부르크라고 불리는 그 도시 클루즈에 대해 아는 것이 하나도 없었다. 그 시절 나는 개념상으로든, 문화적으로든, 중유럽의 범위가 상당히 깊은 루마니아 내부인 카르파티아 산맥 남부 브라쇼브까지 펼쳐져 있다는 사실도, 미묘한 의미에서는 그 너머 지역까지 중유럽에 포함될 수 있다는 사실도 전혀 알지 못했다. 게오르기우데지와 차우셰스쿠의 공산주의가 부르주아의 싹을 모조리 제거하고 예전에 영화로웠던 도시들을 모두 크기만 큰 너저분한 동네로 만들어 버렸던 터라, 내 눈에는 1973년의 클루즈 시내가 헝가리 동부의 가장 후미진 시골 마을보다도 오히려 더 원시적인 동네로 보였다. 1990년 초 『발칸의 유령들』을 집필하면서 자료 조사를 하려고 다시 클루즈를 방문했을 때에는 적어도 그 도시가 과거에 얼마나 번영했었는지 정도는 알고 있었다. 마이클로스 반피*의 '트란실바니아 3부작'을 읽은 직

*** 마이클로스 반피Miklós Bánffy 1873-1950**
헝가리의 소설가, 자유주의 정치인. 15세기에 트란실바니아로 이주해 그 지역을 다스린 왕족 가문에서 태어난 반피는 1901년 오스트리아-헝가리의 국회의원으로 당선되며 정치 경력을 시작했다. 1920년 외교관으로 제1차 세계대전을 마무리하는 트리아농 조약 체결에 참여해 오스트리아로부터 헝가리 분리 독립을 얻어냈고 이듬해 헝가리 외무장관에 올랐으나, 재직 중 체코슬로바키아와 유고슬라비아의 독립을 인정하고 루마니아에 본래 영토를 반환하는 등 자국에 이익이 되는 성과를 별로 올리지 못해 1년 만에 사임했다. 그 뒤 집필에 전념해 출간한 '트란실바니아 3부작Transylvania Trilogy'은 『중요한 그들They Were Counted』, 『부적절한 그들They Were Found Wanting』, 『분열된 그들They Were Divided』 세 권으로 구성된 역사소설로, 제2차 세계대전 전 근시안적인 귀족 계급 때문에 몰락한 헝가리라는 국가를 재조명하고 있다.

후였기 때문이다. 내가 클루즈, 아니 더 정확하게 말해서 콜로즈바르가 예전에 어떻게 평가되던 도시였는지 상상할 수 있었던 것은 사실 모두가 그 책 덕분이었다.

반피의 탁월한 세 권의 소설 『중요한 그들』, 『부적절한 그들』, 『분열된 그들』의 초판은 1934년부터 1940년 사이에 헝가리어로 출간되었다. 그러나 제2차 세계대전과 냉전에 묻혀 알려지지 않다가 1999년이 되어서야 비로소 첫 번째 영어 번역본이 출간되었다. 그 세 권의 소설은 비록 스탕달, 톨스토이, 마르셀 프루스트Marcel Proust(1871-1922), 요제프 로트Joseph Roth(1894-1939)의 작품들만큼 수준이 높지는 않았지만, 출판사 광고나 일부 독자들의 리뷰에서 알 수 있듯, 어느 정도 알려져 있기는 해도, 만연한 산업 전쟁, 대량 학살, 숨 막히는 공산주의 수십 년 등으로 형성된 만의 반대편에 살고 있는 우리로서는 차마 상상조차 할 수 없었던 세계의 장막을 열어젖힌 작품이었다. 어둡고 굴곡진 산악 풍경에 맞서 푸르른 숲이 에나멜처럼 반짝이는 그곳에도 예전에는 고급문화와 귀족 계급이 빽빽하게 들어찬 세계가 존재한 적이 있었다. 물론 합스부르크 제국 말기에는 그 세계도 방종과 타락에 물들고 말았지만 말이다. 트란실바니아는 그냥 오스트리아-헝가리의 일부도 아니었고, 단순한 부다페스트 발發 헝가리 인종 인구이동의 종착역도 아니었다. 스스로 헝가리 귀족이자 정치가였던 반피의 말에 따르면 트란실바니아는 헝가리 본토와는 확연히 다른 "민족적 자각이 반영된 삶의 양식"을 보여주는 곳이었다. 그곳에는 30년 전쟁 당시, 비록 그 규모는 작았지만 합스부르크 제국을 지지하지 않으려는 문화적 움직임이 분명 존재하기도 했고, 1683년 빈이 튀르크의 수중에 떨어지자 뒤에서 은밀히 튀르크족을 지원하려는 움직임이 존재하기도 했던 것으로 보인다. 반피는 단순한 문장을 통해서만이 아니라, 상수리나무와 너도밤나무의 컴컴한 숲에 둘러싸여 있는, 타르타르족의 침략 이전 시대에 세워진 성과, 농이 늘 때까지 사람들이 술잔을 부딪치며 카드를 치는 성 내부 풍경이 그려진 생생한 그림을 통해서도 사치스럽고 호화롭던 그 세계의 기억을 되살려냈다. 그것은 곧 사소한 음모를 시작으로 주위의 유럽 전체를 대재앙에 빠뜨리게 될 세계였다.

반피의 대하소설이 배경으로 하고 있는 곳은 남작의 영지가 있었던 콜로즈바르 외곽이었다. 예전 로마시대와 중세시대 요새로 쓰던 부지에 세워진 그 남작의 영지는 "대문자가 정교하게 새겨진 석재 기둥"으로 우아하게 꾸며져 있었고 게다가 나폴레옹 시대 유럽 전역으로 퍼져나간 제국 스타일의 내부 장식과 "환상적일 정도로 복잡한 로코코 취향의" 내부 장식까지 갖추고 있었다. 그곳에는 헝가리인 귀족들이 살고 있었는데, 그들은 광대한 유라시아 스텝 지역의 서쪽 끝을 누비던 역동적인 유목민족, 다른 아시아 유목민족들이 자신들과 비슷한 지역으로 이주해오지 못하도록 경계의 끈을 늦추지 않던 유목민족의 후손이었다. 그 영지 내에 있는 흡연실에는 수많은 사냥 트로피가 전시되어 있었고, 거대하고 어둑한 서재에는 버찌나무 기둥을 깎아 만든 서가 위에 "아름답게 장정된 서적" 수천 권이 소장되어 있었다. 서재 주인이 절대로 평생 다 읽을 수 없을 만큼 압도적인 규모의 서재였다. 그 영지의 방문객은 현관 계단에 줄지어 대기 중인 하인들에게 인사를 받았고, 자두 케이크, 차가운 햄, 설탕을 입힌 빵이 곁들여진 극진한 찻상을 대접받았다. 저녁식사 시간에는 "리드미컬한 편종" 연주 소리가 울려 퍼졌다. 그곳에서는 사격 파티, 무도회가 끝없이 열렸다. 그리고 그때마다 벽난로에 장작불이 타오르는 따뜻한 거실에서는 바이올리니스트들이 젊은 리하르트 슈트라우스Richard Strauss(1864-1949)의 음악을 연주했으며, 촛불로 장식된 어마어마한 식탁에서는 날이 밝을 때까지 진수성찬이 계속됐다.

그 세기말적 향연에서 계속된 정치적 토론은 한결같이 씁쓸하고 강렬한 것이었으며, 스스로 이중제국 내부에서 헤게모니를 쥐고 있는 오스트리아의 도구로 전락하고 말았다고 생각하는 헝가리인들의 점점 커져 가는 좌절감에 초점이 맞추어진 것이었다. 끊임없이 변화하는 정당, 당파, 연합 정부의 분위기 역시 끝없이 위기를 형성하는 요인 중 하나였다. 마자르족의 땅은 그 자체로 도덕적인 원칙을 보여주는 하나의 사례였다. 오스트리아인들이 1867년 수립된 이중제국을 헝가리 왕국에 동등한 지위를 보상해주는, 자신들이 허용할 수 있는 협상의 마지막 종착역으로 보았던 것과 달리, 헝가리인들은 그 '대타협'을 자신들의 권리를 보장받을 수 있는 계속적인 협상의 출발점으로 보았다. 반피의 영웅적 주인공 '발린트 아바디Balint Abady'는 인종적 민족주의에 대한 19세기 후반 스타일의 낭만적 옹호를 보여준다.

> 만약 인간이 로봇처럼 취급된다면 얼마나 많은 것이 파괴될 것인가! 한 사람을 다른 사람과 완전히 다른 존재로 만들어주는 개인의 특성, 열정, 열망, 승리와 좌절이 그 얼마나 많던가? 그 누가 수세기에 걸쳐 모든 나라를 제각각 다른 형태, 다른 깊이로 형성시킨, 각기 다른 가닥의 경험을 무시할 수 있단 말인가?

이 대사가 표적으로 삼고 있는 대상은, 인종에 기반을 둔 결합에 굴하지 않는 보편적 자각을 추구한다는 점에서 어느 정도 시대에 앞서 있었던 합스부르크 체제의 획일화 경향이었다. 그래도 아바디는 그 민족주의 덕분에 자신의 땅을 부쳐 먹는 루마니아인 농노들을 대하는 자신의 태도를 바꿀 수 있었다. 그는 농노들의 힘겨운 노고를 덜어주려고 변함없이 애를 썼던 것이다. 사건들이 대부분 19세기에서 20세기로 넘어가는 시기를 배경으로 하고 있기는 했지만, 그래도 그 이야기는 1930년대 악랄한 제로섬 인종정책보다는 자유주의의 모색과 더 긴밀하게 관련되어 있었던 19세기 민족주의에 관한 이야기였다. '트란실바니아 3부작'은 곧 제1차 세계대전이라는 참혹한 전쟁의 연기에 휩싸이게 될 세계를 다루고 있었다. 그렇게 시작된 한 세기 동안에 인종적 자각은 내포하고 있던 이상적인 화려함을 모조리 잃고 말았다. 또 그동안 콜로즈바르에 존재했던 작은 규모의 귀족 문명 역시 너무나 간단히, 그리고 잔인히 사라져버리고 말았다. 그러나 그것은 결국 패트릭 리 퍼모어의 『숲과 강 사이에서』 같은 고전적인 책 여기저기에서 다루어진 현실이 표면화된 것일 뿐이었다.

세계대전과 공산주의 수십 년이라는 우여곡절을 겪었음에도, 그리고 그곳에 존재하던 귀족사회를 너무나 오래전에 완전히 상실했음에도, 클루즈는 중유럽 무역의 요충지였기 때문에 지금도 여전히 문화와 교육의 중심지로서의 지위를 누리고 있었다. 중앙 광장에 서 있는 훌륭한 고딕 양식 교회와 유서 깊은 바베스-볼라야Babes-Bolyai 대학교 두 가지만 봐도 그 사실을 알 수 있었다. 바베스-볼라야 대학교 외교학과에서 프랑스 경제학자 장 모네Jean Monnet(1888-1979)의 사상을 가르치는 바실레 푸슈카슈Vasile Puşcaş(1952-) 교수는 클루즈가 루마니아의 수도인 부쿠레슈티랑 맞먹을 정도로 세계주의적인 도시라는 사실을 보여주는 좋은 사례였다. 지난 10년 동안 유럽연합과 협상을 벌여 루마니아 가입이라는 결과를 얻어낸 책임자가 다름 아닌 바로 그 푸슈카슈 교수였기 때문이다.

우리는 바로크 양식으로 지어진 비즈니스호텔의 근사한 로비에서 만났다. 그곳은 비교적 최근에 지어진 호텔이라서 나는 이전 클루즈 방문과 관련된 기억을 전혀 떠올릴 수가 없었다. 그래서 예전에 그 도시를 방문했던 일이 더 멀고 더 상관없는 기억처럼 느껴졌다. 푸슈카슈 교수가 현재 루마니아의 안보가 빠져 있는 곤경에 대해 너무나 숨김없이 털어놓았기 때문에, 좌절감이 좀 느껴지더라도 나는 교수가 특유의 차분하고 도시적인 태도로 이야기를 할 수 있게 그냥 내버려두었다.

"결국 강력한 제도만이 우리를 공격자들로부터 보호해줄 수 있을 것입니다. 그러나 유럽연합 가입은 절반의 성공일 뿐입니다.

지난 이십여 년 동안 루마니아에는 다양한 정부가 들어섰지만, 그 정부들 중에 개혁이라는 과정을 제대로 소화해낸 정부는 없었어요. 그들은 스스로 우리가 유럽연합의 동맹국이라고 생각했지만 현실은 그렇지 않았답니다. 그러려면 유럽연합 가입국이 된 뒤로는 그에 걸맞은 나라가 되었어야지요. 이 나라 정치가들은 유럽연합이 제도 개혁을 위해서가 아니라 재정 지원을 위해서 발전기금을 지급했다고 생각했어요. 하지만 유럽연합의 그 자금은 소비가 아니라 투자를 목적으로 지급된 돈이었습니다. 모든 정당과 당파가 다 함께 저지른 잘못인 만큼, 누군가는 말해야 합니다. 그것은 우리의 일반적인 정치 문화가 서구의 정치 문화와 같지 않아서, 또, 물론 전간기에 존재했던 외부세력에 대한 공포는 이제 사라졌지만 이 나라의 정치 문화가 아직도 전간기의 그것과 별반 다르지 않은 수준에 머물러 있어서 벌어진 문제라고 말이에요.

유럽연합 자체만 놓고 말하자면, 그들의 외교정책에는 입에 올릴 만한 비전이란 것이 전혀 없답니다. 스코틀랜드나 카탈로니아의 분리 독립을 막는 것과 같은, 자기네 유럽연합 내 질서를 유지하는 일만으로도 기능이 마비될 지경이거든요. 1990년대보다 21세기 초반에 훨씬 더 많은 도전들이 그 안에서 일어났으니 내부에 집중할 수밖에 없었겠죠. 예컨대, 슬로보단 밀로셰비치*를 끌어냈

* 슬로보단 밀로셰비치Slobodan Milošević(1941-2006)
신유고연방의 대통령. 유고슬라비아 동부에서 태어났다. 부모가 모두 자살해 우울한 어린 시절을 보냈으나 베오그라드 대학교에서 법학을 전공한 뒤 변호사가 되었

던 것처럼 푸틴을 끌어내 헤이그에 있는 국제 형사 재판소에 세우지도 못하잖아요. 하긴 밀로셰비치는 무시해도 되는 권력자의 전형이기는 했지만요. 밀로셰비치의 유고슬라비아 역시 푸틴의 러시아만 못했고요.

외교정책이 부족한 유럽연합과 달리, 푸틴은 신 차르제국풍의 외교정책을 추진하고 있습니다. 러시아의 마지막 차르가 비밀경찰을 이용했던 식으로 푸틴도 자신의 첩보기관을 공격의 주요수단으로 써먹고 있거든요. 그 덕분에 푸틴은 발트 해 연안의 북쪽 북대서양조약기구 군이 흑해 연안의 남쪽 북대서양조약기구 군보다 훨씬 강하다는 사실을 알게 되었습니다. 또 몰도바나 우크라이나 안에서 러시아가 움직일 경우보다 발트 해 삼국이나 폴란드 안에서 러시아가 움직일 경우에 북대서양조약기구가 훨씬 더 즉각적으로 반응하리라는 사실 역시 알게 되었죠. 푸틴이 흑해 연안 지역을

= 다. 부인의 권유로 정치에 입문해 세르비아 민족의 권익을 대표하는 정치가가 되었고, 1989년 독립한 세르비아의 대통령으로 선출되었다. 세르비아 민족이 유고연방을 통치해야 한다는 '대 세르비아' 민족주의를 주창해 내전이라는 유혈사태를 촉발시켰다. 그 결과 1991년 시작된 크로아티아 내전으로 20만 명이 사망했고 1992년 시작된 보스니아-헤르체코비나 내전으로 10만 명이 사망했다. 1997년 몬테네그로 공화국과 신유고연방을 결성해 다시 대통령이 되었다. 그러나 코소보를 세르비아에 합병하려는 정책으로 1998년 발생한 코소보 사태로 1만 명이 사망했고 그 지역에 거주하던 알바니아계 주민 85만 명이 추방되어 난민이 되었다. 이후에도 계속 정권 연장을 꾀했으나 2000년 결국 민중봉기로 실각했다. 2001년 '인종청소'와 학살 등 반인륜적 전범 혐의로 기소, 체포되어 헤이그 소재 국제 형사 재판소에서 재판을 받던 중 2006년 감옥에서 사망했다. 밀로셰비치는 국제 형사 재판소에 선 최초의 국가 원수였다.

중심으로 러시아의 강력한 병력을 배치하고 있는 이유가 바로 그겁니다. 크림 공화국과 우크라이나 동부가 그 시작점이고요. 결국 루마니아는 또 서구 동맹의 남동부 가장자리가 된 겁니다. 기나긴 역사시대 내내 루마니아가 담당해온 낯설 것 없는 역할을 또 맡게 되었다 그 말입니다."

다음 날에도 비는 계속 내렸지만, 그 덕분에 풍경은 오히려 더 아름다워져만 갔다. 고딕 양식과 바로크 양식으로 세워진 클루즈의 침식된 대작들은 성형수술이 몹시 필요한 상황이었지만, 그 건축물들의 검게 변한 울퉁불퉁한 외관은 그 도시를 깊고 고색창연한 곳으로 만들어 주고 있었다. 클루즈에는 그 도시만의 색깔이 있었다. 아기자기한 맛은 없었지만 웅장하고 아름다운 도시였다. 클루즈의 첨탑과 종루들이 합스부르크라는 자잘한 나무들 위에 공중부양을 하고 있는 것처럼 보였다.

바베스-볼랴야 대학교의 또 다른 교수 발렌틴 나우메스쿠Valentin Naumescu의 연구실 테라스에서는 그 도시의 스카이라인이 파노라마처럼 내려다보였다. 나우메스쿠 교수 역시 단호한 태도로 우크라이나의 상황이 역사적으로 어떻게 루마니아를 곤경에 빠뜨렸는지 이야기하면서 깊은 우려를 표했다.

"루마니아는 러시아와 정상적인 관계를 유지할 수 없습니다. 우리가 러시아에 원하는 것은 더 싼 가격에 가스를 공급받는 것이지만, 그들은 그럴 생각이 없거든요. 그들이 우리한테 원하는 것은 더 밀접한 정치적, 군사적 유대지만, 우리는 또 그 문제에 관심이 없고요. 중유럽과 동유럽의 다른 나라들과 달리, 루마니아에는 러시아와 더 가까워지고 싶어 안달 난 정당이나 당파가 없답니다.” 특유의 라틴 성향 때문에, 그리고 베사라비아에서 겪었던 고달픈 역사 때문에, 단언컨대 루마니아는 발칸반도와 남동 유럽 지역 국가들 가운데 가장 친미와 반러 색깔이 짙은 나라였다. 나우메스쿠 교수는 이야기를 계속했다. “자신이 동유럽과 서유럽을 싸우게 해 그 사이에서 어부지리를 취할 수 있으리라 생각했던 것은 차우셰스쿠의 실수였어요. 루마니아는 그 둘 중 어느 쪽에도 결정적인 영향력을 행사할 수 있을 만큼 강한 나라가 아니었기 때문에, 차우셰스쿠는 그 꿈을 이룰 수가 없었답니다. 그저 우리를 가난하게 만드는 데 성공했을 뿐이죠. 우리는 그런 실수를 다시는 범하지 않을 겁니다. 그러려면 우리도 블록, 즉 국가 연합의 회원국이 되어야 합니다. 그리고 우리 국민들에게 이익이 될 수 있는 유일한 선택은 서유럽 블록의 회원국이 되는 겁니다.”

적어도 2014년 말에는 동유럽의 위기가 진정 국면에 들어서고 있었는데도 나우메스쿠 교수는 그 새로운 갈등을 노골적으로 “제2차 냉전”이라고 불렀다. 서구는 우크라이나가 러시아와 어울리지 않기를 바라지만, 사실 우크라이나를 자기네 동맹 시스템의 회원국으로 껴주고 싶어 하지도 않는다고 교수는 설명했다. 브뤼셀에 있는 유럽연합 정부는 그 가난하고 불안정한 국가에 살고 있는 4천5백만 국민을 구해내는 데 별로 열의를 보이지 않았다. 워싱턴도, 브뤼셀도 우크라이나가 북대서양조약기구의 회원국이 되는 것을 진심으로 원하지 않았다. 그랬다가는 러시아와의 관계 회복이 영원히 불가능해질 것이기 때문이었다. 그리고 러시아는 러시아 나름대로 우크라이나와 완전히 합병하고 싶어 하지도 않으면서, 우크라이나가 서구랑 어울리지 않기를 바랐다. 그래도 제도를 좀 더 강화해, 완충재 노릇을 하고 있는 우크라이나와 몰도바 두 나라를 보호하는 것은 실현 가능성이 있어 보였다. 그 두 나라는 동서 양쪽 진영 모두한테 주둔지로서 쓸모가 있었으니까. 그 사안에 만큼은 별다른 음모가 숨어 있지 않았다. 다만 양쪽 모두의 이해관계가 중첩되어 있었을 뿐. 나우메스쿠 교수는 내게 말했다. "서구가 우크라이나와 몰도바를 자기네 제도권 일부에 편입시켜 줄 수는 있겠지만, 그 두 나라를 완전한 회원국으로 받아들이는 일은 절대 없을 겁니다. 서구가 선을 넘었다가는 푸틴이 몰도바 남부의 가가우즈 분리주의를 부추기거나 우크라이나 위기를 더 심각하게 악화시킬 수도 있으니까요."

그 다음으로 우리는 루마니아 국내에 살고 있는 1백6십만 명의 헝가리 인종에 대한 이야기를 나누었다. 그들은 대부분 트란실바니아에 거주하고 있었다. 러시아 정보부는 그들로부터 알짜 정보를 취해서 헝가리의 포퓰리스트, 신독재주의 총리 빅토르 오르반(438쪽 각주 참조)에게 선사할 수 있었다. 루마니아의 소수민족 연구악회Romanian Institute for Research on National Minorities 회장 이스트반 호르바트István Horvâth는 내게 말했다. "빅토르 오르반과 그의 수번 사람들이 헝가리 인종과 관련된 일부 과격단체를 지원했을지도 모릅니다." 호르바트는 트란실바니아에 거주하고 있는 헝가리 인종의 절반 정도가 소속되어 있는 세케이 공동체의 일원이었다. 그는 세케이가 "국경지대 사람들", 그러니까 "루마니아인이나 작센-게르만 인종과 함께 살아가는 강렬한 경험을 해온 헝가리인"이란 뜻이라고 설명했다. 그들은 전통적으로 과거 헝가리 왕국의 남동부 국경지대를 지켜온 사람들이었다. 과거에 그들은 마자르족의 지배를 받았는데도, 그들이 튀르크족에서 비롯되었다는 일설도 있었다. "세케이들은 헝가리인으로서도, 루마니아인으로서도, 스스로를 패자라고 느끼는 경우가 종종 있었습니다." 호르바트가 말했다. 약간 막연하기는 하지만, 만약 심각한 경기침체가 계속되거나 외부의 충동질이 가중되면 맹목적인 민족주의와 분리주의가 부활할 가능성이 있다는 이야기였다. 호르바트는 다소 슬픈 어조로, 헝가리 인종과 루마니아 인종 양쪽 모두가 스스로를 자랑스럽게 여기고 스스로를 루마니아라는 통합된 정치 공동체의 동등한 일원이라고 느낀 적은, 두 인종 공동체 모두가 참여했던, 차우셰스쿠가 몰락하던 1989년 12월 혁명 때뿐이라고 내게 말했다. 그 말을 듣자 나우메스쿠 교수가 내게 했던 말이 떠올랐다.

"오늘날 루마니아의 정치권에는 반 유럽연합 정서와 결합된 극우 인종 포퓰리즘이 거의 존재하지 않습니다. 하지만 그럴 수밖에 없는 주된 이유는 현재 부쿠레슈티의 집권층 세대가 차우셰스쿠의 민족주의적 공산주의의 공포를 온몸으로 경험한 세대이기 때문입니다. 훗날 그 세대가 저물고 나면, 그리고 루마니아가 지금보다 더 확실하게 유럽과 통합되지 못한다면, 그에 대한 반발로 위기에 빠진 이 나라가 다시 극우 포퓰리즘 사회로 흘러갈 수도 있습니다."

바베스-볼랴야 대학교의 정치학부 학장을 맡고 있는 가브리엘 바데스쿠Gabriel Bădescu 교수 역시 차우셰스쿠 시대를 온몸으로 경험한 세대가 그 나라의 도덕적 가치를 붙잡고 있다는 그 의견에 동의했다. 그러나 그는 그 나라의 장래에 대해 별로 걱정하지 않았다. 그의 관점에서는 루마니아의 현재가 그럭저럭 낙관적이었기 때문이다. 바데스쿠 교수는 여론조사를 철저하게 중시하는 정량분석 전문가답게 내게 이렇게 말했다. 현재 루마니아 사회에서 발견되는 열의라는 것은 대부분 자본주의나 세계화의 어려움을 토로하는, 경제와 관련된 것이라고. 인종적이고 포퓰리즘적인 민족주의는 오늘날 루마니아에서 이야깃거리조차 되지 못한다고. 아이러니하게도 게오르기우데지와 차우셰스쿠의 민족주의적 공산주의가 루마니아를, 여론을 분열시키는 지역감정이라고는 존재하지 않는 '통합'된 국가로 만든 것이었다. 지난 수십 년 동안 트란실바니아에 거주하는 헝가리인 인구가 차별 때문에 계속 감소했기 때문에 (현재의 바베스-볼랴야 대학교도 원래 19세기 후반까지는 헝가리인 대학교였다), 루마니아의 단일민족 색채는 점점 더 짙어졌고, 유감스럽게도 그것이 사회 안정의 원동력이 되었던 것이다. 물론 1990년대에는 고약한 포퓰리즘이 반짝 인기를 모은 적도 있었고, 21세기로 들어서던 시기에 반 헝가리 과격주의자인 게오르게 푸나르Gheorge Funar가 클루즈 시장에 당선된 적도 있었다. 그러나 그것은 이미 지나간 유행이었다. 다른 사람들이 내게 말했듯, 루마니아 국민은 유럽연합과 북대서양조약기구의 회원국이 되고자 하는 마음만으로 하나로 똘똘 뭉친 민족이었다. 장차 경제 위기가 닥치더라도 루마니아 국민들은 유럽과 서구 어느 곳이든 직업을 찾아 이주할 수 있는 그 능력을 통해 결국 그 위기를 극복해낼 것이다.

바데스쿠 교수가 상념에 잠긴 목소리로 요약해 들려주는 통계학적 수치에 귀를 기울이고 있으려니까, 세계대전과 파시즘과 스탈린주의로 점철된 반세기를 겪은 직후인 1990년대에 최악의 루마니아를 목격했던 일이 문득 떠오르면서, 내가 지금 최고의 루마니아를 목격하고 있는 것일지도 모른다는 생각이 들었다. 중요한 과제를 중심으로 자의에 의해 통합된 인구, 도저히 상상할 수 없을 만큼 증오가 사라진 사회 분위기, 어둡고 야만적인 과거의 기억이 아직 생생하게 살아 있어서 비교적 제정신인 그 나라의 지도자들, 그것이 루마니아의 현주소였다. 우크라이나는 (적어도 지금까지는) 눈에 보이는 위협을 가하지 않고도 루마니아 지배층을 훨씬 더 진지하게 만들었다. 물론 역사가 그 지점에서 끝난 것은 아니었지만, 그 순간을 기점으로 루마니아 민족에게 훨씬 더 너그러워진 것만은 사실이었다.

8장 어부의 요새

나는 차를 운전해 크루즈를 떠나 북쪽의 마라무레슈로 향했다. 신약성서에나 나올 법한 고요한 순수성과 여성스러움이 담겨 있는 그곳 풍경을 바라보고 있자니 니코스 카잔차키스Nikos Kazantzakis(1883-1957)가 1920년대에 여행을 하면서 기록했던 갈릴리 지방 묘사가 떠올랐다. "나무 하나하나가 단 몇 행만으로 너무나 많은 말을 건네는 상형문자였다. 가을이 성큼 다가오면서 뿜어낸 숨결 속에 자주색과 금색이 가득했다." 이 얼마나 선명한 색채대비인가! 우리는 과거를 흑백으로 떠올린다. 그 시절 사진 기술이 그랬기 때문이다. 그러나 공장 굴뚝에서 연기가 피어오르기 이전의 세계는 오히려 오늘날보다도 원색이 더 풍부한 세계였다. 마라무레슈는 산지 속에 고립되

---

* 어부의 요새Fisherman's Bastion
헝가리 부다페스트 다뉴브 강이 내려다보이는 언덕 위에 세워진 길이 180미터의 성채이다. 헝가리 건축가 프리제스 슐레크Frigyes Schulek(1841-1919)의 설계로 1899년부터 1905년까지 건축된 이 요새는 신로마네스크 양식과 신고딕 양식이 결합된 건축물로 마차시 성당과 이어져 있다. 석회암을 조각해 조성한 가파른 계단과 테라스, 원뿔 모양의 새하얀 탑 일곱 개를 갖추고 있는데, 일곱 개의 탑은 9세기 말 헝가리에 이주해온 마자르족 일곱 부족을 상징한다. 이 성채에 '어부의 요새'라는 이름이 붙게 된 것은, 중세에 성채가 다뉴브 강 어시장까지 이어져 있어서 어부 길드 구성원들이 그 성벽을 방어하는 일을 맡았기 때문이다.

어 있는 고장이라 공산주의의 환경 파괴로부터 상당히 벗어나 있었다. 번들거리는 목초지 위에 쌓여 있는 건초더미에서는 머나먼 선사시대의 질감이 느껴졌다. 사방이 과수원과 화단이었다. 그 풍경에 불필요한 것은 아무것도 없었다. 그런데 그 순간 내 머릿속에 떠오른 것은 그림이 아니라 음악이었다. 그것은 연주가 끝나고 시간이 잠시 흐른 뒤에야 비로소 감동이 밀려오는 생상스Camille Saint-Saëns(1835-1921)와 드뷔시Claude Achille Debussy(1862-1918)의 여유로우면서도 인상적인 선율의 곡들이었다. 마라무레슈는 어디에나 그런 절제된 풍부함이 존재하는 고장이었다.

1918년까지 마라무레슈는 오스트리아-헝가리의 영토였다. 그런데 1919년 체결된 파리 강화 회의Paris Peace Conference 결과에 따라 1920년 티서 강 이남 지역이 루마니아에 복속되면서 그 곳도 루마니아의 땅이 된 것이었다. 1940년 히틀러가 중재한 제2차 비엔나 협약Second Vienna Award으로 마라무레슈 지역은 헝가리 땅이 되었다가 1945년에 다시 루마니아 땅이 되었다. 마라무레슈는 마치 공산주의 정권이 그들의 존재를 까먹기라도 한 것처럼 그 지역을 그냥 방치해 두어서 공영화라는 최악의 파괴를 피한 덕분에, 1990년 초 내가 루마니아를 여행했을 때까지 산간지역 사람들의 친숙한 모습 그대로를 보존하고 있던 대표적인 고장이었다. 그들의 존재가 어찌나 새까맣게 잊혔는지, 그들이 사용하는 언어는 다른 루마니아 지역 사람들이 전혀 이해할 수 없을 정도로 심한 '사투리'였다. 외국인 저자 중에 2010년 출간된 『마법에 걸린 길을 따라서Along the Enchanted Way』의 저자인 영국인 윌리엄 블래커William Blacker

보다 그 고장 농노들의 삶이란 미덕을 더 잘 포착한 작가는 없었다. 블래커는 실제로 현재 남아 있는 유럽의 마지막 농노인 그 고장 사람들과 함께, 그중에서도 특히 집시들과 함께 21세기 초 10년이란 세월을 어울려 살았다. 농노들과 그들의 물리적인 삶에 대한 블래커의 애정 덕분에 그 책은 도널드 홀의 『루마니아의 고랑』만큼 뛰어난 '흙의 노래'가 되었다. 블래커의 섬세한 목소리를 통해 읽으면, 그런 소박한 사람들을 대상으로 공산주의가 저지른 범죄가 유난히 더 무섭게 느껴진다. 농노의 말에 대한 그의 묘사는 내 기억을 환기시켰다. 1950년대와 1960년대 게오르기우데지 시대와 차우셰스쿠가 부상하던 시기에 정부는 수천 마리 말을 도살했는데, 단지 말이 소유주의 부富를 의미한다든가, 가축이 후진성을 상징한다든가 하는 것이 그 이유였다. 그리고 그 말은 농노들 대부분이 가장 자랑스럽게 여기던 소유물이었다. 공산주의 정권의 야만성이 농노들의 삶에서 가장 중요한 심장을 도려낸 셈이었다.

내가 예전에 마라무레슈를 방문했던 이유는 루마니아의 독특한 건축물을 감상하기 위해서였다. 그곳의 동방정교 성당과 동방전례 가톨릭(그리스 가톨릭) 성당이 모두 아름다운 목조 건축물이었기 때문이다. 영국의 루마니아 전문가 존 빌리어스John Villiers는 15세기까지 "실제로 루마니아 다른 지역과 마찬가지로 마라무레슈에서도 목조 성당이 건축되었다."고 기록했다. 1711년 사투마레*에

* 사투마레Satu Mare
루마니아 북서부 사투마레 주의 명칭이자 주도의 명칭이다. 10세기 경 세워진 도

는, 지방 귀족의 반란 직후 그 지역과 합스부르크 왕가의 관계를 재설정하면서 찾아온 평화 덕분에 전례 없는 성전 건축 바람이 크게 불었다. 축복받은 그 건축물들은 그 지역에서 자라난 소나무, 가문비나무, 상수리나무로 세워져 있었다. 사실, 더없이 매력적으로 장식된 고딕풍 뾰족 첨탑을 갖춘 성당의 기본적인 설계는 모두 비잔티움 제국 초기 바실리카에서 비롯된 것이기는 했지만, 그 지역 건축물에는 비잔티움 제국과 고딕 양식의 영향은 물론, 고대시대부터 내려오는 목조건물이라는 민속전통 양식까지 분명하게 반영이 되어 있었던 것이다. 벽에는 공작석孔雀石으로 만든 초록 염료, 코발트로 만든 파란 염료, 산화철로 만든 노란 염료 등 순수한 무기 염료와 식물성 염료로 그려진 템페라화가 걸려 있었다.

하지만 유난히 나를 사로잡은 것은 바늘처럼 가느다란 첨탑이었다. 그것은 본래 고딕 양식의 원칙에서 많이 벗어난 형태의 건축양식이었다. 19세기 영국의 문화비평가 존 러스킨John Ruskin(1819-1900)이 "얼음장처럼 차가운 북부의 견고함"이라고 규정했던 그 양식은 후대로 내려오면서 점차 수학적 정리의 힘이 가미되어 더없이 순수하고 추상적인 형태로 발전되었다. 그 수학적

= 시로 소메슈Someş 강을 오르내리는 상선들 덕분에 무역도시로 성장했다. 헝가리 국경과 13킬로미터 정도밖에 떨어져 있지 않고 주민 대다수도 헝가리 인종이다. 18세기 초 주민들이 합스부르크 왕가에 대항해 반란을 일으켰고 그 결과 종교적 자유를 보장하는 사투마레 조약(1711)이 체결되었다. 헝가리부터 우크라이나까지 이어진 철도의 연계지이며 경공업이 발달했다. 18세기에 건축된 바로크 양식의 대성당이 여러 개 있다.

정리는 '신앙의 확언'이었다. 즉, 그 첨탑들은 아주 역동적으로 하늘을 향해 치솟아 오름으로써 인간이 따라야 하는 더 높은 도덕적 규율들을 상징하고 있었다. 그리고 인간은 그 규율을 따름으로써 운명을 정복할 수 있었다. 본디 인간이 존재하는 궁극적인 목표는 미美를 감상하는 것이며, 미는 다른 세계, 즉 사유 세계의 원시리는 영적인 요소를 필요로 하는 법이다.

플로피슈Plopiş 마을에 들어선 나는 정적에 잠겨 있는 양철지붕 주택들을 지나 노면에 분화구가 숭숭 뚫려 있는, 토끼 굴처럼 좁은 오솔길로 차를 몰았다. 올리브 잎사귀가 그늘 속에서 콜타르처럼 까맣게 빛나는 솜털 같은 풍경이 펼쳐져 있었다. 성당 외관은 은빛이 감도는 갈색이었다. 퍼즐조각 같은 나무 타일과 기와가 수천 개의 층으로 겹겹이 붙어서 벽과 지붕을 형성하고 있었는데도 표면이 고른 하나의 자재로 세워진 것처럼 보였다. 자그마한 뾰족지붕 네 개가 커다란 뾰족지붕 하나를 호위하고 있었는데 그 다섯 개의 뾰족지붕은 모두 사각형 탑 꼭대기에 세워져 있었고 그 사각형 탑의 사면에는 지면에 가까워질수록 날개처럼 퍼지는 돌출 장식이 붙어 있었다. 가파르게 설계된 성당의 모든 부분에서 힘이 느껴졌다. 원래 나는 그 성당의 규모에는 관심이 없었는데, 성당 건물 바로 옆에 서서 올려다보니 뾰족지붕이 하늘에 도달해 있는 것처럼 보였다. 회반죽 없이 나무로 만든 블록만 서로 끼워 맞춰 건물의 골조를 만들어 마름돌 위에 세운 그 건축양식에는 독특한 순수성이 있었다. 루마니아 정교는 유난히 나무와 친밀한 관계가 있었다. 나는 정교에서 저녁기도 시간을 알리는 데 사용하는 세만트론(루마니아어로 '토아카toacă')이라는 나무 타악기를 눈여겨보았다. 화창한 10월의 그 어느 날 나는 어떤 징조도 없이, 그 누구도 나를 위해 성당 문을 열어주지 않던 예전의 루마니아에 돌아가 있는 듯한 기분을 느꼈다.

슈르데슈티Şurdeşti 목조 성당은 그리스 가톨릭 성당이다. 어떤 사람에게 주임신부를 불러달라고 하자, 신부의 부인이 지금 스튜를 끓이고 있는데 식사가 끝나면 신부가 열쇠를 갖고 나올 것이란 대답이 돌아왔다. 그곳은 기다릴 만한 가치가 충분한 성당이었다. 성당 벽에는 판석이 덧대어진 프레스코화가 걸려 있었는데, 그 프레스코화는 반쯤 변색되어 짙게 바른 붉은색과 푸른색은 두꺼운 자국으로만 남아 있었고, 배경색은 안개와 초에서 피어오르는 연기를 연상시키는 잿빛으로 변해 있었다. 프란체스코 교황Pope Fracis(1936-)의 사진이 담긴 액자는 꼭 비잔티움 시대 성물 같았다. 그곳에서 들은 이야기에 따르면 그 성당은 1721년 이온 마카리에Ion Macarie라는 사람이 자신이 저지른 이런저런 죄악을 회개하기 위해 설계한 것이라고 했다. 그러니까 속죄를 하려고 미를 창조한 것이었다.

다시 북쪽으로 향하면서 산맥 하나를 넘었다. 황토색 그림자가 드리워진 곳마다 술에 취한 듯한 풍경이, 이탈리아의 자연 같은 풍경이 터져 나왔다. 우크라이나와 국경선을 맞대고 있는 마라무레슈 주의 도시 시게투-마르마치에이Sighetu-Marmaţiei는 헝가리와 슬로바키아의 그늘 지대에 속해 있었다. 그래도 그 도시는 함부로 중유럽의 벽지라고 부를 수 없는 곳이었다. 물론 그 아름다움에는 대가가 따랐지만.

처음 보았을 때 시게투-마르마치에이, 줄여서 시게트는 꼭 고철더미가 쌓여서 이루어진 도시 같았다. 마치 이전에 존재하던 모든 것이 사라지고 그에 관한 역사도 모두 지워지거나 불도저에 밀려 버린 것 같았다. 그 자리에는 대신 1950년대와 1960년대 공산주의 국가에서만 제외하고 언제 어디에서나 보아온 싸구려 조립식 주택이 들어서 있었다. 말이 끄는 '라이터바겐'을 탄 반백의 농노들이 경차와 집시 무리 곁을 덜컹거리며 지나갔다. 흉물스러운 건물 발코니에는 사람들이 나와서 빨래를 널고 있었다. 사람이 그렇게 많았는데도 나는 그곳이 텅 비어 있는 것만 같았다.

도심에 옛날 문화와 새로운 문화가 뒤죽박죽된 건물 하나가 서 있었다. 처음 보는 그 건물에는 군데군데 녹이 슨 바로크 양식 돔이 한두 개 얹혀 있었고, 건물에 차려진 카페 안 벽걸이 모니터에서는 형편없는 미국 팝 가수의 뮤직비디오 화면이 번쩍이고 있었다. 머리에 스카프를 두르고 페도라를 입은 채 느릿느릿 걸어가는 노인들 옆을 세련된 옷을 입은 젊은이들이 성큼성큼 지나치는 것을 보니 그곳은 세대 격차가 더 크다는 것을 알 수 있었다. 그곳에서도 역시 스마트폰을 만지는 사람보다 담배를 피우는 사람이 더 눈에 띄었다. 그렇게 깊은 산중에 들어와 있었는데도 말이다.

대로변에 19세기 중엽에 세워진 세파르디(이베리아반도에 거주하는 유대인) 스타일의 멋진 유대교 회당이 있었다. 입구에서 마르쿠스 하리Markus Hari가 나를 반겼다. 미리 전화를 걸어 회당에 들여보내달라고 청을 넣어두었던 것이다. 제단 주위에 긴 의자가 늘어서 있고 여신도들을 위한 높은 발코니 공간까지 갖춘 회당의 황금빛 내부는 장엄했다. 많은 신도들이 한자리에 모일 때 풍기는 그 특유의 향이 아직 회당 안에 남아 있어서 안식일 회당 풍경이 눈앞에 그려졌다. 지금은 텅 비어 있어서 우리의 목소리가 침묵 속에 날카롭게 울려 퍼졌지만 말이다. 하리 씨가 설명했다. "홀로코스트 이전에는 시게트 인구의 70퍼센트가 유대인이었어요. 그 시절 마라무레슈에서 헝가리 인종, 우크라이나 인종과 함께 어울려 살고 있던 유대인은 모두 통틀어 1만 명이나 되었고요. 당시 마라무레슈 회당 수 전체의 3분의 1에 해당되는 여덟 개의 유대교 회당이 시게트에 있었는데 이곳도 그중 하나였습니다. 예전에는 이곳도 많은 사람이 북적대는 사랑스럽고 유쾌한 장소였답니다." 하리 씨는 문 하나를 쿡 찌르며 말했다. "엘리 비젤이 이곳에서 운영되던 유대인 학교에 다녔지요." 그러고 나서 그 합리적이고 점잖은 유대인 노인은 이렇게 덧붙였다. "현재 시게트에 남아 있는 유대인은 1백5십 명 정도입니다. 그중에 스물여덟 명은 어린이이고요. 이 회당이 아직 제 기능을 해야 하는 이유지요."

작가 엘리 비젤Elie Wiesel(1928-)은 아우슈비츠와 부헨발트Buchenwald 강제 수용소의 생존자이자 1986년 노벨문학상 수상자이다. 거리 아래쪽에 있는 엘리 비젤이 성장한 생가는 현재 트란실바니아 북부의 홀로코스트 자료들을 소장한 박물관으로 쓰이고 있었다. 그곳에도 미리 전화를 걸어 견학 신청을 해놓은 터였다. 전시물을 보니, 나치와 헝가리 정부가 어떻게 이곳의 유대인 땅을 몰수했는지, 유대인 어린이들을 어떻게 지역 학교에서 쫓아냈는지, 유대인 어른들을 어떻게 직장에서 해고했는지, 모든 유대인들한테 어떻게 노란별이 부착된 옷을 강제로 입혔는지, 시게트의 모든 유대인들을 어떻게 시게트 게토에 몰아넣었는지, 1944년 그해 부활절이 지난 직후인 5월 16일부터 5월 22일 사이에 어떻게 유대인 12,849명을 시게트 밖 폴란드 실레지아 아우슈비츠-비르케나우Auschwitz-Birkenau 강제 수용소 행 밀폐된 네 량의 '죽음의 열차'에 태웠는지 알 수 있었다. 종전 후 집계된 생존자 수는 그중 2,308명에 불과했다.

박물관에는 시게트의 대규모 유대인 공동체의 마지막 날에 대한 목격자들의 증언 내용도 전시되어 있었다. 그 증언을 기록한 사람은 그 지역 그리스 가톨릭 성직자인 그리고레 단쿠슈Grigore Dăncuş 신부였다. 냉혹한 진실을 담은 신부의 기록은 감동적이었다. 하지만 시게트 교외의 기차역에서 무리를 지어 기차에 오르는 그 지역 유대인 어른들과 어린이들의 모습을 담은 흑백사진은 공포 그 자체였다. 그 사진을 보고 있노라니 점점 더 이상한 기분이 들었다. 엄밀하게 말해서 내가 있던 장소, 그 박물관 때문이 아니었다. 내가 그 사진 속 장면이 실제로 일어난 사건이라는 사실을, 그것도 하필이면 마라무레슈에 너무나 강렬한 풍경이 펼쳐지는 봄철에 일어난 사건이라는 사실을 잘 알고 있었기 때문이다.

그 다음으로 내가 들른 곳은 루마니아 안에서 그 나라의 공산주의 수십 년을 가장 잘 이해할 수 있게 전시해놓은 박물관이었다. 그 박물관은 냉전시대 가장 악명 높았던 교도소 안에 있었는데, 우연히도 그 교도소가 그곳 시게트 시내에 있었던 것이다. 건물 안에 만들어놓은 보행자 산책로를 따라가면, 벌거벗은 채 끔찍한 음식을 배식 받고 양동이 하나밖에 없는 축축한 감방 안에 갇혀 지내며 고통 받던 죄수들의 모습을 볼 수 있었다. 그 교도소의 9번 감방은 단언컨대 20세기 루마니아의 가장 위대한 정치가인 이울리우 마니우(134쪽 각주 참조)가 공개적으로 나치와 공산주의에 반대하다가 갇혀 1953년 사망한 곳이었다.

시게트의 유대인 박물관은 왠지 좀 황량하고(적어도 내가 방문했을 때에는) 요청을 해야만 개방되는 곳이었던 반면, 그 교도소 박물관은 루마니아 공산주의의 범죄를 교육하는 장소로 계속 활용되고 있어서 활기가 넘치고 방문객도 많았다. 교도소 벽에는 희생자들의 얼굴 사진이 붙어 있었고, 죄수들이 갇혀 있던 감방은 각각 주제별로 공산주의 독재정권의 만행을 보여주는 전시장으로 사용되고 있었다. 그 주제들을 가감 없이 적어보면 이런 식이었다. 문자 그대로 척추를 부러뜨리는 비밀경찰의 고문 기술, 바라간 스텝 유형流刑, 다뉴브 강 수로 건설 강제 노역 시스템, 소수인종과 소수종교에 가해진 탄압, 지식인 차별 등. 그 교도소 기념관은 차우셰스쿠 정권이 몰락한 직후에 광범위하게 조성되었는데, 모두가 시인이자 인권운동가인 아나 블란디아나Ana Blandiana(1942-)와 역사가 로물루스 루산Romulus Rusan 부부의 열정과 에너지 덕분이었다. 블란디아나는 "기억은 그것 하나만으로도 정의의 한 형태가 될 수 있다."라는 유명한 말을 남겼다. 교도소 규모는 어마어마했다. 시게트는 그야말로 아름다운 풍경에 둘러싸인 공포의 수용소였다.

그곳에서 도시 북쪽으로 새로 생긴 고급 주택가를 지나니 티서 강이 흐르고 있었다. 걸어갈 수 있을 만큼 가까운 거리였다. 너도밤나무와 포플러나무 사이를 조용히 흐르는 강변에는 농장과 과수원이 조성되어 있었다. 그곳의 나무들 역시 고급 목재의 상징이었다. 강 건너편, 그러니까 내가 서 있는 곳에서부터 말 그대로 몇 미터밖에 떨어지지 않은 곳에 우크라이나 영토가 펼쳐져 있었다. 좁은 강폭과 나른한 유속 때문에 그 강이 두 나라의 국경선이라는 사실이 비현실적으로 느껴졌다. 하긴, 어디서든 모든 국가의 영토는 끝나기 마련이라고 생각했다. 강 건너 약간 떨어진 곳에 서 있는 집 몇 채가 눈에 띄었다. 두 나라 주민들은 사용하는 언어도, 여러 걱정거리도 서로 다를 터였다. 티서 강의 이쪽 강변이 아니라 저쪽 강변에서 러시아와의 갈등이 발생한다면 분명 그 즉시 해결될 터였다. 그런 점에서 그 티서 강이라는 국경선은 여타의 수많은 국경선들과 마찬가지로 실제적인 의미를 담고 있었다.

그곳은 더 이상 국경선이 느슨하던 제국의 세계가 아니었다. 여러 제국은 어떤 면에서는 몹시 잔인했지만, 다른 한편으로는 서로 다른 공동체의 공존을 위해서 인종, 언어, 종교 위에 세워진 주민의 정체성과 국경선을 별로 문제 삼지 않는 메커니즘을 허용한 나라들이기도 했다. 그래야 모두가 한 군주를 섬길 수 있었기 때문이다. 20세기 유럽을 휩쓴 공포의 저변에는, 전통적인 군주의 권력을 대신 차지한 파시스트와 공산주의자들에 대한 두려움 말고도, 여러 제국의 몰락과 근대적 인종국가의 부상에 대한 두려움이 깔려 있었다. 그런 점에서 우리는 여전히 악몽의 후유증 속에서 살고 있는 셈이다. 중동은 지금까지도 오스만튀르크 제국의 몰락이라는 문제의 해결책을 찾지 못하고 있다. 과연 유럽연합은 중유럽이 오스트리아 합스부르크 제국의 몰락이라는 난제를 영구적으로 해결할 때까지 현재 상황을 견뎌낼 수 있을 것인가?

마라무레슈에서 며칠을 더 머물렀다. 아침에 조금 더 일찍 일어났더니 햇빛이 밀어 올리는 벨벳 같은 안개의 층에 완벽하게 덮인 풍경이 모습을 드러냈다. 꼭 성경의 홍수 이야기에서 튀어나온 것 같은 풍경이었다. 잠시 후 나뭇잎, 판자처럼 평평한 강의 수면, 거의 세로줄에 가까울 정도로 가파른 목조 지붕의 경사면 위로 햇빛이 쏟아져 내렸다. 세상에서 가장 탁 트인 풍경에 둘러싸여 있다는 생각이 들만큼 압도적인 풍경이었다. 성당의 외부에 그려진 로코코, 바로크, 비잔티움 양식의 프레스코화들이 어둠 밖으로 나와 허공에 떠 있었다. 스테인드글라스가 끼워진 성당의 작은 창문들은 모두 거기 그려진 그림보다 더 아름다운 무언가를 향해 활짝 열려 있었다. 바르사나Bârsana에 있는 성당의 게오르게 우르다Gheorghe Urda 신부는 한 시간 동안 내게 그 프레스코화에 담겨 있는 신구약 성서의 주제에 대해 설명했다. "종교는 '소유하는' 물질에 관한 것이 아니라 '존재하는' 물질에 관한 것입니다. 오늘날의 세계 속에서 어떻게 처신할 것인가와 관련해 우리가 알아야 할 모든 것이 이 프레스코화 속에 나타나 있습니다." 사투마레 지방을 관통하는 대로변에서 조금 벗어나 있는 소콘젤Soconzel이란 마을에 갔더니 여러 명의 남녀가 흙먼지를 뒤집어 쓴 채, 물소가 뛰노는 들판에서 밭일을 하고 있었다. 내가 그 마을에 간 이유는 1777년 건축된 목조 성당을 보기 위해서였지만, 그곳에 도착해 내가 들은 말은 그 성당이 몇 년 전에 화재로 전소되었다는 이야기였다. 나는 실망스러웠지만, 그래도 그 마을까지 여행을 하게 된 것은 감사한 일이었다.

헝가리와의 국경선 근처 오라데아Oradea의 심장부에서 건물들을 올려다보면서, 내 귓가에서 하이든Franz Joseph Haydn(1732-1809)의 정교하고 위풍당당한 현악 4중주가 연주되는 상상을 했다. 건축이 융성한 그 도시는 진정 미텔유로파의 일부였다. 피아차 유니리Piața Unirii(연방 광장)에서 피아차 페르디난트Piața Ferdinand(페르디난트 광장)를 지나 칼레아 레퍼블리시Calea Republicii(공화국 대로)까지 합스부르크 제국의 기념비적인 건물들이 경쟁하듯 늘어서 있었다. 전면이 웨딩 케이크처럼 화려한 건물 앞을 지나며 나는 노란색, 분홍색, 크림색 등 다양한 빛깔들 속에서 바로크, 제국주의, 분리주의, 아르누보, 신고전주의 등 각 건물의 건축양식을 일일이 확인했다. 그곳이 아직 루마니아 영토라는 점을 감안해 브른코베아누 양식과 신 비잔티움 양식은 물론, 고딕 양식의 영향이 남아 있는지도 살펴보았다. 전 세계 어디에서나 볼 수 있는 별 특징 없는 카페와 부서지고 망가진 보도에는 스마트폰을 들여다보는 젊은이들이 가득했다. 쇠락해가는 과거의 영화와 활기가 결합된 도시 풍경은 현재 진행 중인 건물 보수 공사 때문에 좀 더 어수선해 보였다. 그래서 나는 완벽하게 완성된 문화의 화신인 하이든의 음악을 들으려고 걸음을 멈추었고, 그러자 돌연 나로서는 정체를 알 수 없는, 범세계적이면서도 에너지 넘치는 불협화음이 들려왔다. 야외 카페에서 사람들을 구경하며 앉아 있을 때에도 그 민족의 역사가 무수한 개인의 역사로 산산이 쪼개지고 있는 것 같은 기분이 들었다. 그때 내가 느낀 것은 해방감도, (러시아 출신의 작곡가 스트라빈스키한테나 어울릴 법한) 인류 종말에 대한 두려움도 아니었다. 아마도 그것은 박동이 느껴지는 '금속성 비트metallic beat'라고 명명할 수 있는, 카페에 있던 학생들이 루마니아어와 다른 언어들을 뒤섞어 말하는 소리였던 것 같다.

오라데아에 도착한 지 몇 시간 만에 나는 서쪽으로 국경선을 넘어 부다페스트로 가는 기차에 몸을 실었다. 비하르케레스테스Biharkeresztes에서 여권에 헝가리 입국 도장을 받고 승객 신분으로 기차에 앉아 있으려니까, 라틴어처럼 음절에 음조가 나타나는 루마니아어 대신, 자음을 스타카토로 발음해서 더 감각적으로 느껴지는 헝가리어가 들려왔다. 헝가리어에 대한 나의 첫인상은 발음은 또박또박하지만 피상적으로 느껴진다는 것이었다. 기차역은 승강장을 새로 지어서 더 깔끔해 보였고, 주택단지와 농경지도 더 단정하게 구획 구분이 되어 있었으며, 열차 승객들도 국경선 이쪽 사람들이 더 부유해 보였다. 헝가리인, 즉 마자르족은 중앙아시아 스텝 지역에서 유럽의 심장부로 이주해온 대표적인 유목민족이었다. 혈통으로 보면 그들은 라틴족, 슬라브족, 게르만족보다는, 자신들과 마찬가지로 아시아 내륙지방에서 서쪽으로 이주해온 핀족이나 튀르크족과 확실히 더 깊은 관련이 있었다. 그런데도 그들은 이미 1천여 년 전에 라틴 종교인 기독교를 문화 변형이라는 특별한 과정을 거쳐 완벽하게 받아들였다. 모름지기 역사란 예측할 수 없는 놀랍고도 획기적인 사건의 연속인 법이다.

마치 육지로 이루어진 바다 같은 땅은 하품이 나올 정도로 평평했다. 알푈드Alföld를 가로지르는 기차 여행이 시작되는 지점이었다. 알푈드는 푸스타Puszta, 헝가리 대평원, 파노니안 평원Panonian Plain이라고도 알려진 곳이었다. 헝가리의 북쪽 국경선과 맞닿아 있는 그 평원은 서쪽으로 굽이쳐 흐르는 드넓은 티서 강에 의해 양분되어 있었다. 헝가리 영토의 중앙을 관통하는 티서 강은 루마니아와 우크라이나의 국경선(루마니아 입장에서 북쪽 국경선)이기도 했다. 나는 "De la Nistru pin'la Tisa"라는 루마니아의 관용구를 떠올렸다. "드니에스테르 강부터 티서 강까지"라는 뜻의 그 관용구에는 실현 불가능한 '대 루마니아'를 향한 아련한 염원이 담겨 있었다. 지금도 그런 생각이 이야깃거리가 될까? 나는 의심스러웠다. 그러나 만약 유럽연합이 계속 약화된다면 그 문제를 신중하게 생각해 보아야 하리라는 사실을 잘 알고 있었다. 그래야 미리 경계하고, 우리가 이미 러시아에서 목격한 적 있는 실지失地 회복주의 운동 같은 일이 다시는 발생하지 않도록 막을 수 있을 테니까. 포퓰리즘이나 반유대주의 같은 맹독성 열정을 수반하는 실지 회복주의는 그보다도 얼마든지 더 독해질 수 있는 운동이었다. 따라서 우리는 그런 열정을 묵인해서도, 그런 열정의 존재를 간과해서도, 그리고 세계화의 혜택을 충분히 누리지 못해서 전면적인 세계화를 거부하고 있는 지역의 대중들이 그런 열정에 얼마나 큰 매력을 느끼는지를 부인해서도 안 된다.

저녁 무렵 기차는 부다페스트의 거대한 '켈레티Keleti(동쪽)' 역에 도착했다. 여섯 시간이나 기차 이등칸에 앉아 있어서 몸이 축축해지고 불결해진 기분이었지만, 나는 캐슬힐Castle Hill에 있는 호텔에 거처를 정하고 산책을 나섰다. 사방에 외국인 관광객이 가득했는데 대개가 아시아인이었다. 루마니아에서는 별로 볼 수 없던 광경이었다. 나는 14세기에 건축되고 최근에 전면적으로 복원된 마차시 성당Matthias Church의 비상하는 듯한 후기 고딕 양식 첨탑을 올려다보았다. 조명등 불빛을 받아 투명하고 하얗게 빛나는 마차시 성당은 모래성처럼 웅장한 건축물이었다. 그 성당을 보자 어떤 역사 이야기가 떠올랐다. 나는 그 역사 이야기를 중심으로 부다페스트를 여행했다. 내게 그 이야기를 누구보다도 조리 있게 들려준 사람은 부쿠레슈티에서 만난 늙은 역사가 네아구 주바라였다.

14세기 말엽, 보이쿠Voicu라는 이름의 루마니아 출신 크네즈, 혹은 대공이 살았다. 훌륭한 군인으로 명성이 자자했던 그는, 룩셈부르크 왕가 출신의 헝가리 왕 지기스문트의 군대에서 복무한 뒤 트란실바니아 남서부, 바나트 근처의 후네도아라 땅을 봉토로 받았다. 그의 아들, 야노스 훈야디라는 헝가리 이름으로 더 잘 알려진 이안쿠 드 후네도아라(176쪽 각주 참조)는 튀르크족과 맞서 싸워 전설이 된 인물이었다. 루마니아에서는 이안쿠 드 후네도아라라는 이름으로 통하는 그는 트란실바니아의 보이보드이자 가톨릭 헝가리의 임명을 받은 그 지역 총독이었다. 이안쿠는 아주 넓은 지역에서, 그리고 아주 먼 곳에서 두루 전공을 세웠다. 머나먼 남서쪽 불가리아 흑해 연안의 바르나까지, 그리고 머나먼 서쪽 세르비아 남부의 코소보까지 달려갔던 것이다. 그리하여 콘스탄티노플을 함락시킨 지 겨우 3년 만에 다시 베오그라드를 노리고 있던 '정복자' 메메트

2세의 군대로부터 1456년 그 도시를 구해내기는 했지만 결과적으로 그의 전쟁이 성공을 거둔 것은 아니었다. 그의 승리 덕분에 발칸반도의 기독교 국가들은 그저 튀르크족의 공격에서 벗어나 한숨 돌릴 수 있는 70여 년이란 시간을 벌었을 뿐이다. 이안쿠는 후네도아라 땅에 어마어마한 성을 짓고 그곳에서 문테니아와 몰다비아의 보이보드들을 다스렸다. 그리고 블라드와 튀르크 사이에 화해협정이 체결될까 두려워했던 나머지('말뚝 처형자' 블라드 체페슈의 아버지인) 블라드 드라쿨을 죽이라는 명령을 내린 인물, 그래서 유럽 전역에 (그중에서도 특히 헝가리인과 세르비아인들에게) '하얀 기사White Knight'라는 별명으로 알려진 인물이 바로 이 이안쿠였다.

1456년 이안쿠가 전염병으로 사망한 뒤로 2년 동안 헝가리는 무질서 상태에 빠져 있었다. 그런데 아버지 이안쿠를 따라 정벌에 나섰던 그의 열세 살짜리 아들 마테이를 새로운 왕으로 옹립하는 것 말고는 다른 대안이 없었던 모양이다. 클루즈(콜로즈바르)에서 태어난 마테이는 훗날, 부리에 반지를 문 까마귀 문장이 새겨진 무기로 무장한 위대한 지배자 마테이 코르비눌이 되었다. 마테이 코르비눌은 그의 루마니아어 이름으로, 헝가리어 정식 호칭 마티아스 훈야디Matyas Hunyadi(혹은 마차시 코르비누스Matthias Corvinus(185쪽 각주 참조))로 더 잘 알려져 있었다. 폴란드 서부, 보헤미아, 오스트리아의 동쪽 절반, 이탈리아의 아드리아 해 해안지역 등이 수많은 그의 정복지와 전장의 일부였다. 그 결과 그는 보헤미아 왕과 오스트리아 대공의 자리에도 올랐다. 그는 튀르크로부터 이탈리아 남동단의 오란토Oranto를 되찾았지만, 그 때문에 오스만 제국 세력을 견제하는 데 집중하지 못하고 오히려 서구 이웃나라들을 견제하는 데 더 많은 자원을 쏟아부어야만 했다. 그래서였을까, 그의 사망으로부터 36년 뒤인 1526년 그가 그토록 야심차게 세를 키워 나갔던 헝가리 왕국은 결국 모하치Mohacs 전투에서 튀르크에게 패배하고 말았다.

마테이, 혹은 마차시는 어쩌면 전쟁보다는 통치 스타일로 더 많이 알려진 왕일 수도 있다. 패트릭 리 퍼모어의 말을 빌리면, 그는 "화려한 르네상스 대공"이요, "배움이 깊고 다국어를 구사할 줄 아는 군주이자", 이탈리아 학자들과 예술가들을 자신의 궁전으로 초청할 정도로 "열정적인 인문주의자"였다. (그는 왕실에 교회를 설치하고 캐슬힐의 성당 종루를 재건했으며 브라쇼브의 '검은 교회'를 건축하는 데 도움을 주기도 했다.) 그리고 그는 봉건 영주의 지방 자치권을 종식시키는 데 기여한 대표적인 15세기 절대군주이기도 했다. 그의 이런 정책은 통합된 근대 국가의 탄생으로 이어졌다. 또 새로운 조세제도를 도입하는가 하면 농노들에게 가해지던 봉건영주의 권력을 제한하기도 했으며 현대와 비슷한 규모의 국가 군대를 유지하기도 했다. 주로 용병으로 구성된 그 유명한 '검은 군대Black Army'가 바로 그의 군대였다.

내가 지금 묻고자 하는 것은 이것이다. 마테이 코르비눌 혹은 마차시 코르비누스, 이안쿠 드 후네도아라 혹은 야노스 훈야디, 그들은 루마니아인인가, 아니면 헝가리인인가? 이안쿠는 그에 대한 루마니아어 기록도 별로 남아 있지 않고 스스로 마자르족화되기는 했지만 그래도 명목상은 분명 루마니아인이었다고, 지난번에 시비우에 갔을 때 파울 필리피 교수가 내게 말했다. 하지만 중세 후기 왕국에서는 민족적 정체성이 근대 인종적 민족주의 국가에서보다 훨씬 덜 엄격했다. 솔직히 말하면 이안쿠와 마테이의 혈통조차도 확실하게 단정할 수 있는 것이 아니었다. 경우야 어떻든 마차시처럼 루마니아에서 태어나 이탈리아에서 교육을 받고 헝가리 왕이 된 사람에게 오늘날의 정체성 잣대를 들이대는 것은 이해에도 별 도움이 안 되거니와 논점에서도 벗어난다. 어쩌면 장차 우리가 세계화라고 부르는 현상이 더 진행되고 구시대의 일부인 정체성이 훨씬 더 유연해지는 것이 허용되는 시대가 오면 세상의 모습도 꼭 그렇게 되지 않을까? 필리피 교수는 내게 이렇게 선언했다. "그 영웅들이 정확히 어떤 민족적 정체성을 띠고 있었든, 그런 것은 전혀 중요하지 않습니다!" 그러나 앞으로도 당분간 우리는 너무나 많은 곳에서 혈통과 신화의 분화를 견뎌내야만 할 것이다. 솔직히 말해서 그 분화는 거부할 수 있는 것이 아니다. 사람들이 신화를 믿는 한, 그 신화는 계속 도전을 받기 마련이므로.

시간은 움직이는 안개의 바다이다. 그 안개는, 기억이라는 강렬하고 성스러운 순간을 보여주는 구멍 몇 개가 군데군데 뚫려 있을 뿐, 그 나머지 부분은 전체가 뿌옇다. 나는 '어부의 요새'란 이름으로 알려진 신 고딕 양식, 신 로마네스크 양식의 보루를 지금도 생생하게 기억한다. 1981년 12월 초 마차시 성당에서 불과 몇 미터 떨어져 있지 않은 눈 덮인 그 요새를 찾았을 때, 나는 밤을 정복한 그 나선형의 다층 요새 안에서 춤이라도 추고 싶은 심정이었다. 그때 나는 발칸반도와 중유럽 일부 여행을 마무리하는 중이었는데, 그 여행이 내게 제시해준 방향성이 그 뒤 진짜로 변한 적은 한 번도 없었다. 그 가을 이전에 내가 맺었던 인간관계는 대부분 점차 끊어졌지만, 그 뒤 새로 맺은 관계는 수십 년이 지난 지금까지도 꾸준히 이어지고 있다. 1981년의 시점에서는 또 그보다 앞서 1973년 밤 시간에 그 요새를 찾았던 일이 아주 오래된 과거처럼 느껴졌었다. 1973년부터 1981년 사이의 몇 년 동안 나는 정처 없이 동유럽 여행을 다니던 젊은 관광객 신분에서 벗어나 뉴잉글랜드 신문사 소속의 특파원 신분이 되어 있었다. 그 사이 몇 개월 동안 지중해 여행을 다니기도 했고, 몇 년 동안 이스라엘에 거주하기도 했는데, 그 모든 것이 오로지 중유럽으로 되돌아오기 위해서였다. 그런데 1973년부터 1981년 사이의 간격이 너무나 길게 느껴지는 것은, 그 사이에 내가 개인적으로 너무나 많은 종류의 경험을 했기 때문이다. 사실 그것은 아직 가치관이 정립되지 않은 젊은이에게 일어날 수 있는 지극히 정상적인 일이었다. 루마니아의 소설가 미르체아 카르타레스쿠Mircea Cărtărescu(1956-)는 이렇게 말했다. "낡은 것에 대해 기록하는 방식으로 과거를 서술해서는 안 된다. 과거를 서술하려면 그 과거와 자기 자신 사이에 놓여 있는 안개에 대해 기록하는 방식을 택해야 한다." 1981년의 시점에서 볼 때 1973년을 덮고 있던 안개는 한 치 앞이 보이지 않을 정도로 짙은 것이었다. 그런데 현재 2014년의 시점에서는 그 33년이라는 세월이 어찌나 순식간에 흘러갔던지 1981년이 손에 잡힐 것처럼 가깝게만 느껴진다. 심지어 지금의 내가 1981년 눈 내리는 요새 위에 서 있던 그때의 나와 똑같은 사람이라고 느껴질 정도다. 나는 지금도 여전히 그

때 첫발을 내딛었던 길 위에 서 있다. 물론 그 사이에 결혼, 한 명의 자식, 손자를 기다리는 설렘, 직업인으로서 실수를 저질러 받았던 크나큰 고통, 나를 더 성숙시킨 노화의 과정 (적어도 나는 그렇게 믿고 싶다.) 등을 겪기는 했지만.

그러나 시간은 그 지역 정치에 대해 내게 다른 이야기를 들려주고 있었다. 내 개인적 인생으로 보면 1973년부터 1981년 사이에 어마어마한 만灣이 놓여 있었지만, 그 8년 동안 동유럽은 변한 것이 거의 없었다. 1973년에도 1981년에도 그 지역은 공산주의 체제의 지배를 받고 있었고, 심지어는 계속 같은 독재자의 지배를 받고 있던 나라도 여럿 있었다. 따라서 그 8년 동안 많은 일이 일어났다고 생각하는 것은 그저 내가 너무나 자기중심적이기 때문이다. 비극적이게도 그 지역 사람들한테는 그 기간에 새롭게 일어난 사건이 거의 없었다. 그리고 내가 1981년을 마치 엊그제처럼 가깝게 느끼는 것과 달리, 그 지역에 실제로 살고 있던 사람들은 그 30여 년이란 세월 동안 나라가 망하고 새 나라가 건국되는 어마어마한 일을 겪었다.

1980년대 내내 나는 여러 번 부다페스트로 돌아가 그곳의 반체제 인사들을 만났다. 그들의 거주지인 무질서한 공동주택에서 만난 그 젊은이들은 마치 60대의 저항군 같은 옷차림을 하고 있었고 그보다 훨씬 더 성숙하고 현실적인 지식인 세계에 속해 있었다. 미국의 반정부 성향 젊은이들이 민주주의 체제의 불완전성을 비판하는 것과 달리, 헝가리의 반체제 인사들은 보안을 유지하면서 모스크바 기반 전체주의 체제와 싸우고 있었다. 그것은 엄청난 개인적 위험을 감수하는 행위였다. 물론 그래도 과거 헝가리 공산주의 정권은 루마니아 공산주의 정권보다 반체제 인사들에게 훨씬 더 관대하기는 했다. 탈 스탈린주의를 표방했던 개방적 사회주의자 야노시 카다르János Kádár(1912-1989, 재임 1956-1988) 치하 헝가리는 그냥 중유럽 특유의 전제정치 요소를 약간 포함하고 있는 정도였지만, 니콜라에 차우셰스쿠 치하 루마니아는 순수한 동양적 폭정 국가였다.

그러나 역사는 사람들이 발 딛고 살아가는 땅의 미세한 움직임과 그 미묘한 차이만 다루는 것이 아니다. 역사는 그 이전 수십 년간 지속되어온 방식을 한꺼번에 싹 지워버리는 격변 역시 다룬다. 1989년 베를린 장벽의 붕괴와 순식간에 동유럽 전체를 휩쓴 공산주의 정권의 몰락이 모두 그런 사건이었다. 그동안 다양한 민주주의적 실험과 자유 시장경제가 루마니아와 헝가리를 돌이킬 수 없을 만큼 변화시켰다. 선거를 통해 정권이 수립되었고 그 정권은 성공하거나 실패했으며 이어서 또 다른 정권이 들어섰다. 공산주의 시대 강요된 침묵은 무자비한 자본주의에 적응하고자 하는 욕망으로 대체되었다. 자본주의 사회는 개인적 차원에서 영웅들이나 하는 걱정을 할 필요는 없지만 제 가족은 스스로 부양해야 하는 사회이다. 실제로 자본주의 국가 국민들은 언제나 가슴이 터질 것만 같은 고민거리를 안고 살아간다. 그리고 정치가라는 직업에 종사하는 사람들은 국민들을 행복하게 만들어주지 않는다. 다만 이 고민을 저 고민으로 바꾸어놓을 뿐.

그동안 유럽의 지정학 역시 완전히 뒤바뀌었다. 내가 동유럽을 방문했던 1973년과 1981년 사이의 기간은 냉전시대였고 자유 진영과 공산 진영 두 개의 블록이 계속 지배권을 행사하고 있었다. 전자는 미국이 제공하는 안보 우산에 의해, 후자는 소련이 제공하는 안보 우산에 의해 보호되었다. 필요에 의해 탄생한 '인터마리엄'이라는 피우수트스키의 개념은 그 시절 이미 싹 잊힌 지 오래였다. 그런데 러시아가 포스트 공산주의의 혼란에서 벗어나 더 위협적인 신독재주의 국가가 되어 가고 있고 독일이 그 지역의 경제적 헤게모니를 쥐게 된 지금, 그 개념이 다시 새롭게 조명되고 있다. 한편 그동안 유럽 내 미국의 영향력은 냉전시대보다 다소 줄어들었다. 그 부분적인 이유는 '대大 중동' 지역과 태평양 해역의 위기로 미국의 주의가 산만해졌기 때문이었다. 현재 상황은 냉전시대처럼 냉혹한 상황은 아니지만, 냉전이 끝나고 역사적 낙관론이 팽배해 있던 1990년대, 즉 북대서양조약기구와 유럽연합은 계속 세력을 확장해 나가는 반면 다행스럽게도 러시아는 무력함에 빠져 있던 시대도 아니다. 그렇다고 해서 히틀러와 스탈린이 등장하고 서구는 아무런 존재감도 없던 절망의 시대 1930년대와 유사한 상황도 아니다. 사실 그 시대는, (진실은 절대 그렇지 않았지만) 카롤 2세와 안토네스쿠가 설사 현명하고 훌륭한 지도자였다 하더라도 그들이 선택할 수 있는 마땅한 대안이 거의 없던 시대였다.

하지만 불편하게도, 늘 그랬던 것처럼 지리는 여전히 인간의 삶에 영향을 끼치는 요소로 남아 있다. 다시 말해서 바르샤바조약기구는 해체되었을지 몰라도, 러시아는 여전히 강대한 반자유주의 국가이며, 여전히 루마니아의 바로 옆집에 살고 있다는 이야기다.

현재 러시아의 운명을 좌우할 결정적 열쇠를 쥐고 있는 나라는 우크라이나이다. 그런데 폴란드보다도 오히려 루마니아와 몰도바가 우크라이나와 더 길게 국경선을 맞대고 있으며, 루마니아는 늘 흑해와 지중해 사이의 침공 경로를 여러 나라에 제공해왔다. 그런데도 워싱턴의 공직자들은 크렘린의 공직자들보다 이 문제의 성패에 더 무관심한 것처럼 행동한다. 루마니아에게는 미국의 그런 행태가 도전인 동시에 비극이다. 현재 헝가리의 총리 빅토르 오르반(438쪽 각주 참조)이 사법권과 개인의 권리와 (브뤼셀*보다 모스크바의 여론을 더 신경 쓰는 것처럼) 언론의 자유를 축소해나가면서 점차 독재주의 방향으로 옮겨가고 있다는 사실은, 중유럽의 상황이 마냥 좋기만 한 것은 아니라는 사실을, 그리고 러시아를 등에 업은 오르반 정권이 루마니아 내 헝가리 소수인종의 반 루마니아 감정을 부추길 가능성이 이론적으로 존재한다는 사실을 잘 보여준다.

헝가리의 저칼로리 푸틴주의로의 전환을 보면, 과거가 반드시 현재와 미래에게 훌륭한 교본이 되어주는 것만은 아니라는 사실도 알 수 있다. 냉전 기간 내내, 그리고 그 뒤 20년 동안 헝가리는 루마니아에 대면 훨씬 더 서구화된 나라였다. 그런데 이제, 적어도 당장은, 그리고 거시巨視 정치학적 관점에서 보면 상황이 완전히 역전된 것이다. 그 누가 이런 일이 일어나리라고 예측할 수 있었겠는가? 때때로 선견지명이 있는 사람들도 있기는 하지만, 결국은 이것

* **브뤼셀Brussels** : 벨기에의 수도로 유럽연합의 행정부가 이곳에 있다.

이 모든 해외 특파 기사와 여행 서적이 그저 시간 속 특정 순간에 보고 들은 사실의 기록에 머무는 근본적인 이유이다. 한 장소는 불과 몇 년이라는 짧은 시간 안에도 우리의 인식 범주를 넘어설 정도로 변화할 수 있다. 따라서 앞으로는 저널리스트나 여행 작가라면 시간의 흐름 속에서 정해진 장소가 급변하는 순간을 포착하고 그 장소의 가까운 미래를 예측할 수 있는 능력을 갖추는 것이 훨씬 더 중요해질 것이다.

신 고딕 양식 첨탑 사이에 서서 반짝이는 다뉴브 강을 내려다보면서, 나는 여행을 할 때마다 번번이 그랬듯 또 스스로에게 했던 충고를 어겼다. 오롯이 눈앞에 펼쳐진 장엄한 물과 빛의 흐름에 집중하지 못하고 또 책 한 권 속에서 피난처를 찾았던 것이다. 나는 그 책의 오묘하게 갈색과 노란색이 감도는 표지와 책에 실린 산뜻한 지도와 현명한 저자의 목소리를 떠올렸다. 사실, 아직까지도 내게는 인쇄된 책이 최고의 표현 예술이다. 나는 그때 700쪽이나 되어 무게가 만만치 않았는데도 케임브리지 대학교의 역사교수 브렌든 심스의 『유럽 : 1453년부터 현대까지의 패권 투쟁Europe : The Struggle for Supremacy, from 1456 to the Present』이란 책을 여행을 하면서 틈틈이 들고 다녔다. 기억의 처리 과정처럼 과거를 머뭇거림 없이 읊조릴 수 있게 만들어주는 책이었기 때문이다. 심스는 그 책에 이렇게 기록했다. 18세기 중반에 프랑스의 부르봉 왕가와 오스트리아의 합스부르크 왕가(그리고 훗날 러시아)가 동맹을 결성하게 된 것은 7년 전쟁 결과 프로이센과 대영제국에 대항할 필요가 있었기 때문이라고. 19세기 중반 프랑스와 독일 동맹은 오스트리아를 러시아를 막는 방어막으로 써먹었다. 20세기 초 독일과 오스트리아에 대항한 나라는 프랑스, 영국, 러시아였다. 심스 교수의 이야기는 이런 식으로 제2차 세계대전이라는 황혼까지 이어지고 있었다.

유럽이 너무나 심각한 경제적 혼란에 빠져 있는 지금, 독일이 다시 부상하고 러시아가 늘 그랬듯 방만한 전제주의, 군국주의 국가라는 본모습을 되찾은 상황을 생각하면, 유럽은 곧 다시 과거의 망령을 만날 것이고, 위협적이고 경쟁적인 연립정부라는 통합되지 않은 상태로 되돌아갈 것이며, 기나긴 유혈의 과거에 그랬듯 또다시 분쟁 속으로 빠져들 것이라는 단순한 예측을 내리고 싶어진다. 바드 칼리지의 루마니아인 교수 노르만 마네아Norman Manea(1936-)는 이에 대해 다음과 같이 절묘하게 서술했다. "보호국 관계라는 책략이나 유토피아라는 일관된 망상이 존재하지 않는 현대 세계는 각국이 스스로를 책임져야 하는 고독에 직면해 있다." 그래서일까, 우리는 종종 민족주의, 인종주의, 종족주의, 파벌주의 등 온갖 배타적 정체성의 귀환을 목격한다.

그러나 나는 아직도 잘 모르겠다. 그렇게 많은 일들이 개인, 그중에서도 특정 정치 지도자 한 명의 결정에 따라 좌우돼도 괜찮은 것인지 말이다. 헝가리 지도자 오르반만 봐도 그렇지 않은가! 게다가 이제는 새로운 통신 기술의 통합화 경향에 대해서도 고려해야 한다. 그 통신 기술은 이제 진정으로 세계화된 문명을 창조해내고 있지만, 어쩌면 그것은 여전히 불분명하고 피상적인 문명일지도 모른다. 냉전이 끝날 무렵 체스와프 미워시(70쪽 각주 참조)는 이런 글을 썼다. "같은 시간에 태어난 존재에게 우리가 느끼는 유대감, 즉 동시대적 존재에게 느끼는 유대감이 이미 같은 나라에서 태어난 존재에게 느끼는 유대감보다 훨씬 강렬해졌다." 다시 말하면, 스스로 어떤 시대의 일부라고 느끼는 감정이, 스스로 어떤 민족 집단이나 인종 집단의 일부라고 느끼는 감정보다 어떤 상황에서든 덜 파괴적인 양상을 띤다는 것이다. 시대적 정체성은 인종을 초월하는 유대감으로 이어지지만, 민족적 정체성은 그렇지 않기 때문이다. 더욱이 각 나라의 일반대중들은 브뤼셀의 유럽연합 공무원들이나 선호하는 통합된 유럽이라는 엘리트적인 비전에 식상함과 소외감을 느낄지 모르지만, 그 대중들 중 일부가 퇴행해 선택한 민족주의는 1920년대나 1930년대 민족주의에 대면 점성과 강도가 훨씬 부족한 그저 그런 민족주의일 뿐이다. 1920년대와 1930년대에는 포스트모던 시대(1950년대 이후)보다 민족 간 협의가 평등하게 이루어지는 일이 별로 없어서 민족주의가 큰 힘을 발휘했지만 말이다. 미국의 석학 마이클 왈저Micheal Walzer(1935-)는 이렇게 말한다. "정체성이 다양해지면 열정은 분화된다." 그 말에 나는 열정의 치명적인 독성 또한 훨씬 줄어들 가능성이 있다는 말을 덧붙이려 한다.

바꾸어 말하면, 유럽이 과거의 망령에게 다시 보금자리를 제공하는 일은 일어나지 않을 것이란 이야기다. 유럽대륙은 뭔가 새로운 국면, 적어도 이전 시대와는 여러 모로 달라진 국면에 돌입하게 될 것이다. 운이 따르면 유럽대륙은 스위스계 프랑스 철학자 벵

자맹 콩스탕*이 더없이 잘 보여준, 그리하여 서구를 정의하는 데 널리 쓰이게 된 본질적인 자유주의를 계속 지켜낼 수 있을 것이다.

심스 교수는 당연하게도 예언을 삼가고 글 말미에 짧은 논평만 실었다. 더없이 매력적인 그 논평은 지리와 역사 두 가지를 모두 다루고 있다. 전체로서의 유럽은 늘 중세 신성로마제국의 경계선 안에서 일어난 사건들에 의해 운명이 좌우되어왔다는 것이 그 논평의 요지였다. 그 지역은 오늘날 통일된 독일을 중심으로, 네덜란드에서 동쪽으로 체코 보헤미아까지, 그리고 덴마크에서 남쪽으로 이탈리아 피드몬트까지의 땅을 모두 아우른다. 간단히 말해서, 베를린과 브뤼셀, 헤이그, 스트라스부르 등 유럽연합의 주요 도시들이 지리가 가장 중요한 문제라는 사실을 몸소 보여준다는 뜻이다. 바꾸어 말하면 그 말은, 부다페스트부터 부쿠레슈티까지, 그리고 키시나우까지 피우수트스키의 '인터마리엄'에서 중심이 되는 지역들은 대부분 앞으로도 계속 외부 세력과의 상호작용에 의해 운명이 결정될 가능성이 높다는 뜻이다. 즉, 지리적인 측면에서 보면 과

* **벵자맹 콩스탕Benjamin Constant(1767-1830)**
스위스 태생의 프랑스 철학자, 정치가, 소설가이다. 스위스 로잔의 위그노 신교도 집안에서 군인 장교의 아들로 태어나, 독일 에를랑겐 대학교, 영국 에든버러 대학교 등에서 수학했다. 철저한 자유주의자로서 활발히 정치활동을 전개했는데 특히 나폴레옹 제정을 혐오해 왕정복고에 반대하는 글을 여러 편 썼다. 그 뒤 변절해 나폴레옹의 백일천하 정부에서 황제를 위해 일했기 때문에 큰 비난을 사기는 했지만, 콩스탕은 근본적으로 정치적 중용을 강조한 인물이었다. 대표작 『아돌프 Adolphe』는 한 인물의 연애라는 개인적 사건을 통해 프랑스 혁명 후 혼돈에 빠진 사회상을 절묘하게 그려낸 수작으로 평가된다.

거와 똑같을 것이란 이야기다. 물론 헝가리, 루마니아, 몰도바는 자신들의 통치제도를 강화함으로써 그런 외부 세력을 약화시킬 수도 있다. 제도를 강화하면 활기찬 시민 공동체, 사회 전복 공작에 별로 흔들리지 않는 공동체를 뿌리내리게 할 수 있을 테니까. 하지만 세력이 약한 나라들이 대개 그렇듯, 그들은 그와 동시에 국제 사회의 변화와 유럽의 전략적 균형에 대해 늘 인지하고 있어야만 한다. 만약 독일과 유럽연합 내 강대국들이 러시아의 보복주의를 막아주지 못한다면, 혹은 유럽연합이 내부적으로 와해된다면, 루마니아와 그 그늘진 지대는 곤경에 빠질 것이 분명하다. 미국이 냉전시대에 동맹국들한테 제공했던 것만큼도 그들에게 원조를 제공할 가능성이 없기 때문이다. 결과적으로 서구는 저 멀리 가버리고, 그것이 무엇이든 러시아가 만들어낸 현실이 닥쳐올 것이다. 그리고 우크라이나는 유럽이라는 드라마 속에서 스페인이나 포르투갈보다 훨씬 더 중요한 주인공 노릇을 계속하게 될 것이다.

유럽대륙 안에서 어떤 나라가 다시 적대국이 될지, 동맹 관계에 어떤 변화가 일어날지 예측하는 것은 너무나 결정론적인 행위이다. 그러나 이베리아반도에서 흑해 연안에 이르기까지 유럽 전체가 통합되고 평화로운 세계가 될 것이라 예측하는 것 역시 마찬가지이다. 어쩌면 유럽의 새로운 미래는, 지정학과 집단 정체성이라는 관점에서는 아직 파악되지 않은 복잡한 수준과 단계에 따라 형성될지도 모른다. 유럽연합 가입국과 비가입국, 유로존(136쪽 각주 참조) 가입국과 비가입국, 솅겐 국경 협정(136쪽 각주 참조) 체결국과 비체결국 등으로의 분화는 최근 발생한 그런 복잡성을 잘 보여주는 단적인 예이다. 물론 그런 현상에는 여러 요인이 작용했겠지만, 이미 말했듯이 인종적, 종교적 민족주의 세력에게 편리함을 제공하기도 하고 그 세력을 약화시키기도 하는 통신 기술의 발전 때문에 발생한 현상이 대부분이다. 아직 상상된 적 없는 새로운 이데올로기 세력이 통신 기술의 영향을 받으리라는 사실은 굳이 말할 필요도 없다. 무엇보다도 민족주의는 뚜렷한 근대주의의 한 형태였다. 인간이 경전에 쓰인 글자 그대로 신을 믿지 않게 되면서 개인적 불멸성에 대한 믿음 역시 잃게 되었고 그 결과 '집단적 불멸성' 속에서 피난처를 구하게 되었던 것이다. 루마니아의 철학자 안드레이 플레슈Andrei Pleşu(1948-)가 끈질기게 설명했듯, 민족주의 자체가 나쁜 것은 아니다. 다른 이념의 파괴적인 가치를 자신의 가치로 덮어 버릴 수 있는 이념은 오직 민족주의뿐이다. 그리고 사실 중동의 망명자들이 계속 유럽으로 흘러드는 상황인 만큼 민족주의는 유럽의 인구통계학에 복잡성을 더욱 가중시키는 방향으로 당분간 더 발전할 수밖에 없을 듯하다. 역사시대 내내, 다양한 고트 종족, 슬라브족, 마자르족 등 동쪽에서 이주해오는 사람들의 영향으로 운명이 결정된 유럽이 아니던가. 그러므로 그 마지막 파도를 미디어가 떠들어대듯 전례 없는 현상이라고 보아서는 안 된다. 오히려 거기서 한 걸음 더 나아가, 역사적으로 유럽의 진짜 남방 한계선은 지중해가 아니라 사하라 사막이었다는 사실을, 발칸반도는 종종 인간의 통과 지대였다는 사실을 반드시 기억해야 한다. 유럽, 아시아, 아프리카를 하나로 묶는 고전 지리학이 다시 유럽 내에서 스스로 효력을 발휘하기 시작한 것이다.

그렇다면 포스트모더니즘은 루마니아에게 무엇을 가져다줄 것인가? 적어도 정치학자 블라디미르 티스마네아누가 공산주의와 파시즘의 "전위적 통합"이라고 표현했던, 차우셰스쿠 체제라는 공포의 20세기와 똑같은 세상이, 아니 그와 비슷한 세상이 다시는 오지 않으리라는 희망을 품을 수는 있다.

20세기보다 21세기가 더 나은 세기가 되려면, 유럽연합이 어떤 형태로든 본질적인 모습을 되찾아야 한다. 유럽연합은 현재 지난 몇 년간 온갖 우울한 신문 헤드라인을 양산해온 경제적 고민에 빠져 있는데도, 내가 여행을 다닌 유럽 남동쪽 지역에서는 여전히 유럽연합을 꿈의 종착역으로 여기고 있었다. 물론 나는 그 사실이 별로 놀랍지 않다. 다시 말하건대, 유럽연합은 대차대조표 이상의 의미가 있고, 민족국가보다는 행정기관으로서의 정부를 대변하며, 부패와 독단적인 전횡 위에 군림하는 비인격적 규준을 의미하기 때문이다. 그리하여 그것이 편견과 보복에 맞서 개인을 보호해주기 때문이다. 집단의식도 혈통이나 정치 성향과 무관하게 개인의 권리를 보장하기만 한다면 얼마든지 바람직하고 옳을 수 있다. 민족주의는 이런 마음가짐을 가질 때에만 정당성을 확보할 수 있다. 요즘도 간혹 아쉬운 듯 눈을 반쯤 감고 애매하게 '대大 이 나라', '대大 저 나라'를 그려보는 사람이 있기는 하지만, 그들이 당장 걱정하고 있는 문제는 자기 삶의 안전과 예측가능성이다. 그리고 지금껏 그런 걱정거리는 결국은 단호한 태도로 유럽연합에 전달되었고, 유럽연합 공직자들은 엉성한 미봉책이긴 해도 정상회담을 할 때마다 매번 그에 대한 입장을 밝혀왔다. "우리는 이런 위기도 저런 위기도 결국은 다 겪어내게 될 것입니다. 과거를 돌이켜보면 우리에겐 다른 선택이 없기 때문입니다."라고. 나는 내가 순진한 것이 아니길 바란다. 나는 그 미봉책이 자기기만이라는 형태로 귀결되지 않으려면 유럽연합 지도자들이 지금까지 해왔던 것보다 훨씬 더 일을 잘해야 하리라는 사실을 알고 있다. 그들은 곧 지금까지 무한정 미뤄온 구조적, 재정적 문제와 정면으로 맞서야 할 것이다. 그러나 그들이 결국은 잘해낼 수밖에 없을 것이라고 판단한다. 또다시 그들에게는 다른 선택이 없기 때문이다. 만약 유럽연합이 와해된다면, 유럽에는 고삐 풀린 독일 세력, 배타적인 인종적 민족주의, 이데올로기라는 치매만이 남게 될 것이다. 분명히 말하는데 현재 러시아가 위협적인 존재인 것은, 그 나라가 본질적으로 러시아이기 때문이 아니라, 푸틴의 신 차르 에너지 제국이 지정학을 인종주의라는 제로섬 요인으로 만들어 버리기 때문이다.

나는 지금 루마니아의 철학자 콘스탄틴 노이카(163쪽 각주 참조)와 그가 차우세스쿠 체제 최악의 몇 년 동안 카르파티아 산맥에서 보낸 원칙적인 삶에 대해 생각하고 있다. 그것은 밤 깊은 시간까지 계속되는 키에르케고르, 하이데거, 미셸 푸코, 헤겔, 괴테의 사상에 대한 강도 높은 탐구요, 인도주의의 불꽃이 꺼지지 않게 지키는 일이었다. 그는 그 인도주의의 불꽃이야말로 온 나라에 퍼져 있던 공산주의 저급 문화를 꾸짖을 수 있는 유일한 서양 철학과 문학의 정전이라 여겼던 것이다. 나는 또 부쿠레슈티 헤라스트라우 공원에서 있는, 전후에 유럽을 재건한 사람들의 거대한 석조 흉상을 생각한다. 루마니아인들을 아직도 그들을 철석같이 믿고 있다. 나는 또

조명등이 설치된 다리가 즐비한 다뉴브 강의 밤 풍경을 내려다보면서, 그 물줄기를 타고 약 1,300킬로미터 정도 하류로 흘러 내려가면 만나는 곳, 지우르지우에서 만났던 동방정교 성직자를 생각한다. 그는 내게 이렇게 말했었다. 목조 건물에 고딕 양식 지붕을 얹은 그 성당 건물은 서구를 향한 루마니아인들의 열망을 보여주는 것이라고.

감사의 말

2012년 이 책의 집필 작업을 시작한 뒤로, 부쿠레슈티 대학교의 오아나-안토니아 콜리바샤누 조교수가 배경조사를 하는 데 정신적으로 큰 도움을 주었다. 또 콜리바샤누 교수가 개인적, 역사적 맥락에 대한 명석한 판단을 곁들여 원고를 일일이 확인하고 조언을 해준 덕분에 원고의 질이 엄청나게 개선될 수 있었다. 게다가 여행 계획을 짜는 일에서부터 루마니아어의 발음 구분 기호를 집어넣는 일까지 그 분의 손길이 미치지 않은 곳이 없다.

조지타운 대학교의 루마니아 연구회 초빙교수이자 런던의 유니벌시티 칼리지의 명예교수인 데니스 델리턴트가 원고를 읽고 수정해 주었고, 델리턴트 교수의 조지타운 대학교 동료로 국제관계학 교수인 박식한 찰스 킹 역시 그 일에 동참해 주었다. 메릴랜드 대학교의 교수이자 공산주의 유럽과 포스트 공산주의 유럽에 대한 책을 여러 권 출간한 저자인 블라디미르 티스마네아누도 원고를 읽고 코멘트를 달아 주었고, 읽어야 할 책과 만나봐야 할 사람의 목록아 포함된 주제와 관련된 조언들을 틈틈이 내게 전달해 주었다. 루마니아 주재 미국 대사를 지냈으며 스스로 부지런한 연구자이기도 한 어네스트 레이텀 주니어 박사도 원고를 살펴봐 주었고, 내가 마음껏 자료를 찾을 수 있게 루마니아 관련 서적으로 가득한 자신의 서재를 기꺼이 개방해 주기도 했다. 그런 도움을 제공해 주신 모든 분들께 깊이 감사드린다. 분명히 말하는데 이 책에 담긴 실수와 오류는 전적으로 내 잘못이다.

내 아내 마리아 게브린은 나의 부재를 참고 견뎌준 것뿐 아니라 내가 집으로 돌아오면 언제나 사랑과 아늑한 가정을 내게 제공해 주었다. 지난 30년 동안 더 잘할 수 없을 만큼 말이다. 내가 지난 세월 무엇을 해냈든, 그것은 모두 내 뒤에서 그녀의 묵묵한 손이 해낸 것이다. 나의 수석 비서 엘리자베스 로키어는 디디 래스번과 함께 나를 도와 지도, 사진, 일대기 등을 챙겨준 것은 물론 직업인으로서 내 삶을 꼼꼼하게 짜 주었다. 그 덕분에 내가 책을 집필하는 데만 전념하는 호사를 누릴 수 있었다.

브랜드 앤드 허치먼 저작권 협회의 게일 허치먼, 마리안느 메롤라, 헨리 태이어가 인용문의 출처를 찾고 프로젝트를 진행하는 데 엄청나게 큰 도움을 주었다. 지난 25년간 나의 저작권 대리인이었던 작고한 칼 브랜드는 내가 독자들에게 전하고 싶은 생각이 무엇인지 이 책을 구상하던 초기 단계에 내게 큰 도움을 주었다. 내가 계속 성과를 낼 수 있었던 것은 칼과의 오랜 우정 덕분이다. 앞으로도 늘 그럴 수 있으리라 믿는다. 예전에 랜덤하우스 출판사에서 내 원고를 담당하다가 지금은 하퍼콜린스 출판사로 옮겨간 조너선 자오는 내가 책을 몇 권 안 냈던 시절 기민하고 훌륭한 판단의 근원지였다. 조너선 자오와 게일 허치먼은 우크라이나 사태가 일어나 내 아이디어가 설득력을 얻기 훨씬 전부터, 루마니아와 그 나라의 공산주의, 그리고 러시아의 위협에 대한 책을 쓰겠다는 내 생각을 열렬히 지지해준 사람들이었다. 랜덤하우스 출판사의 케이트 메디나와 애나 피토니악은 꼼꼼한 성품과 애정 어린 보살핌으로 이 책의 출판 과정을 담당해 주었다. 케이트는 랜덤하우스 내 편집실을 언제나 고전적으로 깔끔하게 관리해 주었고 애나는 원고와 다른 사안들에 대해 정확한 판단을 직설적으로 제공해 주었다. 랜덤하우스에서 특유의 과묵하고 효율적인 성품으로 벌써 몇 권이나 내 책을 교열하고 수정해준 스티브 메시나에게도 감사의 뜻을 전한다.

1990년대에 랜덤하우스에서 제이슨 엡스타인과 함께 내 편집자로 일했던 조이 드 메닐은 이 책에 담을 냉전에 대한 내 기억을 최대한 부각시키라고 일찍이 내게 충고해준 친구였다. 내 책을 담당하는 루마니아 현지 출판사인 부쿠레슈티 에디튜라 후마니타스 출판사 편집장 리디아 보데아는 개인적인 이야기를 더 깊게 써도 괜찮다고 내게 계속 용기를 불어넣어 주었다. 부쿠레슈티의 내 저작권 대리인 시모나 케슬러는 하마터면 내가 빠뜨릴 뻔한 루마니아 철학에 관한 책들을 계속 일깨워 주었다. 이 책의 장점이 무엇이든, 모두 그 분들의 그런 보살핌 덕분이다.

지난 35년 동안 나는 루마니아에 집착한 결과, 친절한 대우를 받은 것은 물론 수많은 평생 친구와 직업적인 인간관계도 얻게 되었다. 그런 맥락에서 크리스티안 미하이 아돔니체이, 아드리아노 보소니, 세르지우 켈라크, 에우게네 카우소프스키, 코르넬리우 키우레아, 라두 두다우, 미르체아 지오아나, 로렌 굿리치, 안드레이 힌쿠, 이오아나 이에로님, 마요르 미하이 이오네스쿠, 투도르 지지에, 이오아나 레우체아, 옥타비안 마네아, 알렉스 셰르반, 키키 스카겐-해리스, 조지아 칼린 슈테판, 라우렌치우 슈테판 교수, 마리우스 스토이안 교수, 베르베카 베아체슬라브 교수에게 고마움을 전한다.

미국의 전략업체 스트랫포에서 함께 일하는 동료 안토니오 콘리마사누를 내게 소개해 준 조지 프리드먼과 메러디스 프리드먼도 있다. 제2차 세계대전 종전 직후 헝가리에서 태어난 조지는 일곱 살이 될 때까지 영어를 한 마디도 하지 못했다고 한다. 그는 그 지역에 대해 너무나 많은 것을 깊이 알고 있었다. 때때로 나는 그에게 반대 의견을 피력하기도 했지만 말이다. 지금으로부터 5년 전 내가 루마니아에 대한 책을 쓰기로 결심했던 2011년 인도네시아의 자카르타에서 조지와 메러디스를 우연히 알게 된 것은 크나큰 행운이었다. 조지가 설립한 스트랫포는 루마니아를 포함해 수많은 나라들에 대한 자문 서비스를 제공하고 있었다. 그들의 배려로 나는 2012년부터 2014년까지 매주 스트랫포 기관지에 칼럼을 쓰면서도 잡일에 전혀 관여하지 않을 수 있었다. 이 책은 단 한 가지 일에 전념한 결과 태어난 책이다.

『유럽의 그림자』를 탈고했을 때 나는 워싱턴에 있는 뉴 아메리칸 시큐리티 센터의 선임연구원 신분이었다. 2008년부터 2012년까지 일했던 센터의 연구진에 4년 만인 2015년 다시 합류하게 되었던 것이다. 대표이사 마이클 플루어노이, 센터장 리처드 폰테인, 연구소장 숀 브림리 등, 내가 카페인에 흠뻑 젖은 문화에, 그리고 체계적으로 조직화된 문화에 완전히 적응할 수 있게 도와준 센터 간부들에게 고마움을 전한다. 그 분들의 배려 덕분에 지적인 자극도 받고 혼자 글을 쓰는 시간도 누릴 수 있었다.

역자 후기

“인간은 아는 만큼 느끼며 느끼는 만큼 본다.” 유홍준 교수의 『나의 문화유산 답사기』 1권 서문에 나오는 말이다. 어떻게 하면 예술품을 감상하는 안목이 생기냐는 우문에 대한 현답이다.

고백하건대 이 책을 만나기 전까지 나는 루마니아에 대해 아는 것이 거의 없었다. 할리우드 영화에서 본 드라큘라 백작, 어릴 적 뉴스에서 주워들은 체조선수 나디아 코마네치와 독재자 니콜라에 차우셰스쿠의 이름. 루마니아에 대해 내가 아는 것은 그게 다였다. 그래서 책 번역을 의뢰받고, 본격적으로 번역을 시작하기에 앞서 여러 권의 참고도서를 읽었다. 공산국가였던 루마니아와 우리나라의 수교가 시작된 것은 1990년 3월이다. 그 뒤로 27년이 흘렀는데도 국내에 번역되어 있는 루마니아 관련 서적은 그다지 많지 않다. 그나마도 시중에 나와 있는 책의 절반 정도는 동유럽 여러 국가의 여행 코스 중 하나로 루마니아가 끼어 있는, SNS에 자랑거리로 올릴 법한 문화재 사진과 대중교통수단이 표시된 지도 일색인 팸플릿 수준의 가이드북이다. 어쩔 수 없이 동유럽 역사서와 이 책의 저자 카플란이 앞서 출간한 여행서적을 중심으로 사전 공부를 진행했다.

늘 새 책을 만날 때마다 느끼는 점이지만, 책을 번역하는 일은 친구를 사귀는 일과 비슷하다. 학창시절 친한 친구와 한 반에 배정받는 일이 내 뜻대로 되는 일이 아니듯, 구미에 맞는 책, 혹은 잘 아는 분야의 책만 번역할 수 없는 것이 이 직업의 생리이다. 그래서 번역가는 언제든 공부할 준비가 되어 있어야 한다. 살아가면서 우리가 만나는 친구들 중에는 첫인상은 참 좋았는데 친해질수록 점점 실망을 하게 되는 친구도 있고, 별 기대 없이 어울리기 시작했는데 알아갈수록 진국이라 함께 있다는 사실만으로 든든해지는 친구도 있다. 책도 마찬가지다. 깊이와 넓이가 모두 제각각이라, 사람을 겪어보지 않으면 알 수 없듯, 책도 끝까지 다 읽어보지 않으면 알 수 없다.

솔직히 말해서 이 책은 별 기대 없이 번역을 시작한 책이었다. 물론 주된 원인은 나의 무지 때문이었다. 그런데 책을 읽어 나갈수록 우리의 역사와 너무나 흡사한 루마니아의 역사에 점점 몰입하고 있는 나를 발견했다. 이 책의 원제는 『유럽의 그림자In Europe's Shadow』이다. 서유럽의 최동단에 자리한 약소국 루마니아는 서구인의 관점에서 보면 충분히 그림자(음지)처럼 보일 수 있겠다 싶다. 두 나라의 역사는 근본적으로 외침外侵의 역사였다. 그리고 우리가 공산국가 중국과 추축국 일본 사이에 끼어 현대사의 시련을 겪은 것처럼, 루마니아도 공산국가 소련과 추축국 나치 독일 사이에 끼어 제2차 세계대전을 겪었다. 굳이 따지자면, 우리는 식민지였으니까 끼어 있었다기보다는 깔려 있었다고 말해야 옳겠지만. 아무튼 그 뒤 루마니아는 인종 갈등과 공산주의 독재를 겪었고, 우리는 한국전쟁과 분단과 자본주의 독재를 겪었다. 두 나라 모두 너무나 먼 뒤안길을 돌고 돌아 이제야 민주주의 들판의 초입에 서게 된 것이다.

지난겨울 광화문 광장에서 촛불시위가 한창 이어지고 있을 때, 뉴스에서 부쿠레슈티 광장에 모여 핸드폰 불빛으로 그 나라의 삼색기를 연출하고 있는 루마니아 국민들의 모습을 보았다. 너무 반가워서 눈물이 날 지경이었다. 그리고 마침내 우리는 봄을 맞이했다. 드디어 유신이라는 케케묵은 헌옷을 벗어던지게 된 것이다. 물론 우리 손으로 이뤄낸 이 정권교체를 승리요, 구시대의 종식으로 단정 짓기에는 아직 이르다. 이제야 제대로 된 출발선에 선 것에 불과하기 때문이다. 그리고 루마니아 국민들은 여전히 부패한 정권과 투쟁 중이다. 그래도 나는 우리나라도, 친구 같은 루마니아도 음지에서 벗어나 양지가 되는 날이 멀지 않았다고 믿고 싶다. 어둠의 끝은 빛의 시작이므로.

이 책은 여행기와 지리와 역사와 정세분석과 서양 고전이 절묘하게 결합된 책이다. 어느 도시, 어느 지방을 가든 저자는 그곳의 문화유산을 돌아보며 그와 관련된 그 나라의 역사 이야기를 한보따리씩 풀어놓는다. 거기에 더해 루마니아의 전·현직 총리, 대통령, 세계의 석학, 평범한 루마니아 국민 등, 저자가 그곳에서 만난 사람들과 나누는 솔직 담백한 담론은 인식의 지평을 한층 더 넓혀준다. 그 안에 군데군데 인용되어 있는 서양 정전은 덤이다. 이 책을 읽다보면 진정한 '여행'이란 무엇일까, 곰곰 생각에 잠기게 된다.

저자는 말한다. "여행은 훨씬 더 생생하게 압축된 인생의 또 다른 버전이다. …… 여행이 끝나갈 무렵 그 여행 전체는 대서사시처럼 우리의 기억 속에 풍성하게 아로새겨지는 반면, 집에서 보낸 몇 년이라는 일상생활은 점점 흐릿해진다. 우리가 여행을 하는 이유는 망각을 물리치기 위해서이다."라고. 생활수준이 향상되면서 해외여행이 일반화되고 있다. SNS와 블로그에는 세계 각지에서 찍은 여행 사진이 넘쳐난다. 과시의 여행, 소비의 여행이 대세인 시대에 반추의 여행, 사색의 여행은 어쩌면 이미 한물간 유형의 여행일지도 모르겠다. 하지만 이왕 시간과 돈과 에너지를 들여 떠나는 여행이라면, 적어도 면세점 투어와 맛집 기행에 머물러서는 안 된다. 자신이 갈 여행지에 대해 조금이라도 더 알고 가면 그래도 그만큼 더 많이 느끼고 더 많이 볼 수 있지 않을까.

부족하나마 이 책이 루마니아를 향해 물리적, 정신적 여행을 떠나고자 하는 독자 여러분에게 쏠쏠한 길잡이가 되었으면 하는 간절한 마음이다.

로버트 카플란의 저서

『유럽의 그림자 : 두 번의 냉전, 그리고 30년간의 루마니아와 그 너머 지역 여행 In Europe's Shadow : Two Cold Wars and a Thirty-Year Journey Through Romania and Beyond』

『아시아의 가마솥 : 남중국해와 평화로운 태평양의 끝 Asia's Cauldron : The South China Sea and the End of a Stable Pacific』

『지리의 복수 : 지도는 미래의 분쟁과 운명에 맞서는 전투에 대해 우리에게 무엇을 알려주는가 The Revenge of Geography : What the Map Tells Us About Coming Conflicts and the Battle Against Fate』

『몬순 : 인도양과 열강 미국의 미래 Monsoon : The Indian Ocean and the Future of American Power』

『호그 파일럿, 푸른 물의 신음 소리 : 미국의 공군, 해군, 육군 Hog Pilots, Blue Water Grunts : The American Military in the Air, at Sea, and on the Ground』

『제국의 최전선 : 지상의 미군들 Imperial Grunts : The American Military on the Ground』

『지중해 오디세이 : 튀니지, 시칠리아, 달마티아, 펠로폰네소스반도의 역사와 풍경을 맛보는 즐거움 Mediterranean Winter : The Pleasures of History and Landscape in Tunisia, Sicily, Dalmatia, and the Peloponnese』

『승자학 : 왜 리더십은 이교도 정신을 요구하는가 Warrior Politics : Why Leadership Demands a Pagan Ethos』

『타타르로 가는 길 : 발칸, 중동, 코카서스 여행 Eastward to Tartary : Travels in the Balkans, the Middle East, and the Caucasus』

『무정부 시대가 오는가 : 산산조각난 포스트 냉전시대의 꿈 The Coming Anarchy : Shattering the Dreams of the Post Cold War』

『황무지 제국 : 미국의 미래로의 여행 An Empire Wilderness : Travels into America's Future』

『지구의 끝 : 토고에서 투르크메니스탄까지, 이란에서 캄보디아까지 The Ends of the Earth : From Togo to Turkmenistan, from Iran go Cambodia』

『애러비스트 : 미국 엘리트의 모험담 The Arabists : The Romance of an American Elite』

『발칸의 유령들 : 역사를 관통하는 여행 Balkan Ghosts : A Journey Through History』

『신의 병사들 : 아프가니스탄과 파키스탄의 이슬람 전사들과 함께 Solders of God : With Islamic Warriors in Afghanistan and Pakistan』

『항복 혹은 아사 : 에티오피아, 수단, 소말리아, 에리트레아 여행 Surrender or Starve : Travels in Ethiopia, Sudan, Somalia, and Eritrea』

로버트 D. 카플란
로버트 D. 카플란은 외교정책과 여행기를 담은 책 열여섯 권을 저술한 베스트셀러 작가이다.『아시아의 가마솥』,『지리의 복수』,『몬순』,『무정부 시대가 오는가』,『발칸의 유령들』을 포함해 여러 권의 저서가 세계 각국 언어로 번역되었다. 현재 그는 뉴 아메리칸 시큐리티 센터의 선임연구원이며, 지난 30년 동안 자신의 칼럼을 게재해온 ≪애틀랜틱The Atlantic≫의 편집자이기도 하다. 또 스트랫포의 지정학 수석 분석원, 미국 해군사관학교의 초빙교수, 펜타곤 산하 국방 전략 위원회의 회원으로도 활동 중이다. 잡지 ≪포린 폴리시Foreign Policy≫는 '세계 100대 사상가 Top 100 Global Thinkers' 명단에 두 번이나 그의 이름을 올렸다. (홈페이지 robertdkaplan.com | cnas.org)

옮긴이 신윤진
아주대학교에서 사학, 국어국문학을, 한국방송통신대학교에서 영어영문학을 전공했다. 원작의 감동과 원문의 결을 잘 살린 책을 독자들에게 소개하고자 애쓰고 있다. 역서로는『두 도시 이야기』(더클래식, 공역),『엔젤폴』,『캐롤라이나의 사생아』,『애시』,『나의 백 년』(가제, 출간 예정)『세상에 하나뿐인 소년』,『침묵의 힘』 등이 있다.

유럽의 그림자

두 번의 냉전, 그리고 30년간의 루마니아와 그 너머 지역 여행

초판 1쇄 인쇄 2018년 8월 3일
초판 1쇄 발행 2018년 8월 10일

지은이 로버트 D. 카플란
옮긴이 신윤진
펴낸이 최종숙
펴낸곳 글누림출판사
편집 이태곤 권분옥 홍혜정 박윤정 문선희 백초혜
디자인 안혜진 홍성권
마케팅 박태훈 안현진 이승혜

주소 서울시 서초구 동광로46길 6-6(반포4동 577-25) 문창빌딩 2층(우06589)
전화 02-3409-2055(대표), 2058(영업), 2060(편집)
팩스 02-3409-2059
전자메일 nurim3888@hanmail.net
홈페이지 www.geulnurim.co.kr
블로그 blog.naver.com/geulnurim
북트레블러 post.naver.com/geulnurim
등록번호 제303-2005-000038호(2005.10.5)

정가는 뒤표지에 있습니다.
ISBN 978-89-6327-523-9 (03340)

* 이 도서의 국립중앙도서관 출판예정도서목록(CIP)은 서지정보유통지원시스템 홈페이지(http://seoji.nl.go.kr)와 국가자료공동목록시스템(http://www.nl.go.kr/kolisnet)에서 이용하실 수 있습니다. (CIP제어번호: 2018020408)